暨南大学 中国海洋发展研究会海洋外交与战略专业委员会
中国海洋发展研究中心南海战略研究基地 丛书系列

南海地区形势报告

2015—2016

鞠海龙 主编

时事出版社
北京

图书在版编目（CIP）数据

南海地区形势报告.2015—2016/鞠海龙主编.—北京：时事出版社，2018.9
ISBN 978-7-5195-0211-9

Ⅰ.①南… Ⅱ.①鞠… Ⅲ.①南海诸岛—边界问题—研究报告—2015—2016 Ⅳ.①D823

中国版本图书馆 CIP 数据核字（2018）第 066721 号

出 版 发 行：时事出版社
地　　　址：北京市海淀区万寿寺甲 2 号
邮　　　编：100081
发 行 热 线：(010) 88547590　88547591
读者服务部：(010) 88547595
传　　　真：(010) 88547592
电 子 邮 箱：shishichubanshe@sina.com
网　　　址：www.shishishe.com
印　　　刷：北京朝阳印刷厂有限责任公司

开本：787×1092　1/16　印张：19.75　字数：400 千字
2018 年 9 月第 1 版　2018 年 9 月第 1 次印刷
定价：120.00 元

（如有印装质量问题，请与本社发行部联系调换）

国家社科基金重大项目
"中国南海问题主张的国际传播战略与国际话语权体系研究"
(14ZDB164)

中宣部"四个一批"人才专项
"当代南海问题重大理论与实践问题研究"

中央高校科研培育与创新基金暨南领航计划项目
"我国'一带一路'战略在南海地区的经济、社会及地缘安全基础研究"
(15JNLH006)

序

2015—2016年是南海地区形势发展"山雨欲来，风满楼"的一个特殊年度。在这一个特殊的年度里，美国以"航行自由"为理由，对所谓中国南海"过度海洋主张"的军事行动直接刺激了南海地区安全形势的发展；国际舆论对南海问题有针对性的炒作将南海问题的国际社会关注度提升到了前所未有的程度；"南海仲裁案"的程序进程为整个亚太乃至全世界带来了有关国际法与当代世界海洋秩序的新思考……

2016年年初，种种消息传来，都不利于南海地区形势的和平与稳定。这些消息不仅有仲裁案的结果很可能间接裁决中国南海断续线"非法"，菲律宾可能会借助仲裁的有利结果发动渔民"重新夺回"黄岩岛和周边海域的"控制权"，越南已经聘用了一家来自英国的律师事务所准备将"中越南海争端"提交国际司法解决，印尼和马来西亚也做好了借助东盟平台在南海问题上对中国施压的准备，而且还有美国可能会在亚太安全方面对中国施加更大的压力，日本与美国已经初步确立了与东南亚国家在南海进行联合巡航的计划。

2016年年中，菲律宾大选尘埃落定，新当选的总统杜特尔特对中国释放了善意；中国在应对"南海仲裁案"结果的外交努力方面步步为营，取得了阶段性成果；美国施压韩国部署"萨德"导弹，在南海问题上的强硬态度暂时有所收敛。然而，美国在阿基诺三世时期与菲律宾重新加强的军事安全合作已经基本定型，不可能因为杜特尔特的上台而一夜倾覆；清除"南海仲裁案"对中国造成的负面影响也非一日之功……南海暂时平静的海面下依旧暗流涌动。

从2009年以来，南海问题几经发酵，已然超出了一般意义主权争议问题、国际法适用问题。就目前的发展态势而言，南海问题已经升级到了南海和西太平洋地区的海洋秩序问题，南海周边及亚太地区的地缘战略格局问题的高度。随着中美日战略博弈关系的发展和南海争端内在矛盾的广泛外溢，南海问题将持续成为影响中国、美国、日本、东盟国家，以及积极介入该地区事务的印度和澳大利亚等国的重要热点问题。

南海问题的持续升温逐渐加大了南海问题相关各国在处理这一问题过程中的政策压力。政策压力不仅来自于各国政策的碰撞，也来自于相关各国国内政治、经济、社会的压力。正确地预判形势、准确地理解各方的政策意图需要对南海问题深入的理解，也需要对相关国家南海政策持久、客观的跟踪研究。只有客观、长期的跟踪研究才能真正总结出有价值的特点、正确的规律，才能在真正的政策博弈过程中不至于误判战略意图，不至于擦枪走火，不至于激化矛盾。

出于对南海地区和平与发展的期冀，秉承着中国的发展必然是与周边国家共同发展的理念，暨南大学鞠海龙教授从2011年开始组织国内外一批对南海问题学有专长的研究人员编写《南海地区形势报告》。该形势报告先后有新加坡、马来西亚、菲律宾、美国的学者加盟，其研究成果被中国大陆海洋维权一线部门评价为"国内一流、国际领先"，是国内南海问题研究领域学者公认的标志性成果之一。

2016年7月7日，我应邀参加了鞠教授主办的"中美青年学者对话2016'南海：历史、现状与未来'"。会议期间，鞠教授将一部厚厚的书稿交到我手里，希望我能够为这本书撰写序言。

我认真地阅读了这部30余万字的书稿。这部书稿一共13章，内容不仅涵盖了中国大陆与台湾地区的南海政策，分析总结了菲律宾、越南、马来西亚、印尼及美国、澳大利亚、日本、印度等国的南海政策，而且另辟专题讨论了南海问题的国际舆论特点、东盟安全共同体对南海局势的影响，以及南海地区安全与外交的总体形势。这是一部涵盖了几乎所有南海问题领域的宏大论著。在这部论著中，鞠教授对南海地区宏观形势做出了精准、客观的判断，对"南海仲裁案"与国际舆论、国际传播理论相结合的研究直接点透了美国推动菲律宾发起仲裁的问题核心，对阿基诺三世南海政策遗产的分析给出了正确判断菲律宾新总统调整南海政策的完整政策参照系。值得称道的是，这些基于现实的理论判断并不是一般的就事论事，而是带有学术深度的、负责任的有效预测。

我和鞠教授虽然忘年，但是一直彼此惺惺相惜。感于他对南海问题研究的长期坚持与勤奋，我欣然表示愿意为这部著作写序。同时，我也希望以此序言鼓励鞠教授继续把这唯一一部具有国际化特色的《南海地区形势报告》坚持下去。

傅崐成

于厦门大学南海研究院

目　录

第一章　2015 年南海国际舆论、外交与安全形势回顾 ……… 1
　第一节　南海地区国际舆论的基本态势 ……………………… 1
　第二节　南海地区外交形势的发展 …………………………… 4
　第三节　南海地区安全形势 …………………………………… 8

第二章　"东盟安全共同体"建设及其对南海局势的意义探讨 … 12
　第一节　"安全共同体"的概念及其理论理解 ……………… 12
　第二节　"东盟安全共同体"的基础与构建 ………………… 16
　第三节　"东盟安全共同体"构建中的南海议题 …………… 22
　第四节　"东盟安全共同体"建设对南海局势的意义 ……… 25
　第五节　思考及因应对策 ……………………………………… 28

第三章　南海问题国际舆论"双线索、多热点"特征分析 …… 30
　第一节　南海问题国际舆论基本线索 ………………………… 30
　第二节　南沙岛礁建设议题的国际舆论轨迹及其特征 ……… 34
　第三节　"南海仲裁案"的国际舆论轨迹及其特征 ………… 43
　第四节　美国南海巡航行动与南海问题国际舆论的爆发 …… 57
　第五节　国际会议平台对南海问题国际舆论的影响 ………… 81

第四章　十八大以来的中国南海政策 ………………………… 112
　第一节　十八大以来的中国南海面临的安全形势分析 ……… 112
　第二节　十八大以来中国政府应对南海局势的策略 ………… 121
　第三节　十八大以来中国南海政策的成效评析及努力方向 … 130

第五章　马蔡交替背景下的中国台湾南海立场 ……………… 135
　第一节　马蔡交替之际台湾方面南海立场的主要动向 ……… 135
　第二节　马蔡当局南海立场的异同 …………………………… 147
　第三节　马蔡交替之际南海立场走向分析 …………………… 153

第六章　菲律宾的南海政策 …………………………………… 157
　第一节　继承与固化：菲律宾在南海问题上的主要举措 …… 157
　第二节　增强南海影响力：依赖域外大国的军事和安全策略 … 163
　第三节　政治与经济的互动：菲南海政策影响下的对中经济
　　　　　行为 …………………………………………………… 167

第四节　2016年总统选举对其南海政策的影响 …………… 171

第七章　越南的南海政策 ………………………………………… 176
　　第一节　越南南海政策的经济维度 ……………………………… 176
　　第二节　越南南海政策的政治与外交维度 ……………………… 181
　　第三节　越南南海政策的军事维度 ……………………………… 189
　　第四节　越南南海政策趋势 ……………………………………… 194

第八章　马来西亚的南海政策 …………………………………… 197
　　第一节　"中间派"路线与东盟主导权的政策延续 …………… 197
　　第二节　"大国平衡"战略下的政策调整 ……………………… 202
　　第三节　影响马来西亚南海政策延续和调整的主要因素 ……… 204
　　第四节　马来西亚南海政策的未来趋向 ………………………… 207

第九章　印度尼西亚的南海政策 ………………………………… 210
　　第一节　影响印尼南海政策的利益因素 ………………………… 210
　　第二节　印尼南海政策的传承与发展 …………………………… 213
　　第三节　对未来印尼南海政策的展望 …………………………… 220

第十章　美国的南海政策 ………………………………………… 224
　　第一节　南海问题日益上升为中美关系中新的突出问题 ……… 224
　　第二节　积极组建意在节制中国的南海"战略同盟" ………… 229
　　第三节　通过多种途径加强在南海地区的军事存在 …………… 235
　　第四节　频繁在南海事务上对中国进行指责或施压 …………… 241

第十一章　日本的南海政策 ……………………………………… 249
　　第一节　美日同盟体系下的日本南海政策 ……………………… 249
　　第二节　"ASEAN＋日本"体系下的日本南海政策 …………… 253
　　第三节　日本南海政策来源及其走向 …………………………… 255

第十二章　澳大利亚的南海政策 ………………………………… 257
　　第一节　澳大利亚南海政策的延续 ……………………………… 257
　　第二节　澳大利亚南海政策的调整 ……………………………… 263
　　第三节　澳大利亚南海政策调整的驱动因素 …………………… 266
　　第四节　澳大利亚南海政策调整产生的影响及未来走向 ……… 271

第十三章　印度的南海政策 ……………………………………… 277
　　第一节　印度在南海问题上的新动向 …………………………… 278
　　第二节　印度南海政策新动向的影响因素 ……………………… 285

2015年南海地区形势大事年表 ………………………………… 292

第一章

2015年南海国际舆论、外交与安全形势回顾[*]

2015年，南海议题持续发酵，南海争议、南海安全仍然是其中最突出的聚焦点，也是国际舆论、区域内外国家外交与对话的热点。相比之下，南海安全形势在2015年出现急剧变化，中美围绕中国南海岛礁建设及所谓的"军事化"议题、美国南海巡航在外交、军事层面交锋多次，而这也构成了南海安全形势2015年最凸显的特征，使南海安全形势中传统安全、非传统安全的比重对比发生了急剧的变化。

第一节 南海地区国际舆论的基本态势

2015年，南海问题的国际舆论围绕中国南海岛礁建设问题和"南海仲裁案"两条线索持续发酵，引发多个舆论爆点，呈现出明显的"双线多爆点"结构。这种"双线多爆点"结构，一方面适应了国际舆论热点持续有效时间的规律，展示了当前南海问题国际舆论传播的基本形态和特征，另一方面从不同角度、不同时间点上维系了南海问题作为国际舆论热点的较高关注度，为南海问题国际舆论的进一步深化发展提供了基本动力源。

2014年5月以来，国际上围绕中国的南海岛礁建设问题的舆论动态持续发酵，经2015年香格里拉对话会、8月份的东盟系列会议、美国"拉森"号侵入南海岛礁12海里事件而引发广泛的讨论，形成了以持续上升为基本特征的中国南海岛礁建设问题的国际舆论传播动态线。在这个过程中，国际社会围绕中国南海岛礁建设问题的讨论实现了由"岛礁建设行动的真伪""岛礁建设工程的进展"到"岛礁建设行动的意图""岛礁建设行动的影响"的转变，而中国南海岛礁建设的国际舆论的引导主体则经历了从菲律宾政府引导到国际媒介的大范围参与再到美国政府引导的调整。中国南海岛礁建设问题因而转化为单线多极的国际舆论热点。这既是中国南海岛礁建设问题的新闻价值被逐渐发掘和渲染的过程，更是中美双方围

---

[*] 鞠海龙，暨南大学国际关系学院/华侨华人研究院副院长、教授、博士生导师；葛红亮，广西民族大学东盟学院副研究员。

绕南海问题的政治博弈作用到国际舆论层面的过程。

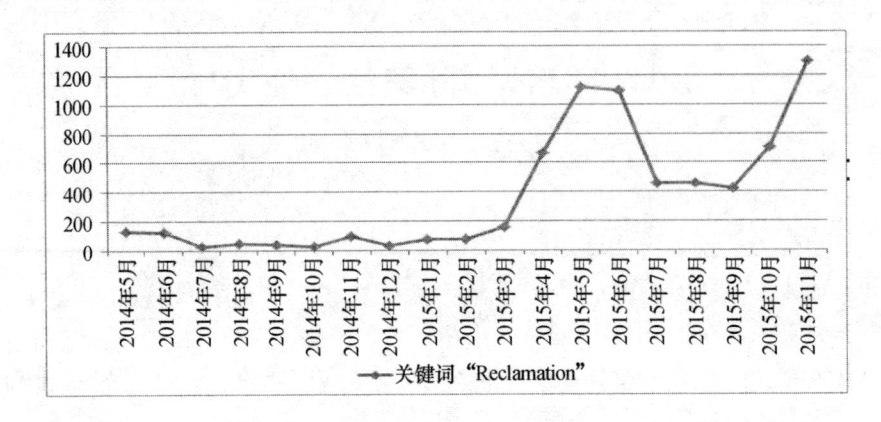

图1—1 2014年5月至2015年11月国际媒体涉中国南海岛礁建设的报道数量分布①

由图1—1可以看出，国际媒体对中国南海岛礁建设的关注因美国国内对美海军进入中国南海岛礁12海里的讨论、美P8－A反潜巡逻机携美国有线电视新闻网（CNN）记者南海闹事、2015年香格里拉对话会美防长对中国南海岛礁建设行动的点名批评而空前高涨。随后，随着中国南海岛礁吹填工程的结束以及中国在东盟系列会议中的积极表态，中国南海岛礁建

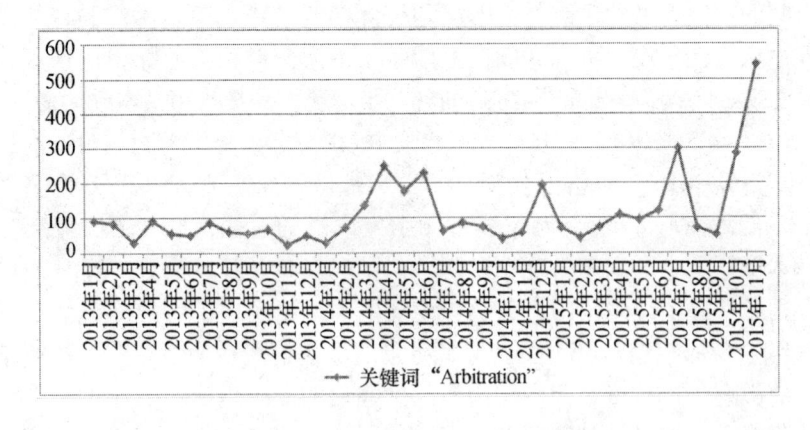

图1—2 2013年1月至2015年11月国际媒体涉"南海仲裁案"的报道数量分布②

---

① 在LexisNexis新闻数据库中逐月进行检索，检索的时间区间为：05/01/2014－11/30/2015；检索一级词条为south china sea，检索二级词条为reclamation，得出相关数据。

② 在LexisNexis新闻数据库中逐月进行检索，检索的时间区间为：05/01/2014－11/30/2015；检索一级词条为south china sea，检索二级词条为arbitration，得出相关数据。

设的国际舆论稍显回落。而"拉森"号事件则再次将中国南海岛礁建设国际舆论推向高潮,美国"以身作则"从幕后走向前台以及中美围绕南海问题的"直接对抗"都将成为国际舆论在"后岛礁建设时代"的着重关注点。

与中国南海岛礁建设问题的国际舆论传播动态线的发展特征不同,"南海仲裁案"的国际舆论传播以中国、菲律宾、"南海仲裁案"仲裁庭就南海"国际仲裁"而采取的行动为标志性节点而呈现出剧烈波动的发展特征。南海"国际仲裁"的国际舆论传播动态线起源于2013年1月22日菲律宾向中方提交了就南海问题提起"国际仲裁"的照会及通知,发展于2013年2月19日中方声明不接受菲方所提"仲裁",升温于2013年4月27日"南海仲裁案"仲裁庭组成和2013年7月18日仲裁庭对南海争端"仲裁程序"开始,2014年12月5日美国国务院发表《海洋界限:中国南海海洋主张》和2014年12月13日中方发布《中华人民共和国政府关于菲律宾共和国所提南海仲裁案管辖权问题的立场文件》则将该问题推向舆论高峰。2015年7月13日,按照"第四号程序令"的安排,"南海仲裁案"仲裁庭对管辖权之范围和菲律宾主张之可受理性进行庭审,并于2015年10月30日做出对菲律宾提请仲裁的14项中的7项"拥有仲裁权"的裁决。尽管这一裁决对中方没有约束力,却因其极具"标志性"而受到国际舆论的高度关注,为"南海仲裁案"再次成为国际舆论热点提供了新的动力。作为南海问题国际舆论中的重要舆论线索和对南海问题有重要影响且足具国际关注效能的热点问题,"南海仲裁案"伴随着仲裁庭的相关程序的进展,而留在国际舆论的视野中。

由图1—1和图1—2的比较可见,国际媒体对"南海仲裁案"的关注并不如对中国南海岛礁建设问题的关注高,并呈现"波动"之势。自2013年4月"南海仲裁案"仲裁庭组成,仲裁庭在"南海仲裁案"程序上的进展便受到国际媒体的格外关注。随后,仲裁庭对菲律宾所提请的仲裁事项的管辖权及其可受理性问题成为仲裁法庭成立之后亟需回答的首要问题,也是"场外"国际媒体的聚焦所在。近一年来,引发国际媒体聚焦的四大节点分别为:2014年12月中国发布了《中华人民共和国政府关于菲律宾共和国所提南海仲裁案管辖权问题的立场文件》,具体阐述了中国不接受、不参与的立场,随后,仲裁庭发布"第三号程序令";2015年7月仲裁庭相继发布"第五号程序令""第六号程序令",并举行了管辖权听证会;2015年10月仲裁庭发布"第七号程序令",并做出了管辖权裁定,确认对菲律宾提出的7项主张有"管辖权";2015年11月仲裁庭相继发布"第八号程序令""第九号程序令",并进行"南海仲裁案"实体部分的听证会。

2015年南海问题国际舆论沿着"中国南海筑岛"和"南海仲裁案"两条基本线向后延展,中间经历了香格里拉对话、东盟系列会议、美国"军事化"中国筑岛行动、仲裁管辖权的裁定等多个国际舆论引爆点,维持和持续推动了南海问题国际舆论的热点状态。这一舆论趋势与美国"亚太再平衡"战略对中国南海地缘政治能力的反对和压制有关,与美国以巧实力撬动中国周边国家与中国稳定关系有关,也与美国以所谓"国际法原则"确立其亚太国际秩序主导权而刻意塑造中国与国际法秩序的对立形象有关。不可否认,中国对美国南海挑衅和指责的有力驳斥很好地回应了美国在国际舆论领域内"强权即是公理"的逻辑。然而,客观来看,美国凭借国际舆论层面的主导权,在南海议题上制造话题、适时诱发热点、引导主流观点走向等方面优势相当明显。对此,中国不仅应有清晰、客观的认识,而且还应在沉着应对的同时,拿出更为积极有效的举措。

第二节 南海地区外交形势的发展

2015年,围绕南海议题的外交博弈和交锋持续发酵,主要包括"中国岛礁建设""南海航行和飞越自由""南海行为准则""南海仲裁案"与"南海安全"等议题。议题虽有相似之处,但2015年大国南海外交博弈与交锋的态势已然呈现出与以往不同的特征,中美南海博弈的战略地位显著提升,而其下区域内外国家在南海也是"暗流涌动",在中美之外,是否"选边站"逐渐成为判断与衡量区域内外有关国家南海政策选项的关键依据。

过去一年,中美南海博弈不仅上升到各自外交战略中前所未有的地位,而且构成南海大国竞争层面重要的元素。中美南海博弈的升级在根本上是美国南海政策日益强硬、激进的结果。从战略层面来看,美国随着其"亚太再平衡"战略的持续实施,南海地区在这一战略实施过程中的地位日益提高,而美国也逐渐在南海地区政治、经济、国际舆论与安全防务等领域站在了对华的最前线。[①] 简单来讲,美国在南海地区的策略渐趋成形,而这可概括为"前沿、前线"策略。

美国这一战略的实施如今大体呈现为三条路径。在政治层面持续倾向于菲律宾等东南亚争端方及在舆论层面指责中国反映了美国在南海议题上持"中立"立场的虚伪性。作为美国新任驻东盟大使,妮娜·哈奇格恩

---

① Hongliang Ge, "US sea meddling makes trouble for itself", Global Times, Feb. 28, 2016, http://www.globaltimes.cn/content/970885.shtml?from=singlemessage&isappinstalled=0.

(Nina Hachigian)在出席美国国会外交委员会的听证会时强调,中国在南海议题上越来越"武断",而她在接受《外交杂志》采访时不仅延续了这一看法,而且透露了美国鼓励东盟发挥更大作用的想法。① 4月,美国总统奥巴马在出访牙买加时被问及南海议题,他称:"我们关注的是中国不遵守国际常规与条例,凭其大国之势迫使其他国家顺从其意……"② 其中"大国强权"的意味甚浓。随着中国南海岛礁建设议题的持续发酵,美国各界,特别是军方对中国的指责也渐趋强硬、严厉。4月初,美国太平洋舰队司令哈里斯称,"中国在南中国海建设军用设施,将导致该区域紧张局势升温,是对其他涉及此海域争端的国家的挑衅。"③ 5月1日,美国虽然接到了中国方面期望未来条件成熟时使用南海在建岛礁的邀请,但仍然坚持认为中国的举动是对地区现状的"改变"和地区局势再度紧张的"根源"。美国的国务院发言人拉特克(Jeff Rathke)甚至表态,就算中国在建岛礁未来用于民事和地区救灾用途,仍无助于地区和平与安全。④ 可见,美国对中国南海岛礁建设的定性不仅有违事实,而且还包含着深刻的"强权即是公理"逻辑。不仅如此,美国国防部长卡特在前往香格里拉对话会前还对此认为,中国的南海行为使其正在"偏离"各方坚持的国际规范和亚太安全框架等共识。⑤ 5月、6月,美国副总统拜登和总统奥巴马接连就南海议题阐述态度,认为中国在南海不遵守国际法和妨碍航行、飞行自由,以及在外交层面"以大欺小"并"威胁、胁迫"其他东南亚南海争端方。7月,哈里斯在出席一次安全论坛时再度对中国南海行为表达了严厉的指责,认为中国在"偏离"外交路线和"加剧"地区局势紧张。⑥ 与此同时,地区存在的相关多边框架与场合也成为美国领导人渲染中国"威胁"和表达对菲律宾等争端方倾向性的场所。11月,奥巴马在菲律宾出席亚太经合组织领导人会议与在马来西亚参加东南亚峰会期间,也是不顾及

---

① 《美驻东盟大使:亚太再平衡政策关键是美国与东盟的关系》,中国日报网,2014年12月31日,http://world.chinadaily.com.cn/2014-12/31/content_19210624.htm。
② "Obama: China'using muscle'to dominate in South China Sea", BBC, April 10, 2015, http://www.bbc.com/news/world-asia-china-32234448.
③ 《美责中国扩建岛礁导致局势升温》,[新加坡]《联合早报》,2015年4月2日。
④ 《美国拒绝中国"共用南中国海岛礁设施"提议》,[新加坡]《联合早报》,2015年5月3日。
⑤ Wyatt Olson, New PACOM chief: China's South China Sea island claims "preposterous", Stars and Stripes, May 28, 2015, http://www.stripes.com/news/pacific/new-pacom-chief-china-s-south-china-sea-island-claims-preposterous-1.349020.
⑥ Terri Moon Cronk, Pacom Chief: China's Land Reclamation Has Broad Consequences, DOD News, Defense Media Activity, July 24, 2015, http://www.defense.gov/News-Article-View/Article/612689.

会议的议题安排，持续挑起南海议题，认为中国应尽快停止南海岛礁建设与所谓的"军事化"进程。①

美国奉行"前线"策略的第二条路径则是"规则"与国际法之争名义下美国在南海的频繁抵近试探。一直以来，美国在南海议题上关于"规则"与国际法的争论聚焦在对中国南海"断续线"主张的指责及强调根据《联合国海洋法公约》和平解决南海争端，而维护南海"航行自由"则是美国介入南海的一个重要缘由。2015 年，美国不仅在口头上持续表达前述态度，而且在实践上以派遣海军舰只、飞机前往南海巡航的方式来展示美国捍卫南海航行、飞越"自由"的决心。由此，"南海巡航"成为 2015 年中美南海博弈的重要内容。5 月起，国际舆论方面已经有美军舰进入南沙相关岛礁"12 海里"进行巡航的传闻，而直到美国东部时间 10 月 26 日晚，美国海军"拉森"号在短时间内选择进入南沙渚碧礁 12 海里海域，并进行了穿越式巡航。由于南海争端的存在及围绕这一争端展开的复杂大国竞争关系，美国巡航南沙 12 海里则具有明显的国际政治内涵。以此，美国不仅站在了维护"航行自由"的最前线，而且还回应了地区盟友与友好国家的期待及向中国传递了美国对中国南海行为的严重关切。② 美军巡航南沙事件发生时，中国海军则采取了监视、跟踪和警告的对应措施；之后，中国外交部与军方均向美方提出了严正交涉和强烈抗议，而正如中国驻美国大使崔天凯所强调的，美国南沙巡航是政治与军事上的严重挑衅行为，南海局势也势必将因此更趋紧张。③ 12 月 10 日，美国一架 B-52 轰炸机在"执行任务"时飞入南海华阳礁上空 12 海里范围内。这表明，美国正逐步推进南海巡航的机制化和常态化。南海巡航在彰显美国南海策略新变化的同时，也在侧面反映出中美在南海博弈与战略"对抗"上出现了前所未有的升级。

美国奉行"前线"策略的第三条路径则是将南海议题视为中美高层战略与对话的必谈话题。众所周知，南海争端并非中美间的纷争。然而，随着美国"亚太再平衡"战略的持续深入实施及南海地区在其中战略支点作用的日益凸显，南海议题本质上显然已经并非单纯的主权争议问题，而是

---

① Obama talks about South China Sea at APEC summit despite Chinese concerns, BBC, Nov. 18, 2015, http://www.bbc.com/news/world-asia-34853646; Simone Orendain, Obama Calls for "Bold Steps" to Quell Tensions in South China Sea, VOA, Nov. 19, 2015, http://www.voanews.com/content/obama-calls-for-bold-steps-to-quell-tensions-in-south-china-sea/3063005.html.

② 葛红亮：《南沙"12 海里"背后的复杂竞争》，中国网，2015 年 10 月 30 日，http://opinion.china.com.cn/opinion_73_139973.html。

③ 章念生、张朋辉：《我驻美国大使阐明中方严正立场》，《人民日报》，2015 年 10 月 29 日，第 21 版。

成为一个战略、安全与外交问题。①南海问题之所以日益呈现出如此复杂的特征，美国作为南海问题"国际化"最突出因素，在其中扮演了最关键的作用，而将这一议题置于美中高层对话则成为美国在南海"亲上火线"的又一佐证。继2013年年中中美首脑加州庄园会面后，南海议题在2015年9月中国国家主席习近平访美期间再度成为一个难以避开的话题。针对此话题，根据白宫网站消息，奥巴马在会谈期间向习近平主席强调，"南海的航行和飞越自由"是国际法赋予的权力，美国对中国南海岛礁建设及相关"军事化"部署深表关切。②不仅如此，在中美两国其他层面的会谈与通话中，南海议题也充当一个必谈话题。

中美南海博弈与"对抗"是2015年南海大国竞争层面最为凸显的因素。但与此同时，中美南海竞争之下却也是明波潮涌、暗流涌动，而这同样构成了2015年南海地区外交形势不可不察的内容。中美南海博弈与"对抗"态势的升级实际上减少了南海沿岸及周边相关区域外大国的政策选项，而是否"选边站"俨然成为一个判断标准。

这一年，日本、菲律宾与澳大利亚是立场与美国最为接近的三个国家。以日本为例，日本在对中美战略博弈有着非常清晰认识的情形下，③在南海议题上动作不断。日本在持续追随美国南海政策外，虽然在派出自卫队舰只、飞机与美国联合巡航南海方面有所疑虑，但随着在解禁自卫权层面迈开实质性步伐，开始大肆向菲律宾、越南等东南亚南海争端方援助与售卖海上巡逻装备。不仅如此，日本在国际舆论层面不断向中国施压。2015年4月，正是由于日本的强推和大量幕后工作，在德国召开的G7外长会议史无前例地单独通过了一份涉及南海与东海局势的海洋安全问题声明。④

相比之下，不愿意在中美间"选边站"的国家仍然占据了多数，这些国家既包括域外印度、韩国等，也包括东南亚地区的大多数国家。虽然如此，这些国家2015年仍然从区域安全与"规则"层面表达了对中国岛礁建设的

---

① 朱锋：《21世纪的海权：历史经验与中国课题》，世界知识出版社2015年版，前言，第8页。
② Rose Garden, Remarks by President Obama and President Xi of the People's Republic of China in Joint Press Conference, Office of the Press Secretary, the White House, Sept. 25, 2015, https://www.whitehouse.gov/the-press-office/2015/09/25/remarks-president-obama-and-president-xi-peoples-republic-china-joint.
③ 2015年，日本防卫省的智库防卫研究所公布了分析日本周边安保环境的《东亚战略概观2015》，其认为在南海地区"美中两国之间的战略对峙正趋于明显"。see the National Institute for defense studies, East Asia Strategy Review 2015, Executive Summary, p. 8, http://www.nids.go.jp/english/publication/east-asian/pdf/2015/east-asian_e2015_executivesummary.pdf.
④ 张伟：《强推七国集团声明，日本暗藏心机》，新华网，2015年4月17日，http://news.xinhuanet.com/world/2015-04/17/c_127698643.htm。

关切和按照《联合国海洋法公约》和平解决南海争端的立场。以东盟为例，其作为东南亚地区国家间的唯一组织，虽然并不在南海主权争议层面持有立场，但却对南海议题饱有浓厚的兴趣和日益成为一个利益攸关者，[①] 而这集中体现在南海区域安全层面。因此，南海议题虽非东盟系列会议的主导性课题，但由于触及地区安全与涉及南海区域内外复杂的国家间关系，却也是有关方"热炒"、相关方"推波助澜"与各方共同关注的话题，自然也为东盟峰会、东盟外长会议等系列会议所重视。4月27日，东盟第26届峰会上，由于菲律宾、越南的执意推动，最后的主席声明中不仅重复了以往的"原则性"立场声明，还对持续推进"南海行为准则"（COC）进程做了强调并表达了部分成员国对中国南海岛礁建设的"深切"关注与担忧。[②] 8月4日，东盟第48届外长会议召开。会议最后的联合声明在肯定中国—东盟在"南海行为准则"磋商取得积极进展的同时，也表达了对南海近期局势的关注。[③] 11月21日，东盟第27届峰会召开，峰会最后的主席声明则表达了对南海日益呈现出的"军事化"与紧张局势的关切和担忧。[④]

南海地区外交形势2015年的发展态势与美国在地区持续落实"再平衡"战略不无相关，而随着中国南海维权力度的加强与中美海上战略信任赤字的持续增加，南海问题渐趋成为中美博弈的突出议题，南海地区成为美国地区战略前沿与前线。美国在南海地区奉行的"前沿—前线"策略使中美地区战略博弈与"对抗"大幅度升级，更使过去一年地区外交形势渐趋清晰化、明朗化。随着中国南海博弈与大国"对抗"出现明显升级，南海地区2015年的安全形势也出现了显著变化。

第三节　南海地区安全形势

由于美国在南海奉行"前沿—前线"策略，中美在南海博弈与海上对峙局面的发生，使南海传统安全形势出现了明显的紧张局面。

首先，美国在南海地区日益增长的前沿性军事存在和奉行的"亲上前线"

---

① 葛红亮：《亚细安在南中国海议题上的角色与行为逻辑》，[新加坡]《联合早报》，2015年8月10日，第21版。

② ASEAN, Chairman's Statements of the 26th ASEAN Summit, Kuala Lumpur & Langkawi, Apr. 27, 2015, pp. 10 – 11.

③ ASEAN, Joint Communique of 48th ASEAN Foreign Ministers Meeting, Kuala Lumpur, Malaysia, Aug. 4, 2015, p. 18 and pp. 25 – 26.

④ ASEAN, Chairman's Statements of the 27th ASEAN Summit, Kuala Lumpur, Malaysia, Nov. 21, 2015, p. 24.

的策略使南海传统安全面临前所未有的挑战,而这又具体包括下述两个层面:其一,在南海进行频繁的巡航和以此强调其捍卫航行、飞越"自由"的决心是美国由幕后走向前线的重要表现和象征,也无疑是2015年南海安全局势一再紧张的重要原因。"拉森"号事件与P8"海神"巡逻机、B-52轰炸机在南海的巡航既给中美友好交往带来了诸多负面因素,也使中美海空军在南海多次出现对峙的局面。其二,美国在南海周边,特别是东南亚地区,不断扩大前沿性军事存在。2月6日,美国发布了2015年《国家安全战略报告》,强调中国应"遵守"国际规范,而美国应密切关注中国在地区力量的发展以降低误判的风险;与此同时,报告还表明,美国正在地区通过防务合作关系和地区前沿军事存在的扩大来实现其所谓地区"再平衡"。[①] 3月,美国发布的新版《21世纪海上力量合作战略》更是强调,随着美国聚焦点转移到印度洋和太平洋地区,美军应持续增加在地区的舰船、飞机与海军陆战队员数量。[②] 美国国防部7月1日发布2015年《国家军事战略报告》,紧接着又在8月21日发布了《亚太海上安全战略报告》,而这两份报告无不强调要将美军"最先进的装备和更大的能力"投向亚太地区,[③] 作为亚太地区重要战略前沿的南海地区无疑成为美军聚焦的重点对象。据此,美国以新加坡、菲律宾为南海地区主要海空基地进行了大规模和多次的轮转驻防。

其次,美国在地区的盟友体系和海上安全友好合作关系的巩固与扩大,在扩大美国地区军事影响力与增强对地区国家的军事牵引力的同时,也深刻影响着地区的安全态势。以美日同盟为基石,美国逐渐在地区巩固和扩大其防务合作体系,而这个体系也渐趋呈现出美国走在最前线,日本紧随其后,澳大利亚、菲律宾、新加坡、越南等积极参与的特征。举行双边或多边军事演习是美国在南海地区巩固防务合作关系的一条重要路径。2015年美国与日本、澳大利亚、菲律宾、新加坡和越南等地区国家在南海或周边海域举行了多次规模不等、内容不一的军事演习。不仅如此,美日等还通过外交与防务"2+2"对话来加强与东南亚地区菲律宾、越南等国家在情报交流、军事援助和军备发展方面的合作关系。以菲律宾为例,2015年美菲通过外交和防务

---

① The White House, National Security Strategy 2015, Feb. 6, 2015, p. 24, https://www.whitehouse.gov/sites/default/files/docs/2015_national_security_strategy_2.pdf.

② Department of the Navy, A Cooperative Strategy for 21st Sea Power, March 13, 2015, pp. 8-9, http://www.navy.mil/local/maritime/CS21R-Mandarin.pdf.

③ Joint Chiefs of Staff, The National Military Strategy of the United States of America 2015, July 1, 2015, p. 9, http://www.jcs.mil/Portals/36/Documents/Publications/2015_National_Military_Strategy.pdf; US. Department of Defense, Asia-Pacific Maritime Security Strategy: Achieving U.S. National Security Objectives in a Changing Environment, July 27, 2015, pp. 20-23, http://www.defense.gov/Portals/1/Documents/pubs/NDAA%20A-P_Maritime_SecuritY_Strategy-08142015-1300-FINALFORMAT.PDF.

对话持续加强了防务合作关系，而除规模史无前例的"肩并肩2015"联合军演外，美国还持续为菲律宾的军事现代化发展做努力。相关数据显示，2015年美国对菲律宾的军事援助提高到了7900万美元，而美国也借此向菲律宾售卖舰船和飞机，用于加强菲律宾在南海的防务能力。① 不仅如此，以美国为首，包括日本、澳大利亚、印度等在内的联合巡航力量建设日渐成为美国保持强有力前沿遏制的重要选择。以日本为例，建议日本参与南海巡航在2015年多次被美国提及。例如，美国第七舰队司令罗伯特·托马斯认为，鉴于日本拥有作战半径超过4000千米的新型P-1巡逻机，日本未来在南海的行为是极具意义的。② 在地区盟友体系之外，2015年英国外交大臣菲利普·哈蒙德（Philip Hammond）还史无前例地将英国与澳大利亚、马来西亚、新西兰以及新加坡签订的《五国国防协定》与南海议题相提并论，并强调如英国的地区利益受到威胁，将随时在地区重新进行兵力部署。③

最后，南海区域内菲律宾、越南等国家对海空军发展更加重视及由此形成的东南亚"逆裁军"形势使南海地区安全也面临着不小的威胁。菲律宾、越南作为本年度南海争端中态度最为激进的两个国家，在军备建设方面也是不遗余力。在增强同美日等国家防务合作关系的同时，菲越两国还热切期待从美国、日本等国家购买获得更多的海空军装备。2015年6月初，越南迎接到访的美国国防部长卡特，同时迎来了美国在越战后首次向越南出售的杀伤性武器"Metal Shark"巡逻艇，而为此越南也获得了美国高达1800万美元的援助。④ 时任菲律宾总统阿基诺三世在6月初到访日本，寻求从日本获得P-3C巡逻机，虽然未能如愿，但仍然获得了日本的大量援助和向菲律宾出售巡逻艇的承诺。⑤ 11月17日，美国总统奥巴马到访马尼拉，并宣布将向菲律宾出售两艘舰船以提升菲律宾的巡逻能力；同日，菲日外长举行会谈，双方就情报交流与军备出售等方面再度形成共

---

① 《参考消息》，2015年11月26日报道。

② The Jamestown Foundation, U. S. Suggestion For Japanese Patrols in South China Sea Prompts ADIZ Threat, China Brief, Vol. 15, Issue 3, 2015, http://www.jamestown.org/programs/chinabrief/single/?tx_ttnews%5Btt_news%5D=43501&tx_ttnews%5BbackPid%5D=789&no_cache=1#. VtLYmf0bzS0.

③ Foreign Secretary's speech on the UK in Asia Pacific, This speech was published under the 2010 to 2015 Conservative and Liberal Democrat coalition government, 30 January 2015, https://www.gov.uk/government/speeches/foreign-secretarys-speech-on-the-uk-in-asia-pacific

④ 《美国向越南承诺1800万美元提升防务》，人民网，2015年6月1日，http://world.people.com.cn/n/2015/0601/c157278-27082734.html。

⑤ 《菲日签联合宣言加强安全合作》，[新加坡]《联合早报》，2015年6月5日。

识。① 而从整体来讲，仅以美国国防部的说法，2015 年美国投入了多达 1.19 亿美元帮助发展东南亚国家的海上能力，其中包括印度尼西亚、马来西亚、越南和菲律宾，其中菲律宾则是美国在地区军援的接纳大户。②

2015 年南海传统安全形势的急剧升温，极大改变了地区传统安全与非传统安全的对比形势，南海地区安全形势因而呈现出显著的变化。然而，地区非传统安全比重的下降也并不意味着南海非传统安全形势出现过于乐观的转变。2015 年，因海上难民事件愈演愈烈及海盗事件频发，南海地区非传统安全形势仍旧未发生根本好转。为摆脱贫困，来自缅甸的罗兴亚人和孟加拉人长期倾向于从海上偷渡至泰国、马来西亚和印尼等国，但他们的很大一部分却滞留于海上，或成为被绑架或被贩卖的对象。针对海上难民，马来西亚与印度尼西亚在 5 月表示，已有将近 2000 名来自缅甸和孟加拉国的难民登上两国海岸，估计还有 6000—8000 名难民漂在海上。而依据联合国难民署的报告《东南亚的非常规海上活动》，2015 年第一季度，就有多达 2.5 万名罗兴亚人和孟加拉人登上了"蛇头"集团的船只，这几乎是 2014 年同期的两倍。③ 在海盗与海上武装抢劫方面，2015 年东南亚—南海地区的形势有所好转，但从全球范围来看，依旧是当今为数不多的海盗多发区域。以 2015 年第一季度为例，全世界发生了 54 起海盗事件，而东南亚水域发生的海盗事件占比为 55%，超过总数的一半。④ 2015 年，全球共发生海盗和武装抢劫事件 246 起，而仅 2015 年 1—9 月亚洲海域就发生了 161 起海盗与武装抢劫事件，相比 2014 年同期的 129 起增长了 25%。⑤ 就国别来看，由于印尼和马来西亚政府采取了有效举措，打击了当地两大黑帮团伙，这些地区的海盗和武装抢劫情况明显好转。依据数据，马六甲—新加坡海域仍然是海盗事件高发区，2015 年前三季度共有 96 起发生在该区域，而有 27 起发生在越南海域。⑥

---

① Japan-Philippines Foreign Minister's Meeting, Ministry of Foreign Affairs of Japan, Nov. 17, 2015, http://www.mofa.go.jp/s_sa/sea2/ph/page3e_000414.html.

② 《参考消息》，2015 年 11 月 26 日报道。

③ 《东南亚海上难民问题愈演愈烈 15 国将讨论应对危机》，环球网，2015 年 5 月 20 日，http://world.huanqiu.com/hot/2015-05/6482171.html.

④ 《国际海事局：东南亚地区成为海盗事件新热点》，中新网，2015 年 4 月 22 日，http://www.chinanews.com/gj/2015/04-22/7225187.shtml.

⑤ ReCAAP ISC, Piracy &ArmedRobberyAgainstShipsinAsia, the3rd QuarterlyReport 2015, p.5, http://www.recaap.org/Portals/0/docs/Reports/2015/ReCAAP%20ISC%203rd%20Qtrly%20Report%202015%20（Open）.pdf.

⑥ ReCAAP ISC, Piracy & Armed Robbery Against Ships in Asia, the 3rd Quarterly Report 2015, p.5; 伊民：《国际海事局发布 2015 年全球海盗活动报告》，《中国海洋报》，2016 年 2 月 17 日，第 A4 版。

第二章

"东盟安全共同体"建设及其对南海局势的意义探讨*

2015年12月31日,作为东盟轮值主席国马来西亚的外长,阿尼法·阿曼发布一则声明说,东盟共同体当天正式成立,东盟地区一体化水平因此又达到了一个新高度,而这无疑也成为东盟发展历程中的一个里程牌。[①] 东盟共同体的成立确实象征着地区一体化的新起点,但却又并非是东盟一体化发展的止点。在"东盟共同体"构想提出后,东盟国家即开始循着这个方向做出共同努力。如今东盟共同体虽然成立,但这并不意味着"东盟共同体"是一个已然的概念,东盟国家仍旧需要付出更多的努力。在东盟共同体建设进程中,"安全共同体"是其中一项重要内容,而以此为起点,东盟在南海议题上的角色也被赋予了新内容,南海局势成为东盟共同体建设进程中重塑价值观和规范、海上安全、国防合作与冲突预防的重要议程。近些年来,随着地区局势及自身"一体化"进程的发展,东盟在南海局势中角色日渐凸显,而东盟对南海议题持有的兴趣也日益浓厚。同时,随着中国在南海议题上提出"双轨思路",东盟在共同维护南海地区安全方面的重要角色与地位已然在事实上得到了中国政府的确认。[②] 由此来看,东盟未来在南海局势中势必将画下更为浓墨重彩的一笔,而"东盟安全共同体"的构想、实践与持续发展也将成为考察东盟在南海议题上角色变化与发展走向的关键因素。

第一节 "安全共同体"的概念及其理论理解

"安全共同体"概念出现在"安全困境"概念提出后不久,旨在探索出一条克服"安全困境"与实现、维持和平发展的道路。因此,也有学者

---

* 葛红亮,广西民族大学东盟学院副研究员。

[①] Melissa Goh, ASEAN Community marks milestone in bloc's history, Channel News Asia, Dec. 31, 2015, http://www.channelnewsasia.com/news/asiapacific/asean-community-marks/2388234.html.

[②] 葛红亮:《亚细安在南中国海议题上的角色与行为逻辑》,[新加坡]《联合早报》,2015年8月10日,第21版。

第二章 "东盟安全共同体"建设及其对南海局势的意义探讨

将它称为"安全共同体和平论"。① 关于"安全共同体"的概念,依据学界共识,其最早由理查德·冯·瓦根伦(Richard Van Wagenen)提出。1952年,他在其著作中提出并为"安全共同体"拟定了最早的定义:"安全共同体是一个已经实现一体化的集团,在这个一体化集团内已经具备了同一共同体身份,有正式或者非正式的制度性规范,成员国间对集团内长时间的和平发展有合乎道理的确定性。"② 然而,理查德·冯·瓦根伦的研究最初并未引起学界太大的注意。直到五年后,卡尔·多伊奇、西德尼·布鲁尔(Sidney A Burrel)和理查德·冯·瓦根伦等人在共同出版的著作《政治共同体与北大西洋地区:历史经验中的国际组织》(Political Community and the North Atlantic Area: International Organization in the Light of Historical Experience)中第一次对"安全共同体"进行全面论述和深入剖析,也才使"安全共同体"的概念真正引起学界的关注。他们在书中这样定义"安全共同体":在"安全共同体"中,不同国家通过整合实现真正确保共同体成员间相互不会发生实质性冲突,而是以其他某种方式解决国家间的争端,而其他方式主要指的是制度性规范通过规范协商达成争端解决的和平方式。③

根据他们的研究,"安全共同体"可以被划分为两种类型:一是"合并型安全共同体",这类安全共同体是指"两个或多个原先相对独立的单位合并为一个较大的独立单位,合并后出现某种意义上的共同政府";二是,"多元型安全共同体",这类安全共同体指的是原先独立的实体单位在组建成安全共同体后仍然保持法律上的独立性,也即保留了成员的独立性和主权。④"多元型安全共同体"具有两个显著的特征:第一,多元型安全共同体内没有战争;第二,多元型安全共同体内没有针对其他成员国的大规模的、有组织的战争准备。⑤ 因此,与"合并型安全共同体"相比,"多元型安全共同体"比较容易实现和维持,是成员国间消除大规模战争和实

---

① 郭树勇:《建构主义的"共同体和平论"》,《欧洲》,2001年第2期,第18—25页。
② Richard Van Wagenen, Research in the International Organization Field: Some Notes on a Possible Focus, Princeton, Center for Research on World Political Institution, 1952, pp. 10 – 11.
③ Karl Deutsch, Sidney A Burrell and Richard W. Van Wagenen, etc., Political Community and the North Atlantic Area: International Organization in the Light of Historical Experience, Princeton University Press, 1957, pp. 5 – 6.
④ Karl Deutsch, Sidney A Burrell and Richard W. Van Wagenen, etc., Political Community and the North Atlantic Area: International Organization in the Light of Historical Experience, pp. 5 – 6.
⑤ [加拿大]阿米塔·阿查亚:《建构安全共同体:东盟与地区秩序》,上海人民出版社2004年版,第23页。

现、维持和平的有效路径。①

"安全共同体"概念得到学界普遍关注后,先后经历了两个发展阶段。第一阶段从 20 世纪 50 年代中期到 80 年代中期。在这一阶段,卡尔·多伊奇等人集中以欧美地区为研究对象,通过对这些地区国家共同的政治民主制度、自由化的经济等因素的考察,建立起被称为"非战安全共同体"或"民主安全共同体"的"多元型安全共同体"理论。② 在卡尔·多伊奇等人看来,"安全共同体"的类型虽有差异,但根本上均是实现人的"一体化"的集团。据学者考察,这里的"一体化"是指在一个地域内全体居民中形成的一种相当强烈和足够普遍的对"和平变化"持长时间可靠预期的"共同体感"和制度、惯例。③ 因此,他们也在著作中畅想,"若全球变成一体化的安全共同体,战争就会自动消除。"④

针对"安全共同体"建设和实现的条件,他们则提出了"价值观"的一致性和对事务的共同反应性两个前提。同时,他们还指出了一体化"安全共同体"建设和实现的三个层次:一是,核心区和社会学习,强调公众和政治精英学习政治行为和系统将制度和传统相整合;二是,"起飞"(Take-off)和一体化的累积、发展,强调各种小的、零碎的变化汇集成一股显著的推动性力量,以实现协调性的、巨大而系统性的变化;三是,跨越发展和一体化的形成,认为一旦实现"安全共同体"的主客观条件具备,一体化就可以实现质的跨越发展,"安全共同体"也将随之实现与建成。⑤ 这一理论虽然在 20 世纪 70 年代末 80 年代初得到了欧洲国家的认可与实践,但在现实主义和"安全困境"对东西方冷战对峙颇具解释力的情况下总体上并未占据主流地位,也没有超出欧美地区和实现在第三世界地区的实践。

第二阶段从 20 世纪 90 年代初两极格局结束至今。在这一阶段,"安全共同体"概念是随着新兴国际关系理论——建构主义的兴起而得到进一步

---

① Karl Deutsch, Sidney A Burrell and Richard W. Van Wagenen, etc., Political Community and the North Atlantic Area: International Organization in the Light of Historical Experience, pp. 30 – 31.

② Emanuel Adler, Michael Barnett, Edit., Security Communities, Cambridge University Press, 1998, p. 9.

③ 郑先武:《"安全共同体"理论和东盟的实践》,《世界经济与政治》,2004 年第 1 期,第 21 页。

④ Karl Deutsch etc., Political Community and the North Atlantic Area, in Brent F. Nelsen &Alexander Stubb, edit., the European Union: Readings on the Theory and Practice of European Integration (the 3rd edition), Palgrave Macmillan Limited, 2003, p. 124.

⑤ See Karl Deutsch, Sidney A Burrell and Richard W. Van Wagenen, etc., Political Community and the North Atlantic Area: International Organization in the Light of Historical Experience, pp. 83 – 85.

发展的。在卡尔·多伊奇的研究基础上，建构主义学者们以全新的研究视角审视安全、国家安全与共同安全等概念，并对"多元型安全共同体"的概念重新做了理解。

伊曼纽尔·阿德勒（Emanuel Adler）和迈克尔·巴纳特（Michael Barnet）在《安全共同体》（Security Communities）一书中对"多元型安全共同体"做了重新解释和定义。在该书中，阿德勒等人为"多元型安全共同体"赋予了三个特征，并通过这些特征来定义它。这三个特征具体是：第一，安全共同体成员间拥有共享的价值观和关于安全的认同；第二，成员间有着多方面的沟通与互动；第三，共同体成员在长期的沟通和互动中产生了长期的共有利益和战略互惠性。[①] 与此同时，他们还根据安全共同体内成员间的信任程度将"多元型安全共同体"一分为二："松散型"和"紧密型"的安全共同体，前者强调安全共同体内成员间仅仅保持相同的意图和认同，以及较高的自我克制与避免战争，后者则强调一种超国家的制度性规范的形成，存在一个区域中心化政府。[②] "多元型安全共同体"的建设和实现在他们看来同样并非一蹴而就，而是要经历创始、上升发展和成熟建成三个阶段。[③]

"安全共同体"理论发展的两个阶段虽然有所差异，但也存在着相似和相通之处。一是，两者都强调共同体成员间的互动、沟通和认同的建立，具有明显的社会性和主体间性；二是，两者均以为国家或国家集团克服"安全困境"与实现和平为目标。以二者为基础，温特为代表的建构主义学派则从社会化与认同的视角出发，强调共同的角色和身份在安全共同体形成和维持过程中的作用。恰如他所言，"国家对待敌人和朋友的行动是不一致的，因为敌人是威胁，而朋友却不是。"[④] 同时，随着全球化的发展，建构主义学者们持续深化发展了安全共同体理论，并将这一理论的研究对象从传统的欧美地区转向西亚、东南亚等地区。谢尔顿·西蒙（Sheldon Simon）1992年就曾撰文称，"东盟成员国拒绝使用武力解决彼此争端的决定表明了东盟应该成为一个安全共同体。"[⑤]

---

① Emanuel Adler, Michael Barnett, Edit., Security Communities, Cambridge University Press, 1998, pp. 30 – 37.

② Emanuel Adler, Michael Barnett, Edit., Security Communities, p. 30.

③ Emanuel Adler, Michael Barnett, Edit., Security Communities, pp. 49 – 58.

④ Alexander E. Wendt, Anarchy is What States Make of It: The Social Construction of Power Politics, p. 391.

⑤ Sheldon Simon, the Regionalization of Defence in Southeast Asia, Pacific Review, Vol. 5, No. 2, 1992, p. 122.

东盟为何能被学者们视为"安全共同体"的研究对象？究其原因，主要有两个：一是，东盟成员国在 20 世纪 60 年代末以来并未发生过大的战争或冲突；二是，东盟成员国就通过和平解决国家间的争端达成一致，而东盟成立后初期的一系列政治宣言则构成了"东盟安全共同体"理念的溯源。

第二节 "东盟安全共同体"的基础与构建

一、"东盟安全共同体"的基础

东盟共同体是新的国际经济形势和地缘政治格局下的产物，其三大支柱建设又是该区域政治制度、发展水平和多元文化的区情所决定的。[①]《曼谷宣言》（Bangkok Declaration）作为东盟成立的标志性文件，明确包含了东盟五个创始成员国"建立一个繁荣与和平的东南亚国家共同体"的愿望。[②] 尽管东盟国家在这份文件中以经济合作和社会文化交流为强调重点，并未提到有关安全合作或处理国家间安全问题的原则性意见，但基于共同安全威胁成立东盟的事实仍旧表明东盟国家从一开始就已经怀有实现区域共同安全的设想。

1971 年，东盟国家在《东南亚和平、自由与中立区宣言》（Zone of Peace, Freedom and Neutrality Declaration，又称《吉隆坡宣言》）中首次表达了采取共同行动以有效表达东南亚人民维护地区和平与稳定的迫切愿望，[③] 而这表明东盟国家有意识地开始在地区安全事务中进行合作。不仅如此，该宣言也第一次清晰地表明东盟在协调内部和处理对外关系的基本制度和规范，谋求建立"和平、自由与中立区"和使东南亚作为一个不受外部大国任何形式干涉的和平、自由与中立区获得承认与尊重。[④] 1976 年，东盟国家在《东南亚友好合作条约》（Treaty of Amity and Cooperation in Southeast Asia）这一正式的、具有法律约束力的文件中第一次明确规定了"用和平手段解决分歧或争端""放弃使用武力或武力威胁"等处理成员国间关系与合作参与地区安全事务的原则，并专门使用了一部分内容对"和平解决争端"进行了论述，[⑤] 首次清晰地为东盟协调和处理成员国间的冲

[①] 王勤：《东盟跨入共同体新时代》，《中国社会科学报》，2016 年 3 月 10 日，http://www.cssn.cn/sjs/sjs_rdjj/201603/t20160311_2917022.shtml。

[②] ASEAN, the ASEAN Declaration (Bangkok Declaration), Bangkok, Aug. 8, 1967.

[③] ASEAN, Zone of Peace, Freedom and Neutrality Declaration, Malaysia, Nov. 27, 1971.

[④] ASEAN, Zone of Peace, Freedom and Neutrality Declaration, Malaysia, Nov. 27, 1971.

[⑤] ASEAN, Treaty of Amity and Cooperation in Southeast Asia, Indonesia, 24 February 1976.

突确立了规范。同时，东盟国家还通过了《东盟国家协调一致宣言》，在东盟国家谋求政治稳定方面做了一系列规定，其中一条即为："各成员国本着东南亚国家联盟团结的精神，在解决地区内部分歧中，只能依靠和平的办法。"① 不仅如此，东盟还就成员国间的安全合作做了特别规定，"在安全方面，联盟各个成员国根据它们的共同需要和共同利益，在非东南亚国家联盟的基础上继续合作"，② 强调东盟的"非防务集团"性质。

这些多边合作和磋商中产生的文件和宣言为协调成员国间关系和开展区域安全合作确立了基本原则，这些原则往往被称为"东盟规范"。随后，这些原则和规范反复出现在东盟外长会议、东盟峰会等内部多边会议上，为东盟国家在地区开展区域安全合作的实践提供了直接的指导，并对东盟成员国间的关系发展及东盟在地区安全事务中发挥重要价值产生了极为深远的影响。此外，东盟在《东盟第一协调一致宣言》中还第一次就加强成员国间的经济合作拟定了相关原则，将经济合作和政治安全合作同视为增强东盟集团抗御力的主要途径。毫无疑问，东盟早期的政治安全合作设想与理念及在经济合作方面迈开的第一步构成了东盟提出和努力构建"安全共同体"的基础。

二、"东盟安全共同体"的提出与构建

"东盟安全共同体"在东盟正式将"东盟共同体"作为努力目标后提出。1997年12月，东南亚国家"各自为战"，试图通过不同的渠道和途径寻求减轻亚洲金融危机给国家经济带来的损害。具有讽刺意味的是，恰恰在此背景下，东盟国家为应对金融危机发生后地区内的新挑战出台了《东盟远景2020》（ASEAN Vision 2020），正式将"东盟共同体"作为下一阶段合作的新方向。然而，这份远景计划并未提出成员国在安全合作方面的目标，而仅提出了政治、经济与社会三方面的远景设想，③ 经济区域一体化则是东盟21世纪前构建"共同体"的主要关注领域。

步入21世纪后，全球和地区安全形势的变化促使东盟国家加强了对"安全共同体"的关注。具体来看，原因有三：一是，1997年东南亚金融危机发生后东盟国家在应对危机方面的反应不协调严重损害了东盟国家的合作基础；④ 二是，2001年"9·11"事件的发生和美国相继发动的阿富

---

① ASEAN, Declaration of ASEAN Concord, Indonesia, Feb. 24, 1976.
② ASEAN, Declaration of ASEAN Concord, Indonesia, Feb. 24, 1976.
③ ASEAN, ASEAN Vision 2020, Kuala Lumpur, December 15, 1997, http://www.asean.org/news/item/asean-vision-2020
④ Leonard C. Sebastian and Chong Ja Ian T, Towards an ASEAN Security Community at Bali, IDSS Commentaries, No. 36, Oct. 3, 2003, p. 1.

汗战争和伊拉克战争使东盟国家（特别是印尼）开始担心东盟对国际事态的反应缺乏一致性；① 三是，2002 年 10 月印尼巴厘岛爆炸案的发生和印尼等成员国对在东南亚地区的民族主义分离组织和恐怖主义组织在 "9·11" 事件后的频繁活动，加剧了地区国家对地区安全的担忧。在这一背景下，"东盟安全共同体" 被提上了东盟会议的议程。

据资料显示，2002 年年底时任印尼外长哈桑·维拉尤达（Hassan Witajuda）向外界说印尼正在考虑 2003 年下半年东盟峰会的可能性成果，而这成果将会重提 1976 年的《东盟国家协调一致宣言》，并以该宣言中的相关原则作为基础。② 2003 年 8 月，时任印尼总统梅加瓦蒂（Megawati Sukarnoputri）第一次正式提出创建 "东盟安全共同体" 的建议。③ 这一建议随后得到了东盟其他成员国领导人的一致接受，而这也为当年 10 月东盟第九届峰会通过《东盟第二协调一致宣言》（Declaration of ASEAN Concord Ⅱ）提供了条件。依据该宣言，东盟国家正式将 "东盟安全共同体" 作为 "东盟共同体" 的三项内容之一，④ 而此次峰会的成果也被视为东盟历史的 "分水岭"。⑤ 在该宣言中，东盟国家不仅重申了奠定区域安全事务处理方式和 "安全共同体" 建设的基本原则，而且还规定了 "东盟安全共同体" 的内容旨在 "将东盟的政治与安全合作提升至更高的平台"，并指出了七个有待加强的政治与安全合作领域：确定价值观和规范、海上安全、大规模杀伤性武器、恐怖主义和跨国犯罪、国防合作、东盟地区论坛、与联合国的合作，⑥ 而这七个领域构成了 "东盟安全共同体" 的主要内容。

"东盟安全共同体" 构想正式提出后，东盟国家在区域安全事务合作方面有了新的发展方向。2004 年 11 月，东盟国家在《万象行动计划

---

① Rodolfo C. Severino, Southeast Asia in search of an ASEAN community: Insights from the former ASEAN Secretary-General, Singapore: Institute of Southeast Asian Studies, 2006, pp. 355 – 356.

② Rodolfo C. Severino, Southeast Asia in search of an ASEAN community: Insights from the former ASEAN Secretary-General, p. 355.

③ Indonesia Proposes that an ASEAN Security Community be Formed, Aug. 30, 2003. 转引自郑先武：《"安全共同体" 理论和东盟的实践》，载《世界经济与政治》，2004 年第 5 期，第 25 页。

④ See ASEAN, 2003 Declaration of ASEAN Concord Ⅱ, Adopted by the Heads of State/Government at the 9th ASEAN Summit in Bali, Indonesia on 7 Oct 2003, http://www.aseansec.org/15159.htm.

⑤ ASEAN, Speech by Indonesian President Megawati on the Presentation of a Farewell Gift to Malaysian Prime Minister Dr. Mahathir Mohamad at the ASEAN Summit in Bali Indonesia Oct. 7, 2003, http://www.asean.org/news/item/speech-by-indonesian-president-megawati-on-the-presentation-of-a-farewell-gift-to-malaysian-prime-minister-dr-mahathir-mohamad-at-the-asean-summit-in-bali-indonesia – 7 – october – 2003.

⑥ See ASEAN, 2003 Declaration of ASEAN Concord Ⅱ, Adopted by the Heads of State/Government at the 9th ASEAN Summit in Bali, Indonesia on 7 Oct. 2003.

第二章 "东盟安全共同体"建设及其对南海局势的意义探讨

(2004—2010)》(Vientiane Action Programme 2004—2010) 中确定了"东盟安全共同体"的目标——提高整合政治和安全合作水平以增强区域的和平、稳定、民主与繁荣,同时还规定了政治发展、规范的塑造和分享、冲突预防、冲突解决、冲突后的和平重建等五个 2010 年前完成的战略重点。① 在"规范的塑造和分享"这一部分,东盟国家为巩固和强化东盟的一致性、凝聚力,提出了启动制定"东盟宪章"的议程。2005 年至 2007 年,东盟国家为"东盟宪章"付出了巨大努力。在 2007 年 1 月第 12 届首脑会议召开时,东盟国家已经决议加快了建设"东盟安全共同体"的进程,计划在 2015 年前建立东盟共同体;同时,他们还对外公布了《东盟宪章蓝图》(the Blueprint of the ASEAN Charter),② 为当年 11 月东盟国家在新加坡通过《东盟宪章》提供了前提。随着《东盟宪章》在 2008 年生效,东盟在迈向区域一体化和"共同体"建设的进程中又踏出了最具意义的一步。

在东盟国家稳步推进《东盟宪章》出台的同时,东盟还一改以往注重双边安全防务的传统倾向,转向在东盟框架下发展成员国间的多边安全合作。2006 年 5 月,东盟第一届国防部长会议在马来西亚吉隆坡召开。以此,东盟向外界传达了成员国间希望推进安全与防务合作的重要信息。③ 不仅如此,与会各国防长在本次会议上还通过了《成立东盟国防部长会议概念文件》(Concept Paper for the Establishment of an ASEAN Defence Ministers' Meeting),具体规定了会议的目标、议题和指导原则,④ 而会议的设立则成为东盟国家推动落实《巴厘第二协议》和《万象行动计划》的又一有力举措。

2007 年 11 月,东盟首脑会议授权东盟部长会议和高级官员草拟《东盟安全共同体蓝图》。⑤ 2009 年 4 月,东盟对外公布了《东盟共同体发展蓝图(2009—2015)》(Roadmap for an ASEAN Community 2009—2015)。在该蓝图中,东盟使用了多达 19 页的篇幅阐述了东盟政治与"安全共同体"

---

① ASEAN, Vientiane Action Programme (VAP) 2004 - 2010, Vientiane, Laos, 29 November 2004.

② ASEAN, Cebu Declaration on the Acceleration of the Establishment of an ASEAN Community by 2015; ASEAN, Cebu Declaration on the Blueprint of the ASEAN Charter, the 12th ASEAN Summit in Cebu, Jan. 13, 2007.

③ Lianita Prawindarti, The First ASEAN Defence Ministers' Meeting: An Early Test for the ASEAN Security Community?, IDSS Commentaries, No. 34, May 16, 2006, p. 2.

④ ASEAN, Concept Paper for the Establishment of an ASEAN Defence Ministers' Meeting, Kuala Lumpur, May 9, 2006.

⑤ ASEAN, Chairman's Statement of the 13th ASEAN Summit: One ASEAN at the Heart of Dynamic Asia, Singapore, Nov. 20, 2007.

的详细行动举措,为东盟成员国在共建"安全共同体"的进程中提供了详尽的指导。① 2011 年 5 月第 8 届首脑峰会上,东盟各国首脑对外发布了《全球国家共同体下东盟领导人关于东盟共同体的联合声明》(ASEAN Leaders'Joint Statement on the ASEAN Community in a Global Community of Nations)。该声明强调,到 2022 年东盟能够更好地在全球社会中充当一个平台,东盟国家的合作进一步加强。② 当年 11 月,东盟国家领导人在第 19 届峰会上通过了《全球国家共同体下关于东盟共同体的巴厘宣言》(即《巴厘第三协调一致宣言》,Bali Declaration on ASEAN Community in a Global Community of Nations, Bali Concord Ⅲ),又一次强调了维护地区和平、安全与稳定方面的相关原则性规范。③ 此后,东盟开始寻求全力加速"安全共同体"的建设。

"安全共同体"建设步伐的加快是伴着东盟共同体建设步入快车道一起的。2012 年 4 月,东盟国家在柬埔寨首都金边举行首脑会议。与会各成员国政府首脑在会上通过了《东盟共同体建设金边议程》(2012 Phnom Penh Agenda for ASEAN Community Building),下决心要加倍努力以实现建立东盟共同体的目标。同年 11 月,在主题为"同一共同体,同一命运"的第 21 届东盟峰会上,东盟各个成员国领导人确定 2015 年 12 月 31 日为东盟共同体建设的最后期限。同时,此次峰会的主席声明还梳理了 2012 年"东盟安全共同体"建设的成就,对《东南亚友好合作条约》《东南亚无核区条约》等东盟规范的塑造与分享及以东盟为主导的区域防卫与安全合作、联合缉毒、反恐与打击跨国犯罪等方面所取得的成绩表示满意。为持续推动东盟成员国在各方面协作的加强和助力于东盟共同体的建设,东盟制定了《巴厘第三协调一致宣言》的第一个五年行动计划(2013—2017),为成员国在政治安全方面的合作提供了规范,制定了相关的、具体的行动计划安排。

2013 年,文莱接掌东盟轮值主席国后,在推动东盟共同体建设方面更为积极和务实,不仅使各个成员国间进一步统一了共识,而且还促使东盟共同体的建设步入了冲刺的快车道。一方面,2013 年东盟各国首脑通过第 22、23 届峰会,对东盟共同体建设进行了阶段性的总结,对继续完成东盟

---

① ASEAN, Roadmap for an ASEAN Community 2009 – 2015, Posted in ASEAN Publications, Publications Print, Apr. 9, 2009.

② ASEAN, ASEAN Leaders' Joint Statement on the ASEAN Community in a Global Community of Nations, Bali Indonesia, May 7 – 8, 2011.

③ ASEAN, Bali Declaration on ASEAN Community in a Global Community of Nations, Bali Concord Ⅲ, Bali Indonesia, Nov. 17, 2011.

第二章 "东盟安全共同体"建设及其对南海局势的意义探讨

一体化倡议（IAI）的第二阶段（2013—2015）做了强调，明确了2015年如期建成"东盟安全共同体"的具体举措和步骤。其中，关于"东盟安全共同体"建设的举措和步骤则占据了很大篇幅。另一方面，东盟各国领导人以《巴厘第三协调一致宣言》为依据，展望了2015年以后东盟共同体的发展前景及其在全球政治舞台上的地位，并要求东盟协调委员会（the ASEAN Coordinating Council，ACC）就2015年后东盟共同体前景的主体构成做持续完善与发展。

可见，与此前东盟专注于规范和机制的建立不同，东盟为加快共同体建设，现阶段更为关注规范的分享与实践、落实。2014年，缅甸接掌东盟轮值主席国，在东盟规范的塑造与分享方面延续了前两年的脉络，从区域一体化和东盟共同体建设的角度，持续推动相关规范的实践与落实。5月，东盟各国领导人借举行第24届峰会之机，对外联合发表了《2015年实现东盟共同体的内比都声明》。在声明中，东盟领导人认识到2015年如期实现东盟共同体的紧迫性，并认为唯有持续加深和拓宽一体化进程，缩小成员国间的差距和在地区事务上的分歧，及提高东盟及时处理地区相关事务的能力，才能确保东盟共同体的成功实现。2015年4月26—27日，东盟第26届峰会上与会各国领导人对东盟共同体建设2009年以来取得的进展给予了积极评价，认为这有助于2015年年底成功建立共同体，及对2016—2025年东盟共同体的持续发展远景规划的制定表示欢迎。[1] 而在2015年11月的第27届峰会上，这些领导人则联合发布了《东盟共同体成立2015年吉隆坡宣言》与《东盟2025吉隆坡宣言：团结 向前》，宣布东盟共同体正式成立并详实梳理了东盟共同体建设的发展脉络，及从多角度论述了接下来十年东盟安全共同体的发展路线。[2]

虽然东盟在"安全共同体"制度性规范和框架构建方面取得了显著的成就，但这并不意味着东盟国家在"安全共同体"构建实践中取得了很明显的进步。构建"安全共同体"的实践要远远比制度性规范的建设复杂得多，也要艰难得多。正如学者所言，"与真正达到区域一体化的发展目标，实现区内政治安全同盟构建、生产要素自由流动和社会文化资源整合仍存在相当距离。"[3] 因此，由于东盟多元化的发展情形，包括"东盟安全共同体"在内，东盟国家依旧需要在共同体构建道路上付出更多的努力。

---

[1] ASEAN, Chairman's Statements of the 26th ASEAN Summit, Kuala Lumpur & Langkawi, Apr. 27, 2015, pp. 1 – 2.

[2] ASEAN, Chairman's Statements of the 27th ASEAN Summit, Kuala Lumpur, Malaysia, Nov. 21, 2015, pp. 1 – 8.

[3] 王勤：《东盟跨入共同体新时代》，载《中国社会科学报》，2016年3月10日。

第三节 "东盟安全共同体"构建中的南海议题

作为地区海上安全议题的重要内容，南海问题是东盟构建"安全共同体"不可或缺的内容。然而，东盟在构建"安全共同体"进程中关于南海问题的基本立场、原则及形成的相关规范却在 20 世纪 90 年代初即已初步形成。1992 年，东盟以南海局势的"骤然紧张"为契机，在召开第 25 届东盟外长会议及发表《东盟南海宣言》后，正式迈出了参与南海问题的步伐。正是以此次会议和《东盟南海宣言》为标志，东盟逐步形成在南海问题上的政策立场。[①] 在"安全共同体"提出之前，东盟以《东盟南海宣言》为基础，以集体对话的方式竭力说服中国接受该宣言，尔后持续沿用"先行内部协商一致、尔后与中国对话"的模式希望将东盟订立的"南海行为准则"（COC，下述简称"行为准则"）推销给中国，最终和中国在 2002 年 11 月达成了对各方均具有妥协性的《南海各方行为宣言》（DOC，下述简称《行为宣言》）。可见，成员国间"协商一致"和在南海问题上订立相关规范和制度已然成为东盟参与南海问题的两个突出的行为特征，而这无疑为"安全共同体"提出后东盟在南海问题上的持续参与提供了基础经验。

在东盟提出构建"安全共同体"之后，南海议题一直是东盟构建"安全共同体"蓝图的重要内容，构成了"东盟安全共同体"构建进程中关于重塑价值观和规范、海上安全、国防合作和冲突预防的重要议程。

首先，东盟将"安全共同体"的构建与针对南海争端、海上安全等议题的规范重塑与分享紧密联系在一起。2003 年，东盟在"安全共同体"的象征性文件《巴厘第二协议》中就海上安全做了专门论述，强调海上安全的不可分割性和东盟国家在海上安全议题上加强合作的重要性，认为东盟国家就海洋安全议题展开合作应成为推动"东盟安全共同体"建设的重要推动力。[②] 由此，作为海上安全议题的集中体现，南海问题成为东盟推动其成员国加强海上安全合作和就海上安全问题加强双边、多边交流与协商关系的着力点，及东盟构建"安全共同体"的重要抓点。

2004 年，东盟在《万象行动计划（2004—2010）》和《东盟安全共同体行动计划》中就南海议题进行了专门的讨论。在《万象行动计划》中，

---

① 葛红亮：《东盟在南海问题上的政策评析》，载《外交评论》，2012 年第 4 期，第 67 页。
② See ASEAN, 2003 Declaration of ASEAN Concord Ⅱ, Adopted by the Heads of State/Government at the 9th ASEAN Summit in Bali, Indonesia on 7 Oct. 2003.

第二章 "东盟安全共同体"建设及其对南海局势的意义探讨

东盟希望以确定和分享制度规范为途径加强东盟成员国间的团结、凝聚力。据该文件,"确保《行为宣言》的完全落实和致力于'行为准则'的制定和为各方接受"则是规范重塑与分享五项内容之一。① 因此,《行为宣言》和"行为准则"构成了"规范重塑和分享"的重要内容和关键环节。据此判断,南海议题在东盟构建"安全共同体"进程中有着十分重要的地位。在《万象行动计划》附件和《东盟安全共同体行动计划》中,东盟十分细致地明确了推动《行为宣言》完全落实和"行为准则"建立的具体举措,具体有三个:第一,建立东盟—中国落实《行为宣言》工作组;第二,建立一个《行为宣言》落实的评判机制;第三,协力推动"行为准则"的协商和为各方接受。② 此外,在"安全共同体"行动计划中,东盟明确将预防成员国间或成员国和非成员国间现有的争端议题升级作为"冲突预防"的重要内容,③ 暗示东盟希望在南海问题上建立冲突预防机制。2009年,东盟特别发布了《东盟共同体发展蓝图(2009—2015)》和《东盟政治安全共同体蓝图》(ASEAN Political-Security Community Blueprint)两份涉及"安全共同体"建设的文件,试图为2015年建成"安全共同体"提供明确的蓝图指导。在这两份文件中,东盟就南海问题和确保南海地区稳定、和平再度明确了相关规范和具体的行动举措。文件中,东盟不仅强调其将继续推动《行为宣言》的落实,而且明确强调东盟成员国要在这一过程中保持紧密的协商关系和采取一致、协调的举措,及对落实《行为宣言》进行常规性的回顾和评估以确保有关国家在南海地区及时、合适地履行《行为宣言》,而"行为准则"的协商和达成一致则"天然"地成为东盟构建"安全共同体"的目标之一。2011年,东盟为推进"安全共同体"建设进程,对外公布《巴厘第三协议》,强调依据国际法和平解决争端和放弃使用武力或进行武力威胁,并保证地区航空、航海和平、自由和畅通。④ 这份文件虽然没有明确提到南海问题,但无疑反映了东盟在南海问题上的政策立场和态度,而这也进一步彰显了南海问题在东盟构建"安全共同体"进程中的重要地位。

其次,在"安全共同体"构建进程中,东盟还将相关的多边、双边机

---

① ASEAN, Vientiane Action Programme (VAP) 2004 - 2010, Vientiane, Laos, 29 November 2004.

② ASEAN, Vientiane Action Programme (VAP) 2004 - 2010, Vientiane, Laos, 29 November 2004; ASEAN, ASEAN Security Community Plan of Action, Vientiane, Laos, 29 November 2004.

③ ASEAN, ASEAN Security Community Plan of Action, Vientiane, Laos, 29 November 2004.

④ ASEAN, ASEAN Leaders' Joint Statement on the ASEAN Community in a Global Community of Nations, Bali Indonesia, May 7 - 8, 2011.

制建设与南海议题相联系，使南海纷争成为这些双边、多边机制与论坛的突出议题。如前文，南海问题、南海安全和东盟"规范重塑与分享"紧密相联，而这些规范的提出、磋商和订立过程则是透过东盟搭建的一系列双边、多边机制来完成。东盟外长会议、东盟峰会、东盟地区论坛与东盟国防部长会议及扩大会议等东盟主导下的多边机制及中国—东盟高官磋商、外长会议与中国—东盟领导人会议等双边机制都对南海议题与南海安全投入了很大的关注。中国和东盟国家还成立了落实《行为宣言》高官会和联合工作组会机制。客观上，这些机制为中国和有关方提供了对话平台和渠道，对在地区建立信任机制和开展预防性外交有着积极意义。2009 年，东盟在《东盟共同体发展蓝图（2009—2015）》和《东盟政治安全共同体蓝图》两份文件中寻求建立"东盟海洋论坛"（ASEAN Maritime Forum），以试图推动东盟成员国就海上安全议题展开更多的合作，及以信任机制建设和预防性外交作为控制地区争端局势和预防局势紧张的有效手段。① 以这些多边、双边机制为载体，东盟一则为关于海上安全与争端解决的规范重塑与分享找到了渠道，再则为东盟南海相关争端方和中国就南海议题展开磋商提供了平台。

正因南海在"东盟安全共同体"构建中的重要地位，时至 2015 年，南海议题虽非东盟系列会议的主导性课题，但却始终为东盟峰会、外长会议等系列会议所重视。2015 年 4 月 27 日，东盟第 26 届峰会上，由于菲律宾、越南的执意推动，最后的主席声明中不仅重复了以往的原则性立场声明，还对持续推进"南海行为准则"进程做了强调及表达了部分成员国对中国南海岛礁建设的深切关注与担忧。② 8 月 4 日，东盟第 48 届外长会议召开。会议最后的联合声明在肯定中国—东盟在"南海行为准则"磋商取得积极进展的同时，也表达了对南海近期局势的关注。③ 这则在事实上进一步佐证了南海问题在东盟"安全共同体"构建中在规范重塑与分享及机制建设两个方面的重要性。

关于南海议题和海上安全的规范重塑与分享集中体现在《行为宣言》的落实和"行为准则"的再磋商，而后者在一定意义上构成了对东盟能否

---

① ASEAN Secretariat, Roadmap for an ASEAN Community 2009 – 2015, Posted in ASEAN Publications, Publications Print, Apr. 9, 2009, pp. 10 – 11; ASEAN, ASEAN Secretariat, Political-Security Community Blueprint, Jakarta, June 2009, pp. 6 – 8.

② ASEAN, Chairman's Statements of the 26th ASEAN Summit, Kuala Lumpur & Langkawi, Apr. 27, 2015, pp. 10 – 11.

③ ASEAN, Joint Communique of 48th ASEAN Foreign Ministers Meeting, Kuala Lumpur, Malaysia, Aug. 4, 2015, p. 18 and pp. 25 – 26.

如期实现"安全共同体"构建目标的重大考验。为实现相关的规范得以在成员国间进一步"内化"和对中国等大国的"社会化",东盟还在"安全共同体"建设进程中竭力寻求以南海问题为抓点,为"东盟安全共同体"的构建增添更多的推动力和创造有利的地区周边环境。

第四节 "东盟安全共同体"建设对南海局势的意义

南海议题是"东盟安全共同体"建设进程中的重要话题之一,是东盟关于地区安全规范塑造与分享的重要内涵。近些年来,实现东盟共同体最后期限越是临近,东盟对保持内部"协商一致"和增强凝聚力方面越是高度重视。如今,东盟已经宣布其成立共同体的声明,并希望持续在"安全共同体"建设方面做出持之以恒的努力。鉴于此,随着"安全共同体"持续发展,东盟在南海问题上的角色发展成为评估"东盟安全共同体"建设对南海局势产生何种意义的基础。虽然如此,"安全共同体"的建设也并非为消除东盟成员国在南海议题上的差异性诉求,因此,东盟将来仍旧唯有按照成员国间关于共同体建设的最大的共同利益要求来采取循序渐进的举措,以更为务实的态度实现东盟规范在南海议题上的塑造和分享。

第一,东盟在共同体宣布成立后或在南海议题上更为强调"协商一致"的重要性。近些年来,特别是共同体建设迈入冲刺阶段后,东盟越发期望在成员国间寻求最大限度的统一共识,以寻求成员国间凝聚力的增强和东盟在南海问题上政策和态度的"协商一致"。

经历了2012年在南海议题上的分歧,东盟意识到在南海问题上没能达成"协商一致"局面对其凝聚力有着非常严重的损害,而这也显然不利于共同体的建设。随着东盟共同体日期的日益临近,及受东盟轮值主席国机制的影响,东盟内部着眼于共同体建设和维护东盟内部团结的声音日益强烈,因此对菲律宾、越南等南海争端声索国的诉求给予更多的考虑,而越南等声索国也希望东盟扮演更为重要的角色。2013年6月28日,越南国家主席张晋创(Truong Tan Sang)在东盟秘书处发表的一份演讲中对东盟在南海议题上扮演重要角色表达了特别的期待,他希望在东盟的推动下,尽早达成"行为准则"。

然而,东盟对其成员国在南海问题上"协商一致"的重视并不意味着东盟会成为越南、菲律宾等南海争端声索国的代言人或充当其成员国争端方和中国之间的调停人。东盟在其成员国间,借助南海问题实现相关规范与准则的塑造和分享,旨在实现各声索国信任关系的建立和南海冲突的预防和管控,为南海问题的最终和平解决创造有利环境。就此,笔者也曾阐述过类似意见,"东盟在南海议题上的自我定位,更多在于对地区安全的维护与为主权争端方进行对话、沟通进行暖场,而增进地区国家的互信关系则是东盟的重要目标之一"。① 对此,外国学者也给予认同,有学者在考察东盟在地区安全事务中的作用时得出了这样的结论,在某种意义上,东盟扮演着促进者的角色,而非一个积极的调停者。② 由此来看,东盟在南海议题上对"协商一致"的强调是建立在其南海角色与行为逻辑基础之上的。

第二,共同体建立后,东盟在南海议题上的角色或更趋务实。近几年,东盟改变了过往一味追求"行为准则"、忽视落实《行为宣言》的不务实态度,转而和中国就全面有效落实《行为宣言》框架下平等磋商"行为准则"达成一致。2013 年 4 月 2 日,第 19 次中国—东盟高官磋商在北京举行。会议上,东盟国家开始同意在全面有效落实《行为宣言》框架及协商一致基础上朝着"行为准则"的目标共同努力。③ 以此为起点,东盟在"安全共同体"构建及与中国就南海问题展开互动的过程中延续着这一立场和举措。2014 年 5 月,东盟国家领导人在《2015 年实现东盟共同体的内比都声明》中认为,各方应加强合作以共同推动《行为宣言》的全面有效落实及共同努力朝着尽早就"行为准则"达成一致的目标迈进。④ 8 月,中国和东盟在"10 + 1"外长会议上重申了在全面有效落实《行为宣言》框架下就"行为准则"进行磋商和建立准则的立场。⑤ 不仅如此,东盟还以全面有效落实《行为宣言》为契机,更加注重在实践中落实东盟规范,和中国建立海上联络热线,寻求加深和中国的海洋安全合作关系,以实现南海安全共同维护者的角色。

第三,东盟在南海局势上或将表现出更多的担忧,而这势必促使东盟采取更多的举措。近些年,东盟对南海局势的看法虽然不算太坏,但也不算乐观,而"失衡"、不对称发展则成为东盟国家看待局势发展的主流观

---

① 葛红亮:《加州庄园峰会上的美国与亚细安》,[新加坡]《联合早报》,2016 年 2 月 20 日,第 27 版。

② Ramses Amer, The Dispute Management Approach of the Association of Southeast Asian Nations: What Relevance for the South China Sea Situation?, in Shicun Wu and Keyuan zou, edit., Non-Traditional Security Issues and the South China Sea, Ashgate, Surrey, UK, 2014, pp. 47 – 72.

③ 《第 19 次中国—东盟高官磋商在京举行》,中华人民共和国外交部网站,2013 年 4 月 3 日。

④ See ASEAN, Nay Pyi Taw Declaration on Realisation of the ASEAN Community by 2015, adopted by the 24th.

⑤ See ASEAN, Chairman's Statement on the Post Ministerial Conference (PMC) 10 + 1Sessions, Nay Pyi Taw, Myanmar, Aug. 9 – 10, 2014, pp. 5 – 6.

第二章 "东盟安全共同体"建设及其对南海局势的意义探讨

点。在东盟国家的视野中,南海局势的"失衡"主要体现在多个层面。

首先,东盟国家认为,南海地区局势的"失衡"体现在东盟与中国之间的"不对称"发展关系。近几年,南海地区政治安全等领域的发展现状正在加剧东盟相关成员国对华的信任赤字。在政治安全领域,因南海争端,中国与菲律宾、越南等东盟国家有海上摩擦和外交"口水战"发生,而近年来中国在南海的主动维权态势,特别是中建岛南部"981"平台事件及此后南沙加固、扩建岛礁的行为已经被东盟国家普遍视为地区安全的"威胁"。[①] 其次,南海局势中由"大国博弈"带来的权力格局变化也是东盟视野下地区局势"失衡"的重要体现。随着中美在南海事务中博弈的持续加剧,南海地区逐渐成为"角斗场",东盟所主导的一系列多边论坛也日渐成为大国关于南海议题进行博弈与竞争的舞台。这在加剧地区出现安全局势"恶化"风险的同时,也无疑削弱了东盟在地区事务中的"中心地位"角色。鉴于此,东盟在希望各方冷静的同时,也对局势的发展表达了充分的忧虑。例如,2015年11月21日,东盟第27届峰会召开,峰会最后的主席声明便表达了对南海日益呈现出的"军事化"与紧张局势的关切和担忧。[②]

以此为基础,共同体建立后,东盟在持续加强与中国就南海议题展开对话的同时,无疑会继续推动南海问题的"国际化"和寻求南海地区重新恢复"权力制衡"的局面,以期重新建立和稳固自身在地区事务中的"驾驶员"角色。虽然如此,东盟作为众多小国的集合,其所建立的"权力制衡"和自身的"驾驶员"角色均是建立在中美地区良性互动的基础上,而一旦地区安全格局中以中美为代表的大国竞争出现"恶化"风险,地区呈现出高强度对抗的局面,东盟在依靠现有手段的基础上将很难有更多的权衡取舍和运作空间。

总体来看,共同体的成立及东盟未来在"安全共同体"构建方面持之以恒的努力或将促使东盟进一步加强成员国在南海问题上对"协商一致"的重视,以及透过中国—东盟对话关系商讨南海问题,并对"行为准则"展开磋商有着明显的迫切感,而这种迫切感之于东盟在南海问题上的态度、举措则展现出显著的"协商一致"色彩和务实特点。然而,值得强调的是,与美国、日本、印度等区域外大国在地区安全事务中的互动,同样

[①] 张洁:《中国周边安全形势评估:"一带一路"与周边战略》,社会科学文献出版社2015年版,第135页。

[②] ASEAN, Chairman's Statements of the 27th ASEAN Summit, Kuala Lumpur, Malaysia, Nov. 21, 2015, p. 24.

被东盟视为其构建"安全共同体"不可或缺的一环。因此,东盟势必将继续以东盟地区论坛、东盟同对话伙伴的外长会和领导人会议、东盟防长扩大会议和东亚峰会为机制载体,透过南海问题这一支点,向这些国家宣导东盟的相关规范,竭力保持其在地区事务中的"驾驶员"地位,并尽可能地为其构建"安全共同体"创造有利环境。基于此,在"南海问题国际化"议题上,东盟与中国的态度并不完全一致。但随着南海议题在中美战略博弈中层级的持续提升,东盟的角色还能有多大的权衡取舍空间,值得持续观察。

第五节 思考及因应对策

因为东盟围绕着南海问题进行规范的塑造和分享、机制建设、信任关系及冲突的预防和管控,南海问题在"安全共同体"的构建进程中有着特殊的地位。东盟参与南海问题对"安全共同体"构建来说,有利于东盟有关规范的塑造和分享,对预防南海区域发生冲突和维护地区的稳定也有着积极效用。然而,东盟参与南海议题也向菲律宾、越南等声索国传递了不良信号,加剧了成员国间在南海问题上的分化和在客观上推动菲律宾等国采取激进化的举措,给"安全共同体"的构建带来了不利影响。

随着"共同体"的建立,东盟国家正在为"安全共同体"2025年的远景规划进行努力,东盟无疑会对增强成员国间凝聚力和就"行为准则"达成一致持续性表现出显著的迫切感,在南海问题上加强对其成员国"协商一致"的重视及同意在全面有效落实《行为宣言》的框架下就"行为准则"展开磋商的态度也渐趋务实。然而,有两个因素仍然深刻地影响着东盟作为一个促进者和南海安全共同维护者角色的扮演:一是,东盟在南海局势上长期秉持将中国塑造为"他者"的做法,无疑影响着《行为宣言》的全面有效落实和"行为准则"的平等磋商,尽早订立,也会对双方共同维护南海安全带来不利影响;二是,东盟在"南海问题国际化"议题上所持的既有立场,南海问题的国际化与复杂化给地区安全局势注入更多不稳定因素,使南海发展成为大国博弈与战略竞争角斗场的同时,极大地削弱了东盟的中心地位,影响了中国—东盟在南海安全维护问题上的主导权。

东盟共同体的建立为中国—东盟打造和建设"命运共同体"提供了新的机遇。[①] 但在这个框架之下,为尽可能地减少不必要的复杂因素,中国

---

① 王毅:《东盟共同体:亚洲一体化的新起点》,《人民论坛》,2015年5月刊(上),第9页。

还应做好更多细节性工作。中国 2014 年正式提出了关于南海问题的"双轨思路",明确了东盟在南海问题上应有的角色。① 长期以来,中国在和东盟就南海问题展开互动的过程中,学习和接纳了东盟的相关规范,认识到了东盟在处理南海问题上的相关方式及其给南海问题带来的利弊。因此,中国应在支持东盟在地区多边框架中"驾驶员"地位的同时,从南海问题的特殊性出发,以东盟的方式和相关规范为依据,就南海问题和东盟国家展开沟通与磋商,在实践上贯彻中国提出的"双轨思路"。

一则,保持和修复与相关国家在南海问题上的双边磋商,在中国的主导下,建立争端方之间直接的、机制性的对话、沟通与谈判机制;再则,在中国和东盟国家共同主导下建立关于共同维护南海安全的特别对话高层机制与技术性渠道,以期保持和发展与东盟的南海安全合作关系,推动在全面有效落实《行为宣言》框架下就"行为准则"展开平等磋商,并寻求扩大、深化中国与东盟在南海安全维护方面的合作关系。这不仅有利于更好地克服东盟参与南海问题带来的困境,尽量规避区域外大国对南海议题磋商带来的不必要麻烦,而且有利于中国和东盟国家在共同应对突发事件,加强危机预防与合作应对南海地区的非传统安全威胁。当然,中国还需要从构建"新型大国关系"的角度来处理好中美在南海的战略竞争与博弈。唯有如此,相关争端方间的信任关系才可能得以重新建立和巩固,将南海塑造为"和平之海、友谊之海、合作之海"的构想也可能落实成真。显然,这些无疑将为南海争端的尽早和平解决创造一个积极而有利的地区氛围。

---

① 葛红亮:《亚细安在南中国海议题上的角色与行为逻辑》,[新加坡]《联合早报》,2015年8月10日,第21版。

第三章

南海问题国际舆论"双线索、多热点"特征分析[*]

2015年,南海问题国际舆论围绕中国南沙岛礁建设议题和"南海仲裁案"议题两条线索持续发酵,引发多个舆论爆点,呈现出明显的"双线多爆点"结构。这种结构一方面适应了国际舆论热点持续有效时间的规律,展示了当前南海问题国际舆论传播的基本形态和特征;另一方面则从不同角度、不同时间点上维系了南海问题作为国际舆论热点的较高关注度,为南海问题国际舆论的进一步深化发展提供了基本动力源。

第一节 南海问题国际舆论基本线索

一、中国南沙岛礁建设议题

2014年5月以来国际社会围绕中国的南沙岛礁建设问题的舆论动态持续发酵,经2015年香格里拉对话会、8月份的东盟系列会议、美国"拉森"号侵入南沙岛礁12海里事件而引发广泛的讨论,形成了以持续上升为基本特征的中国南沙岛礁建设议题的国际舆论传播动态线。在这个过程中,国际社会围绕中国南沙岛礁建设问题的讨论实现了由"岛礁建设行动的真伪""岛礁建设工程的进展"到"岛礁建设行动的意图""岛礁建设行动的影响"的转变;中国南沙岛礁建设的国际舆论的引导主体则经历了从"菲律宾政府牵引"到"国际媒介的大范围参与",再到"美国政府牵引"的调整。中国南沙岛礁建设议题因而转化为单线多极的国际舆论热点。这既是中国南沙岛礁建设问题的新闻价值被逐渐发掘和渲染的过程,更是南海争端相关方围绕南海问题的政治博弈作用到国际舆论层面的过程。

由图3—1可以看出,国际媒体对中国南沙岛礁建设的关注因美国国内对美海军进入中国南沙岛礁12海里的讨论、美P8-A反潜巡逻机携CNN记

---

[*] 鞠海龙,暨南大学国际关系学院/华侨华人研究院副院长,教授,博士生导师;林恺铖,暨南大学国际关系学院/华侨华人研究院2016级博士研究生;邵先成,国际海洋局南海信息中心研究人员。

第三章　南海问题国际舆论"双线索、多热点"特征分析

者侦查南海事件、2015年香格里拉对话会美防长对中国南沙岛礁建设行动的"点名批评"而高涨。其后，随着中国南沙岛礁"吹填工程"的结束以及中国在东盟系列会议中的积极表态，中国南沙岛礁建设的国际舆论稍显回落。而"拉森"号事件则再次将中国南沙岛礁建设国际舆论推向高潮，美国"以身作则"地从幕后走向前台以及中美围绕南海问题的"直接对抗"都将成为国际舆论在"后岛礁建设时代"的着重关注点。

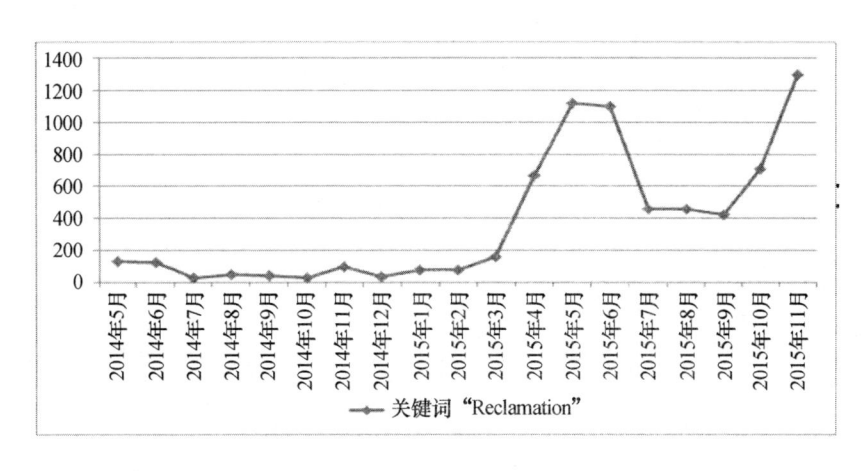

图3—1　2014年5月至2015年11月国际新闻媒体涉中国南沙岛礁建设的报道数量分布①

二、"南海仲裁案"议题

与中国南沙岛礁建设问题的国际舆论传播动态线的发酵特征不同，"南海仲裁案"的国际舆论传播以中国、菲律宾、仲裁庭就"南海仲裁案"采取的行动为标志性节点而呈现出剧烈波动的发展特征。"南海仲裁案"的国际舆论传播动态线起源于2013年1月22日菲律宾向中方提交了就南海问题提起国际仲裁的照会及通知，发展于2013年2月19日中方声明不接受菲方所提仲裁，升温于2013年4月27日仲裁庭组成和2013年7月18日仲裁庭对中菲"南海争端"仲裁程序开始，2014年12月5日美国国务院发表《海洋界限：中国南海海洋主张》和2014年12月13日中方发布《中华人民共和国政府关于菲律宾共和国所提南海仲裁案管辖权问题的立场文件》则将该问题推向舆论高峰。2015年7月13日，按照"第四号程

---

① 在LexisNexis新闻数据库中逐月进行检索，检索的时间区间为05/01/2014—11/30/2015；检索一级词条为south china sea，检索二级词条为reclamation，得出相关数据。

序令"的安排，仲裁庭对管辖权之范围和菲律宾主张之可受理性进行庭审，并于2015年10月30日做出对菲律宾提请仲裁的14项中的7项拥有仲裁权的裁决。尽管这一裁决对中方没有约束力，却因其极具"标志性"而受到国际舆论的高度关注，为"南海仲裁案"再次成为国际舆论热点提供了新的动力。作为南海问题国际舆论中的重要舆论线索和对南海问题有重要影响且足具国际关注效能的热点问题，"南海仲裁案"将伴随着仲裁庭的相关程序的进展，继续留在国际舆论的视野中。

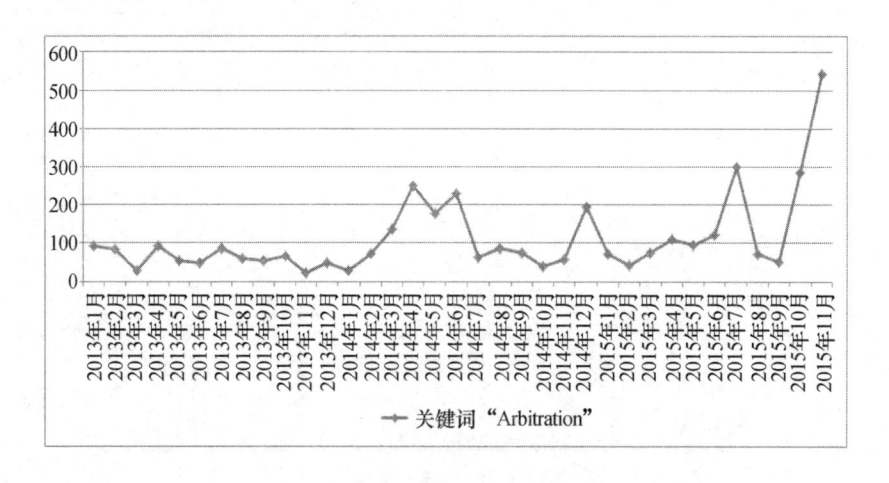

图3—2 2013年1月至2015年11月国际新闻媒体涉"南海仲裁案"的报道数量分布①

由图3—1和图3—2的比较可见，国际新闻媒体对"南海仲裁案"的关注并不比对中国南沙岛礁建设问题的关注高，并呈现"波动"之势。自2013年4月"南海仲裁案"仲裁庭组成，仲裁庭在"南海仲裁案"程序上的进展便受到国际媒体的格外关注。随后，仲裁庭对菲律宾所提请的仲裁事项的管辖权及其可受理性问题成为亟需回答的首要问题，也是"场外"国际媒体的聚焦所在。近一年来，引发国际媒体聚焦的四大"节点"分别为：2014年12月中国外交部发布了《中华人民共和国政府关于菲律宾共和国所提南海仲裁案管辖权问题的立场文件》，具体阐述了中国不接受、不参与仲裁的立场，随后仲裁法庭发布"第三号程序令"；2015年7月仲裁庭相继发布"第五号程序令""第六号程序令"，并举行了管辖权听证会；2015年10月仲裁

---

① 在LexisNexis新闻数据库中逐月进行检索，检索的时间区间为：08/01/2013—11/30/2015；检索一级词条为south china sea，检索二级词条为arbitration，得出相关数据。

第三章　南海问题国际舆论"双线索、多热点"特征分析

法庭发布"第七号程序令",并做出了管辖权裁定,确认对菲律宾提出的 7 项主张有管辖权;2015 年 11 月仲裁庭相继发布"第八号程序令""第九号程序令",并进行"南海仲裁案"实体部分的听证会。

三、"南海航行自由"议题

南海的航行自由从来都不是问题。而在南海问题国际舆论层面,却从不缺乏关于"南海航行自由问题"的"谈资"。南海航行自由议题的国际舆论传播镶嵌在中国南沙岛礁建设进程中以及"南海仲裁案"不断推进的过程中。美、日、澳等域外大国以及东南亚部分争端国不时以"南海航行自由问题"为噱头,试图引起国际社会的关注,以进一步炒热南海问题。

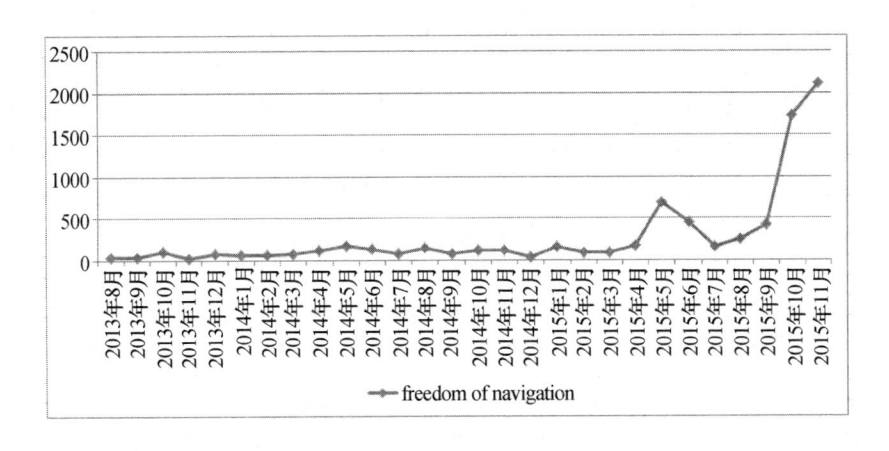

**图 3—3　2013 年 8 月至 2015 年 11 月国际媒体涉
"南海航行自由"的报道数量分布①**

由图 3—3 可见,"南海航行自由问题"始终伴随着中国南沙岛礁建设的过程中,尤其以 2015 年最为明显。自 2015 年 1 月美国军方高层公开表态欢迎日本自卫队进入南海巡航后,美国便于 5 月派遣 P8 - A 反潜巡逻机携 CNN 记者侦查中国南沙岛礁,对中国南沙岛礁进行了现场报道,在南海问题国际舆论上引发广泛关注。随后,美国以"航行自由"为主要切入点,派遣"拉森"号导弹驱逐舰有针对性地进入中国南沙岛礁渚碧礁 12 海里进行所谓"航行自由行动",在全世界媒体面前上演了自导自演的闹剧,瞬间将国际社会围绕中国南沙岛礁建设问题的主要关注点转向"航行

---

① 在 LexisNexis 新闻数据库中逐月进行检索,检索的时间区间为:08/01/2013—11/30/2015;检索一级词条为 south china sea,检索二级词条为 freedom of navigation,得出相关数据。

自由"议题上来。从南海问题国际舆论的主要面上看,"南海航行自由问题"已经成为2015年南海问题国际舆论的重要议题,并将随着美国介入南海问题的程度的逐步加深而持续发酵。

第二节 南沙岛礁建设议题的国际舆论轨迹及其特征

2014年5月以来,在南海问题国际舆论持续升温的背景下,围绕中国南沙岛礁建设议题的国际舆论发展呈现以重要国际政治活动平台为依托,以国际媒体与国际政治平台的互动为特征的国际舆论发酵过程。在整个舆论发展过程中,中国南海筑岛的国际舆论传播已超出中国在南海进行"填海造地"这一事件本身的讨论,而是在美国为此所设定的"航行自由"和"国际法"等配套议题中出现大范围外溢性发酵,并且在美国"拉森"号事件之后将中国南海筑岛推向国际舆论的新高潮。

一、南沙岛礁建设议题的国际舆论传播起点

南沙岛礁建设议题的国际舆论传播始于2013年8月6日日本共同社引用的一份"国籍不明"的"秘密军事报告"中所声称的"中国在美济礁、仁爱礁等实控岛礁大建军事设施,并把篮球场建上了美济礁"的消息。[①]这一报道引发菲律宾国内媒体的"警觉"。2013年9月,菲律宾媒体大肆报道所谓的"黄岩岛混凝土砌块事件",尽管黄岩岛的"混凝土砌块"最后证实并非中方刻意所为,关于中国在南沙岛礁进行"建筑工程"的报道也就此不了了之,然而,国际舆论对中国在南海的行动仍保持着相当大的敏感性,时刻关注着中国在南海的最新动向。

2014年5月14日,菲律宾外交部曝光一组分别拍摄于2012年3月13日、2013年1月28日、2014年1月25日以及2014年5月11日的南海赤瓜礁的照片,并向媒体做出了展示。菲律宾外交部发言人查尔斯·约翰逊(Charles Jose)随即表示,"中方最近几周一直向南沙群岛赤瓜礁运输泥土和材料填海造地,此举违背了南海非正式行为准则《南海各方行为宣言》。"[②]菲律宾的举动引起国际媒体的广泛关注,其相关言论受到国际知

[①]《秘密报告透露中国正建设仁爱礁 美济礁建篮球场》,新华网,2013年8月8日,http://news.xinhuanet.com/mil/2013—08/08/c_125135322.htm,登录时间:2015年11月15日。

[②] Matikas Santos, "Chinese reclamation on Mabini Reef likely for military purposes", Philippines Daily Inquirer, May 15, 2014.

名媒体德新社（Deutsche Presse-Agentur）、《泰晤士报》（The Times）、《悉尼先驱晨报》（Sydney Morning Herald）、《海峡时报》（The Straits Times）、《菲律宾每日问询者报》、《纽约时报》（The New York Times）、《爱尔兰时报》（The Irish Times）、《堪培拉时报》（Canberra Times）以及美联社（The Associated Press）的转载和引用。作为呼应，时任菲律宾总统阿基诺三世也在随后表示，"中国在南海（赤瓜礁）上的活动违背了各方先前达成的《南海各方行为宣言》。"① 该言论亦得到德新社、《盟国新闻报》（Alliance News）、《商业世界》（Business World）的转载和引用。

5月15日，中国外交部发言人华春莹在例行记者会上表示，中国对包括赤瓜礁在内的南沙群岛及其附近海域拥有无可争辩的主权。如果中方在赤瓜礁进行什么建设，完全是中国主权范围内的事情。② 华春莹的相关言论与菲律宾外交部发言人的相关言论形成针对性"对话"，就在当天，得

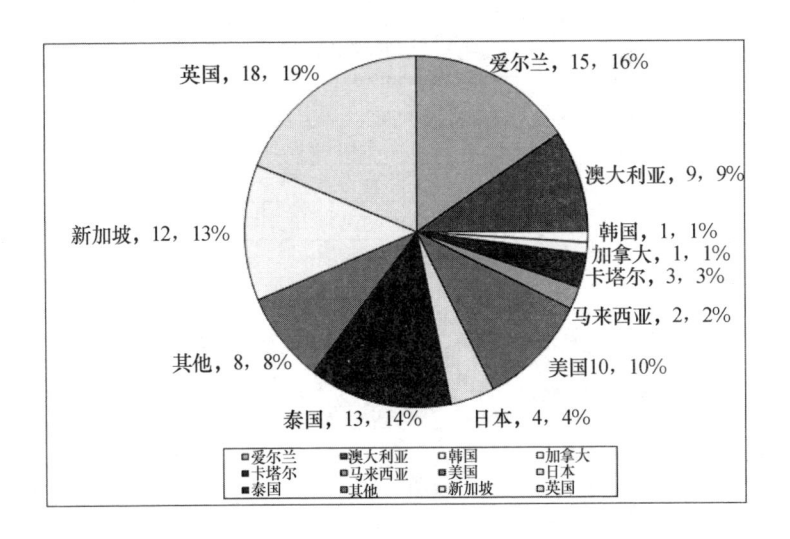

图3—4　2014年1月1日至2015年4月2日对中国南沙岛礁建设报道媒体的分布③

---

① "Philippines accuses China of violating South China Sea agreement", Deutsche Presse-Agentur, May 19, 2014.
② 《中方：若在南海赤瓜礁进行建设完全在主权范围内》，环球网，2014年5月15日，http://world.huanqiu.com/article/2014—05/4996550.html，登录时间：2015年11月15日。
③ 样本源自LexisNexis新闻数据库；检索词条：construction on reefs、Cuarteron Reef、Fiery Cross Reef、Gaven Reefs、island reclamations、Johnson South Reef、Mischief Reef；时间区间设置：2014/01/01—2015/04/02；数据检索时间：2015年4月2日。

到国际新闻媒体泰国新闻社（Thai News Service）、《商业世界》（Business World）、美联社、半岛电视台（Al Jazeera）等的转载和引用。

根据 LexisNexis 新闻数据库中 2014 年 1 月至 2015 年 4 月国际新闻媒体对中国南沙岛礁建设报道进行检索、筛选和整理，得到有效样本 96 个。在对这些样本的统计分析中发现，这一时期，围绕着本次中国南沙岛礁建设进行报道的主要集中在英国、爱尔兰、泰国、新加坡、美国、澳大利亚等国家和地区的媒体。其中，英国最为密集地报导了本次中国南沙岛礁建设，总共有 18 篇报道。

从具体媒体来看，爱尔兰的《环球商报》以及泰国的《民族报》最为密集地报道了该事件，分别有 13 篇，其次为新加坡的《海峡时报》，为 11 篇，紧接着为中国香港地区的《南华早报》以及英国的 BBC，分别为 8 篇和 6 篇。

表 3—1　主要报道媒体①

国别/地区	数量（篇）	媒体名称	数量（篇）
英国	18	《贝尔法斯特电讯报》	1
		《国际商业观察》	1
		《简氏防务周刊》	3
		《金融时报》	2
		《每日电讯报》	1
		《泰晤士报》	3
		英国广播公司（BBC）	6
		《逐日镜报》	1
爱尔兰	15	《爱尔兰时报》	2
		《环球商报》	13
泰国	13	《民族报》	13
新加坡	12	《海峡时报》	11
		《商业时报》	1
美国	10	《国际先驱论坛报》	2
		《华盛顿邮报》	1
		《基督教科学箴言报》	1

① 样本源自 LexisNexis 新闻数据库；检索词条：construction on reefs、Cuarteron Reef、Fiery Cross Reef、Gaven Reefs、island reclamations、Johnson South Reef、Mischief Reef；时间区间设置：2014/01/01—2015/04/02；数据检索时间：2015 年 4 月 2 日。

第三章　南海问题国际舆论"双线索、多热点"特征分析

续表

国别/地区	数量（篇）	媒体名称	数量（篇）
美国	10	《洛杉矶时报》	1
		《纽约时报》	5
澳大利亚	9	《金融评论》	1
		《堪培拉时报》	3
		《全国新闻》	1
		《时代报》	2
		《悉尼先驱晨报》	2
中国香港	8	《南华早报》	8

表3—2　《环球商报》和《民族报》涉中国南海岛礁建设新闻报道的内容体裁[①]

	评论员文章	消息	转载法新社	转载路透社	转载《读卖新闻》	转载《菲律宾每日问询报》	转载彭博社	转载《耶鲁全球》
《环球商报》	2	3	6	2	0	0	0	0
《民族报》	3	1	4	0	1	2	1	1

从表3—2可以看出，作为本次统计区间中发文量最多的两大新闻媒体，其新闻报道体裁以转载法新社消息以及评论员文章为主。作为当前国际新闻传播格局中最富影响力的传统新闻媒体，法新社对南海问题的关注

表3—3　2014年1月1日至2015年4月2日涉中国南沙岛礁建设国际新闻报道中引用相关人员身份分布[②]

身份	数量
学者	35
政府官员	43
军方人员	28

[①] 样本源自 LexisNexis 新闻数据库；检索词条：construction on reefs、Cuarteron Reef、Fiery Cross Reef、Gaven Reefs、island reclamations、Johnson South Reef、Mischief Reef；时间区间设置：2014/01/01—2015/04/02；数据检索时间：2015年4月2日。

[②] LexisNexis 新闻数据库；检索词条：construction on reefs、Cuarteron Reef、Fiery Cross Reef、Gaven Reefs、island reclamations、Johnson South Reef、Mischief Reef；时间区间设置：2014/01/01—2015/04/02；数据检索时间：2015年4月2日。注：另有1人身份不明。

和报道常常因其时效性而被其他新闻媒体所转载,成为南海问题新闻报道的主要信息源之一。同时,国际新闻媒体通过发布评论员文章,积极参与南海问题的讨论,其观点通常具有一定的偏向性,这些观点与新闻报道中所引用的政府官员、军方人员以及学者的观点相互映衬,成为南海问题国际舆论场中各论点的主要阐释者和宣传者。

从表3—3可以看出,政府官员的相关言论和观点成为中国南沙岛礁建设国际新闻报道中最主要的引用来源,其次为学者和军方人员。因南海问题的特殊性,在南海问题的新闻报道中,新闻记者因无法深入现场获取最直接的新闻材料,通常仅仅对政府官员或军方人员的相关言论进行引用以及进一步的分析。而学者参与到中国南沙岛礁建设的讨论当中,既是对政府官员或军方人员的相关言论的进一步扩展,同时,也因其特殊的专业背景及其对国际问题的别样视角而备受国际新闻媒体的关注,成为中国南沙岛礁建设国际舆论新闻报道的信息源之一。

由图3—5可以看出,在中国南沙岛礁建设新闻报道中,来自菲律宾、中国、美国的相关言论和观点最受新闻媒体关注。其中,美国虽不是南海

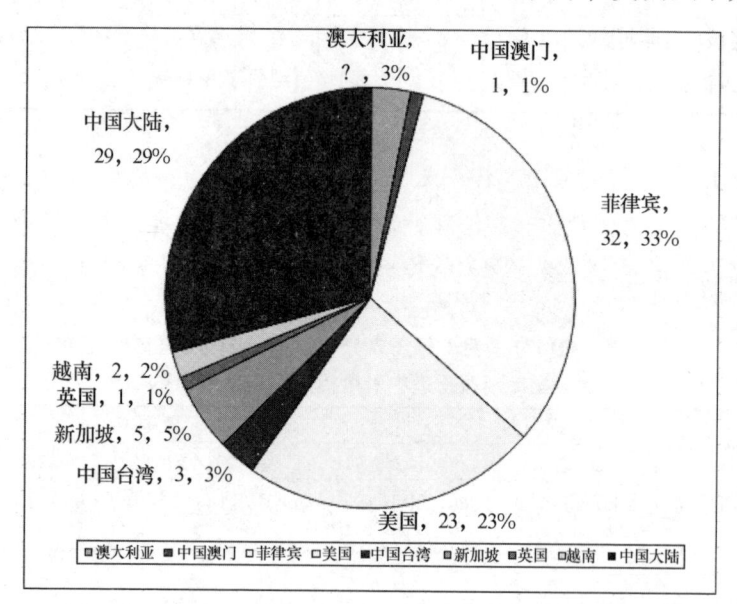

图3—5 2014年1月1日至2015年4月2日涉中国南沙岛礁建设新闻报道中引用的相关人员的分布①

---

① 样本源自LexisNexis新闻数据库,检索词条:construction on reefs、Cuarteron Reef、Fiery Cross Reef、Gaven Reefs、island reclamations、Johnson South Reef、Mischief Reef;时间区间设置:2014/01/01—2015/04/02;数据检索时间:2015年4月2日。注:另有8人国籍不明。

争端的当事方，但美国却不合时宜地针对中国南沙岛礁建设发表言论。而当这折射到国际舆论层面上时，便俨然成为美国介入南海问题的风向标。

时任菲律宾总统阿基诺三世，菲外交部发言人查尔斯·约翰逊（Charles Jose），菲总统府发言人华尔地（Abigail Valte）、陈显达（Edwin S. Lacierda）的相关言论，及中国外交部发言人华春莹、姜瑜的对应性评论引发了国际舆论讨论中国南沙岛礁建设的高潮。中国南沙岛礁建设的目的、影响、相关行为与《南海各方行为宣言》（简称 DOC）和《联合国海洋法公约》（简称 UNCLOS）的关系、对中国的建议，以及有关国家应当采取的政策等得到国际社会的深入讨论和传播。这些舆论在 2015 年香格里拉对话会前持续发酵，为会议的召开和相关议题的讨论制造了舆论氛围，也为美国通过强硬的"军事话语引导能力"，强行扭转国际舆论按美国所设定的方向进行奠定了基础。

二、"南沙岛礁建设"的国际舆论传播的突变

国际政治平台既为各方提供了表达本国政府立场的场所，也为"南沙岛礁建设"国际舆论的深度发酵和传播提供了重要的途径。在 2015 年亚洲安全峰会上，围绕着美国防长阿什顿·卡特（Ashton Carter）针对中国的言行，"中国南海填海造地"瞬间成为引发媒体聚焦的重要话题。美国防长阿什顿·卡特（Ashton Carter）的言论被美国《华尔街日报》形容为华盛顿在南海问题上对中国发出的"最强硬喊话"。[①] 卡特细数了当前越南、菲律宾、马来西亚所占领的南沙岛屿的数量，点名中国在南海的筑岛，规模大，速度快，远远超过其他声索国，并对中国南海"填海造地"的速度和规模，进一步的军事化以及引发冲突的可能性表示"担忧"，希望所有声索国立即并永久停止筑岛行动，美国反对"争端岛礁"的进一步军事化举措。[②] 据不完全统计，2015 年 5 月 29 日至 6 月 10 日，国际媒体在涉南海相关议题的报道中，直接引用阿什顿·卡特关于中国岛礁建设问题观点的高达 84 篇，[③] 关于其"国际法"观点的有 23 篇，关于其"航行

[①]《美防长对华"最强硬喊话"要求中国停止岛礁建设》，环球网，2015 年 5 月 28 日，http://world.huanqiu.com/exclusive/2015—05/6543120.html，登录时间：2015 年 11 月 15 日。

[②] Ashton Carter, "The United States and Challenges of Asia-Pacific Security", International Institute for Strategic Studies. 30 MAY 2015, http://www.iiss.org/-/media/Documents/Events/Shangri-La%20Dialogue/SLD15/Jill%20Lally%20Proofs/First%20Plenary%20%20Carter%2030052015 ED1.pdf.

[③] 在 LexisNexis 新闻数据库中进行检索，检索的时间区间为：05/29/2015 – 06/10/2015；检索一级词条为 south china sea，检索二级词条为 Ashton Carter w/s reclamation，得出相关数据。

自由"观点的有13篇①，关于其"军事化"观点的有5篇②。澳大利亚国防部长凯文·安德鲁斯（Kevin Andrews）追随美国立场的表态同样吸引了国际媒体的注意，国际媒体直接引用其关于中国岛礁建设问题观点的有17篇。③ 与卡特、安德鲁斯相对应，中国人民解放军副总参谋长孙建国关于中国岛礁建设问题的观点被国际媒体引用了26次。④ 中国外交部发言人华春莹在随后的例行记者会上多次阐述中国在南沙岛礁建设行动上的立场，其相关观点被国际媒体引用了24次。⑤ 在各类媒体议题的发酵过程中，美国防长阿什顿·卡特的言论最具国际舆论的传播效力，在中国南沙岛礁建设工作已经取得一定进展的情况下，除了"国际法"这一议题之外，美国同时为中国南沙岛礁建设的国际舆论设定了两大颇具传播效应的附属议题："航行自由"和中国正在将"南海军事化"。这三大议题和美国的相关主张在香格里拉对话会之后被广泛扩散，将中国南沙岛礁建设的国际舆论推向高潮，为美国其后针对中国南沙岛礁的军事行动提前做好了准备。

东盟系列会议期间，中国南沙岛礁建设问题同样被广泛讨论。2015年8月6日，美国国务卿克里将中国的南沙岛礁建设行动定性为用于"军事目的"并建议参与东盟系列会议的相关各方签署一份停止填海造地工程的联合声明。⑥ 东盟外长会议联合公报以不点名的方式对中国的岛礁建设活动表示了担忧。在随后的中国—东盟（10+1）外长会、东盟地区论坛等会议上，中国外长王毅对中国的主张和政策进行了较好的阐述。其中，来自外长有关中国南沙岛礁建设工程已经结束的消息、"维护南海和平稳定三点倡议"、"南海问题不是中国和东盟之间的问题"等观点均引起外媒不同程度的关注。据不完全统计，中国外长王毅关于"中国南沙岛礁建设工程已经结束"的言论被国际媒体直接引用高达25次，⑦ 而"维护南海和平

---

① 在LexisNexis新闻数据库中进行检索，检索的时间区间为：05/29/2015 – 06/10/2015；检索一级词条为south china sea，检索二级词条为Ashton Carter w/s freedom of，得出相关数据。
② 在LexisNexis新闻数据库中进行检索，检索的时间区间为：05/29/2015 – 06/10/2015；检索一级词条为south china sea，检索二级词条为Ashton Carter w/s militarization，得出相关数据。
③ 在LexisNexis新闻数据库中进行检索，检索的时间区间为：05/29/2015 – 06/10/2015；检索一级词条为south china sea，检索二级词条为Kevin Andrews w/s reclamation，得出相关数据。
④ 在LexisNexis新闻数据库中进行检索，检索的时间区间为：05/29/2015 – 06/10/2015；检索一级词条为south china sea，检索二级词条为Sun Jianguo w/s construction，得出相关数据。
⑤ 在LexisNexis新闻数据库中进行检索，检索的时间区间为：05/29/2015 – 06/10/2015；检索一级词条为south china sea，检索二级词条为Hua Chunying w/s construction，得出相关数据。
⑥ Matthew Lee, "US proposes halt to provocative South China Sea activities", Associated Press Online, August 6, 2015.
⑦ 在LexisNexis新闻数据库中进行检索，检索的时间区间为：08/01/2015 – 08/10/2015；检索一级词条为south china sea，检索二级词条为Wang Yi w/s stopped，得出相关数据。

第三章　南海问题国际舆论"双线索、多热点"特征分析

稳定三点倡议"则仅得到 BBC、新华社的报道和引用。"南海问题不是中国和东盟之间的问题"的言论则仅得到新加坡亚洲新闻台（Channel News Asia）的引用和转载。①

然而，在 2015 年 10 月 17 日第六届香山论坛上，美国前海军作战部长、退役海军上将加里·拉夫黑德（Gary Roughead）针对中国南沙岛礁建设提出了"南海军事化"的概念，对此的相关争论从不同侧面再次激发了国际社会对中国筑岛问题的关注，② 关于其言论的新闻报道高达 29 篇。③ 然而，中国外交部发言人华春莹基于和平利用建设岛屿的辩驳也得到了新华网（英文）、《人民日报》、英国广播公司（BBC）、美国广播公司（ABC）、印度 Zee News 的报道和转引，④ 但其针对所谓"军事化"的表态则仅得到美联社（The Associated Press）的引用和转载。⑤ 值得注意的是，美联社在其报道中依旧尽显"中国威胁论"的陈词滥调，其对华春莹针对香山论坛上美方观点所做的反驳言论仅一笔带过，却在文章末尾充满了对中国军力增长以及在南海划设防空识别区的可能性的"担忧"。⑥

"拉森"号事件发生后，美国方面相关人员的言论成为国际媒体争相转引的主要来源，客观上主导了整个国际舆论的基本走向。美国白宫发言人乔希·厄内斯特（Josh Earnest）表示，美国无意挑战岛礁的主权，美国只是在国际法允许下的"任何地方"进行自由航行和飞越。⑦ "'wherever' international law allows"瞬间成为国际媒体直接引用和转引的第一个爆点。随后，美军太平洋舰队司令哈里·哈里斯（Adm. Harry Harris）访问北京，表示"拉森"号事件不应被视为一个威胁，而只是一次"航行自由"的演示。⑧ "sailing past Chinese isles not a threat"成为国际媒体直接引用和转引

---

① Olivia Siong, "Singapore, China discuss closer cooperation", Channel News Asia. August 3, 2015.
② 《美国退役上将抛"南海军事化"概念引"火药味"》，人民网，2015 年 10 月 17 日，http://military.people.com.cn/n/2015/1017/c1011-27710082.html，登录时间：2015 年 11 月 15 日。
③ 在 LexisNexis 新闻数据库中进行检索，检索的时间区间为：10/16/2015-10/28/2015；检索一级词条为 south china sea，检索二级词条为 Gary Roughead，得出相关数据。
④ 在 LexisNexis 新闻数据库中进行检索，检索的时间区间为：10/16/2015-10/28/2015；检索一级词条为 south china sea，检索二级词条为 Hua Chunying w/s construction，得出相关数据。
⑤ 在 LexisNexis 新闻数据库中进行检索，检索的时间区间为：10/16/2015-10/28/2015；检索一级词条为 south china sea，检索二级词条为 Hua Chunying w/s militarization，得出相关数据。
⑥ Christopher Bodeen, "China hosts 10-nation ASEAN amid South China Sea tensions", The Associated Press, October 16, 2015, Section: International News.
⑦ "Top US naval officials strive to defuse tension with China", Big News Network.com, October 30, 2015.
⑧ "U.S., China defense chiefs meet amid tensions over S. China Sea", Japan Economic Newswire, November 3, 2015.

的第二个爆点。美军还计划至少每季度在南海地区巡航两次。① "two or more patrols in South China Sea per quarter" 马上成为国际媒体直接引用和转引的第三个爆点。11月4日，美国防长卡特在东盟防长扩大会议后，第二天即与马来西亚国防部长一起登上正在南海附近航行的"罗斯福"号航空母舰，再次对外宣示美国要保障"航行自由"。② "defence chief to visit carrier in South China Sea" 成为国际媒体直接引用和转引的第四个爆点。

针对美国方面相关人员的做法和言论，中国外交部发言人华春莹给予严厉批驳，美军舰放着宽阔的国际航道不走，专门绕道中国南沙群岛有关岛礁邻近海域，还美其名曰"维护航行自由"，这是赤裸裸的挑衅！中方强烈敦促美方停止一切错误言行，不再采取任何威胁中方主权和安全利益的危险、挑衅行为。③ 华春莹的此番表态受到了《华盛顿邮报》、《纽约时报》、英国广播公司（BBC）、《海峡时报》等国际媒体的引用和转载。④ "China warns US over provocative acts in South China Sea" 被国际媒体直接引用和转引。11月7日，中国国家主席习近平在新加坡国立大学发表演讲时表示，在中国和南海沿岸国共同努力下，南海局势总体是和平的，航行和飞越自由从来没有问题，将来也不会有问题。这既是中国最高领导人在"拉森"号事件之后针对南海问题所表明的严正立场，也是对美国所主导的"航行自由"国际舆论的有力反击，因而受到国际媒体的高度关注。"China leader vows to respect free navigation in disputed sea" 被国际媒体直接引用和转引。

通过"拉森"号事件，美国在中国南海"填海造地"的国际舆论传播上完全掌握了主动权和"引导权"。

"拉森"号事件之后，"中国南沙岛礁建设"的国际舆论的关注点由"中国进行岛礁建设的动机、进展及影响"向"岛礁建设的国际法属性转变"，随即转入美国所主导的"航行自由"的舆论轨道。随着美国介入南海问题力度和程度的加深，围绕"中国南沙岛礁建设"的国际舆论势必在"航行自由"这一轨道上逐步走向深化。而中国的南海问题国际舆论态势亦由中国与东南亚国家的舆论交锋向中国与美国的舆论对立转变。

---

① Ollie Gillman, "U. S. Navy plans two or more warship patrols near disputed South China Sea islands every three months despite Beijing's fury after 'provocative' sail-past last week", Mail Online, November 3, 2015.

② 《美防长卡特在南海马来西亚附近登上罗斯福号航母 中方回应》，观察者网，2015年11月5日，http://www.guancha.cn/Neighbors/2015_11_05_340220.shtml，登录时间：2015年11月17日。

③ 《美太平洋司令北大演讲大谈航行自由 中方：美在演戏》，美国中文网，2015年11月3日，http://www.sinovision.net/politics/201511/00357787.htm，登录时间：2015年11月17日。

④ 在LexisNexis新闻数据库中进行检索，检索的时间区间为：11/04/2015–11/15/2015；检索一级词条为 Hua Chunying and South China Sea，得出相关数据。

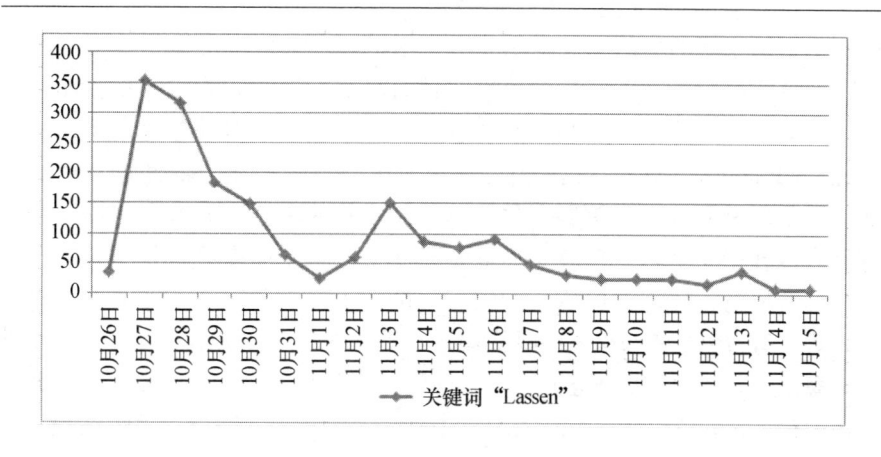

**图 3—6　2015 年 10 月 26 日至 11 月 15 日国际媒体关于
"拉森"号事件的报道数量分布**①

第三节　"南海仲裁案"的国际
舆论轨迹及其特征

自 2013 年 1 月菲律宾单方面就南海问题提交国际仲裁以来,围绕仲裁庭的程序进展,国际舆论的关注此起彼伏。

一、"南海仲裁案"的国际舆论起点

2013 年 1 月 22 日,菲律宾在没有与东盟其他成员协商的情况下正式向联合国提交了一份法律申请,将中菲"南海争端"提交"南海仲裁庭"进行国际仲裁。② 申请将《联合国海洋法公约》与中国南海权利主张的依据作为彼此对立的双方进行国际司法仲裁。③ 为了避免中国通过不应诉的方式获得仲裁豁免权,菲律宾在仲裁申请中特别强调了菲律宾只要求仲裁庭对《联合国海洋法公约》的相关条款做出解释,并不要求仲裁庭裁定菲

---

① 在 LexisNexis 新闻数据库中进行检索,检索的时间区间为:10/26/2015—11/15/2015;检索一级词条为 USS Lassen,检索二级词条为 south china sea,得出相关数据。

② Fat Reyes, PH takes China to UN arbitral tribunal, Philippine Daily Inquirer, January 22, 2013, http://globalnation.inquirer.net/62267/ph-takes-china-to-un-arbitral-tribunal (Accessed on Dce. 16, 2013).

③ 《外交部发言人华春莹就菲律宾推进设立涉中菲南海争议仲裁庭事答记者问》,中华人民共和国外交部,2013 年 4 月 26 日,http://www.fmprc.gov.cn/mfa_chn/wjdt_611265/fyrbt_611275/t1035477.shtml (Accessed on Dce. 16, 2013)。

律宾与中国之间的岛屿主权争端及海洋划界纠纷问题的原则。①

  菲律宾提交国际仲裁是在南海"黄岩岛对峙事件"发生之后。菲律宾为"黄岩岛对峙事件"的鲁莽行为付出了巨大代价。这是菲律宾将岛屿争端提交国际仲裁的背景。这一背景为菲律宾在国际舆论方面塑造自己在中菲南海争端过程中的"赢弱形象"提供了有利的条件。菲律宾在提交国际仲裁之后开始反复利用"黄岩岛对峙事件"的延伸推理塑造菲律宾在"迫不得已的情况下才选择仲裁"的国际舆论。

  为了有效营造南海仲裁的国际舆论氛围,在提交仲裁第二天,菲律宾外交部海洋事务助理部长阿苏奎(Asuque)便对外公开宣称,菲政府已就此次诉讼向包括常驻联合国、世贸组织、国际海洋组织、东盟的代表等通报。菲律宾在提请仲裁的同时也积极寻求国际社会支持菲方就南海争议寻求"和平持久解决方案"的努力。② 1月26日,菲律宾总统阿基诺三世在于瑞士召开的达沃斯世界经济论坛上表示,国际仲裁是因为菲律宾船只遭中国"骚扰"才不得已提交国际仲裁的。如果不选择国际仲裁,菲律宾就只能任由中国先控制黄岩岛,然后再控制礼乐滩。③ 7月9日,菲律宾外长德尔罗萨里奥在比利时智库研讨会演讲时再次宣称菲律宾已为"和平"解决争议"穷尽"一切政治和外交手段,只能寻求国际仲裁的法律手段解决。④依据《联合国海洋法公约》设立的仲裁法庭是菲律宾最后的"办法"。⑤

  7月12日,中国外交部发言人华春莹再次表示,菲方所谓"已为和平解决争议穷尽一切政治和外交手段"完全不是事实。中方多次向菲方建议可恢复利用现有的磋商机制或建立新的磋商机制,但至今未获菲方答复。菲方单方面关闭谈判磋商的大门,同时热衷于在国际舆论上攻击中国,这

---

  ① 菲律宾的具体仲裁要求可参见 Notification and Statement of Claim on West Philippine Sea, https://www.dfa.gov.ph/index.php/component/docman/doc_download/56 – notification-and-statement-of-claim-on-west-philippine-sea? Itemid = 546 (Accessed on Dce. 16, 2013)。

  ② Fatima Reyes, PH seeks international support for arbitration case against China, Inquirer. net, January 23, 2013, http://globalnation.inquirer.net/62439/ph-seeks-international-support-for-arbitration-case-against-china (Accessed on September 25, 2014).

  ③ Doris C. Dumlao, Aquino stands by UN arbitration of dispute with China, Philippine Daily Inquirer, January 26, 2013, http://globalnation.inquirer.net/62797/aquino-stands-by-un-arbitration-of-dispute-with-china (Accessed on Mar. 24, 2014).

  ④ Albert F. del Rosario, Managing the South China Sea and other Regional Security Issues, July 9, 2013, https://www.dfa.gov.ph/index.php/2013 – 06 – 27 – 21 – 50 – 36/dfa-releases/306 – managing-the-south-china-sea-and-other-regional-security-issues (Accessed on Dce. 16, 2013).

  ⑤ Philippines seeks UN arbitration over South China Sea disputes, South China Morning Post, May 11, 2013. http://www.scmp.com/news/asia/article/1234952/philippines-seeks-un-arbitration-over-south-china-sea-disputes (Accessed on September 25, 2014).

第三章 南海问题国际舆论"双线索、多热点"特征分析

种做法对解决问题没有任何帮助。① 对中国的回应，菲律宾也通过外交部发言人的方式做出回应。回应在重复之前声明的基础上总结出所谓关于中菲南海争端的"八点事实"，再次强调了中方立场"强硬"导致谈判无法进行，菲方不得不将争议提交国际仲裁，声称菲律宾已不可能继续与中国就"南海争议"进行双边磋商。②

针对菲律宾的"八点声明"，中国外交部发言人华春莹表示，中方从未关闭与菲方谈判协商的大门，敦促菲方纠正错误做法，对中方 2010 年 3 月提出的建立"中菲海上问题定期磋商机制"和 2012 年 1 月提出的重启"中菲建立信任措施机制"等建议做出积极回应，回到双边谈判解决争议的正确轨道上来。③

华春莹发表外交声明的同时，新华网 7 月 16 日发表《单方面关闭谈判大门无助解决争端》的文章。文章指出，菲律宾选择对抗注定没有出路，奉劝菲律宾政府审时度势，停止误导舆论，早日回到通过双边谈判磋商解决争议的正确轨道上来。④ 7 月 17 日《人民日报》（海外版）发表《菲律宾"8 点事实"都是啥货色》的评论文章。文章指出，菲律宾外交部发表的声明，表面上是列举有关南海问题的所谓"8 点事实"，实际上是继续炒作南海问题，歪曲事实，抹黑中国。⑤ 2014 年 4 月，中国国防部长常万全在会见美国防长哈格尔时表示，菲律宾在南海问题上把自己打扮成受害者，一再违背承诺，菲方假借国际法的名义对南海问题提出国际仲裁，其实是打错了算盘。常万全强调，中国决不允许本国领土遭遇一丝一毫的侵犯。⑥

---

① 《2013 年 7 月 12 日外交部发言人华春莹主持例行记者会》，中华人民共和国外交部，2013 年 7 月 12 日，http://www.fmprc.gov.cn/mfa_chn/fyrbt_602243/jzhsl_602247/t1058510.shtml (Accessed on Dce. 16, 2013)。

② Response of the DFA Spokesperson to the Recent Statement of the Chinese Ministry of Foreign Affairs on the West Philippine Sea Issue, Department of Foreign Affairs Republic of the Philippines, July 15, 2013, https://www.dfa.gov.ph/index.php/2013-06-27-21-50-36/dfa-releases/332-response-of-the-dfa-spokesperson-to-the-recent-statement-of-the-chinese-ministry-of-foreign-affairs-on-the-west-philippine-sea-issue (Accessed on Dce. 16, 2013).

③ 《外交部发言人华春莹就菲方涉南海问题言论答记者问》，中华人民共和国外交部，2013 年 7 月 16 日，http://www.fmprc.gov.cn/mfa_chn/wjdt_611265/fyrbt_611275/t1059312.shtml (Accessed on Dce. 16, 2013)。

④ 新华国际时评：《单方面关闭谈判大门无助解决争端》，新华网，2013 年 7 月 16 日，http://news.xinhuanet.com/world/2013-07/16/c_116563568.htm (Accessed on Dce. 16, 2013)。

⑤ 贾秀东：《菲律宾"8 点事实"都是啥货色》，《人民日报》（海外版），2013 年 7 月 17 日第 1 版。

⑥ 王慧慧、杨依军：《中国防长常万全表示在领土主权上不妥协、不退让、不交易》，新华网，2014 年 4 月 9 日，http://news.xinhuanet.com/mil/2014-04/09/c_126369025.htm (Accessed on September 25, 2014)。

菲律宾在中菲南海争端提交国际仲裁的国际舆论策略选择上存在一个特定的舆论导向陷阱。那就是，菲律宾提交国际仲裁和进行国际舆论澄清并非仅仅为了赢得国际仲裁而进行铺垫。因为国际仲裁对于两个《联合国海洋法公约》缔约国而言，有没有国际舆论的介入，都将按照程序和既定的规则执行。国际舆论本身与国际仲裁的程序如何进行没有本质联系。菲律宾本身也没有指望通过国际仲裁一揽子解决与中国的南海争端问题。菲律宾提交仲裁的根本目的就是在国际社会上形成对中国更不利的舆论压力，进而为未来菲律宾解决与中国的南海争端创造更有利的条件。[①] 从而，国际舆论的结果和持续才是菲律宾国际舆论策略的目标，国际仲裁只是这一目标实现过程中不断诱导国际舆论升级，树立中国与现行国际法、国际秩序"彼此对立"形象的一个拉动方式。

二、"南海仲裁案"的持续发酵

"南海仲裁案"的国际舆论形成后，经过中美两国发布文件表达立场、学者激烈讨论，以及该案的阶段性进展等三个方面的合力影响，使"南海仲裁案"进入一个持续发酵的过程。

（一）中美两国发布文件表达立场

自菲律宾单方面就南海争议提交国际仲裁以来，同样与中国存在领海"主权"争议的越南以及希望在亚太地区增强影响力的美国均密切关注着"南海仲裁案"的进展。2014年12月5日，越南外交部向南海仲裁庭提交了"提请菲律宾诉中国仲裁案仲裁庭注意的声明"；同一天，美国国务院发表《海洋界限：中国南海海洋主张》；随后，2014年12月13日中方发布《中华人民共和国政府关于菲律宾共和国所提南海仲裁案管辖权问题的立场文件》，共同将该问题推向舆论高峰。

《海洋界限：中国南海海洋主张》是美国国务院对别国海洋主张进行评论的第143号报告。"南海仲裁案"本与美国不相干，然而，如果我们将美国国务院的这一行为放在"南海仲裁案"以及南海争端的大背景下来看，就不得不说该报告的发布及其选取的时间点极度耐人寻味。[②] 针对中国南海断续线的可能性质，该报告提出了三种假设并进行了分析。这些假设分别为：(1) 南海"U形线"仅仅代表中国对线内岛屿提出主权要求；

[①] 2003年笔者在美国期间访问多位菲律宾访美专家和高层决策者，所有应访者都印证了这一观点。

[②] 林蓁：《美国〈海洋界限：中国南海海洋主张〉报告评析》，载《亚太安全与海洋研究》，2015年第2期，第2页。

第三章　南海问题国际舆论"双线索、多热点"特征分析

(2)南海"U形线"代表中国主张的海洋边界;(3)南海"U形线"代表中国主张的历史性水域历史性权利的界限。① 其实,国际舆论中对中国的南海主张存在一定疑惑并不稀奇,然而,对于美国而言,用如此详尽的细节来表达这些"疑惑"尚属首次。美国在南海仲裁庭的"第二号程序令"针对中方所提出的期限之前发布该报告,既充分显示出了美国在"南海仲裁案"上的立场,即无论仲裁结果如何,确保南海地区周边国家(尤其是中国)清楚美国当前所掌握的"事实"是符合美国利益需要的,② 同时,客观上在"南海仲裁案"中为菲律宾提供支持,并为中国形成了仲裁案和国际舆论上的双重压力。菲律宾驻美大使约瑟·奎西亚(Jose L. Cuisia Jr.)在密苏里世界事务委员会论坛中直言不讳地提出,鼓励中国在"南海仲裁案"中遵守法律规则是菲律宾面临的最大挑战,(中国)澄清海洋权利将是对南海地区和平安全稳定和航行自由的保证,有利于国家其他社会成员。③

为了进一步澄清中国对于"仲裁庭没有管辖权"和"不参与仲裁"的立场及国际法理据,减少国际社会对中国不接受、不参与仲裁可能存在的疑惑,中国外交部于2014年12月13日发布《中华人民共和国政府关于菲律宾共和国所提南海仲裁案管辖权问题的立场文件》(以下简称《立场文件》),通过大量引用政治文件与历史事实,并以一些国际法院的判例和一些国际法学者的研究成果为辅助,针对仲裁案管辖权问题阐述法律观点和理据,从法律上反驳菲律宾的无理主张。《立场文件》指出,菲律宾提请仲裁事项的实质是南海部分岛礁的领土主权问题,已经超出了《联合国海洋法公约》的调整范围,仲裁庭无权审理。其次,以谈判方式解决在南海的争端是中菲两国通过双边文件和《南海各方行为宣言》所达成的协议,菲律宾单方面将有关争端提交强制仲裁违反国际法。第三,菲律宾提出的仲裁事项构成中菲两国海域划界不可分割的组成部分,而中国已根据《联合国海洋法公约》的规定于2006年做出声明,将涉及海域划界等事项的争端排除适用仲裁等强制争端解决程序,仲裁庭对菲律宾提起的仲裁明显没有管辖权,中国不接受、不参与菲律宾提起的仲裁具有充分的国际法依据。④

---

① United States Department of State, "Limits in the Seas China: Maritime Claims in the South China Sea", December 5, 2014, pp. 8 - 10.
② Felix K. Chang, "Lines In The Water: US And China's Claims In South China Sea-Analysis", Eurasia Review, December 13, 2014.
③ NiAa P. Calleja, "Cuisia slams China at US meet." philippines Daily Inquirer, December 14, 2014.
④ 《中国政府关于菲律宾所提南海仲裁案管辖权问题的立场文件》,新华网,2014年12月7日,http://news.xinhuanet.com/world/2014—12/07/c_1113547390.htm,登录时间:2016年1月3日。

简而言之,《立场文件》主要回答了两个问题,即菲律宾所提请的仲裁事项的合法性问题以及"南海仲裁案"仲裁庭对菲律宾所提请的仲裁事项的管辖权及其可受理性问题。

相比较而言,《海洋界限:中国南海海洋主张》指向明确,舆论导向作用明显。

此后,"南海仲裁案"的国际舆论进一步向"九段线"及"中国的南海主张"的轨道集中,并围绕着《联合国海洋法公约》和"南海仲裁案"仲裁庭的管辖权两个方面进行"匹配"讨论。由于《立场文件》并没有对南海断续线做出明确说明,也没有对国际舆论中涉"九段线"的讨论做出直接回应。由此,中美两个文件在国际舆论的着力点上出现偏差。中国着重强调对整个"南海仲裁案"的国际舆论场的掌控能力,而由美方主导的"九段线"及"中国的南海主张"的国际舆论轨道持续发酵,并对中国形成持续性的外在压力。因而,在国际舆论场上呈现出对"九段线"和"中国的南海主张"的广泛讨论,并对中国不参与仲裁这一行动的普遍批评,而对于"南海仲裁案"仲裁法庭的管辖权问题则主要在于"铺设"中菲双方官方立场"对话"的局面。

在《立场文件》的讨论上,中菲均在第一时间向国际媒体传达了官方的立场和观点。菲律宾外交部发言人查尔斯·约瑟(Charles Jose)避重就轻,否认向仲裁庭提交诉讼是给中国施加压力,并指出,中国不参与的决定不会导致诉讼的紧张。① 菲律宾总统副发言人阿比盖尔·瓦尔特(Abigail Valte)在记者发布会上表示,"我们已经知道中国的立场,然而,菲政府立场也已经明确包括在递交给国际法庭的备忘录里。"菲律宾会"假设中方不会向仲裁法院提交备忘录"。② 时任菲外交部长罗萨里奥(Albert del Rosario)向路透社透露,提起诉讼是因为要捍卫菲方的"合法领土",并且也是基于国际法的一种"公正持续"的解决办法。他说中国拒绝仲裁会加快进程,最后决定或许会在2016年第一季度公布。③ 中国外交部条约法律司司长徐宏则表示,菲律宾顽固推进诉讼进程,敦促其与中国协商。仲裁"不会改变中国对南海和毗邻水域主权的历史合法性和事实"。"一些不明事实的人总是质疑中国不参与仲裁的立场,另外有不良动机的一些人总

---

① "Philippines firm on arbiteration in South China Sea dispute", Times of Oman, December 8, 2014.

② "Philippines says no backing down on arbitration case over South China Sea issue", BBC Monitoring Asia Pacific-Political, December 9, 2014.

③ "Philippines insists on arbitration to end South China Sea dispute," News Point, December 8, 2014.

是单方面错误解读国际法规则,在此基础上控诉中国不遵守国际法并且把中国称为国际规则的挑战者。""菲律宾明白通过和平协商解决问题的重要性。但它仍然单方面启动强制性诉讼试图以此解决争端。中国当然不能接受。"①"中国督促菲律宾回到正确轨道,尽快通过协商解决争端。"② 中国驻菲大使赵鉴华表示,中国不会向仲裁庭提交备忘录,因为中国只是认可国际法,并且非常清楚表明中国不会接受仲裁庭任何仲裁。这也是中国作为海洋法一方的法律权利。中国反对参与仲裁的立场没有改变。③

(二) 学者的延伸和扩展性讨论

学者围绕中菲双方的立场和观点进行了一定的延伸和扩展。部分学者认为,尽管中国坚持不参与仲裁的立场,但《立场文件》是一个间接影响"南海仲裁案"仲裁庭的因素之一。美国海军战争学院中国海洋研究中心主任彼特·达顿(Peter Dutton)表示,中国的立场文件"明显试图影响国际法庭接下来的决定"。他说,"尽管中国没有选择直接参与,但我相信这是一个积极发展,因为中国比起以前更重视国际法庭和其解决争端的力量。"④ 厦门大学国际法专家傅崐成表示,"《立场文件》是中国要向国际社会表明立场。通过建立中国自己的话语回应,平衡国际媒体的狭隘视角。同样也可以防止菲律宾利用国际仲裁的机会中伤中国。"⑤ 中国南海研究院院长吴士存也赞同这一点,指出中国很明确不会参与仲裁,但这不表示要保持沉默,它有大量的法律支撑其坚定立场。中国一直拒绝国际仲裁,早在11月,李克强总理在柬埔寨参加东盟峰会时说应该用双轨机制来解决争端,并且应该通过一对一协商来解决。中国的《立场文件》再次表达了中国希望"双边协商"被认为是最直接有效的解决争端的办法。中国与东盟国家签订《南海各方行为宣言》,中菲都同意通过协商解决争端,但现在菲律宾打破了它的承诺,通过单方面提交诉讼使问题偏离核心,其对有争议水域的要求是不合法的。⑥ 厦门大学东南亚研究中心主任庄国土,称发布《立场文件》对案子并不是毫无作为,而是先发制人。他认为,通过发布文件可以显示中国对国际法的尊重,同时坚持通过双边谈判解决两

---

① "China rejects Philippines' arbitration move", Shanghai Daily, December 8, 2014.
② "China Details Objections to Arbitration in Dispute With philippines", Legal Monitor Worldwide, December 8, 2014.
③ "Phl to answer questions from UN tribunal on sea row", Legal Monitor Worldwide, December 12, 2014.
④ "China Details Objections to Arbitration in Dispute With philippines", Legal Monitor Worldwide, December 8, 2014.
⑤ Cathy Wong Tsoi-lai, "FM rejects sea arbitration," Global Times China, December 8, 2014.
⑥ Cathy Wong Tsoi-lai, "FM rejects sea arbitration," Global Times China, December 8, 2014.

国争端的立场。①

在中国南海断续线和中国南海主张的国际舆论中，相关评论多以"中国所主张的历史性权利"为切入点而进行负面评述。由于国际媒体在历史材料收集方面存在着客观上的不足，因而，政府方面和资深学者便成为国际舆论中的主要传播源。菲律宾政府凭借一副旧地图而对中国的断续线提出质疑。② 2015 年，菲律宾总统发言人埃德温·拉希尔德（Edwin Lacierda）直言，"中国的主权是以历史的名义的。当涉及到历史原则时，这份旧地图肯定能充分表明菲律宾的合理立场。"③ 印尼总统佐科维在访问中国时亦指出，印尼对中国断续线立场也很明确，认为其没有"遵照"国际法。④ 也有西方学者将中美两国的海洋主张进行了对比，指出：基于历史主张以及 1947 年地图，中国对断续线的主张实际上跟美国在 19 世纪和 20 世纪对加勒比海的主张是类似的：既存在多层利益和同盟关系，也存在地区和强大国家的敌对。例如，单独的主张国：菲律宾；地区性组织：致力于解决各国南海主权争端的东盟；外来力量：希望制定新范式和国际规程来适应中国崛起，与此同时也要保证实力较弱方利益的美国。⑤ 部分国内学者也指出，近 70 年来，中国一直没有完全阐述断续线所涉及的海洋管辖权，这对中国的南海主张是不利的。但是，中国一直在评估是否要行使每一项具体权利，以及权利范围和行使手段。这也是中国为什么还没有完全阐释断续线的原因，对此怀有疑虑的国家需要明白中国在南海的权利。⑥

（三）"南海仲裁案"的阶段性进展

2015 年 4 月 22 日，《仲裁庭确定关于管辖权和可受理性问题开庭审理

---

① Li Jing jing, "Beijing rejects Hague role in dispute; Position paper maintains insistence on bilateral talks with Manila", South China Morning Post, December 8, 2014.

② 1734 年，一位传教士 Pedro Murillo Velarde 在马尼拉绘制了一份地图，这份地图被誉为"菲律宾的第一份科学地图"。一位 IT 公司总裁、菲律宾人 Mel Velarde 购买了这幅地图。随后他意识到这份地图或者可以证明菲律宾对于黄岩岛的"主权"。这位商人把地图复印本给了菲律宾政府，让菲官员在"南海仲裁庭"辩论时使用。菲政府觉得，这份地图或者对它"打赢"诉讼十分有利。

③ Chris Green, "Here be treasure (or at least the rights to a South China Sea reef); Antique map may hold key to bitter Sino-Philippine dispute, says Chris Green", The Independent London, June 13, 2015. Section: News.

④ Zuraidah Ibrahim zuraidah, "Indonesia 'can act as broker over south china sea'; Widodo says Jakarta can help resolve disputes over maritime borders ahead of talks with Xi", South China Morning Post HK, March 25, 2015. SECTION: NEWS.

⑤ Basil C Bitas, "Three-pronged approach needed to manage disputes in S China Sea", TODAY Singapore, May 15, 2015. SECTION: CAC.

⑥ "China's Lawful Position on the south china sea", Premium Official News, January 31, 2015.

第三章 南海问题国际舆论"双线索、多热点"特征分析

的时间》消息的发出稳住了对"南海仲裁案"国际关注度的发展趋势。2015年7月,国际仲裁庭相继发布"第五号程序令"和"第六号程序令",将"南海仲裁案"一分为二,即把管辖权和案件本身分开审理。这种处理方式至少在形式上表明中国在与菲律宾就仲裁案问题上的博弈取得了阶段性胜利。也有观点认为,尽管把管辖权和案件本身合起来审理可以表明法庭拥有管辖权,但是,分开审理也可以被理解为法庭认为自己拥有管辖权,之所以分开审理,不过是虚晃一枪而已。[1]

2015年10月30日国际仲裁庭宣布对菲律宾申请仲裁的七项内容拥有管辖权。此消息一出立刻引起国际舆论的普遍关注。在随后的国际舆论发酵过程中,仲裁庭法官安东尼奥·卡皮奥(Antonio Carpio)有关"仲裁法庭的法官们不会考虑将九段线作为决定专属经济区的证据,在《联合国海洋法公约》中并没有类似九段线的东西"的观点,[2] 美国参议员约翰·麦凯恩(John McCain)"为菲律宾政府致力于和平地、与国际法相一致地、通过国际仲裁机制解决南海争端的不懈努力而鼓掌"的言论,[3] 日本防卫大臣中谷元(Nakatani)支持仲裁庭表明中国在南海的主权声索"违反"了国际法的言论[4]在国际媒体上被大量的重复和转载。整个舆论的主流观点似乎形成了一种针对中国南海政策和南海主张的普遍批判,以及"仲裁已经清晰表明了菲律宾质疑中国南海领土主张合法性的法律意义,反过来也证明了中国在争议海域的行动侵犯了国际法"等观点已经对中国南海主张与国际法关系进行了盖棺定论。[5] 卡内基国际和平基金会网站援引《印度快报》的文章则以充满讽刺的口吻对中国抵制仲裁程序,通过拒绝法庭管辖权和指责菲律宾"在法律伪装下的政治挑衅"做出回应,以及要求菲律宾回到双边谈判而不是国际法解决的道路的做法予以评论。[6] 英国国际

---

[1] 孙建中:《当前南海权益斗争与法理交锋研讨会》,载《亚太安全与海洋研究》,2015年第2期,第118—119页。

[2] "UN tribunal 'totally ignored' China's 9 – dash line", Philippines Daily Inquirer, November 5, 2015.

[3] "Washington: Statement By Sasc Chairman John Mccain On Ruling Concerning South China Sea Maritime Disputes", US Official News, November 5, 2015.

[4] "Japan urges ASEAN, China to work for peaceful South China Sea-Kyodo", BBC Monitoring Asia Pacific-Political, November 4, 2015.

[5] IISS Press Coverage, "China Bristles Over Dual Tests in South China Sea", IISS, http://www.iiss.org/en/about%20us/press%20room/press/archive/2015 – 4af2/october – 752f/china-bristles-over-dual-tests-in-south-china-sea – 75a1.

[6] C. Raja Mohan, "Raja-Mandala: Why Delhi Must Not Be at Sea", http://indianexpress.com/article/opinion/columns/raja – mandala – china – philippines – maritime – dispute – why – delhi – must – not – be – at – sea/. Accessed on 2015/11/13.

战略研究所的亚洲安全专家威廉·松（William Choong）指出，仲裁庭的仲裁，已经清晰证明了"南海仲裁案"已质询中国领土合法性的法律意义，并据此说中国在有"争议"的海域的行动"侵犯"了国际法；但是几乎没有人认为中国会屈服，即使菲律宾在仲裁中占有上风，[1] 尽显落井下石之意。但也有西方学者指出，面对美国海军的巡航行动以及仲裁庭对"南海仲裁案"的裁决对中国南海主权主张的挑战，中国更广泛的反应暗示着中国对历史性权利和断续线的更坚定的立场，因而，对中国施加适度的压力更能收到效果。[2]

中菲南海争端被提交国际仲裁的事件将本已成为热点的南海问题进一步推向国际舆论的高潮，并将原本一般性的舆论探讨直接引向国际法专业领域进行讨论。然而，在整个国际仲裁国际舆论发展的过程中，相关舆论却彻底混淆了中国南海基于海岛的历史性主权的权利而主张南海海域管辖权的基本事实，及其与菲律宾申请仲裁中菲两国海洋权利相关问题之间的重要区别，而将中国南海主张的合法性笼统地归结为是否适用《联合国海洋法公约》，甚至仲裁庭是否有管辖权等方面。这种在内容和形式上突出国际法的专业特色，而内在逻辑却以偷梁换柱的方式刻意混淆关键概念的做法，是"南海仲裁案"国际舆论持续发酵的关键所在。然而，这种逻辑在南海问题国际舆论持续发酵的情况下，却在国际仲裁庭、大国政要、仲裁庭法官、菲律宾等国官员等多重印证下具有了合理性和正义性。

三、国际新闻报道层面统计分析

如前所述，从当前国际新闻媒体统计南海问题相关新闻报道最全的 LexisNexis 新闻数据库中以"south china sea"为一级检索词条，"arbitration"为二级检索词条，收集 2014 年 12 月 1 日至 2015 年 12 月 31 日这一年"南海仲裁案"的新闻报道，统计得出全球共计 187 家新闻媒体、超过 40 个国家和地区对仲裁案进行了报道。

（一）涉"南海仲裁案"新闻报道媒体地缘分布

据统计，在对"南海仲裁案"进行过报道的 40 多个国家和地区中，菲律宾的相关报道最多，占总数的 28.2%，中国占比 18.5%，美国占比

---

[1] IISS Press Coverage, "China Bristles Over Dual Tests in South China Sea", IISS, http://www.iiss.org/en/about%20us/press%20room/press/archive/2015-4af2/october-752f/china-bristles-over-dual-tests-in-south-china-sea-75a1, Accessed on 2015/11/13.

[2] Euan Graham, "Innocent Passage: Did the U.S. Just Fumble Its South China Sea Strategy?", the National Interest, http://nationalinterest.org/blog/the-buzz/innocent-passage-did-the-us-just-fumble-its-south-china-sea-14253, accessed on 2015/11/13.

15.7%，之后的分别为泰国、新加坡、英国、日本、印度、马来西亚和澳大利亚，前十位合计占比89.8%。从中可看出"南海仲裁案"国际舆论的地缘分布呈现出不平衡特征。相对而言，舆论集中分布于亚太地区国家。考虑到多重因素，对"南海仲裁案"国际舆论之地缘分布的分析将从南海地区域内、其他地区两个层面进行。

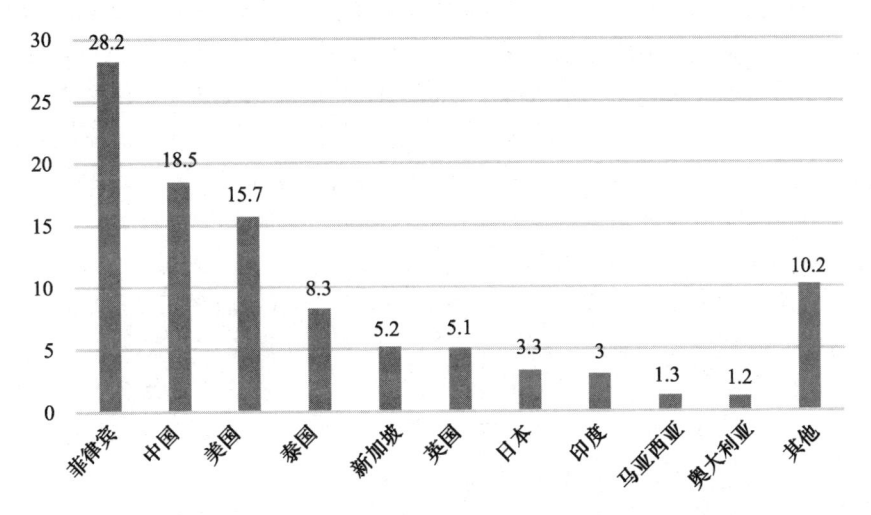

图3—7 涉"南海仲裁案"新闻报道媒体地缘分布

据统计数据显示，在南海域内对"南海仲裁案"进行报道的国家包括以下八个：中国、菲律宾、新加坡、马来西亚、越南、印尼、文莱和泰国。

如图3—7所示，在这当中，媒体发布量之最为菲律宾，占比28.2%，比位居第二的中国（占比18.5%）领先9.7%，足以显示菲律宾就仲裁案在国际舆论方面所下的功夫之大。菲律宾媒体关于中菲南海问题的报道中，引用除中菲两国以外的其他国家相关人员的言论占比25%，相应而言，中国这部分只占比11%。从中可以看出菲律宾更擅长运用他人之证言证词为自己佐证，然而，这也从侧面反映出菲律宾对自身南海利益诉求之合法性感到心虚。

媒体发布量位居第三的是泰国。泰国虽属南海区域内国家，但它并不是南海问题的争端方，在南海问题上与中国没有直接的利益冲突。所以，泰国媒体报道的内容基本上没有涉及泰方人员对"南海仲裁案"的，而是中菲两国及其他国家相关人员的言论或者直接转载其他国家的媒体内容。另外，泰国是东盟和中国南海问题的协调国，对可能影响东盟与中国关系的南海问题极为关注①,因此在南海问题上,泰国媒体的报道数量一直位居亚洲媒体的前列。所以,在没有利益关切的前提下,泰国媒体对"南海仲裁案"的报道量能够位于域内地区之前列,极有可能是对上述态势的延续。

紧随泰国的是新加坡,其媒体发布量占比为5.2%。与泰国一样,新加坡也不属于南海争端中"六国七方"之一,在南海没有领土主权诉求,也不参与其中的纠纷。但是,由于新加坡是一个经济高度向外依赖型国家,很容易受到外部因素的影响,经济发展存在着一定的脆弱性和不稳定性。任何国际冲突,更不用说战争,都可能对新加坡的经济产生巨大深远的影响。②唯有维护好周边的和平与稳定,才能保障其国内经济持续稳定发展,因此,新加坡很自然地选择"中立有为,稳定和平"③作为其南海政策,时刻紧密关注南海地区形势发展。这就不难解释为何作为一个争端之外的国家,新加坡国内媒体对"南海仲裁案"的报道量如此之多。

另外,马来西亚的媒体发布量占比1.3%,在南海地区周边国家中,位居新加坡之后。与泰国、新加坡不同,马来西亚属于"六国七方"中一员,在南海地区有直接利益诉求。但由于其一直坚持认为南海问题应当通过和平途径解决④,有别于越南和菲律宾两国的激进主张,所以在这次"南海仲裁案"中没有表现出特别的关注。

除上述南海地区区域内国家,还有几个国家媒体对"南海仲裁案"进行了大量的报道。其中包括美国、英国、日本、印度和澳大利亚。

美国媒体对"南海仲裁案"的报道量占比15.7%,位居域外国家之首,整体之第三。在美媒的报道内容中,其国内的相关言论占比31.7%,中国方面的相关言论占比26%,菲律宾方面的相关言论占比14.7%。作为一个域外国家,美媒报道中所涉及的国内相关言论的比重大于其所引用的中菲两当事国之言论,其在仲裁案这一事件中的利益诉求可见一斑。英国媒体对"南海仲裁案"的报道量占比5.1%,位居整体第六。英媒的报道中,中菲两国人员的相关言论占比72%,英国人员的相关言论只占比1.3%,显示英媒对"南海仲裁案"的报道更多地是在践行其作为国际主流媒体的代表对国际性事件进行传播的责任。日本媒体对"南海仲裁案"

---

① 鞠海龙:《中国南海维权的国际舆论环境演变——基于1982年以来国际媒体对南海问题报道的分析》,载《人民论坛·学术前沿》,2015年10月。
② 李明江、张宏洲:《新加坡的南海政策:中立有为、稳定和平》,载《东南亚研究》,2011年第6期。
③ 李明江、张宏洲:《新加坡的南海政策:中立有为、稳定和平》,载《东南亚研究》,2011年第6期。
④ 鞠海龙:《南海地区形势报告2013—2014》,时事出版社2015年版,第324页。

的报道量占比3.3%，位居整体第七。日媒报道中，涉及日方人员的言论占比15%，涉及菲方人员言论占比26%，涉及中方人员言论占比14%。对中菲两国人员言论的引用量之区别，从侧面显示日媒的态度倾向于菲律宾。印度媒体对"南海仲裁案"的报道量占总比3%，位居整体第八。印媒报道中，涉及印方人员之言论的占比20%，涉及中方人员之言论占比8.9%，涉及菲方人员之言论的占比56%。对中菲两国人员言论的引用量的悬殊差距，同样从侧面显示印媒的态度倾向于菲律宾。澳大利亚对"南海仲裁案"的报道量占总比的1.2%，位居整体的第十。澳媒报道中，主要引用中澳两国人员的言论，均占比31%，对中方人员言论的引用量大于菲方。澳方对"南海仲裁案"发表己见的占比之大，表明澳方在此有其利益诉求。然而对中方言论的引用量大于对菲方的引用量，可被视为澳大利亚政府并不想过分得罪中国政府，这是对澳大利亚"低调介入"的南海政策的很好诠释。

总而言之，"南海仲裁案"的报道主要集中于中、菲、美、英、新、马、泰、印、日、澳等国家。这一地理分布状况与报道整个南海问题的地理分布状况相去无几。

（二）国际舆论焦点及变化趋势

据数据显示，上述所有报道中，如果将所有报道内容分为十个主体，被提及次数最多的主题分别为："国际仲裁""国际法""和平稳定""岛礁建设"和"军事存在"。据统计，"国际仲裁"被提及数次最多——占总比的40%，"国际法"占比14%，"和平与稳定"占比13.5%，"岛礁建设"占比13%，"军事存在"占比8%，其余五个主题共占比11.5%。显然，由于此次新闻媒体报道的对象为"南海仲裁案"，因此"国际仲裁"这个主题必然且必定成为众多舆论焦点中的焦点。"国际法"由于与"国际仲裁"同属国际法律这一范畴，因而"水涨船高"，被提及数次位居第二。

就新闻媒体的国别而言，中国的舆论焦点主要聚集于"国际仲裁"，"和平与稳定"和"国际法"这两个主题涉及也比较多。菲律宾的舆论焦点较为集中于"国际仲裁"，同时涉及"和平与稳定""岛礁建设""国际法"和"军事存在"。从中菲两国的新闻媒体报道比较中可以看到，来自中国方面的言论焦点比菲方言论焦点更为聚集。然而，来自菲律宾方面的看似"三心二意"的表现似乎更能体现菲律宾在本次"南海仲裁案"的国际舆论战中的主动从容地位。

美国方面的舆论焦点除"国际仲裁"和"国际法"之外，对"军事存在"和"航行自由"的关注度也很高。"虽然美国没有在这次争端中选择任何立场，但却对菲律宾总统阿基诺三世和他的政府致力于追求国际仲裁这一行为表示赞赏。因为中国正在南海上进行建设,而且还在加强实现这一目标的力度,因此美国很乐意看到马尼拉方面继续尽一切努力采用国际法、国际仲裁等方式去解决这些争端。为了使菲律宾有足够的信心与中国对抗,美国将继续支持包括菲律宾在内的所有盟友。为了抗衡中国,我们不仅需要南海地区的航海航空自由,还需要加强东南亚国家的军事力量和进行联合演习与巡航的能力。同时,美国采取必要措施去保持亚太地区的实力均衡以维持该地区的和平与稳定也是至关重要的。"① 美国议员约翰·麦凯恩这番话,既道出了美国所谓的"军事存在"和"航行自由"对其维持亚太地区的"力量均衡"以保持其在该地区的影响力的重要性,更向外界清楚表明了美国进一步介入南海问题的居心。

"南海仲裁案"国际舆论的报道数量与国际仲裁法庭对这一案件的关注和审理息息相关,且成正比。具体表现为,"南海仲裁庭"发布的仲裁程序令总能引导国际舆论报道数量走向高峰。如下图所示:

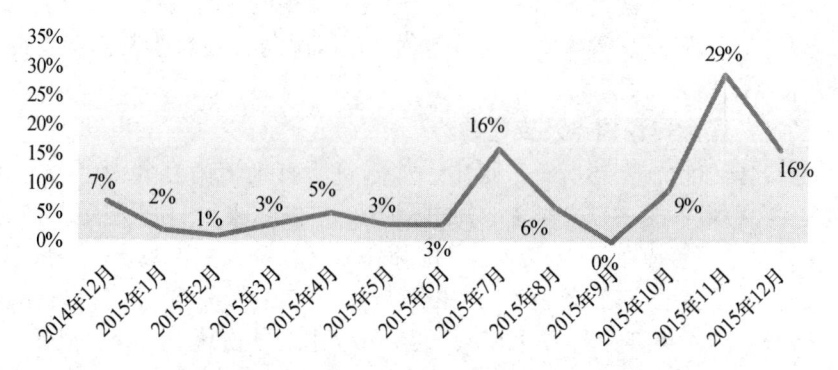

图3—8 涉"南海仲裁案"新闻报道月占比分布

2014年12月17日,仲裁庭发布"第三号程序令",南海问题国际舆论也在2014年12月达到一个小高峰。2015年4月22日,仲裁庭发布"第四号程序令",同样,国际舆论在当月也达到一个小高峰;2015年7月这个峰顶比较高,整个7月的媒体报道量占总量16%的比重,这是因为仲裁庭分别于7月7日和13日发布了"第五号程序令""第六号程序令";2015年10月至12月,南海问题国际舆论在此期间不断上扬,并在11月达到峰顶。在这两个月内,"南海仲裁庭"的相关动作非常频繁:10月29日,仲裁庭发布"第七号程序令",并做出了管辖权裁定,确认对菲律宾

---

① "US senators laud Philippine efforts to peacefully resolve sea row", Philippine Daily Inquirer, 18 July 2015.

提出的七项主张有管辖权。此次裁定终于不再是对案件时间或程序做出规定，而是对案件的实体部分进行听证，因而引发舆论的"大爆炸"。11月24日和30日，仲裁庭还分别发布"第八号程序令"和"第九号程序令"。

由此可以看到，随着"南海仲裁案"的程序的持续进展，国际舆论对此的关注不断提升。

第四节 美国南海巡航行动与南海问题国际舆论的爆发

过去一年，南海问题国际舆论空前高涨。美国以所谓的"航行自由行动"介入南海问题是其背后的重要因素之一。奥巴马上台后，南海问题成为美国"重返东南亚"的主要抓手。从希拉里的"河内讲话"到美国自导自演的"拉森"号事件，美国的南海政策经历了"不选边站"到"亲自上阵"的深度调整。在南沙岛礁建设议题上，尽管中国已多次向国际社会阐述该行动的正当性、合理性和合法性所在，并对未来南沙岛礁的民用功能做出了明确说明，但部分国际新闻媒体却仍百般炒作。在"拉森"号事件中，美国以特定的军事行动为牵引，为国际社会中关于中国南沙岛礁建设的讨论注入浓厚的"传统安全色彩"，吸引国际新闻媒体的高度关注，推动南海问题国际舆论热度不断上扬。

一、美国南海巡航行动的国际舆论脉络

国际媒体是构建南海问题国际舆论的主要依托。[①] 通过国际新闻媒体这一平台，各国政军要员、专家学者、新闻记者围绕南海问题所发表的观点和评论一定程度上构成了以南海问题为中心的舆论场。2014年5月以来，围绕中国南沙岛礁建设议题，菲、越等南海周边国家及美、日、印、澳等域外大国的政军要员、专家学者、新闻记者纷纷通过国际新闻媒体发表观点和评论。各方关注的重点、切入角度不同，其观点、评论或相互支持，或相互交锋，甚或相互对立，在一定程度上构成了以中国南沙岛礁建设为中心的次级舆论场。在各方博弈的催化下，中国南沙岛礁建设国际舆论随着国际社会对中国南沙岛礁建设的关注重点逐步深化而沿着时间轴线呈现出不断演化和膨胀的态势。

2014年5月14日，菲律宾外交部特地向媒体展示了一组分别拍摄于

---

① 鞠海龙：《中国南海维权的国际舆论环境演变——基于1982年以来国际媒体对南海问题报道的分析》，载《人民论坛·学术前沿》，2015年10月下旬刊，第60页。

2012年3月13日、2013年1月28日、2014年1月25日以及2014年5月11日的南沙赤瓜礁照片,并向媒体指出,"中国最近几周一直向南沙赤瓜礁运输泥土和材料进行'填海造地',此举有悖《南海各方行为宣言》。"[1] 菲律宾外交部别有用心的举动和言论,无疑是对中国主权范围内的建筑活动的妄自猜测和无端指责。5月15日,中国外交部发言人华春莹在例行记者会上对菲方的言论进行反驳,"中国对包括赤瓜礁在内的南沙群岛及其附近海域拥有无可争辩的主权。如果中方在赤瓜礁进行什么建设,完全是中国主权范围内的事情。"[2] 国际新闻媒体敏锐地注意到这一信息,就中菲双方的官方言论以铺设"对话"的方式进行了报道。而部分国际新闻媒体却片面地对"中国欲在南沙岛屿中建设机场跑道"和"中国的行为违反了DOC"进行了引用和报道。

美国在第一时间对中国南沙岛礁建设给予了关注。美国国内知名新闻媒体率先对菲律宾的举动进行了报道。[3] 这些报道尽管多以短消息为主,且基本上以引述中菲双方的官方言论为报道的主要内容,但仅从其对"中菲对话"引用篇幅的处理以及关键词的选择来看,却不难发现其在"中菲南海争端"问题上的立场有所偏颇。《美国之声》(VOA)在其报道中使用了近半篇幅对菲律宾的相关言论进行了引述,而对于中国外交部发言人华春莹的对应性言论不但仅以寥寥数语带过,还做出了别有用心的处理,对"中国在赤瓜礁上的任何建筑活动都是正常的"中的形容词"normal"(正常的)一词增添了双引号以诱导受众对中国建筑活动合理性产生质疑,[4] 其所标榜的"中立"立场已荡然无存。随后,美国国内知名专家学者亦开始关注这一事件。美国海军战争学院中国海洋研究所主任彼特·达顿(Peter Dutton)接受《纽约时报》采访时指出,"不能对中国的行动掉以轻心","上一代中国人更倾向于使用武力"。[5] 而菲律宾国家安全与情报研究

---

[1] Matikas Santos, "Chinese reclamation on Mabini Reef likely for military purposes", Philippines Daily Inquirer, May 15, 2014.

[2] 《2014年5月15日外交部发言人华春莹主持例行记者会》,中华人民共和国外交部,2014年5月15日, http://www.fmprc.gov.cn/web/wjdt_674879/fyrbt_674889/t1156442.shtml,登录时间:2016年1月20日。

[3] 这些报道包括:"Philippines Claims China Reclaiming Land in Disputed South China Sea", Voice of America News. May 14, 2014; Ed Adamczyk, "Philippines says China is constructing airstrip on South China Sea reef", UPI. May 14, 2014; Jim Gomez, "Manila says China reclaiming land in disputed sea", The Associated Press, May 14, 2014。

[4] "Philippines Claims China Reclaiming Land in Disputed South China Sea", Voice of America News, May 14, 2014.

[5] Keith Bradsher, "Philippines Challenges China Over Disputed Atoll", The New York Times, May 15, 2014.

第三章 南海问题国际舆论"双线索、多热点"特征分析

中心（CINSS）主任隆美尔·班乐义（Rommel Banlaoi）也直言附和，"中国在南沙岛礁建设飞机跑道将彻底改变南沙群岛的力量平衡，其他南海声索方将联合起来对抗中国。"① 美国专家学者的偏激言论，客观上提高了中国南沙岛礁建设国际舆论的论调。随后，国际社会对中国南沙岛礁建设的讨论不再满足于中菲双方的立场性声明，而将关注重点逐步转移至中国身上乃至中国南沙岛礁建设行动的意图和影响上。

实际上，在"5·13越南打砸中资企业"事件受到国际社会普遍关注的时候，菲律宾的举动并未获得较高的舆论热度。菲律宾总统阿基诺三世曾在第24届东盟峰会上提出所谓的"中国岛礁建设"问题，② 但并没有获得与会成员国的认可，会后发表的联合声明对此也是只字不提。即便在2014年香格里拉对话会期间，所谓的"中国岛礁建设"问题也并未被提及。6月10日，正在缅甸参加东盟高级官员会议的美国国务院助理国务卿丹尼尔·拉塞尔（Daniel Russel）开始向中国发难，"中国在南海大规模建设'前哨'的行为不利于维持南海地区的现状"。③ 丹尼尔的言论一时被媒体视为美国官方首次针对中国南沙岛礁建设行动的表态，得到国际新闻媒体的广泛关注。毫无疑问，美国态度的变化拓展了中国南沙岛礁建设国际舆论的空间。此后，美国关于中国南沙岛礁建设的官方言论成为国际新闻媒体涉南海问题报道主题变化的主要影响变量。

在中国南沙岛礁建设议题上，美国首先从"军事安全"的角度和以《联合国海洋法公约》为中心的"国际法"角度切入对其进行解读，在借助新闻媒体以及国际政治活动平台充分表达国家立场的同时，试图说服国际社会认同其观点，阻止中国在南沙的岛礁建设行动。对于中国在南沙岛礁上进行建筑活动的意图，美国麻省理工学院政治学学者泰勒·弗拉维尔（M. Taylor Fravel）认为，将岛礁变成岛屿，有助于中国在《联合国海洋法公约》下对200海里专属经济区提出权利主张。④ 美国战略与国际研究中心中国问题研究部主任克里斯多夫·约翰逊（Christopher Johnson）指出，

---

① Raul Dancel, "China may be building airstrip in S. China Sea: Manila", The Straits Times, May 15, 2014.

② Raul Dancel, "China may be building airstrip in S. China Sea: Manila", The Straits Times, May 15, 2014.

③ Daniel R. Russel, "Regional Telephone Conference in Rangoon, Burma", Under Secretary for Political Affairs, June 10, http://www.state.gov/p/eap/rls/rm/2014/06/227412.htm, 登录时间：2016年1月26日。

④ Edward Wong and Jonathan Ansfield, "China, Trying to Bolster Its Claims, Plants Islands in Disputed Waters", The New York Times, June 17, 2014.

"中国毫无疑问将在这些岛礁上建设海军军事设施。"① 而其同事格邦妮·拉泽（Bonnie S. Glaser）则认为中国欲在南海建立防空识别区。② 立刻，"200海里专属经济区主张""海军军事实施"以及"防空识别区"这些与"中国威胁论"如出一辙的观点均受到国际社会的普遍关注，甚至还出现了"中国欲在南沙筑起'海沙长城'"的奇谈怪论。

与此同时，美国国防部发言人杰佛瑞·普尔（Jeffrey Pool）也开始煽风点火，向中方提出"停止南沙岛礁建设行动"的无理要求。③ 美国军方甚至试图唆使日本动用自卫队对南海进行空中巡逻，鼓动东盟组建联合舰队对南海进行巡航，并搬出太平洋第七舰队为其撑腰。④ 随后，一篇来自美国传统基金会的文章无视中国的南海主权，竟对南沙岛礁拥有12海里领海这一客观事实提出所谓的"质疑"，⑤ 扰乱国际视听。美国国防部甚至公开附和，"考虑派遣军舰或飞机进入中国南沙岛礁12海里进行'自由航行'"。⑥ 2015年5月20日，美军一架P8-A反潜机未经中国政府许可，擅自飞越南海永暑礁，对中国南海岛礁进行低空侦察。机上CNN记者还对中国南沙岛礁建设活动进行"现场报道"，⑦ 事后还刻意公布来自中国海军的八次警告的录音，引发国际新闻媒体的高度关注。5月27日，美国防长阿什顿·卡特（Ashton Carter）对中国发出"最强硬喊话"，再次提出"中国停止在南海的岛礁建设活动"的无理要求，并宣称美军舰和军机将继续对该海域实施巡逻。⑧ 在随后的香格里拉对话会上，卡特细数了当前越南、菲律宾、马来西亚所占领的南沙岛屿的数量，不顾客观事实，向与会成员传达了对中国南沙岛礁建设的速度和规模，以及所谓的"军事化"的杞人

---

① Edward Wong and Jonathan Ansfield, "China, Trying to Bolster Its Claims, Plants Islands in Disputed Waters", The New York Times, June 17, 2014.

② Jane Perlez, "China Said to Turn Reef Into Airstrip in Disputed Water", The New York Times, November 24, 2014.

③ "China defends land reclamation in South China Sea", The Associated Press, November 24, 2014.

④ Andrea Chen, "U. S. calls for Asean joint patrols", South China Morning Post, March 19, 2015.

⑤ The Heritage Foundation, "Washington: Why Is China Building Artificial Islands?", US Official News, April 18, 2015.

⑥ Kirk Spitzer, "Kerry to confront China on islands; Beijing is building in disputed waters", USA TODAY, May 15, 2015.

⑦ Helene Cooper and Jane Perlez, "China Objects to U. S. Flights Near Artificial Islands", The New York Times, May 23, 2015.

⑧ 《美防长对华"最强硬喊话"要求中国停止岛礁建设》，环球网，2015年5月28日，http://world.huanqiu.com/exclusive/2015-05/6543120.html，登录时间：2015年11月15日。

之忧。① 在中国南沙岛礁吹填工程结束后,美国国务卿克里仍罔顾事实,在东盟系列会议前夕建议相关各方签署一份"停止'填海造地'工程"的联合声明,鼓吹中国南沙岛上设施所谓的"军事目的"以及"军事冲突的风险"。② 在一片喧嚣声中,美国海军"拉森"号导弹驱逐舰于10月26日闯入中国南沙岛礁12海里,进行所谓的"航行自由行动"。③ 对于这项行动,美国国内乃至国际社会尽管进行了数月的讨论,但在付诸行动之时,却瞬间引爆为国际热点。当一张高悬美国国旗的"拉森"号导弹驱逐舰正在海上航行的照片被国际各大新闻机构争相转载时,宛如"走秀"一般的美国"航行自由行动"俨然已经成为国际社会窥探当前南海地区形势及其走向的关键标的。

二、美国南海巡航行动三大舆论热点

自 2015 年 1 月美国向日本提议将自卫队空军的巡逻范围拓展至南海之后,美国企图以所谓的"航行自由行动"反对中国南沙岛礁建设的行为便受到国际社会的普遍关注。美国通过国际新闻媒体炒作所谓的"航行自由行动",形成了以"共同巡航倡议"、"P8-A 反潜机侦查南海"事件以及"拉森"号事件三大舆论热点为牵引的南海问题国际舆论"浪潮"。

(一)"共同巡航倡议"

在中国南沙岛礁建设议题上,美国政府除了"敦促中国停止岛礁建设活动"的"口头表达"之外,还试图采取"实际行动"向中国施加压力。2015 年 1 月 29 日,美国太平洋舰队第七舰队指挥官罗伯特·托马斯(Robert Thomas)中将率先通过路透社向日本发出"邀请":"由于中国的捕鱼船队、海警以及海军相较于南海周边国家具有力量优势,美国将欢迎日本进入南海巡逻",④ "美国在该地区的盟友和伙伴已越来越将日本视为该地区稳定的'功能体'"。⑤ 随后,美国国防部发言人乔希·厄尼思特

---

① Ashton Carter, "The United States and Challenges of Asia-Pacific Security", International Institute for Strategic Studies. 30 MAY 2015. http://www.iiss.org/-/media/Documents/Events/Shangri-La%20Dialogue/SLD15/Jill%20Lally%20Proofs/First%20Plenary%20%20Carter%2030052015ED1.pdf.

② Matthew Lee, "US proposes halt to provocative South China Sea activities", Associated Press Online, August 6, 2015.

③ "U.S. Navy destroyer sailing near China's man-made island in Spratlys", Wall Street.com, 2015 年 10 月 27 日, http://www.wall-street.com/2015/10/27/u-s-navy-destroyer-sailing-near-chinas-man-made-island-in-spratlys/, 登录时间:2016 年 1 月 7 日。

④ "Japan forces unwelcome in S. China Sea", People's Daily Online, January 30, 2015.

⑤ "US Admiral: Japanese Operations in South China Sea 'Make Sense' in the Future", Premium Official News, January 30, 2015.

（Josh Earnest）在例行记者会上，面对记者"美国是否支持日本进入南海巡逻"的提问避而不答，却大肆鼓吹南海的商业航行价值及其对美日利益的重要性。① 美国"拉拢"日本介入南海这一高调举措立即受到国际新闻媒体的普遍关注，路透社、美国国家新闻社、日本时事通讯社、英国广播公司（BBC）、《开普敦时报》（南非）、《民族报》（泰国）等均在第一时间予以关注和报道。部分新闻报道片面地从阐述美国及日本方面的言论切入，并按照其话语逻辑进行陈述报道。《人民日报》的英文网站"人民日报在线"曾在随后发文《南海不欢迎日本军队》，在对罗伯特的相关言论严厉批驳的同时，对日本的"蠢蠢欲动"进行了警告，"日本应该'管住'自己的胃口"，"尽管中国支持南海航行自由，但日本没有任何理由将其空中巡逻扩展至该区域以改变地缘政治格局"。②

虽然日本对"南海巡航"表现出谨慎的态度，但美国仍未放弃拉拢相关国家进行南海巡航行动的尝试。2015年3月17日，罗伯特在马来西亚参加"兰卡威国际航运和航空航天展览"时向东盟"高调倡议"，"东盟成员国可以组织海军力量在南海进行巡航，美国的第七舰队已做好准备对此提供支持"。③ 随后，中国外交部发言人对此言论进行严厉批驳，"美方有关言论丝毫无助于南海和平稳定，也无助于有关争议的妥善解决"，"希望美方恪守在领土主权归属问题上不持立场的承诺，停止发表不负责任的言论，多做有利于增进互信和地区和平稳定的事"。④ 同时，美国对东盟的这一喊话也未获得东盟国家的普遍认同。就在第二天，越南总理阮晋勇（Nguyen Tan Dung）在与澳大利亚总理托尼·艾伯特（Tony Abbott）会谈中指出，"越南同意避免可能加剧该地区的紧张局势的行动，包括使用武力单方面改变现状。"⑤ 印尼总统顾问黎刹·苏克马（Rizal Sukma）则直接反对，"我们不需要特定的美国—东盟联合巡航行动"。⑥

"在美国的外交文件及其声明中，我们无法找到'共同巡航'的相关观点，这意味着'共同巡航'并未成为美国的建设性政策，美国为了追求其在南海的利益不断测试中国，不断释放出美国将进一步介入南海问题的

---

① "Press Briefing By Press Secretary Josh Earnest", States News Service, January 30, 2015.
② "Japan forces unwelcome in S. China Sea", People's Daily Online, January 30, 2015.
③ Andrea Chen, "U. S. calls for Asean joint patrols", South China Morning Post, March 19, 2015.
④ 《2015年3月20日外交部发言人洪磊主持例行记者会》，中华人民共和国外交部网站，2015年3月20日，http://www.fmprc.gov.cn/web/wjdt_674879/fyrbt_674889/t1247281.shtml，登录时间：2016年2月1日。
⑤ Andrea Chen, "U. S. calls for Asean joint patrols", South China Morning Post, March 19, 2015.
⑥ Zuraidah Ibrahim, "Indonesia'can act as broker over South China Sea", South China Morning Post, March 25, 2015.

第三章　南海问题国际舆论"双线索、多热点"特征分析

信号。"①"人民日报在线"的这一观点道出了美国"共同巡航"倡议的真实目的。"共同巡航倡议"宛如美国抛出的烟雾弹，成为美国在"中国南沙岛礁建设"这一具体议题上对南海周边各方态度的试探，也为随后美国政策的调整设置具体参考标尺。尽管东盟各方反应冷淡，但"共同巡航倡议"却在国际舆论的关注上埋下了伏笔，客观上为美国"亲自"采取巡航行动进行了舆论预热，一定程度上收到了舆论层面的效果。

（二）"P8-A 反潜机侦查南海"事件

面对东盟各方冷静看待美国"共同巡航倡议"的现实，美国走出了反对中国进行南沙岛礁建设在行动上的第一步：派遣装备先进的 P8-A 反潜巡逻机飞越中国南沙岛礁上空，对中国南沙岛礁非法进行抵近侦查，进行所谓的"飞越自由行动"。2015 年 5 月 20 日，受美国国防部安排，美国有线电视新闻网（CNN）记者登上美国 P8-A 反潜巡逻机，对此次行动进行了"现场报道"，并颇有用心地公布中国海军对美国军机所进行的八次无线电警告的录音。②

在美国军方和媒体的紧密配合下，"P8-A 反潜机侦查南海"事件瞬间吸引了国际社会的眼球。据不完全统计，随后十天，国际新闻媒体对该事件的报道达 89 篇。③ 美国有线电视新闻网记者罕见获准进入南海进行现场报道，其所报道的内容及视角均对其他新闻媒体的报道产生了较大影响。除了大量新闻媒体对其进行转载引用之外，其对"中国军事"的报道视角亦得到其他新闻媒体的效仿。《华盛顿邮报》《每日电讯报》《每日邮报》《海峡时报》《泰晤士报》《马尼拉时报》以及美联社、德新社等国际知名报刊均和新闻机构在第一时间以"中国警告美国军机"为主题进行了报道。

在这种视角的影响下，国际社会围绕"P8-A 反潜机侦查南海"事件的讨论呈现"一边倒"的局面，即针对美国此次行动的合法性和合理性的讨论很少，而集中地针对"中国的反应"进行讨论。对于中国海军所发出的八次无线电警告，《华盛顿邮报》认为中国此举意在南海创建"专属军事区"。④ 菲律宾国防部发言人彼得·加尔韦斯（Peter Paul Gavlez）更是借

---

① "Why is the US constantly sowing dissent in the South China Sea?", People's Daily Online, March 26, 2015.
② Jim Sciutto, "Exclusive: China warns U.S. surveillance plane", CNN.com, May 20, 2015.
③ 在 LexisNexis 新闻数据库中进行检索，检索的时间区间为：05/20/2015—05/31/2015；检索词条为 China and sea and P8-A Poseidon，得出相关数据。检索时间：2016 年 2 月 2 日。
④ Simon Denyer, "Chinese warnings to U.S. plane hint of rising stakes over disputed islands", Washington Post Blogs, May 21, 2015.

此无端指责中国"无视国际法以及航行和飞越自由"。① 美国中情局前副局长米歇尔·莫雷尔（Michael Morell）则不断渲染中美紧张气氛，"中国是一个崛起中的力量，想要更多的影响力，这将增加中美走向战争的风险"。②

"P8-A反潜机侦查南海"事件客观上为当年即将举行的香格里拉对话会中的"中国话题"进行预热，也为"中国南沙岛礁建设"国际舆论的持续发酵奠定了较高的基础。时任美国防长卡特在前往参加香格里拉对话会的途中就已表示美军舰和军机将继续对南海进行巡航。③ 因而，即使在中国南沙岛礁建设工程结束之后，美军继续在南海开展巡航行动的国际舆论仍未停息。

（三）"拉森"号事件

"美国军舰将巡航南海岛礁"的消息自2015年5月便不胫而走，期间，五角大楼和白宫对此的不同表态更是吊足了媒体的胃口。2015年10月27日，美国军舰"拉森"号侵入中国南沙岛礁渚碧礁12海里，引爆中国南沙岛礁建设的国际舆论场。据不完全统计，截至11月15日，国际新闻媒体针对"拉森"号事件的报道多达1814篇。④ 在国际社会对"拉森"号事件的讨论中，针对中国南沙岛礁建设议题的讨论基本上围绕着"航行自由"与"国际法"两大附属议题延展开来。据统计，在"拉森"号事件的国际新闻报道中，涉及"航行自由"的相关报道高达1276篇，⑤ 占总数的70.34%，而涉及"国际法"的相关报道亦高达1074篇，⑥ 占总数的59.21%。

"拉森"号事件爆发后，美国采取行动的动机及后续的动作成为国际媒体首要关注的焦点。在国际媒体的聚光灯下，美国相关人员的言论和行为在客观上主导了整个国际舆论的基本走向。事件发生后，美国白宫发言人厄内斯特（Josh Earnest）随即援引前不久中国国家主席习近平访美时，

---

① "China reasserts S. China Sea claims following U. S. Navy patrols", Japan Economic Newswire, May 21, 2015.
② Rhys Blakely, "China's navy tells US spy flight to steer clear", The Times, May 22, 2015.
③ 《美防长对华"最强硬喊话"要求中国停止岛礁建设》，环球网，2015年5月28日，http://world.huanqiu.com/exclusive/2015-05/6543120.html，登录时间：2015年11月15日。
④ 在LexisNexis新闻数据库中进行检索，检索的时间区间为：10/26/2015—11/15/2015；检索一级词条为USS Lassen，检索二级词条为south china sea，得出相关数据。
⑤ 在LexisNexis新闻数据库中进行检索，检索的时间区间为：10/26/2015—11/15/2015；检索一级词条为USS Lassen，检索二级词条为south china sea，检索三级词条为freedom of navigation，得出相关数据。
⑥ 在LexisNexis新闻数据库中进行检索，检索的时间区间为：10/26/2015—11/15/2015；检索一级词条为USS Lassen，检索二级词条为south china sea，检索三级词条为international law，得出相关数据。

第三章 南海问题国际舆论"双线索、多热点"特征分析

美国总统奥巴马在白宫玫瑰园的记者招待会上的讲话作为回应,"美国将在国际法允许下的'任何地方'进行自由航行和飞越,尤其在南海地区,这是一个至关重要的原则。"① "拉森"号事件俨然成为美国政府对该言论的兑现。10月27日至11月3日期间,该观点经由美防长卡特、美军太平洋舰队司令哈里·哈里斯等美国官员的重复演绎而不断扩散。据统计,国际新闻媒体对此报道高达384篇。②

厄内斯特的话音刚落,美国五角大楼便放出风声,"美军将进行更多的巡航行动"。③ 面对这一情势,新华网发布评论文章,对美方不断测试中国底线的行为进行了严厉警告,提醒华盛顿决策者们应该注意到,"在主权问题上,中国没有让步的空间,只能尽一切所能捍卫主权权益"。④ 就在当天,"人民日报在线"和英国广播公司(BBC)等国际新闻媒体均对这一被视为"中国政府立场"的文章进行了转载。随后,美军太平洋舰队司令哈里·哈里斯(Adm. Harry Harris)在北京访问时为美军的行动辩解称,"拉森"号南海巡航为常规行动,不应被任何一个国家视为一个威胁,仅是一次"航行自由"原则的演示。⑤ 哈里的言论也受到国际新闻媒体的关注,直接引用和转载的报道高达34篇。⑥《华盛顿邮报》、《纽约时报》、《海峡时报》、英国广播公司(BBC)、《美国之声》、美联社、路透社、德新社以及《中国日报》等国际知名新闻机构均对此进行了引用和报道。

与此同时,路透社援引美国五角大楼官员的消息称,"美计划每季度至少两次派遣军舰赴南海巡航"。⑦ 这一消息随即得到《马来西亚星报》、

---

① Helene Cooper, "Challenging Chinese Claims, U. S. Sends Warship to Artificial Island Chain", The New York Times, October 27, 2015. Section: Section A; Column 0; Foreign Desk; Pg. 7.

② 在 LexisNexis 新闻数据库中进行检索,检索的时间区间为:10/26/2015—11/15/2015;检索词条为 international law allow and South China Sea,得出相关数据。

③ Vasudevan Sridharan, "US vows more patrols in South China Sea despite Beijing's fury", October 28, 2015, http://www.ibtimes.co.uk/us-vows-more-patrols-south-china-sea-despite-beijings-fury – 1526070. 登录时间:2015 年 12 月 31 日。

④ "Commentary: U. S. should stop testing China's bottom line in protecting sovereign rights", Xinhua. net, 2015 – 10 – 28, http://news.xinhuanet.com/english/2015 – 10/28/c_134758392.htm. 登录时间:2015 年 12 月 31 日。

⑤ Robert Burns and Christopher Bodeen, "US commander says sailing past Chinese isles not a threat", The Associated Press, November 3, 2015. Section: International News.

⑥ 在 LexisNexis 新闻数据库中进行检索,检索的时间区间为:11/02/2015—11/15/2015;检索一级词条为 Harry Harris and freedom of navigation and threat,得出相关数据。

⑦ Andrea Shalal and Idrees Ali Nov, "U. S. Navy plans two or more patrols in South China Sea per qtr", Reuters, 2 November 2015, http://reuters.us.feedsportal.com/c/35217/f/654235/s/4b2d403a/sc/24/l/0L0Sreuters0N0Carticle0C20A150C110C0A20Csou-thchinasea0Eusa0Enavy0EidUSL1N12X1MA20A15110A20DfeedType0FRSS0GfeedName0FindustrialsSector/story01.htm. 登录时间:2015 年 12 月 31 日。

《日本时报》、《每日时报》、泰国新闻社等超过十家新闻媒体的转载和引用。① 11月4日，同样来自美国军方的消息称，在东盟防长扩大会议结束后，美国国防部长卡特（Ashton Carter）将与马来西亚国防部长希沙穆丁·侯赛因（Hishammuddin Hussein）一起登上正在南海附近游弋的"罗斯福"号航空母舰，以此对外宣示"航行自由"。② 这一消息以及随后卡特的对应行动再度引发国际媒体的强烈关注，截至11月13日，国际新闻媒体对此的相关报道高达66篇。③

"拉森"号事件在国际舆论中所掀起的"惊涛骇浪"，将中国南沙岛礁建设以及南海问题的国际舆论热度推到前所未有的高度。纵观美国南海巡航行动三大舆论热点的发展轨迹，美国所采取的"行动+舆论"的策略使得国际新闻媒体普遍依据美国的话语逻辑而将中国置于美国所设定的"军事话语"框架之下，以此建构"南海军事化"议题，给中国的南海维权行动造成巨大的舆论压力。至此，在南海问题上，美国以边缘性的军事巡航行动为牵引，以美国话语为主导，形成了较为清晰的"舆论介入"模式。

三、美国南海巡航行动国际舆论中的主要话语

关于国际新闻媒体对"拉森"号事件的报道情况，我们可从"LexisNexis"新闻数据库的收录情况中略见端倪。"LexisNexis"新闻数据库是当前国际新闻媒体统计南海问题相关新闻报道较全的数据库，该数据库收集和整理了全世界绝大部分英文媒体关于南海问题的报道和评论。据统计，2015年10月26日至11月10日期间，国际新闻中涉"拉森"号事件的报道高达1536篇。④ 从对这些新闻报道的分析来看，中国南沙岛礁建设的国际舆论已不再局限于"南海争端"本身，而在美国"军事话语"的影响下呈现出以南海地区安全为核心、以南海"航行自由"和"国际法"两大议题为支撑的舆论传播结构。

---

① 在LexisNexis新闻数据库中进行检索，检索的时间区间为：10/26/2015—11/15/2015；检索一级词条为more patrols in South China Sea，得出相关数据。
② "South China Sea Dispute Sinks ASEAN Joint Statement", Voice of America News, November 4, 2015. Section：VOA English Service.
③ 在LexisNexis新闻数据库中进行检索，检索的时间区间为：11/03/2015—11/15/2015；检索一级词条为Ashton Carter and Theodore Roosevelt and Kuala Lumpur，得出相关数据。
④ 在LexisNexis新闻数据库中进行检索，检索的时间区间为：10/26/2015—11/10/2015；检索词条为China and sea and Lassen，得出相关数据。检索时间：2016年1月28日。后文中提到的"拉森"号国际新闻报道均来自此区间。

第三章　南海问题国际舆论"双线索、多热点"特征分析

（一）美国视角中的南海地区安全

美国向来重视其在南海地区的军事安全利益。在美国海军控制的16个世界航道咽喉点中，马六甲海峡、巽他海峡、望加锡海峡均处于南海周围。南海成为美军在各海外基地投送物资兵力的重要中转站与航道，对美国具有重大军事利益。美国在该地区的安全利益除了保持阻止任意国家采取军事方式解决争端的能力和意愿之外，[①]还包括确保南海问题中各当事国"严格遵照"国际法和国际条例行事的能力。[②]而这些能力的具备均以美军在该地区所保持的优势力量为保证。中国在南沙群岛部分岛礁进行的建筑活动，在一些西方战略家那里成了"重新勾画亚洲地缘政治版图"的战略举措。这与近年来中国海军力量的不断上升相互映衬，使得美国不得不重新评估其在南海地区军事安全利益所面临的潜在"威胁"。美国军舰"拉森"号侵入中国南沙岛礁12海里，既是对中国南海政策未来走向的摸底行动，也是美国长期以来对南海地区军事安全理念的现实演示。

国际新闻媒体对军事安全问题具有天生的敏感性，一直以来，美国对中国南沙岛礁建设议题的舆论导向均带有明显的军事色彩。从国际新闻报道层面看，南海周边国家及美、俄、日、印、澳、欧洲、中东、南非等国家和地区的主流新闻媒体及其报刊、网站等都在第一时间对"拉森"号事件进行了报道，并在随后对"拉森"号事件的细节、中国政府的反应、中美政军高层的进一步表态、中美军方人员的直接接触、其他国家对美国此次行动的官方表态以及中国的南海主张所进行的跟踪报道中搭建中美对立的"冲突"框架，突出浓厚的军事色彩。

透过这些国际新闻报道，美国对中国南沙岛礁建设议题的主要观点均得到了充分传播。美国政、军、学等领域的相关人员所发表的言论成为国际媒体争相转引的主要来源，客观上主导了整个国际舆论的基本走向。美国在为其所谓的"航行自由行动""正名"的过程中，顺水推舟地将自身塑造为"国际法的捍卫者"以及"南海地区秩序和安全的保障者"，而将正在崛起的中国塑造为南海地区秩序和安全的"破坏者"和"失责者"。一方面，"拉森"号事件本身就已为国际社会特别是菲律宾、日本等美国的亚洲盟友造成一个假象，即美国将与它们一道在海洋问题上遏制中国。

[①] Scott Snyder, "The South China Sea Dispute: Prospects for Preventive Diplomacy", United States Institute of Peace, 1996, pp. 4 – 5.

[②] Hillary Rodham Clinton, "Remarks at Press Availability," July 23, 2010, http://www.state.gov/secretary/rm/2010/07/145095.htm.

· 67 ·

同时，在东盟防长扩大会议结束后，美国防长卡特还与马来西亚国防部长希沙穆丁·侯赛因一起登上正在南海附近游弋的航空母舰，以此向东南亚其他国家展示美国维护南海地区安全的实力。另一方面，美国政军高层除了片面援引"国际法概念"为其行为辩解之外，还不断地向国际社会鼓吹"中国责任论"，即所谓的"中国应该担负起维护南海地区和平与稳定的责任"。"拉森"号事件发生后不久，美国有线电视新闻网（CNN）便"恶人先告状"，登出评论文章《在中国南海摊牌：我们是如何走到这一步的?》，将近期南海的紧张局势归因于中国的岛礁建设活动。① 而美国防长卡特也在随后不久的"里根国防论坛"上高调警示中国，"中国如何崛起将成为塑造地区未来的最重要影响因素，中国如何行动将成为其对地区和平与安全承诺的真正考验。"②

实际上，中国一直致力于维护南海地区和平与稳定。美国在国际舆论中颠倒黑白的做法，其目的在于为美国进一步介入南海问题寻求安全问题上的空间。在此基础上，美国将继续从南海"航行自由"的角度切入，希望进一步恶化南海问题的舆论环境，以限制中国在南海问题的"手脚"。

（二）美国视角中的南海"航行自由"

美国海军自 1783 年成立以来，其所捍卫的核心价值或者说根本利益便是"航行自由"。南海汇集了多条连接中东、东南亚和日本、韩国、中国的石油和商业战略航线，对于美国而言，南海航道的畅通既是亚太地区和美国经济繁荣的前提，对美国军事力量自由出入亚洲也具有重要意义。近年来，随着战略中心向亚太转移，美国加大了其"自由航行计划"（Freedom of Navigation Program）在亚太海域的实施力度，频频派遣军用飞机和舰船到有关海域从事演习、侦查、测量等活动，挑战他国"过分的海洋主张"（excessive marine claims），宣示自己的"航行自由"与权益。③

尽管中国一再强调"南海的航行自由从来就没有问题"，"中国愿继续与地区各国一道，共同维护好南海航行自由与安全"，④ 然而，在美国"重返亚太"的大背景下，南海周边国家出于对中国海洋发展战略的疑虑以及自身

---

① Euan McKirdy and Katie Hunt, "Showdown in the South China Sea: How did we get here?", CNN, October 28, 2015, http://edition.cnn.com/2015/10/28/asia/china-south-china-sea-di-sputes-explainer/index.html. 登陆时间：2016 年 1 月 20 日。

② Robert Burns, "Carter says Russia, China potentially threaten global order", The Associated Press, November 8, 2015.

③ 张传江：《美国"自由航行计划"与南海问题》，载鞠海龙编：《南海地区形势报告2013—2014》，时事出版社 2015 年版，第 117 页。

④ 参见中华人民共和国外交部发言人在多次例行记者会上对有关"航行自由问题"的回答。

利益的考虑，硬是将"南海航行自由"写入第24届东盟峰会的《主席声明》，此后，"南海航行自由"亦多次在东盟场合被提及。这在一定程度上迎合了美国的战略需求，为美国在南海进行"航行自由行动"做了国际舆论准备。

"拉森"号事件被美国官方定义为"航行自由行动"，引发了国际社会的广泛关注。在国际新闻报道层面上，美国对"航行自由"的阐释逻辑及言论成为国际新闻媒体对"拉森"号事件报道和引用的主要来源。事件发生后，美国白宫发言人便以"美国将在国际法允许下的'任何地方'进行自由航行和飞越"作为回应。[1] 这种将"航行自由"与"国际法"片面联系起来的言论虽经不起推敲，但却简单、通俗易懂，也为新闻通讯记者采写时的引用提供了方便。在国际新闻媒体关于美国采取行动的动机及其后续动作的报道中，这些观点及言论均得到充分的阐述和传播。

美国的"航行自由"观点在客观上为国际新闻媒体提供了进一步深入报道和分析的切入角度。在《联合国海洋法公约》下，不同法律性质的水域对航行自由的容忍程度不同。[2] 属于公海性质的水域和专属经济区性质的水域对航行自由的容忍程度较高，而属于毗连区性质的水域、领海性质的水域以及内海性质的水域对航行自由的容忍程度较低。[3] 尽管美国国内对"拉森"号侵入中国南沙岛礁12海里的行为是否属于"无害通过"存在一定的争议，但是，美军舰在未获得中国政府批准的情况下进入渚碧礁12海里进行"航行自由"宣示，本身就已清晰地表明了美国政府对已完成建筑活动的中国南沙岛礁附近水域法律性质的基本立场，同时也为国际社会对中国南沙岛礁的国际法属性的深入讨论抛出了敲门砖。

（三）美国视角中的南海问题国际法要素

美国尽管并未加入《联合国海洋法公约》，但却堂而皇之将之作为实现"国际利益"的主要标签。[4] 在"南海仲裁案"持续发酵的过程中，所

---

[1] Helene Cooper, "Challenging Chinese Claims, U. S. Sends Warship to Artificial Island Chain", The New York Times, October 27, 2015.

[2] 罗国强：《理解南海共同开发与航行自由问题的新思路——基于国际法视角看南海争端的解决路径》，《当代亚太》2012年第3期，第70—72页。

[3] 在属于领海性质的水域，外国船舶在领海虽然不能自由航行，但可以享有"无害通过权"，这种"通过"只涉及领海水域的海面，不涉及领海水域的上空或水域的深处。沿海国可以制定有关"无害通过"的法律和规章，对于违反这些法律和规章的，沿海国可以采取相应措施；并且多数国家仅允许外国非军用船舶享有此权利。

[4] 2010年7月23日，希拉里·克林顿在河内表明了美国"重返东南亚"的南海政策的两个基本要素，即"国家利益"和"国际利益"。详见：Hillary Rodham Clinton, Press Availability during U. S. - ASEAN post-ministerial meeting, Hanoi, Vietnam, July 23, 2010. http://www.state.gov/secretary/20092013clinton/rm/2010/07/145095.htm，登录时间：2016年1月21日。

谓的"国际法"被美国视为遏制中国崛起的"紧箍咒"。美国抛出为南海地区各方乃至国际社会所共同关注的"国际法"议题，既满足了在国际社会中维持南海问题舆论热度的需求，也为美国在国际社会占据了"遵循国际法"的道德制高点。作为一个一般性概念，"国际法"背后蕴含着多重议题，为美国实现其在南海地区的政策目标提供了多维的操作空间。

一方面，虽然美国国内乃至国际社会对"拉森"号侵入中国南沙岛礁12海里这一行动是否属于《联合国海洋法公约》之下的"无害通过"存在一定的争议，但争议的内容基本上局限于国际法的范畴之内，且主要围绕中国南沙岛礁与《联合国海洋法公约》的相关条款的"匹配性问题"展开。美国国际战略研究中心亚洲海洋研究项目主任格雷戈里·波林便曾援引《联合国海洋法公约》的相关论述分析美国此次"航行自由行动"目标海域选择的原因[1]，但这种无视中国在南海的历史性权利，一味照搬、套用《联合国海洋法公约》条款的做法本就经不起推敲，更无任何客观所言。然而，大部分美国主流新闻媒体仍以"争议水域"或"并不属于中国的领海"为先入语境对"拉森"号事件进行报道，并倾向于与美国政府保持一致的立场，认为中国南沙岛礁附近水域为国际水域，而"拉森"号军舰仅在国际水域上自由航行。[2] 不管此次通过是否"有害"，"拉森"号军舰更像是穿越国际水域，而非中国的领海。[3] 另外，也有观点指出，官方表态的"无害通过"实际上表明了美国对于中国所声称的渚碧礁附近水域领海主张的接受。[4]

另一方面，在"南海仲裁案"持续发酵的背景下，美国派遣军舰进入中国南沙岛礁12海里，其时机之巧合着实耐人寻味。2015年10月29日，仲裁庭发布"第七号程序令"，并做出了"管辖权裁定"，"确认"对菲律宾提出的七项主张有"管辖权"。即便"拉森"号事件与仲裁庭的裁决没有直接联系，但相隔仅差一天的两大事件却均在国际舆论掀起"轩然大波"，并在一定程度上稀释了舆论杂音，促使国际舆论更加向"中国南沙岛礁建设"以及"中国的南海主张"两大议题集中。美联社在随后的报道

---

[1] Jim Sciutto and Katie Hunt, "China says it warned and tracked U. S. warship in South China Sea", Cable News Network, October 27, 2015.

[2] Tom Vanden Brook, and Gregory Korte, "Navy destroyer to sail near disputed Chinese islands", USA TODAY, October 27, 2015.

[3] Altay Atl, "What Is Going On In The South China Sea?", Eurasia Review, November 10, 2015.

[4] Hugh White, "US all at sea when it comes to China's ambitions", The Age, November 10, 2015. Section：Opinion.

中立即将"拉森"号事件与仲裁庭发布"仲裁决定"一事放到一起进行评论,① 而《纽约时报》更是高调为菲律宾庆祝"胜利"。② 在国际法与国际舆论相互影响的问题上,已有学者指出,如果在国际仲裁庭咨询管辖权的咨询意见做出之际,主流国际舆论已经充分地关注和探讨了有关案件并形成了某种基本一致的导向,那么法院给出的意见亦不会与之明显相左。③ 从这个意义上讲,"拉森"号事件所引发的"国际法"舆论浪潮若将持续,可能对随后的仲裁庭的最终"仲裁决定"的出台产生一定影响。

四、"拉森"号事件国际新闻报道中的美国角色

美国并非南海问题的当事方。但是,在由菲律宾主动挑起的中国南沙岛礁建设国际舆论中,却没少见美国的影子。美国频频在各个国际场合发表针对中国南沙岛礁建设的言论,推动着国际舆论的持续高涨。在这个过程中,美国在国际舆论中的清晰角色亦被逐步构建起来。纵观国际新闻媒体涉"拉森"号事件的报道,美国在中国南沙岛礁建设国际舆论中充当"意见领袖"、南海地区安全的"保障者"以及南海地区秩序"维护者"的角色。

(一)"意见领袖"

美国著名传播学先驱拉扎斯菲尔德在其著作《人民的选择》中最先提出"意见领袖"一词,以强调最先接触信息的"活跃分子"对他人的影响。在南海问题的报道中,由于事件发生在遥远的公海,且大多数情况下涉及军事机密,西方新闻记者很多时候并不是事件的亲历者,需要通过新闻源来了解事件详情,借助新闻源的陈述来"还原真相",同时为了维持新闻的客观性,也要通过他人之口来做出解释和进行价值评判。④ 从"拉森"号事件的新闻报道来看,美国在中国南沙岛礁建设国际舆论中的"意

---

① Mike Corder and Jim Gomez, "Arbitration panel accepts jurisdiction in South China Sea dispute between Philippines, China", The Associated Press, October 29, 2015.

② Jane Perlez, "Philippines wins ruling in dispute with China A court at The Hague sides with Manila on contested naval areas", New York Times, October 31, 2015.

③ 比如在"西撒哈拉案"咨询意见做出之际,已经形成了谴责殖民主义以"先占"为由掠夺土著居民"无主地"的国际舆论,故而国际法院在意见中就明确指出,西撒哈拉不属于"无主地"。See Western Sahara Case, Advisory Opinion, ICJ Reports, 1975, p. 68. 转引自罗国强、张阳成:《论国际舆论对国际法的影响——兼析对解决东海南海岛屿争端的启示》,《南洋问题研究》,2013年第3期,第11页。

④ 黄敏:《"冷战"与"主权":中美南海对峙的媒体框架分析》,《新闻与传播研究》,2009年第4期,第63页。

见领袖"的角色主要体现在以下两个层面：

第一，在国际新闻报道中，美国的政军高层、专家学者往往担任着意见领袖的角色，引导舆论走向。"拉森"号事件后，首先，美国白宫发言人乔希·厄尼斯特、国防部发言人约翰·科尔比（John Kirby）、太平洋舰队司令哈里·哈里斯、国防部长阿什顿·卡特、"拉森"号导弹驱逐舰舰长罗伯特·弗朗西斯（Robert Francis）以及不愿意透露身份的国防部官员等政、军官员的相关言论均成为新闻报道率先引用的来源。其次，美国战略与国际研究中心亚洲海洋研究项目主任格雷戈里、美国亚太安全合作理事会研究员卡尔·贝克（Carl Baker）、华盛顿大学教授阿米塔伊·埃齐奥尼（Amitai Etzioni）、美国国家安全局高级顾问本·洛德斯、美国海军战略学院助理教授安德鲁·埃里克森（Andrew S. Erickson）等海洋问题、安全问题的专家学者的观点也均成为新闻报道、评论的援引或佐证论据的主要来源。其中，部分专家学者甚至为新闻媒体撰稿，对事件进行深入分析和评论。与此同时，美联社、《美国之声》、《纽约时报》、《华尔街日报》、《今日美国》等美国内老牌新闻机构和报刊也因其在全球新闻市场中的影响力而备受其他新闻媒体的转载和引用。

第二，"拉森"号事件之后，菲、越等南海周边国家以及日、澳等域外大国的政府官员也相继对该事件进行表态，受到国际新闻媒体的关注和报道。在南海周边国家中，作为美国的盟友，菲律宾第一时间表达了对美国行动的支持。时任菲律宾总统阿基诺三世高调表达了对"美国建立国际规范的行为的支持"。① 而尽管越南政府并未对"拉森"号事件进行正式表态，但越南政府边界委员会前主任德兰从（Tran Cong Truc）则在接受媒体采访时表示，"越南应该欢迎和支持美国的行动。"② 在域外大国方面，澳大利亚国防部长佩恩（Marise Payne）率先表示，"强烈支持美国的航行自由行动。"③ 日本官员则在第六次中日韩领导人会议前夕放出风声，"日本首相安倍晋三将在会上敦促中国尊重国际法和航行自由"，④ 随后，在中日

---

① Christopher Bodeen and Robert Burns, "China summons US ambassador to protest ship near reef", The Associated Press, October 28, 2015.
② "Us Naval Passage That Angered Beijing Pleases Some In China-Wary Vietnam", States News Service, October 28, 2015.
③ Shalailah Medhora, "Australia strongly supports US activity in South China Sea, says Marise Payne", The Guardian, October 27, 2015.
④ Abigail Abrams, "South China Sea Controversy: China Warns Japan PM Shinzo Abe To Stay Out Of Dispute With US", International Business Times, October 31, 2015, http://www.ibtimes.com/south-china-sea-controversy-china-warns-japan-pm-shinzo-abe-stay-out-dispute-us – 2163908. 登录时间：2016年1月20日。

第三章 南海问题国际舆论"双线索、多热点"特征分析

防长会谈上,日本防相中谷元呼吁中国"遵守国际法,尊重航行自由"。[①] 与日本稍微不同的是,韩国一开始便采取较为中立的态度,但仍然强调"维护航行和飞越自由"对地区和平稳定的重要性。[②] 值得注意的是,"拉森"号事件之后,欧盟站到了美国一边,为美国所谓的"航行自由行动"进行辩护,并对中国进行南沙岛礁建设表示"担忧"。[③] 欧盟外交事务发言人甚至公开表示,"欧盟坚定支持以国际法,尤其是《联合国海洋法公约》为原则的海洋秩序。"[④]

(二) 南海地区安全的"保障者"

在美国看来,南海具有全球公共产品性质,其对美国承诺的同盟义务以及亚太同盟国的经济安全具有全局意义。[⑤] 南海问题本为中国与个别东南亚国家的岛屿主权归属问题。但近年来,在美国"重返亚太"战略的催化下,菲、越两国的南海政策急剧转型,频频在南海争端中采取激进化举措。历经"中菲黄岩岛事件"及"中越海上对峙事件"之后,南海各方在日渐频繁的"海上互动"中衍生出一个"安全"议题。该议题的内涵要素随着中国南沙岛礁建设国际舆论的发酵而得到扩展,并在"拉森"号事件中被彻底释放出来。

从"拉森"号事件的国际新闻报道来看,据统计,包含"war"(战争)一词的报道达461篇,[⑥] 包含"conflict"(冲突)一词的报道达364篇,[⑦] 包含"challenge"(挑战)一词的报道有571篇,[⑧] 而包括"threat"(威胁)一词的报道也达336篇。[⑨] 尽管在现实中,中美双方在"拉森"号

---

① "Japan, China Agree to Launch Communications Mechanism Early", Jiji Press Ticker Service, November 4, 2015.

② "Northeast Asian powers set for tough summits in Seoul", Mehr News Agency, October 31, 2015.

③ "EU sides with US over ship patrol in South China Sea", Press TV. October 30, 2015, http://217.218.67.231/Detail/2015/10/30/435631/EU-US-South-China-Sea-patrol. 登录时间:2016年1月20日。

④ Brendan Byrne, "EU Speaks Out In Favor Of U. S. Over South China Sea Incident", Value Walk. October 30, 2015, http://www.valuewalk.com/2015/10/eu-speaks-out-in-favor-of-u-s-over-south-china-sea-incident/. 登录时间:2016年1月20日。

⑤ 钟飞腾:《国内政治与南海问题的制度化——以中越、中菲双边南海政策协调为例》,《当代亚太》,2012年第3期,第96页。

⑥ 在LexisNexis新闻数据库中进行检索,检索的时间区间为:10/26/2015—11/10/2015;检索词条为China and sea and Lassen and war,得出相关数据。检索时间:2016年1月28日。

⑦ 在LexisNexis新闻数据库中进行检索,检索的时间区间为:10/26/2015—11/10/2015;检索词条为China and sea and Lassen and conflict,得出相关数据。检索时间:2016年1月28日。

⑧ 在LexisNexis新闻数据库中进行检索,检索的时间区间为:10/26/2015—11/10/2015;检索词条为China and sea and Lassen and challenge,得出相关数据。检索时间:2016年1月28日。

⑨ 在LexisNexis新闻数据库中进行检索,检索的时间区间为:10/26/2015—11/10/2015;检索词条为China and sea and Lassen and threat,得出相关数据。检索时间:2016年1月28日。

事件中的"海上互动"上均保持着克制,也在外交层面上进行了沟通,并没有发生"擦枪走火"的海上冲突。然而,回到国际新闻媒体层面上,国际媒体"借题发挥",塑造"中美对立形象"的情况却仍旧无可避免。

一个"理性的"美国形象与一个"愤怒的"中国形象在国际新闻报道中被充分地体现出来。然而,国际新闻媒体对这两种形象的构建路径却不尽相同。在"理性的"美国形象构建上,国际新闻报道倾向于遵循美国方面的言论和逻辑,并多从细节入手,使用"国际法""航行自由"等为该形象进行包装。美国方面关于"航行自由"和"国际法"的言论均通过国际新闻报道得到有效传播。"拉森"号舰长罗伯特·弗朗西斯随后向媒体透露事件的相关细节,刻意突出美国军舰侵入中国南沙岛礁12海里的过程中所体现出来的"专业"和"平常",[①] 进而显示出美国作为南海地区安全"保障者"的能力和实力。在"愤怒的"中国形象构建上,国际新闻报道除了以"中国对整个南海的主张"为先入语境,[②] 立场偏颇地对中方言论进行引述之外,还对"中国形象"进行"拟人化"处理,采用"angry"(愤怒的)、"furious"(狂怒的)等带有强烈情绪的负面形容词对"中国的反应"进行描述,同时采用"chastises"(责骂)、"slam"(猛击)等带有破坏性色彩的负面动词对"中国的行为"进行描述。这些与带有"安全"色彩的"中国南海主张"描述一起共同"塑造"了一个体量庞大却"不稳定"的中国形象,为南海周边国家带去一种"中国威胁"的"心理冲击",也从侧面烘托了美国在南海的军事存在的"必要性"。

(三)南海地区秩序的"维护者"

早在2002年,中国便与东盟国家签署了《南海各方行为宣言》,但从现实的情况上看,除了中国之外,该宣言并未对南海争端其他各方的行为起到真正的约束作用,而"南海行为准则"的磋商却尚未最终达成一致。在美国看来,中国南沙岛礁建设行为改变了南海地区现状。如何在避免冲突升级的前提下充分表达美国立场,并且有效规范南海争端各方的行为,成为美国现阶段南海政策的重中之重。派遣军舰进入中国南沙岛礁12海里,是美国在综合权衡所谓的"国家利益"与"国际利益"之后做出的最终选择。

从"拉森"号事件的新闻报道来看,除了马来西亚国防部长希沙姆丁

---

① Tara Copp, "Carter sends message to China with USS Roosevelt visit", Stars and Stripes, November 5, 2015, http://www.stripes.com/carter-sends-message-to-china-with-uss-roosevelt-visit - 1.377102. 登录时间:2016年1月21日。

② "Chinese Navy protests after US naval destroyer enters South China Sea despite warnings", Zee News, October 27, 2015.

在东亚防长会议上表示"通过坚持《南海各方行为宣言》，推动'南海行为准则'的达成以减少紧张态势"而受到媒体关注之外，[①] 其他东盟国家均未就《南海各方行为宣言》进行表态。而其他少数提及《南海各方行为宣言》的新闻报道也都在东亚防长会议之后，且其主题都与"拉森"号事件没有直接关系。然而，在"拉森"号事件的新闻报道中，提及《联合国海洋法公约》或国际法的报道高达801篇，[②] 与前者形成鲜明的对比。

美国军舰以所谓的"国际法"之名侵入中国南沙岛礁12海里，无疑在国际社会中掀起一股"国际法"舆论浪潮。国际新闻媒体犹如"显微镜"一般，对中国南沙岛礁的"国际法属性"以及"中国的南海主张"，乃至"中国的对外政策"统统纳入到"国际法"的框架下进行万般审视和剖析。以至于竟有西方学者指出，"南海问题得到长久和平的解决的最大希望在于说服中国——其更为广阔的利益将因其在争议水域的非法主张而受到损害。"[③] 在国际新闻报道的"冲突"框架下，中国的"任何在南海的行为"都需得到国际社会的"制衡"。通过派遣军舰侵入中国南沙12海里，美国向全世界展示了其仍然是亚太地区的主要"玩家"之一。[④] 美国认为，正如一个硬币都有正反两面一样，在中国的对立面，需要一个与中国实力相当的国际行为体作为"冲突"框架的另一方，而美国则顺水推舟地充当了这一角色。

五、"拉森"号事件国际新闻报道中的中美"对话"

从国际问题新闻报道的实践来看，大多数新闻中记者常不止报道一个人物的言论，尤其是关涉到争议性议题时，以显示自己的客观和公正，记者往往需要引述争议双方的言论以呈现两个不同或对立性视角，将两个原本在不同时空中各自发出的言论在报道中构拟为对话。[⑤] "拉森"号事件所涉及的当事方身份明确，因而，国际新闻报道基本上将该事件置于"中—美框架"之下。中美双方围绕"拉森"号事件的持续"互动"反映到国际新闻报道上

[①] Syed Azahedi, "Defence ministers meet today on Asean security", New Straits Times, November 2, 2015.

[②] 在 LexisNexis 新闻数据库中进行检索，检索的时间区间为：10/26/2015—11/10/2015；检索的一级词条为 China and sea and Lassen, 二级词条为 UNCLOS or United Nations Conference on the Law of the Sea or international law, 得出相关数据。检索时间：2016 年 1 月 30 日。

[③] Gregory Poling, "U. S. not provoking Beijing in South China Sea", Cable News Network, October 27, 2015.

[④] Altay Atl, "What Is Going On In The South China Sea?", Eurasia Review, November 10, 2015.

[⑤] 黄敏：《"冷战"与"主权"：中美南海对峙的媒体框架分析》，《新闻与传播研究》，2009年第4期，第63页。

来，便形成了国际舆论中相互对立的中美"对话"。其中，中美两国的政军官员、专家学者、新闻媒体围绕南海"航行自由"和国际法两大议题而展开的"对话"构成了中美"对话"的第一个层次；国际社会就"拉森"号事件而延展开来的中美博弈的讨论则构成了中美"对话"的第二个层次。

(一) 南海"航行自由"和国际法议题中的"中美对话"

"拉森"号事件发生后，中美两国的政军官员、专家学者、新闻媒体便围绕南海"航行自由"和国际法两大议题展开话语交锋。中美两国在南海"航行自由"和国际法两大议题上的主要分歧便经由它们在国际新闻报道中体现出来。政府官员的言论代表着本国的立场，国际新闻媒体对"拉森"号事件的报道首先从铺设中美两国的政府官员的"对话"来展开。2015年10月26日，美国国防部发布美国海军将派遣"拉森"号导弹驱逐舰在24小时内前往中国南沙岛礁附近水域12海里的声明，开启了中美两国围绕"拉森"号事件的话语交锋。中国外交部部长王毅在接受记者提问时便奉劝美国三思而后行，切勿轻举妄动。[①] 美国军舰如期进入中国南沙渚碧礁和美济礁附近水域12海里之后，美国国防部官员、美国国务院发言人约翰·科尔比和中国驻美使馆发言人朱海权、中国驻美大使崔天凯的相关言论率先进入新闻报道的"对话"框架。[②] 随后，美国白宫发言人乔希·厄尼斯特，太平洋舰队司令哈里·哈里斯，国防部长阿什顿·卡特，"拉森"号导弹驱逐舰舰长与中国外交部发言人陆康、华春莹，中国军委副主席范长龙，总参谋长房峰辉，海军司令吴胜利，中国国家主席习近平的对应性言论均成为新闻媒体铺设"对话"的主要信息源。

一般而言，在国际问题的报道上，国家新闻媒体与政府的立场通常呈现出较大的一致性。对于国家新闻媒体而言，社论和评论性文章均是其表达观点的主要途径。另外，部分专家学者经常活跃于媒体与科研之间，从某种程度而言，专家学者已与国家新闻媒体构成了一个"共同声源"，这在"拉森"号事件的新闻报道中得到了充分的体现。中美两国的新闻媒体、专家学者基于本国的立场，围绕南海"航行自由"和国际法两大议题展开话语交锋。面对美国的挑衅行动，新华社发表评论文章《美国在南海进行挑衅：一个危害地区稳定且不负责任的边缘政策》，指出美国虽以"航行自由"为名行动，却只不过是一个"秀肌肉"、炫耀其在该地区的主

[①] Jim Sciutto and Barbara Starr, "U. S. warship sails close to Chinese artificial island in South China Sea", Cable News Network, October 26, 2015.

[②] Jim Sciutto and Barbara Starr, "U. S. warship sails close to Chinese artificial island in South China Sea", Cable News Network, October 26, 2015.

第三章　南海问题国际舆论"双线索、多热点"特征分析

导地位任性而为的边缘政策,而该行动带来的后果却是为地区的稳定注入更多的不确定因素。① 而《华盛顿邮报》则在其网站上登出评论文章《下令航经南海,奥巴马是对的》,指出"中国欲通过大规模的岛礁建设行动巩固和捍卫其在国际法上站不住脚的南海主张,而此前美国对此从未采取实质性的行动,本次派遣军舰进入中国南沙岛礁12海里,是对中国行动的有力反击"。② 与此同时,CNN发布了美国战略与国际研究中心亚洲海洋研究项目主任格雷戈里的评论文章《美国并非在南海上挑衅北京》,从中国南沙渚碧礁的"国际法属性"入手,认为渚碧礁的国际法地位不会因为中国的建筑活动而改变,因而,美国此项行动仅是一年中众多"航行自由行动"中的一次。③ 对此,《中国日报》亦针对性地登出复旦大学国际问题研究院副院长沈丁立教授的评论文章《美国在南海的挑衅行为》,对CNN的观点进行严厉批驳,指出中国南海的部分岛礁应该属于岛屿或低潮高地,根据《联合国海洋法公约》的相关条款,在中国完成岛礁建设后,不能根据这些岛礁提出领海主张的结论是不成立的。④ 中美新闻媒体的"隔空喊话",受到了国际社会的普遍关注,部分国际新闻媒体亦将之作为中美两国立场的代表性观点进行了引述和转载。而中美两国的这种"对抗性"互动,客观上强化了国际新闻报道中的"冲突"框架,为国际社会对"拉森"号事件的深化讨论奠定了基础。

(二) 中美博弈视角中的"中美对话"

"拉森"号事件仅仅是中美博弈的一个方面。近年来,从由中国主导的亚洲基础设施投资银行到由美国主导的"跨太平洋伙伴关系协议"(TPP),中美在全球范围内角力成了探讨"拉森"号事件不得不考虑的宏观背景。随着"拉森"号事件的持续发酵,国际新闻媒体逐渐将中国与美国这两个独立的个体置于"对话"框架之下,就"拉森"号事件背后的中美博弈进行了进一步的讨论。

有学者指出,在南海与中国存在争端的东南亚国家中,除了印度尼西亚之外,马来西亚、越南和文莱均为"跨太平伙伴关系协议"的成员国,

---

① Deng Yushan and Zhu Junqing, "Commentary: U. S. provocation in South China Sea an irresponsible game of brinkmanship dangerous to regional stability", Xinhua News Agency, October 27, 2015.

② Editorial Board, "Obama was right to order a sail-by in the South China Sea", The Washington Post, October 27, 2015.

③ Gregory Poling, "U. S. not provoking Beijing in South China Sea", Cable News Network, October 27, 2015.

④ Shen Dingli, "US provocative act in South China Sea", China Daily European Edition, October 28, 2015.

而菲律宾则是美国的同盟国,这并非巧合,因而"拉森"号事件仅为中美保持和扩展其在全球影响力的序幕。① 同时,也有学者指出,美国海军在南海的行动以及中国在南海的活动正在形成一种新的大国博弈,南海地区正日益成为中美两个大国的博弈场。②

面对中美博弈加剧的态势,国际社会在两国如何避免冲突、化解危机这一问题上进行了探讨。部分学者对当前中美关系的发展持肯定态度。美国海军研究中心的中国问题研究员杰弗里·贝克尔(Jeffrey Becker)指出,"除了口头上的谴责之外,中美两国在'拉森'号事件上的反应真实地体现出当前两军关系的稳定程度。在过去,没有人会对中国暂停中美两军之间的接触感到意外,然而,'拉森'号事件之后,两国海军却仍就继续保持沟通达成一致。"③ 对此,美国外交政策分析协会高级研究员埃里克·麦克瓦顿(Eric McVadon)也乐观看待,"中美两国应该往前看,看到彼此的利益和良好的关系以及其他重要的、积极的东西,这将有效地防止危机。"④ 但更多的学者对美国的举动持否定态度。中国国际问题研究院高级研究员贾秀东认为,美国对"崛起后的中国必将迫使美国退出亚洲"的猜测是毫无根据的,如果美国介入南海地区的冲突,那它的行动很可能会适得其反。⑤ 美国国家安全局高级顾问本·络德斯也坦言,尽管美国的"航行自由行动"受到东盟国家的欢迎,"东盟希望看到美国的军事存在,希望看到美国作为一个稳定的力量",但是,"东盟也希望看到美国与中国搞好关系"。⑥ 中国南海研究院助理研究员陈相秒认为,"美国受利益驱使而采取行动,然而,更为明智的选择是与中国进行合作。"⑦ 中国海军专家刘封也指出,"美国说一套做一套,如果美国真想和平解决问题,那美国的军舰应该远离南海,同时,美国应该在促进中美经济联系和探索中美合作

---

① Abdullah Shibli, "The brewing feud in South China Sea", The Daily Star, November 9, 2015.
② Angela Poh, "Big Power Game In The South China Sea", Eurasia Review, November 9, 2015.
③ Wyatt Olson, "Could tensions in South China Sea lead to armed confrontation?", Stars and Stripes, November 3, 2015. http://www.stripes.com/news/pacific/could-tensions-in-south-china-sea-lead-to-armed-confrontation-1.376745. 登录时间:2016年1月20日。
④ Wyatt Olson, "Could tensions in South China Sea lead to armed confrontation?", Stars and Stripes, November 3, 2015. http://www.stripes.com/news/pacific/could-tensions-in-south-china-sea-lead-to-armed-confrontation-1.376745. 登录时间:2016年1月20日。
⑤ Li Ruohan, "FM slams Carter carrier visit in South China Sea", Global Times, November 6, 2015.
⑥ "United States: Pentagon chief to visit US aircraft carrier in East Vietnam Sea", Thai News Service, November 9, 2015.
⑦ Li Ruohan, "FM slams Carter carrier visit in South China Sea", Global Times, November 6, 2015.

上多花些力气，而不是引发地区紧张局势。"①

纵观"拉森"号事件新闻报道，可以发现，"拉森"号事件在一定程度上将国际社会的关注焦点导引至中美两国身上。在国际新闻报道中，中美双方的观点和立场均得到了有效表达。但是，在由西方媒体处于主导地位的国际新闻格局中，中美之间所进行的"对话"实际上是不对等的。国际上大量的新闻报道对中美"对话"的引述篇幅呈现出严重的不对称性，对中美博弈看法则倾向于更为保守的态度。相比较之下，美国话语得到了更为充分的传播。而这进一步反馈到中国南沙岛礁建设国际舆论之后，便形成了"美强中弱"的舆论传播格局。

六、美国因素在南海问题国际舆论中的影响

近年来，在中国南沙岛礁建设国际舆论上，美国从自身的利益和逻辑出发，利用国际新闻媒体、国际平台充分表达自身立场，逐步形成了与南海周边国家相区别的美国话语。在建构南海议题的过程中，美国不断运用关联手段，企图影响国际社会看待南海问题的视角，从而在南海问题国际舆论中"塑造"起一个南海地区安全、秩序的"保障者"和"维护者"的角色，并在国际新闻媒体所铺设的中美"对话"框架中，逐步确立了国际舆论优势。

"拉森"号事件客观上强化了美国因素在南海问题国际舆论中的作用。2009年以来，国际新闻媒体对南海问题的关注和炒作是南海问题国际舆论升温的重要因素。在这个过程中，与南海问题相关的国际新闻报道基本上以中国与其他南海争端国家为主要报道对象、以中国与其他南海争端国家的相关言论为主要信息源。虽然美国不是南海争端中的当事方，但是，基于美国在全球事务中的影响力以及其在南海地区的军事存在，美国仿佛成为国际新闻媒体涉南海问题报道中"不可避免"的另一方。美国派遣军舰侵入中国南沙岛礁12海里，从一开始便吸引了国际新闻媒体的高度关注。基于美国自身利益立场的官方性质的政治话语与专家学者的学术话语在国际新闻报道中相互交融，使得美国方面关于南海"航行自由"和"国际法"的相关言论在第一时间得到有效传播，进而逐步形成了中国南沙岛礁建设国际舆论中区别于中国与其他南海争端国家身份定位的美国话语。美国准确把握舆论宣传的"黄金时间"，在舆论传播中"先声夺人"，对国际舆论的发展方向起到重要的引导作用。

在"拉森"号事件之后，国际新闻媒体通常将关注的焦点置于"中—

---

① Li Ruohan, "FM slams Carter carrier visit in South China Sea", Global Times, November 6, 2015.

美框架"之下,原有的"百家之言"的南海问题国际舆论传播格局为当前的"中美'对话'"框架所取代。但是,"美强中弱"的国际舆论格局致使国际新闻媒体过分聚焦美国话语,一定程度上稀释了中国南海主张的国际传播效应,进一步加深了外界对中国南海维权行动的猜疑和嫌隙。从背景新闻的关联角度来看,美国派遣军舰侵入中国南沙岛礁12海里时所宣称的"航行自由"与"国际法"两大原则,既与美国一直以来在中国南沙岛礁建设问题上的"军事导向"一致,又与"南海仲裁案"的现实背景密切相关。一方面,尽管中国国家主席习近平在访美时曾做了"对已完成的建筑活动的南沙岛礁不实行军事化"的承诺,但美国却仍执意进行所谓的"航行自由行动",并且对该项行动将"如何阻止中国南沙岛礁建设行动"这一问题始终不愿说明。[1] 这种模糊策略既扩大了国际新闻媒体对该问题报道的争议程度,也为中国南沙岛礁建设国际舆论注入浓厚的军事色彩,引发了国际社会对中国南沙岛礁所谓的"进一步军事化"的"担忧"。另一方面,在"南海仲裁案"法律程序持续进行的过程中,"拉森"号事件所引发的关于中国南沙岛礁"国际法属性"的讨论将进一步与"南海仲裁案"的讨论联系起来,"中国不参与仲裁"与中国南沙岛礁建设行为逐渐被国际新闻媒体置于"中国"与"国际法"相对立的叙述框架之中进行报道。

从这个意义上讲,南海问题国际舆论已日益成为美国"重返东南亚"、制衡中国的手段。"拉森"号事件中爆发中美直接军事冲突的一幕并未出现。事实上,自2015年5月以来,美军舰"拉森"号一直穿梭于中国南海与东海之间,期间与中国海军直接接触高达50次。[2] 而"拉森"号侵入中国南沙岛礁12海里的前后10天里,均有中方舰只跟随其后,期间,双方船员还曾通过无线电进行了友好的交流。[3] 这些细节的披露,一定程度上降低了国际新闻报道"中美对抗"的烈度,也从侧面反映了美国进行此项行动的国际舆论策略。有学者指出,美国对与中国直接对抗毫无兴趣,因此,中美因"拉森"号事件而形成的紧张局势将逐渐褪去。然而,未来我们将看到更多类似的案例。中美关系或许不会因"拉森"号事件而发生

---

[1] Hugh White, "US all at sea when it comes to China's ambitions", The Age, November 10, 2015.
[2] Brinda Banerjee, "US, Chinese Ships Face Off In The South China Sea", ValueWalk, November 10, 2015. http://www.valuewalk.com/2015/11/u-s-chinese-ships-face-off-in-the-south-china-sea/,登录时间:2016年1月14日。
[3] "'Hope to see you again': China warship to U. S. destroyer after South China Sea patrol", Reuters USA, 6 November 2015, http://reuters.us.feedsportal.com/c/35217/f/654200/s/4b478b0b/sc/11/l/0L0Sreuters0N0Carticle0C20A150C110C0A60Cus0Esouthchinasea0Eusa0Ewarship0EidUSKCN0ASV0A5420A15110A60DfeedType0FRSS0GfeedName0FtopNews/story01.htm. 登录时间:2016年1月21日。

重大改变,但在美国军舰离开之后,萦绕在中国周围的负面的南海问题国际舆论却久久不会散去。美国俨然已经成为南海问题国际舆论中的重要影响因子,而南海问题国际舆论则成为美国继经济与安全之后确保其在亚太地区影响力的第三大要素。

第五节 国际会议平台对南海问题国际舆论的影响

一、2015年香格里拉对话会[①]

(一) 香格里拉对话会议的基本情况

香格里拉对话会议由英国国际战略研究所主办、新加坡国防部协办,正式名称是亚洲安全峰会,是目前亚太地区安全对话机制中规模最大、规格最高的多边会议之一。[②] 香格里拉对话会议虽然是由学术性的英国国际战略研究所主办,但官方色彩极其浓厚。该会议一般是由各国的国防部长或军队高层率团参加,并有众多国际问题方面的专家学者与会。香格里拉对话会议的议题主要集中在亚洲安全领域,各国代表分别做演讲,并回答有关问题。这种集中探讨安全领域并对演讲者约束较少的特征使得香格里拉对话会议成为各国阐述本国国防安全政策以赢得国际舆论理解和支持的重要平台。

香格里拉对话会议虽然是在新加坡举行,但东盟并没有在会议中占主导地位,东盟各国也不强调在会议中采取共同的立场,各国独立地阐述本国对南海问题的意见和建议。美国、日本、澳大利亚及其他一些欧洲国家是会议主流观点形成和发展的重要推动力。香格里拉对话会议的主办方英国国际战略研究所在会议议题选择、演讲人员安排上享有一定权力。美国在会议中享有单独环节以介绍美国最新的亚太政策。因为香格里拉对话会议的参与国很多是美国的盟友和伙伴国,美国的观点获得较多国家的附和与支持,其观点也成为会议关注的焦点。这既逐渐塑造了美国在会议中的重要地位,也反映出香格里拉对话会议对美国展示其亚太政策的便利。

作为开始于2002年的亚洲安全会议,香格里拉对话会最初的关注点是反恐、阿富汗问题以及朝核问题。南海问题在2009年之前并没有成为香格

[①] 本部分系作者博士毕业论文的部分内容,属于鞠海龙教授主持的国家社科基金重大项目"中国南海问题主张的国际传播战略与国际话语权体系研究"(14ZDB164)和中国海洋发展研究会重大项目"中国南海问题主张国际传播机制研究"(CAMAZDA201407)的阶段性成果。本部分的写作思路和框架得益于鞠海龙教授的详细指导。课题组成员林恺铖与马菲对本文资料的整理与分析提供了重要帮助。

[②] 《第12届香格里拉对话会关注亚太区域安全合作》,新华网,2013年6月2日,http://news.xinhuanet.com/world/2013—06/02/c_116001961.htm。

里拉对话会议的主要关注点。2002 年到 2009 年期间，阿富汗问题、朝核问题分别是全球和亚洲安全关注的热点。南海问题则因为 2002 年中国与东盟签署的《南海各方行为宣言》以及中国随后对东南亚地区开展的"魅力外交"而趋于缓和。2009 年之后，原先的阿富汗问题和朝核问题渐趋平缓，美国奥巴马政府先后推出了"重返东南亚"和"亚太再平衡"战略，南海问题也成为美国亚太战略的重要抓手。此后，南海问题在香格里拉对话会议上吸引了越来越多的注意力。

（二）2015 年香格里拉对话会议上的主要议题与观点

2015 年的香格里拉对话会议于 5 月 29—31 日举办，中国人民解放军总参谋部副总参谋长孙建国、美国国防部长卡特、美国太平洋舰队司令哈里斯、新加坡总理李显龙，以及众多来自日本、英国、澳大利亚、东盟各国的政府高官参加了会议。此次会议共有 34 名官员演讲，其中提及南海议题的官员有 20 名。在领导人演讲中，南海岛礁建设、努力达成 COC、维护南海的和平与稳定是涉及最多的三大议题。提到南海岛礁建设的官员来自美国、日本、英国、菲律宾、新加坡、中国、新西兰、澳大利亚，提到 COC 的官员来自美国、日本、澳大利亚、新西兰、英国、瑞士、意大利、马来西亚、新加坡、柬埔寨、中国；提到和平与稳定的官员来自美国、日本、澳大利亚、新西兰、英国、印度、印度尼西亚、马来西亚、新加坡、柬埔寨、中国。

1. 中国南沙岛礁建设

在中国的岛礁建设问题上，美国国防部长卡特、美国太平洋舰队司令哈里斯、澳大利亚国防部长凯文·安德鲁斯、英国国防大臣麦克·法龙、菲律宾武装力量西部司令部司令洛佩兹等都先后发表相关观点，归纳起来主要是中国的南海岛礁建设比菲律宾、越南等国的类似行动规模大、速度快，"破坏"了南海稳定局势。美国国防部长卡特宣称，中国在南海的筑岛，规模大，速度快，远远超过其他声索国，美国十分担忧南海筑岛的速度和规模、进一步的军事化以及引发冲突的可能性。因此，美国呼吁所有声索国应该立即并永久停止筑岛，反对争端岛礁的进一步军事化，并表示美国将继续保护"航行与飞越自由"，不承认人工筑岛对主权或者国际航空或航行的限制。[1] 有学者提出美国太平洋舰队司令哈里斯把中国岛礁建设描述成"沙长城"的概念是否夸大了事实，哈里斯对此反驳称，中国的

---

[1] Ashton Carter, The United States and Challenges of Asia-Pacific Security, 14th Asia Security Summit The IISS Shangri-La Dialogue, May 30, 2014, http：//www.iiss.org/-/media/Documents/Events/Shangri-La% 20Dialogue/SLD15/Jill% 20Lally% 20Proofs/First% 20Plenary% 20% 20Carter% 2030052015ED1. pdf.

第三章 南海问题国际舆论"双线索、多热点"特征分析

南海岛礁建设行动是本届香格里拉对话会议的焦点议题,考虑到岛礁建设的规模达到 2000 英亩,描述为"沙长城"并不是夸大。哈里斯也提出想把对话提升到超越美中争端的水平,其认为,在印度洋和太平洋地区面临的问题要大于中美之间,是整个印度洋和太平洋地区国家的问题。①

澳大利亚、英国、菲律宾等美国盟友也先后就中国的岛礁建设发表类似的消极言论。澳大利亚国防部长凯文·安德鲁斯在此次会议上,不顾客观事实,明显站在美国一边,指责中国的南海岛礁建设。凯文·安德鲁斯宣称,澳大利亚反对任何可能改变南海或东海现状的强制或单边行为,包括大规模的筑岛行为,并特别担忧这些人工设施的军事化前景。澳大利亚敦促所有各方自我克制,停止岛礁建设行为,不要采取挑衅行为,采取措施降低紧张局势,因为紧张局势越高,可能导致误判就越可能发生。② 英国国防大臣麦克·法龙表示,英国对于现在岛礁建设的规模和速度以及这些行为可能对"航行自由"以及南海"稳定"带来的危险感到不安,因此英国呼吁有关各方不要采取可能增加紧张局势的行为。③ 菲律宾武装力量西部司令部司令亚历山大·洛佩兹表示,在南海的一个挑战是通过筑岛把水下地貌变成人工岛礁,建设大型的设施,这些设施可以为过往船只和飞机提供服务,也可以作为军事基地防卫岛礁进行兵力投放。④

为了向国际社会阐述中国南海权利和维权行动的合理性与合法性,中国人民解放军总参谋部副总参谋长孙建国通过演讲和回答问题的方式,进行了较为详细的解释。孙建国首先阐述了中国和平发展的外交理念,其表示,在处理与有关邻国的海上争议问题时,中国始终从维护海上安全大局出发,尽管对有关权益拥有充分的历史和法理依据,拥有无可争辩的权利主张,但仍一直保持着高度克制和忍让,为维护地区乃至世界和平稳定做出了积极贡献。对于南海局势,特别是岛礁建设行动,孙建国表示,当前南海局

---

① Challenges for Maritime Intelligence, Surveillance and Reconnaissance, May 30, 2015, http://www.iiss.org/-/media/Documents/Events/Shangri-La%20Dialogue/SLD15/Alex%20Cadby%20Transcripts/Special%20Session%203%2030052015.pdf.

② Kevin Andrews, Global Security Challenges and the Asia-Pacific: Building Cooperation Between Regions, May 31, 2015, http://www.iiss.org/-/media/Documents/Events/Shangri-La%20Dialogue/SLD15/Jill%20Lally%20Proofs/Fifth%20Plenary%20%20Andrews%2031052015ED.pdf.

③ Michael Fallon, Preventing Conflict Escalation, 14th Asia Security Summit The IISS Shangri-La Dialogue, May 30, 2015, http://www.iiss.org/-/media/Documents/Events/Shangri-La%20Dialogue/SLD15/Jill%20Lally%20Proofs/Third%20Plenary%20%20Fallon%2030052015ED.pdf.

④ Challenges for Maritime Intelligence, Surveillance and Reconnaissance, May 30, 2015, http://www.iiss.org/-/media/Documents/Events/Shangri-La%20Dialogue/SLD15/Alex%20Cadby%20Transcripts/Special%20Session%203%2030052015.pdf.

势总体上是和平的、稳定的，南海航行自由并不存在任何问题。中国对南海部分岛礁进行的建设，主要是为了完善岛礁的相关功能，改善驻守人员的工作和生活条件，满足必要军事防卫需求，更好地履行中方在海上搜救、防灾减灾、海洋科研、气象观测、环境保护、航行安全、渔业生产服务等方面承担的国际责任和义务。中国在永暑礁建立联合国海洋观测站，在华阳礁、赤瓜礁启动建设两座多功能灯塔等等，都是提供国际公益服务。中国作为大国，岛礁建设的规模速度与在南海承担的国际责任和义务是相称的。①

2. "南海航行与飞越自由"

"南海航行和飞越自由"问题是区域内外国家普遍关注的话题，美国、澳大利亚、英国等国把"航行与飞越自由"问题当作插手南海问题的借口。澳大利亚国防部长凯文·安德鲁斯表示，澳大利亚对维护本地区的和平与稳定拥有合理的利益，这包括尊重国际法，不受阻碍的商业，航行自由；② 航行和飞越自由必须得到维护，和平解决争端符合所有有关各方的利益。③ 法国国防部直属国际和战略关系总局局长菲利普·埃雷拉（Philippe Errera）表示，法国的繁荣与航行自由直接相关，不仅是抽象的法律原则，也是显示情况。作为一个在印度和太平洋拥有常驻军队的国家，法国的飞机和舰船将继续在国际法允许的范围内飞行和航行，以履行维护亚太地区稳定的责任，并与本地区伙伴国家合作。④ 新加坡总理李显龙表示，对于每一个通过南海进行贸易，或者使用南海进行航行和飞行的国家来说，对"南海航行与飞越自由"都拥有利益。⑤ 印度防长也宣称，维护航行自由，反对使用单边武力解决海洋领土争端，因为这会扰乱正常的贸易流通，

---

① 《携手同护和平共建安全亚太》, 14th Asia Security Summit The IISS Shangri-La Dialogue, May 30, 2015, http://www.iiss.org/-/media/Documents/Events/Shangri-La%20Dialogue/SLD15/Sun%20Speech%20Chinese%20310515.pdf。

② Kevin Andrews, Global Security Challenges and the Asia-Pacific: Building Cooperation Between Regions, May 31, 2015, http://www.iiss.org/-/media/Documents/Events/Shangri-La%20Dialogue/SLD15/Jill%20Lally%20Proofs/Fifth%20Plenary%20%20Andrews%2031052015ED.pdf.

③ Global Security Challenges and The Asia-Pacific: Building Cooperation Between Regions Question & Answer Session, May 31, 2015, http://www.iiss.org/-/media/Documents/Events/Shangri-La%20Dialogue/SLD15/Jill%20Lally%20Proofs/Fifth%20Plenary%20QA%2031052015ED.pdf.

④ Strengthening Regional Order in the Asia-Pacific: Towards More Active Conflict Resolution and Cooperation Question & Answer Session, May 31, 2015, http://www.iiss.org/-/media/Documents/Events/Shangri-La%20Dialogue/SLD15/Alex%20Cadby%20Transcripts/Fourth%20Plenary%20Session%20%20QA%2031052015.pdf.

⑤ Lee Hsien Loong, Keynote Address, 14th Asia Security Summit The IISS Shangri-La Dialogue, May 29, 2015, http://www.iiss.org/-/media/Documents/Events/Shangri-La%20Dialogue/SLD15/Jill%20Lally%20Proofs/Keynote%20Address%2029052015ED1.pdf.

第三章 南海问题国际舆论"双线索、多热点"特征分析

威胁所有依靠自由的海洋贸易的国家的经济安全。[1]

针对一些国家批评中国南海岛礁建设威胁"南海航行和飞越自由",孙建国在演讲和回答中再次重申,中国南海岛礁建设完全是中国主权范围内的事,是合法、合理、合情的,不针对任何国家、不影响航行自由,中方在南海的诉求没有变化,中方通过谈判协商和平解决有关争议的立场没有变化,中方保障南海航行自由和安全的意愿没有变化,中方维护南海和平稳定的目标没有变化。希望有关国家坚持相向而行,努力把南海建设成为和平、友好、合作之海。[2] 就个别国家所担心的中国可能设置南海防空识别区问题,孙建国强调,中国政府和军队从未提及在南海划定防空识别区。是否划定防空识别区取决于我们的航空安全情况和受到威胁的程度,以及其他因素。现在南海的局势稳定,但有些人在炒作这一话题。[3]

3. 达成"南海行为准则"

中国与东盟国家的《南海各方行为宣言》(DOC)和"南海行为准则"(COC)问题是现阶段维护南海地区稳定的重要机制,东盟成员国与区域外国家对落实 DOC 和尽快达成 COC 表示了关注。新加坡总理李显龙和新加坡国防部长黄永宏(Ng Eng Hen)认为为了稳定与和平,一个以规则为基础的体系必须盛行,但任何规则框架都不足以产生稳定和共享的繁荣。我们还需要拥有正确的精神。因此强调中国和东盟应该尽快达成 COC,而且 2014 年中国—东盟第 17 届峰会时也曾明确表示要尽快达成 COC。[4] 柬埔寨防长表示,海洋安全仍然是最复杂的安全担忧,特别是在航洋边界和岛屿上的

---

[1] Rao Inderjit Singh, New Forms of Security Collaboration in Asia, 14th Asia Security Summit The IISS Shangri-La Dialogue, May 30, 2015, http://www.iiss.org/-/media/Documents/Events/Shangri-La%20Dialogue/SLD15/Jill%20Lally%20Proofs/Second%20Plenary%20%20Singh%2030052015ED.pdf.

[2] 《携手同护和平共建安全亚太》,14th Asia Security Summit The IISS Shangri-La Dialogue, May 30, 2015, http://www.iiss.org/-/media/Documents/Events/Shangri-La%20Dialogue/SLD15/Sun%20Speech%20Chinese%20310515.pdf。

[3] Strengthening Regional Order in the Asia-Pacific: Towards More Active Conflict Resolution and Cooperation Question & Answer Session, May 31, 2015, http://www.iiss.org/-/media/Documents/Events/Shangri-La%20Dialogue/SLD15/Alex%20Cadby%20Transcripts/Fourth%20Plenary%20Session%20%20QA%2031052015.pdf.

[4] Lee Hsien Loong, Keynote Address, 14th Asia Security Summit The IISS Shangri-La Dialogue, May 29, 2015, http://www.iiss.org/-/media/Documents/Events/Shangri-La%20Dialogue/SLD15/Jill%20Lally%20Proofs/Keynote%20Address%2029052015ED1.pdf; Ng Eng Hen, Global Security Challenges and the Asia-Pacific: Building Cooperation Between Regions, May 31, 2015, http://www.iiss.org/-/media/Documents/Events/Shangri-La%20Dialogue/SLD15/Jill%20Lally%20Proofs/Fifth%20Plenary%20%20Ng%2031052015ED.pdf.

紧张局势。这些问题需要依据《联合国宪章》《东盟宪章》《友好合作条约》《东盟政治安全蓝图》的精神，在和平解决机制的框架下解决。因此，柬埔寨支持全面落实DOC，并希望能够尽快达成COC，COC将能够确保南海争端的和平解决。① 马来西亚武装部队首领祖基菲里也表示，东盟支持的COC是一个避免冲突的工具，将有利于管控各声索国在南海的行为。接受和遵循COC将可以阻止冲突和挑衅行为。②

一些国家对COC的谈判进展以及COC的成效问题表示怀疑。日本防长提出，COC应该一步步推进，而不只是谈了又谈。③ 对此，新加坡国防部长黄永宏认为，"我们需要用一些平静心态处理南海问题；南海问题的解决不是目的，而是一个过程，也许会遇到一些困难，但从一个更广泛的范围看，存在需要我们集中精力的更为重要的事情；这不是不重视为了解决南海问题所付出的努力，落实DOC的指导方针是一个非常丰富的文件，……它不仅是一个声明，它包含不同的方式，描述了不同的行为，具有正确的精神，我认为如果所有签字国能够从精神和字面上遵循DOC，南海的紧张局势将会缓解。"④ 柬埔寨防长表示，一些人可能会批评这些机制毫无作用，但没有这些机制，南海的紧张局势在很久之前已经升级为全面冲突了，也许，许多可以阻止争端升级的机制被我们看作是理所当然的了。⑤ 马来西亚防长也认为，我们可能进展非常缓慢，但对于我们这些小国来说其他的选项是什么？相信东盟单个国家难以面对我们在本地区面对的可能的地缘政治结果。然而，十个国家团结在一起，共同确保我们的命运和未来可能会给我

---

① Tea Banh, Preventing Conflict Escalation, 14th Asia Security Summit The IISS Shangri-La Dialogue, May 30, 2015, http://www.iiss.org/-/media/Documents/Events/Shangri-La%20Dialogue/SLD15/Tea%20Banh.pdf.

② Challenges for Maritime Intelligence, Surveillance and Reconnaissance, May 30, 2015, http://www.iiss.org/-/media/Documents/Events/Shangri-La%20Dialogue/SLD15/Alex%20Cadby%20Transcripts/Special%20Session%203%2030052015.pdf.

③ Gen Nakatani, New Forms of Security Collaboration in Asia, 14th Asia Security Summit The IISS Shangri-La Dialogue, May 30, 2015, http://www.iiss.org/-/media/Documents/Events/Shangri-La%20Dialogue/SLD15/Nakatani.pdf.

④ Global Security Challenges and The Asia-Pacific: Building Cooperation Between Regions Question & Answer Session, May 31, 2015, http://www.iiss.org/-/media/Documents/Events/Shangri-La%20Dialogue/SLD15/Jill%20Lally%20Proofs/Fifth%20Plenary%20QA%2031052015ED.pdf.

⑤ Tea Banh, Preventing Conflict Escalation, 14th Asia Security Summit The IISS Shangri-La Dialogue, May 30, 2015, http://www.iiss.org/-/media/Documents/Events/Shangri-La%20Dialogue/SLD15/Tea%20Banh.pdf.

们提供一个机会；与中东和其他地方相比，我们拥有一个更好的机会。[1]
马来西亚防长强调，马来西亚一直提倡通过外交手段解决南海争端，其认为COC是管控不同主权声索的最好办法，敦促各方增加磋商的力度。这将确保尽快达成一份有效的COC；COC将是确保这些重要航线能够得到正确管控的关键工具。[2]

大部分区域外国家在南海问题上秉持了相对中立的立场，一般只是宣称希望维护南海的和平与稳定，鼓励各方尽快达成COC。新西兰国防部长布朗利（Gerry Brownlee）表示，经济相互依赖需要建立一个开放包容的地区秩序，根据国际法和国际规则管控地区稳定、航行自由、开放的商业航道、进入领海、获取自然资源。新西兰在冲突和争端中不希望选边站，但对于可能导致误解和引发冲突升级的事件表示担忧。和其他国家一样，新西兰希望更好地理解在南海采取岛礁建设行为的国家的意图。新西兰支持基于COC达成共识的努力，也支持全面落实DOC。新西兰鼓励各国间建立热线的努力，以更有效地进行危机管控。[3] 瑞士外长迪迪尔·布尔克哈尔德（Didier Burkhalter）对COC表示了支持的态度，其认为即使建立COC的进展缓慢，它也可以成为缓解地区紧张的一种手段。[4]

对于一些国家恶意炒作或误解中国南海维权行动的做法，孙建国表示，中国在南海问题上的立场和政策是连贯的、清晰的、稳定的。维护地区和平与稳定是中国和本地区所有国家的共同责任，符合所有国家的利益。中国需要稳定的周边环境，而不希望混乱，包括在南海地区，中国不会主动去引发紧张局势。中国致力于维护南海和平与稳定，并通过谈判解决南海问题的最根本方法。中国承诺全面有效地落实DOC，并努力达成COC。

4. 其他议题及观点

除了DOC和COC之外，一些国家也提出通过联合巡航以维护南海地

---

[1] Dato'Seri Hishammuddin Tun Hussein, Tea Banh, Michael Fallon, Preventing Conflict Escalation Question & Answer Session, May 30, 2015, http：//www.iiss.org/-/media/Documents/Events/Shangri-La%20Dialogue/SLD15/Jill%20Lally%20Proofs/Third%20Plenary%20%20QA%2030052015ED.pdf.

[2] Dato'Seri Hishammuddin Tun Hussein, Preventing Conflict Escalation, 14th Asia Security Summit The IISS Shangri-La Dialogue, May 30, 2015, http：//www.iiss.org/-/media/Documents/Events/Shangri-La%20Dialogue/SLD15/Jill%20Lally%20Proofs/Third%20Plenary%20%20Hussein%2030052015ED1.pdf.

[3] Gerry Brownlee, Strengthening Regional Order in the Asia-Pacific：Towards More Active Conflict Resolution and Cooperation, May 31, 2015, https：//www.iiss.org/-/media/Documents/Events/Shangri-La%20Dialogue/SLD15/Alex%20Cadby%20Transcripts/Fourth%20Plenary%20%20Brownlee%2031052015.pdf.

[4] Avoiding Military Competition and Arms-Racing in Asia, May 30, 2015, http：//www.iiss.org/-/media/Documents/Events/Shangri-La%20Dialogue/SLD15/Alex%20Cadby%20Transcripts/Special%20Session%205%2030052015.pdf.

区的稳定。日本防长提出，日本和美国在南海进行联合演习，采取能够增加本地区"海洋安全"的具体合作措施。日本和美国将一如既往地为本区和平与稳定做出贡献。为了在本地区的海洋航行和空中飞行中广泛推进惯例和法律，日本防长倡议一起努力推进"保护安全和航行与飞越自由"的认识，积极利用CUES进行联合演习，就像日本自卫队与菲律宾海军在两周前进行的那样，并提出为了保卫地区海域，提高东盟各国警戒监控能力极其重要。① 印度尼西亚防长也认为南海问题相关国家进行以和平为目的的联合巡逻将可以促进本地区的和平与稳定。② 美国太平洋舰队司令哈里斯宣称，美国最近几年增加了在西太平洋的情报、监视和侦察任务。这一增加趋势与本地区增加的活动和不确定性有关，例如在南海的筑岛。③ 马来西亚防长还提到对中国倡议的双轨制的看法，其认为双轨制跟本地区的稳定联系在一起；当紧张局势上升，当冲突不断出现，一个双轨制不会扭转局势；双轨制可能会扭转中国与单个国家的关系，但当整个地区局势都不稳定时，双轨制就没办法行得通。④

中国近几年在南海的维权行动，被一些国家认为是"强势"，因此美国等国宣称大国不应该"欺负"小国。美国国防部长卡特提出，一个有效的亚洲安全秩序不应该建立在"大国欺负小国"所产生的势力范围、强迫、威胁上，而应建立在相互安全的盟友、国际法与规则、和平解决争端的基础上。卡特认为，中国在南海的行动与奠定亚太安全结构的国际规则，以及本地区偏好外交和反对武力的共识"不一致"。⑤ 马来西亚防长表

---

① Gen Nakatani, New Forms of Security Collaboration in Asia, 14th Asia Security Summit The IISS Shangri-La Dialogue, May 30, 2015, http://www.iiss.org/-/media/Documents/Events/Shangri-La%20Dialogue/SLD15/Nakatani.pdf.

② Ryamizard Ryacudu, New Forms of Security Collaboration in Asia, 14th Asia Security Summit The IISS Shangri-La Dialogue, May 30, 2015, http://www.iiss.org/en/events/shangri%20la%20dialogue/archive/shangri-la-dialogue-2015-862b/plenary2-a5ab/ryacudu-048e.

③ Challenges for Maritime Intelligence, Surveillance and Reconnaissance, May 30, 2015, http://www.iiss.org/-/media/Documents/Events/Shangri-La%20Dialogue/SLD15/Alex%20Cadby%20Transcripts/Special%20Session%203%2030052015.pdf.

④ Dato'Seri Hishammuddin Tun Hussein, Tea Banh, Michael Fallon, Preventing Conflict Escalation Question & Answer Session, May 30, 2015, http://www.iiss.org/-/media/Documents/Events/Shangri-La%20Dialogue/SLD15/Jill%20Lally%20Proofs/Third%20Plenary%20%20QA%2030052015ED.pdf.

⑤ Ashton Carter, The United States and Challenges of Asia-Pacific Security, 14th Asia Security Summit The IISS Shangri-La Dialogue, May 30, 2014, http://www.iiss.org/-/media/Documents/Events/Shangri-La%20Dialogue/SLD15/Jill%20Lally%20Proofs/First%20Plenary%20%20Carter%2030052015ED1.pdf.

示，对于像马来西亚和新加坡这样的小国来说，都希望世界不应该是"强权即真理"，强者做他们想做的，弱者承受他们必须承受的；世界应该是合法性和建设性的参与，每个国家，大国和小国，为了繁荣和平竞争。①

美国、菲律宾、澳大利亚等国在香格里拉对话会议上不断炒作中国的南海维权行动，企图塑造中国"强势""以大欺小"的国际舆论。对此，中国台湾成功大学研究员刘复国在会议上指出，在过去的两天，讨论太过于集中在岛礁建设上。正如新加坡国防部长黄永宏所说，"2002 年的 DOC 是一个非常重要的文件。然而，自那以后，最重要的进展是 2009 年菲律宾通过了本国的'领海基线法案'，2012 年越南通过的'海洋法'。对此，中国的回应是成立了三沙市。自此之后，我们认识到，如果要讨论解决办法，就必须越过国内法律。我认为，我们尚未说到要点。如果我们一直强调《联合国海洋法公约》，我们该如何找到解决的方法？毕竟《联合国海洋法公约》只是提供了部分可能性。因而，必须通过谈判和 COC 找到其他的解决方法。"②

（三）香格里拉对话会议在国际媒体上的传播态势

为了全面且深入分析 2015 年香格里拉对话会议在国际媒体上的传播态势，这里利用 LexisNexis 数据库，把检索词条定为"Shangri la dialogue"，时间区间定为 2015 年 5 月 1 日至 2015 年 6 月 30 日，报道来源定为"All English Language News"，共得到结果 897 篇，经过人工筛选，剔除与南海议题无关或重复的报道，得到有效样本共 487 篇，所涉及南海议题的观点达 1228 个。

1. 基本的数据分析

首先，香格里拉对话会议中涉南海议题相关的新闻报道的数量分布。

如图 3—9 数据显示，5 月 30 日，在新加坡召开的香格里拉对话会上，国际媒体对南海议题的相关报道高达 79 篇，而在 6 月 1 日，随着各国防长对南海问题相关表态的不断升温，国际媒体再次转向南海议题，报道的篇幅上升至 105 篇。随后便有所回落，直至 6 月 30 日，国际媒体对南海议题的报道仍保留着一定的热度。

---

① Dato'Seri Hishammuddin Tun Hussein, Tea Banh, Michael Fallon, Preventing Conflict Escalation Question & Answer Session, May 30, 2015, http：//www.iss.org/-/media/Documents/Events/Shangri-La% 20Dialogue/SLD15/Jill% 20Lally% 20Proofs/Third% 20Plenary% 20% 20QA% 2030052015ED.pdf.

② Global Security Challenges and The Asia-Pacific: Building Cooperation Between Regions Question & Answer Session, May 31, 2015, http：//www.iss.org/-/media/Documents/Events/Shangri-La% 20Dialogue/SLD15/Jill% 20Lally% 20Proofs/Fifth% 20Plenary% 20QA% 2031052015ED.pdf.

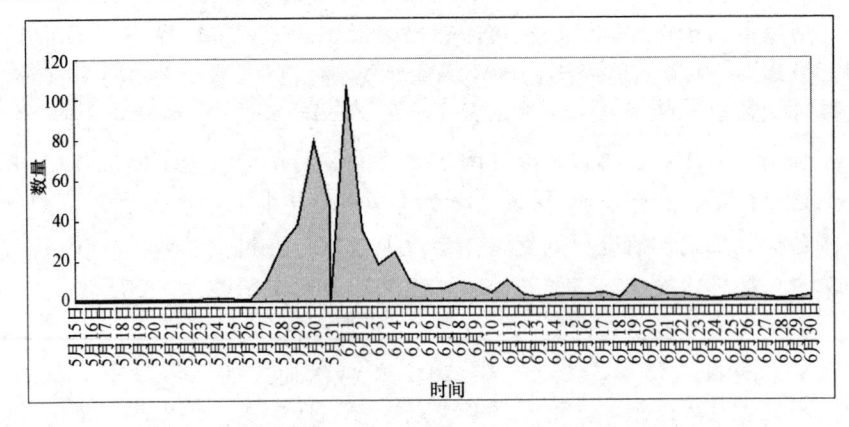

图 3—9　香格里拉对话会议有关南海议题报道数量趋势图

其次，香格里拉对话会议中涉南海议题的数量分布。

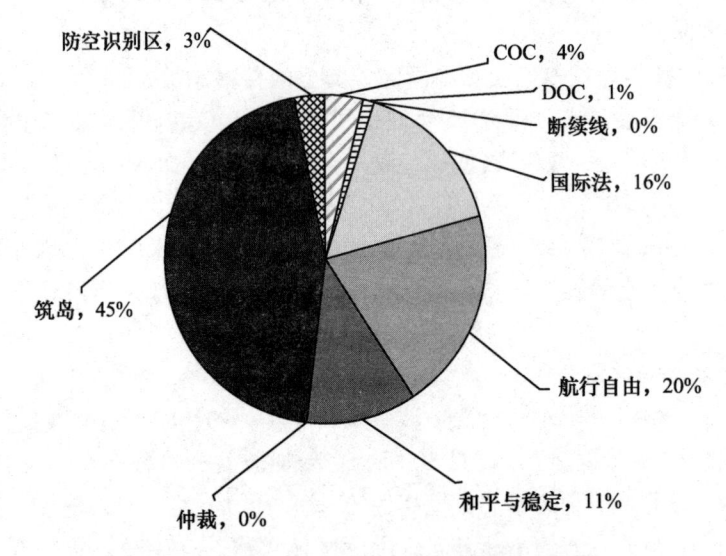

图 3—10　香格里拉对话会议中涉南海议题的数量分布

从国际媒体报道的广度上看，中国的南海岛礁建设是国际媒体的首要关注点，在相关南海议题上所占的比例高达 45%（如图 3—10）；美防长卡特在香格里拉对话会上针对中国南海岛礁建设的无端指责成为国际媒体竞相引用和转述的主要源头。此外，南海的航行自由和国际法是国际媒体的重要关注点。

第三，与香格里拉对话会议相关的新闻报道中涉及中国南海岛礁建设的观点的数量分布。

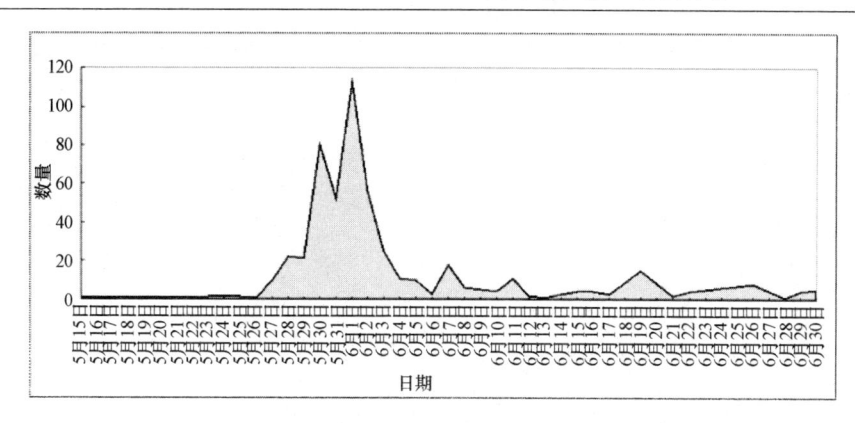

第三章 南海问题国际舆论"双线索、多热点"特征分析

图3—11 与香格里拉对话会议相关的新闻报道中涉中国
南海岛礁建设的观点的数量分布

如图3—11统计数据显示，2015年5月15日至6月30日期间，在国际媒体的相关报道中，引用相关人员的涉及中国南海岛礁建设的观点高达508次。值得注意的是，中国南沙岛礁建设这一议题，除了在香格里拉对话会议召开前后被"广泛"报道之外，其在随后的相当长时期内，仍保留着一定的热度。

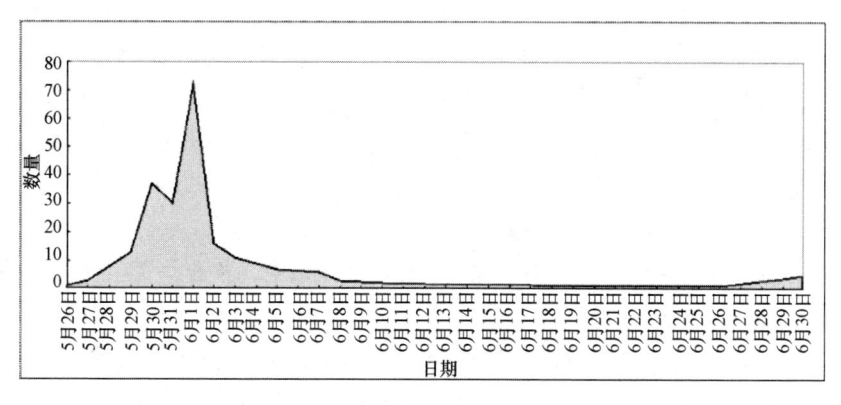

图3—12 与香格里拉对话会议相关的新闻报道中涉航行
自由的观点的数量分布

第四，与香格里拉对话会相关的新闻报道中涉及航行自由的观点的数量分布。

航行自由是2015年香格里拉对话会上各方的重要关注点之一。统计数据显示，2015年5月26日至6月30日期间，在国际媒体的相关报道中，引用相关人员的涉及南海航行自由的观点高达223次（如图3—12）。然而，在香格里拉对话会结束一周之后，涉及南海航行自由的观点趋向平息。

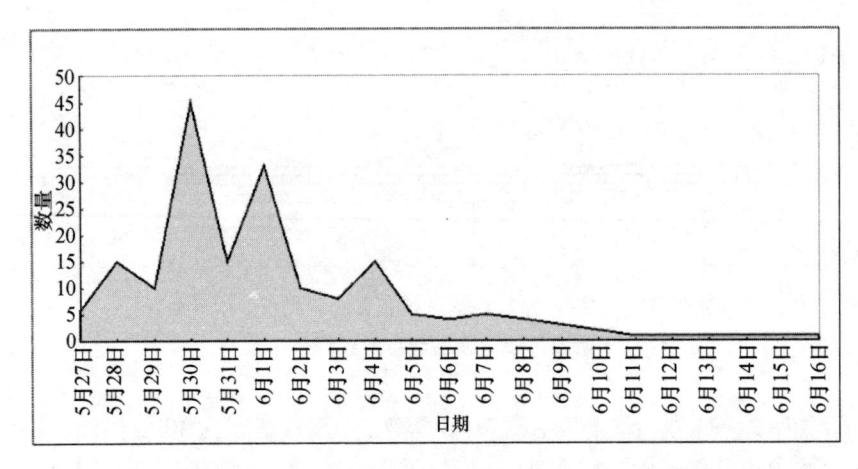

图3—13　与香格里拉对话会议相关的新闻报道中涉国际法的观点的数量分布

第五，与香格里拉对话会相关的新闻报道中涉及国际法的观点的数量分布。

国际法是2015年香格里拉对话会上的又一个重要关注点。统计数据显示，2015年5月27日至6月16日期间，在国际媒体的相关报道中，引用相关人员的涉及国际法的观点达179个（图3—13）。期间，在国际媒体的报道中引用国际法的相关讨论呈现出断续性的特征，其热度在6月中旬之后便趋向平息。

2. 主要观点发出者的传播态势

在国际媒体关于此次香格里拉对话会议的报道中，共涉及90个相关人员，他们的观点总共被引用965次（如图3—14）。其中，前十位的分布如下：

结合以上分析可以看出，在香格里拉对话会上，各国防长的相关表态成为国际媒体报道引用的主要来源。美澳防长及中国副总参谋长在香格里拉对话会上针对南海议题的相关表态占据了国际相关媒体的报导的大量篇幅。其中，美防长阿什顿·卡特在香格里拉对话会上针对中国南海议题发表公开评论和指责，其观点占据了国际媒体报道的"大半江山"。中国人民解放军副总参谋长孙建国在香格里拉对话会上针对美防长的无端指责表明了中国在南海议题上的立场，其观点也受到国际媒体的大量转引。澳大利亚防长凯文·安德鲁斯在香格里拉对话会上附和美防长的相关表态，也成为国际媒体大量引用的重要来源。中国外交部发言人华春莹在香格里拉

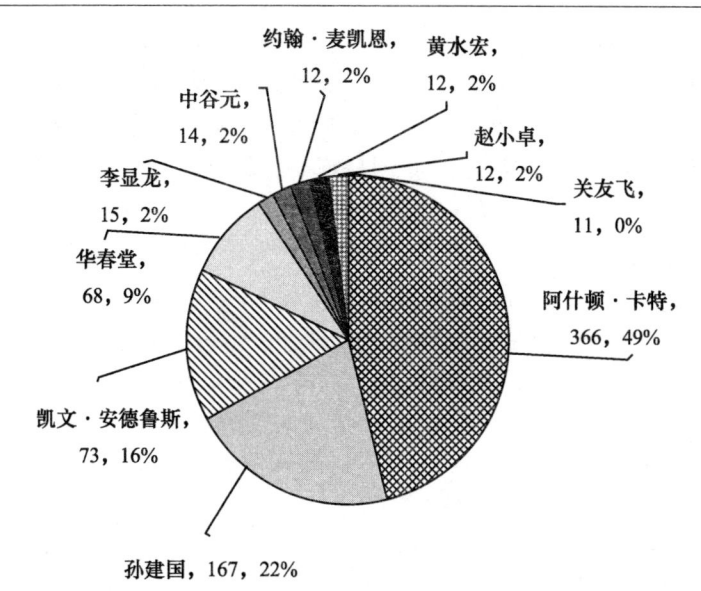

图3—14 与香格里拉对话会议相关的报道所涉及的相关人员的观点的数量分布

对话会前后召开的例行记者会上，针对记者关于中国南海议题的相关问题所做的回答，表明了中国政府的立场，同样是国际媒体在报导中国对相关议题的立场时所引用的重要来源。

首先，美国国防部长阿什顿·卡特。

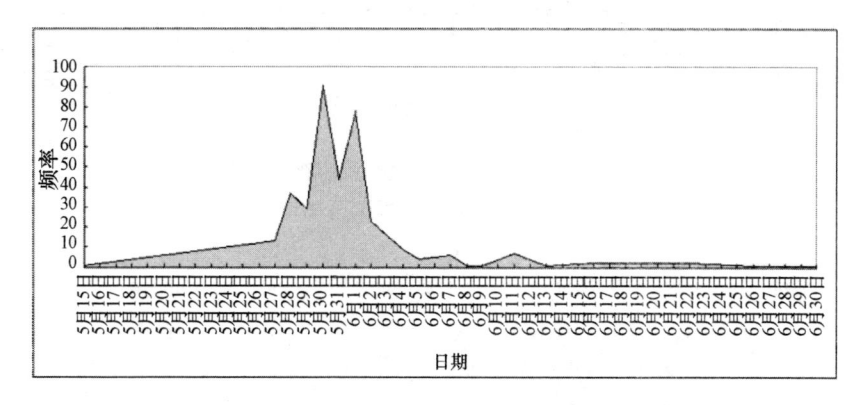

图3—15 与香格里拉对话会议相关的新闻报道中引用
美国防长阿什顿·卡特的观点的频率分布

美国国防部长卡特关于南海问题的观点是一个持续传播的过程。2015年5月25日，美防长阿什顿·卡特在夏威夷发表演讲时指出，"多年以来，我们一直在南海上空飞行，并且将继续这么做：飞行、航行和执行任务。"

"所以这并非一个新的事实，新的事实是填海造陆以及填海造陆的规模，而那并非是美国制造的现实，而是中国制造的事实。"5月30日，在香格里拉对话会上，卡特指出，"将水下岩礁变成机场不能获得主权"，美方呼吁各方立即停止"填海造地"，反对任何一方将岛礁进一步军事化的行为。"航行自由"构筑了该地区的繁荣，为了确保包括人工岛外围在内的航行自由，美国将绝不会妥协。随后，卡特前往越南、印度，落实"夏威夷谈话"。香格里拉对话会召开前后，卡特针对中国南海议题的相关言论立即引发国际媒体的聚焦。香格里拉对话会期间，卡特的言论更是被"放大"。如图3—15统计数据显示，2015年5月15日至6月30日期间，与香格里拉对话会相关的国际媒体引用美防长卡特的观点高达366次，占国际媒体所引用观点的49%，国际舆论凸显"一边倒"的特征。

其次，中国人民解放军总参谋部副总参谋长孙建国。

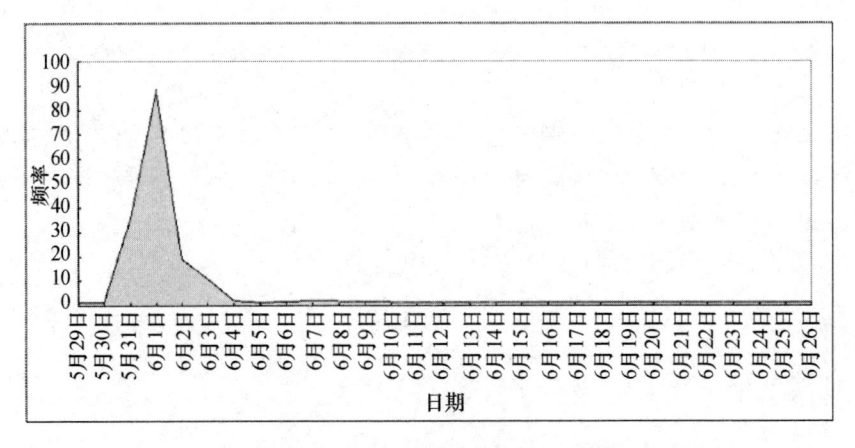

图3—16　与香格里拉对话会议相关的新闻报道中引用
孙建国的观点的频率分布

孙建国相关观点的传播主要集中在香格里拉对话会议期间。孙建国在香格里拉对话会议期间的讲话主要集中在两个方面：一是中国在南海的相关建设完全是中国主权范围内的事，是合法、合理、合情的，不针对任何国家、不影响航行自由，中方在南海的诉求没有变化，中方通过谈判协商和平解决有关争议的立场没有变化，中方保障南海航行自由和安全的意愿没有变化，中方维护南海和平稳定的目标没有变化。二是中国对南海部分岛礁进行的建设，主要是为了完善岛礁的相关功能，改善驻守人员的工作和生活条件，满足必要军事防卫需求，更好地履行中方在海上搜救、防灾减灾、海洋科研、气象观测、环境保护、航行安全、渔业生产服务等方面

第三章 南海问题国际舆论"双线索、多热点"特征分析

承担的国际责任和义务。

如图3—16统计数据显示，2015年5月29日至6月26日期间，国际媒体引用孙建国的观点达167次。值得注意的是，孙建国的观点在香格里拉对话会期间受媒体追捧而放大，但随后便回落并趋向平息。

第三，澳大利亚国防部长凯文·安德鲁斯。

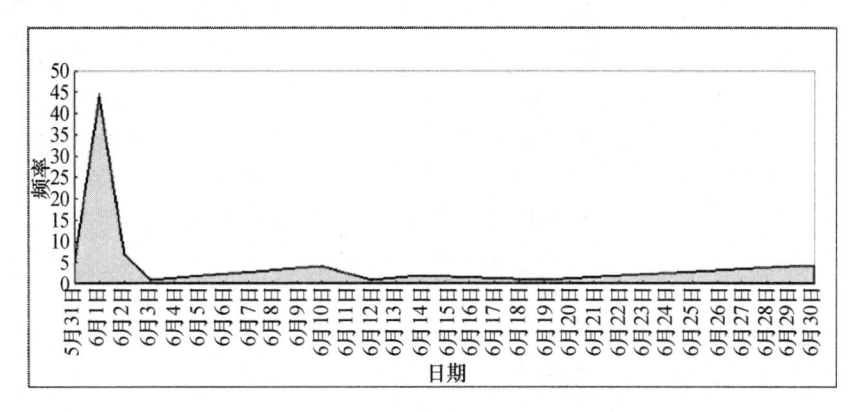

图3—17 与香格里拉对话会议相关的新闻报道中引用凯文·安德鲁斯的观点的频率分布

凯文·安德鲁斯在香格里拉对话会议期间的言论与美国高度一致，与之前澳大利亚的相对中立立场有一定的偏离。在香格里拉对话会期间，澳大利亚防长凯文·安德鲁斯随着美国防长，对中国进行较为含蓄的批评。例如，"澳大利亚反对强制或单边行动"，"我们对人造岛礁军事化的可能性尤为关切"，"各国应尽早就南海行为准则达成一致"。澳防长的观点受到部分国际媒体的关注和引用。如图3—17统计数据显示，2015年5月31日至6月30日期间，国际媒体引用安德鲁斯的观点达73次。同时，安德鲁斯在南海议题上的观点在较长时间内均保持着一定的热度。

第四，中国外交部发言人华春莹。

华春莹对美国、澳大利亚等国的一些观点进行了回应，向国际社会解释了中国整体的南海政策以及中国南海岛礁建设的合理性与合法性，在国际上获得了相关的报道。

香格里拉对话会期间，针对美防长对中国南海岛礁建设的无端指责，中国外交部发言人华春莹在例行记者会上表示：中方在南沙群岛部分驻守岛礁上的建设活动完全是中方主权范围内的事情，合法、合理、合情，不影响也不针对任何国家。长期以来，各国依国际法在南海享有的航行和飞越自由不存在任何问题，将来也不应出现问题。

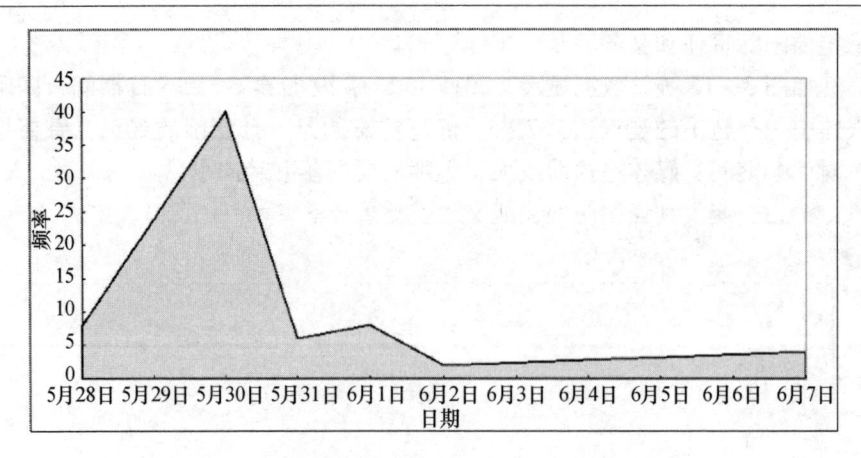

图 3—18　与香格里拉对话会议相关的新闻报道中引用
华春莹的观点的频率分布

如图 3—18 统计分析显示，2015 年 5 月 28 日至 6 月 7 日期间，国际媒体共引用华春莹的观点达 68 次。然而，华春莹的观点也没有在国际舆论中形成长期的效应，随后便回落并趋向平息。

由于近年来南海地区的摩擦不断，南海的安全局势逐渐成为各国官员演讲及问答环节的关注点。各国官员在香格里拉对话的演讲和问答环节频繁地提及南海问题相关内容。美国、日本、越南等国纷纷通过点名或不点名指责中国的方式，以及通过航行自由、国际法和地区安全等议题将南海问题纳入该对话机制。与此同时，南海各权益声索国也将香格里拉对话会议作为自己南海问题主张的重要国际传播平台，希望借助这一平台获得国际舆论对本国南海政策的支持。在媒体报道中，级别越高的官员，其获得国际媒体关注和报道的可能性越大，而且国际媒体对香格里拉对话的报道更倾向于冲突性的和创新性的言论。因此，虽然中国在香格里拉对话会议上一再强调本国的和平崛起战略，承诺致力于维护地区稳定，但中国的声音一直不是会议以及国际媒体相关报道对南海问题的主流意见。

二、2015 年东盟系列会议[①]

以东盟为中心的一系列国际会议是影响南海国际舆论的重要平台，主

---

① 本部分系作者博士毕业论文的部分内容，属于鞠海龙教授主持的国家社科基金重大项目"中国南海问题主张的国际传播战略与国际话语权体系研究"（14ZDB164）和中国海洋发展研究会重大项目"中国南海问题主张国际传播机制研究"（CAMAZDA201407）的阶段性成果。本部分的写作思路和框架得益于鞠海龙教授的详细指导，课题组其他成员对本文资料的整理与分析提供了重要帮助。

要包括东盟峰会、东盟地区论坛、东盟"10+1"、东亚峰会等会议。这些对东亚地区安全和南海问题有着重要影响的国际会议每年依序召开。相关会议的筹备、正式会议、会后影响贯穿整年，成为近年来影响南海问题持续升温的重要基础。

2015年马来西亚是东盟轮值主席国，在南海问题上采取了相对缓和的态度。但美国、菲律宾、日本等国却借机炒作中国岛礁建设、"南海仲裁案"等话题，持续要求在东盟系列会议上讨论南海问题，试图对中国合法的维权行动施压。其中2015年4月份举行的东盟峰会、8月份举办的东亚合作系列外长会、11月初未能发表联合公报的东盟国防部长扩大会议，以及11月下旬举办的东盟峰会和东亚峰会等成为东盟系列会议影响南海问题国际舆论的重要政治传播平台。这些会议因参与国家众多及其浓厚的官方性质而备受瞩目，而且与会者通过公开演讲或召开记者会等方式阐述自己的立场并对别国进行批评。菲律宾、越南利用东盟各类会议推动南海问题的地区化、东盟化、国际化趋势，美国、日本等区域外国家介入南海地区事务与这些国际会议的存在及其运作机制有着密切的关系。正是在东盟系列会议的推动下，南海问题才得以迅速国际化并且成为国际舆论的热点。

（一）上半年的东盟峰会

东盟峰会又称东盟首脑会议。自2009年开始，东盟峰会调整为每年举行两次。截止到2015年底，东盟峰会已举办27届。东盟峰会是东盟最高决策机构和东盟国家商讨区域合作大计的最主要机制，是决定东盟在南海问题上统一立场的重要平台。在4月份的东盟峰会召开前一周，国际媒体就开始报道有东盟国家领导人希望在会上讨论南海问题并推动发表相关声明。对此，中国外交部发言人表示，中方一贯反对个别国家利用南海问题损害中国和东盟之间的友好合作关系；我们愿与东盟国家共同努力，切实落实处理和解决南海问题的"双轨思路"，共同维护南海地区的和平稳定。[1]

在4月27日举行的东盟峰会上，作为轮值主席国，马来西亚总理纳吉布表示，马来西亚希望东盟可在制定"南海行为准则"方面努力取得进展，并认为"当我们与东盟以外的国家交涉及展开合作关系时，我们必须以和平方式处理分歧，包括在处理海事主权声索重叠时不会让紧张局势升温"。纳吉布强调将继续以建设性的方式与中国接触，并希望能够让中国明白不与东

---

[1] 2015年4月20日外交部发言人洪磊主持例行记者会，中国外交部网站，2015年4月20日，http://www.fmprc.gov.cn/web/fyrbt_673021/jzhsl_673025/t1256058.shtml。

盟对抗也符合中国的利益，任何试图破坏该地区的企图对中国也不利。①

时任菲律宾总统阿基诺三世并没有听从纳吉布希望使南海问题降温的建议，反而和其外长一道在东盟会议上恶意炒作南海问题。阿基诺三世在东盟峰会期间宣称，中国采取的大规模陆地再造活动，"威胁"到地区安全与稳定，对海洋环境造成不可挽回的"损害"，同样"威胁"到全球贸易自由和海上航行自由。②

针对南海局势，新加坡总理李显龙在会后接受媒体访问时说："各个国家都在采取行动，而采取行动可能引起一些反应，可能发生摩擦，甚至是纠纷或冲突。这是很棘手，也相当迫切的问题。我们希望尽快完成有关'南海行为准则'的谈判，降低发生意外事件的风险。"③

虽然马来西亚和新加坡等国领导人表达了应该侧重于维护南海稳定的意见，但菲律宾的炒作仍然获得了一定的"成效"。在随后发表的东盟峰会主席声明中，一些国家对南海正在进行的填海造地活动表示了严重担忧。鉴于此，各位东盟领导人指示外长们利用不同的东盟框架，例如东盟—中国关系，以及和平共处的原则，建设性的尽快处理这一问题。④ 在声明的表述中，可以明显看到东盟各国在中国南海岛礁建设上的分歧，并不是所有东盟国家都想对中国的岛礁建设表示担忧，只是由于菲律宾等国的恶意炒作，为了能够表明东盟的团结，不得已才采用了这种形式。

对于东盟峰会对中国南海岛礁建设表示担忧的言论，中国外交部发言人洪磊回应称，中国南沙岛礁建设是中方主权范围内的事情，合情、合理、合法，不影响也不针对任何国家，无可非议，个别国家在东盟有关会议上大肆炒作毫无道理。中方坚决反对个别国家对中国进行含沙射影的指责，反对为一己之私不惜绑架整个中国—东盟关系的行为。洪磊强调，中国是维护地区和平稳定的坚定力量，将继续支持和倡导"双轨思路"处理南海问题。希望有关国家与中方相向而行，共同维护地区和平稳定和中国—东盟关系大局。洪磊还指出，中国在南沙的岛礁建设主要用于民事用

---

① 《外媒热议东盟峰会声明 中方坚决反对含沙射影》，环球网，2015年4月28日，http://mil.huanqiu.com/observation/2015-04/6292296.html。

② Louis Bacani, PNoy to ASEAN: China reclamation threatens regional security, Philstar.com, April 27, 2015, http://www.philstar.com/headlines/2015/04/27/1448461/pnoy-asean-china-reclamation-threatens-regional-security.

③ 《李总理：若处理不妥当 南海填海发展或引发冲突》，[新加坡]《联合早报》网，2015年4月28日，http://www.zaobao.com.sg/sea/politic/story20150428—473397。

④ Chairman's Statement of the 26th ASEAN Summit, Kuala Lumpur & Langkawi, April 27, 2015, http://www.asean.org/images/2015/april/26th_asean_summit/Chairman%20Statement%2026th%20ASEAN%20Summit_final.pdf.

第三章　南海问题国际舆论"双线索、多热点"特征分析

途,将有利于维护南海的航行安全、生态保护和渔业活动安全。岛礁建设完成以后,将在这些方面发挥重要作用,使地区各国受益。① 对于菲律宾指责中国在南沙岛礁建设"损坏了当地珊瑚礁"的言论,洪磊则表示,中方在自己岛礁上进行建设,比其他任何人都更关心和重视岛礁生态保护。需要指出的是,中方岛礁建设经过了多年的科学评估和严谨论证,有严格的环保标准和要求,不会对南海的生态环境造成破坏。菲方所谓中方岛礁建设给菲方造成"损失"的说法毫无道理。②

同时,中国外交部发言人又详细揭露了菲律宾、越南等个别东盟国家长期以来,在其非法侵占的中国南沙岛礁上大兴土木,非法进行大规模填海造地,修建机场等固定设施,甚至部署导弹等进攻性武器的行为。例如菲律宾在中国南沙中业岛修建机场并进行扩建,还在该岛建设码头等设施。菲还在中业岛、马欢岛和费信岛等岛礁建设所谓的旅游设施。同时,菲企图对在仁爱礁非法坐滩的军舰进行加固以侵占该礁。越南在中国南沙20多个岛礁实施大规模填海造地,并同步建设了港池、跑道、导弹阵地、办公楼、营房、宾馆、灯塔等大批固定设施。越南还在万安滩、西卫滩、李准滩、奥南暗沙等建设多座高脚屋和直升机平台等设施。中国对上述非法活动表示严重关切和坚决反对,要求有关国家立即停止一切侵犯中国主权和权益的言行。③

对于东盟峰会因为菲律宾等国的炒作而批评中国南海岛礁建设的行为,美国国务院发言人杰夫·拉特克(Jeff Rathke)在例行记者会上则对声明表示了欢迎,认为声明提供了一个"清楚、具有说服力"的信息,在南海造地"损害"了信任和信心,美方也有相同的担忧,同时也欢迎东盟对行为准则谈判的呼吁,认为有效的行为准则能够降低在南海由领土和海事争端引起的紧张情况。④ 新加坡《联合早报》则在社论中对东盟的声明表示了担忧,认为东盟个别成员国在南海与中国的主权争议,可能带来东盟集体目标失焦的忧虑,建议东盟本身要慎防因个别成员国的国家利益而

---

① 2015年4月27日外交部发言人洪磊主持例行记者会,中国外交部网站,http://www.fmprc.gov.cn/web/fyrbt_673021/jzhsl_673025/t1258197.shtml。
② 2015年4月28日外交部发言人洪磊主持例行记者会,中国外交部网站,http://www.fmprc.gov.cn/web/fyrbt_673021/jzhsl_673025/t1258820.shtml。
③ 2015年4月29日外交部发言人洪磊主持例行记者会,中国外交部网站,http://www.fmprc.gov.cn/web/fyrbt_673021/jzhsl_673025/t1259195.shtml。
④ Jeff Rathke, U.S. Department of State Daily Press Briefing, May 1, 2015, http://www.state.gov/r/pa/prs/dpb/2015/05/241412.htm.

模糊了东盟走向一体化的集体利益。①

（二）东亚合作系列外长会

8月4日到6日，一年一度的东亚合作系列外长会在马来西亚吉隆坡举行，会议主要包括东盟外长会议、东盟地区论坛外长会、东盟"10+1"外长会等。东盟地区论坛外长会的官方议程并未包括南海问题，但鉴于当时南海紧张局势加剧，外界一直预期该问题有很大可能在会上讨论。对此，中国外交部副部长刘振民在会议前一天表示，东盟外长会上如果就南海问题进行谈判、磋商"很不合适"。刘振民专门指出，如果美国在东盟地区论坛上提出要讨论南海问题，中方毫无疑问将反对，且中方希望美国不会提出此要求。同一天，中国外长王毅在新加坡举行的记者会上表示，中方一贯认为，多边论坛不是讨论具体争议，尤其是领土争议的合适场所。王毅强调，中方在南海问题上将奉行"五个坚持"，即坚持维护南海的和平稳定，坚持通过谈判协商和平解决争议，坚持通过规则机制管控好分歧，坚持维护南海的航行和飞越自由，坚持通过合作实现互利共赢。②

虽然会议的正式议程并不包括南海问题，中国在会前也已经严正表明了不支持在东盟系列会议上讨论南海问题的立场，但作为区域安全热点议题的南海纷争还是成为会议上各方讨论的重要话题之一。会议开始前一天，美国国务院副发言人马克·托纳（Mark C. Toner）就表示，"我们可以有把握地说，南海形势的发展是地区安全的一个重要层面，所以该问题有可能基于这个前提而在东盟地区论坛及相关会议中被提出讨论。"③

美国国务卿克里在讲话中高调指责中国"欺负"南海周边小国，还指责中国在人造岛礁上修建可用于"军事用途"的设施，敦促所有南海争议岛礁声索国不要进一步从事填海造岛工程或将有关设施军事化。④ 菲律宾外长罗萨里奥则攻击中国的南海政策，鼓吹针对中国的"仲裁案"，指责中国在南海的岛礁建设"破坏和平、安全与稳定"。他称："正如我们所说，我们没看到我们的北方邻居在南海减少单方面和侵略性的行为。"罗萨里奥表示全力支持美国提出的"三停"政策，即停止填海、停止设施建设和停止具有威胁性行动，以便能实现和平解决争端。日本外相则支持菲

---

① 《社论：亚细安须克服新挑战》，[新加坡]《联合早报》网，2015年4月28日，http://www.zaobao.com/forum/editorial/story20150428—473645。

② 《东盟外长会不适合讨论南海》，《东方早报》，2015年8月4日第A12版。

③ Mark C. Toner, U. S. Department of State Daily Press Briefing, August 3, 2015, http://www.state.gov/r/pa/prs/dpb/2015/08/245625.htm.

④ Matthew Lee, "US proposes halt to provocative South China Sea activities", Associated Press Online. August 6, 2015.

律宾,并称所有人造岛礁都不能产生合法权益。

中国外交部长王毅在会议期间提出"维护南海和平稳定三点倡议",即南海地区国家承诺全面有效完整落实《南海各方行为宣言》,加快"南海行为准则"磋商,积极探讨"海上风险管控预防性措施";域外国家承诺支持地区国家上述努力,不采取导致地区局势紧张和复杂化的行动;各国承诺依据国际法行使和维护在南海享有的航行和飞越自由。[1] 同时,会议期间,王毅与美国国务卿克里举行了会谈,王毅表示,中方始终致力于与有关国家通过协商谈判和平解决争议,域外国家应该尊重中国与东盟国家做出的努力。克里表示,美方关心南海局势,但不介入具体争议。美方支持中方与有关当事国通过和平谈判解决南海争端。[2]

针对美国、菲律宾、日本等国联合在东盟地区论坛系列会议上炒作南海问题,特别是无理指责中国南海岛礁建设的言论,王毅外长在会议上全面阐明了中方立场,表示南海局势总体是稳定的,并不存在发生重大冲突的可能。因此,中方反对任何夸大分歧、渲染对立、制造紧张的非建设性言行,这完全不符合实际情况。王毅还有针对性地揭露了菲律宾侵占中国南海岛礁的事实,批驳了美国的冻结计划不具有可操作性,指出中国和东盟各国应该通过全面落实DOC、有序地进行COC磋商并以"双轨思路"解决南海问题。[3]

对于东盟外长会议联合公报的内容,菲律宾和越南要求将针对中国的强硬言辞写入共同声明,但遭到参加此次东盟外长会议的部分其他国家的反对。新加坡外长尚穆根也证实,东盟国家会议迟未发表联合公报,原因是成员国在如何对待南海问题上发生了争吵,东盟国家不能达成共识。[4]

同4月份的东盟峰会的主席声明类似,此次8月4日发表的第48届东盟外长会议的联合公报中,再次以注意到相关国家担忧的形式展现了东盟部分国家对中国南海岛礁建设的担忧。联合公报中称东盟各国外交部长们广泛讨论了与南海有关的问题,对南海最近以及正在发生的事情仍然感到严重担忧。同时,东盟各国外交部长注意到一些部长对南海岛礁建设表达

---

[1] 《王毅提出"维护南海和平稳定三点倡议"》,新华网,2015年8月5日,http://news.xinhuanet.com/world/2015-08/05/c_1116158507.htm。

[2] 《第48届东盟外长会:王毅阐述中国立场传承亚洲经验》,人民网,2015年8月7日,http://world.people.com.cn/n/2015/0807/c1002-27427444.html。

[3] 《王毅在东盟地区论坛上谈南海问题》,中国外交部网站,2015年8月6日,http://www.fmprc.gov.cn/web/zyxw/t1286976.shtml。

[4] 《克里要中国停止南海挑衅 直接挑战中国》,环球网,2015年8月7日,http://mil.huanqiu.com/observation/2015-08/7214886.html。

了严重的担忧，岛礁建设损害了信任和信心，增加了紧张局势，可能破坏南海的和平、安全与稳定。①

除此之外，东盟外长会议的联合公报还重申了维护南海和平、安全、稳定、航行与飞越自由的重要性，强调所有各方需要确保全面有效地把DOC作为一个整体进行落实，包括构建、维护、提高互信与信心；在可能使争端复杂化或使争端升级的行为上自我克制；不使用或威胁使用武力；有关各方依据公认的包括《联合国海洋法公约》在内的国际法解决分歧和争端。对于中国与东盟国家在COC谈判上取得的进展，联合公报特别提到欢迎第九次落实DOC高官会议的成果，他们同意进入下一个谈判阶段，对COC的框架、结构、要素，以及处理与COC相关的关键的、困难的、复杂的问题进行谈判。但也强调迅速达成一个有效的COC的重要性。②

对于东盟外长会议联合公报中涉及南海问题，中国外交部发言人强调，中方始终致力于同直接有关的当事国在尊重历史事实的基础上，根据国际法，通过谈判协商解决有关海上争议，始终致力于与东盟国家共同维护南海的和平稳定。中方愿与东盟国家一道，凝聚共识，深化合作，管控分歧，努力将南海建设成为和平之海、友谊之海、合作之海。③

（三）东盟防长扩大会议

东盟防长扩大会议是"10+8"模式，包括东盟十国和中、美、日、俄、新、澳、韩、印。原则上联合宣言需要大家都同意，一方不同意就不能发表。此前2010年、2013年两届东盟防长扩大会都发表了联合宣言。2015年已是第三届东盟防长扩大会议，中国国务委员兼国防部长常万全出席了此次会议。

11月4日，为期一天的第三届东盟防长扩大会议（"10+8"防长会）在马来西亚正式举行。常万全出席会议并与各国防务部门领导人就国际和地区防务安全等问题交换了意见。美国、日本、菲律宾等国先后在演讲中提及南海问题，强调"南海的航行自由"，并为美国派军舰进入南海巡航提供辩护。针对上述言论，常万全在会议发言中指出，中方主张有关国家

---

① Joint Communique 48th ASEAN Foreign Ministers Meeting, Kuala Lumpur, Malaysia, 4th August 2015, http://www.asean.org/storage/images/2015/August/48th_amm/JOINT%20COMMUNIQUE%20OF%20THE%2048TH%20AMM-FINAL.pdf.

② Joint Communique 48th ASEAN Foreign Ministers Meeting, Kuala Lumpur, Malaysia, 4th August 2015, http://www.asean.org/storage/images/2015/August/48th_amm/JOINT%20COMMUNIQUE%20OF%20THE%2048TH%20AMM-FINAL.pdf.

③《外交部发言人华春莹就第48届东盟外长会联合公报答记者问》，中国外交部网站，2015年8月7日，http://www.fmprc.gov.cn/web/fyrbt_673021/dhdw_673027/t1287227.shtml.

共同妥善处理争议、管控风险,为地区共同发展繁荣营造良好环境。常万全对美派军舰擅自进入中国南沙群岛有关岛礁邻近海域表示坚决反对,敦促美方切实尊重中国的国家主权和安全关切,多做有利于增进互信和地区和平稳定的事情。针对少数国家在会议中渲染南海航行自由问题,常万全回应强调:第一,南海航行自由没有任何问题。第二,既然没有问题,就不应成为炒作的话题,更不能成为挑衅的借口。第三,中国不仅不会做任何影响南海航行自由的事,而且已经提供了导航助航等公共安全产品使各国船只更加安全。第四,中方一向尊重并维护各国依据国际法在南海和世界各地享有的航行和飞越自由。第五,和平、发展、合作、共赢已是时代潮流,希望各有关方面顺大势、讲大义、行大道,真正为维护地区和平稳定与发展繁荣发挥建设性作用。①

在会议期间,常万全专门会见了美国国防部长阿什顿·卡特。常万全向卡特指出,近日美军舰擅自进入中国南沙群岛有关岛礁邻近海域,威胁中国主权和安全利益,危及地区和平稳定,中方坚决反对。南海航行自由从来不存在问题,任何国家都不能借航行自由之名,行侵害他国利益之实。卡特则表示,美方对南海岛礁领土归属不持任何立场,但希望各方落实《南海各方行为宣言》和相关国际法规则,停止填海造地,通过和平谈判协商解决问题。美国将继续坚持长期奉行的原则,依照国际法享有航行和飞越自由,包括在北极等全球各地区都适用。②

本届东盟防长扩大会议的一个关注点是是否在会议的联合声明中提及南海问题。中国反对在东盟防长扩大会议的联合声明中提及南海问题。会议主办国马来西亚起草的声明中并没有提及南海,而是聚焦恐怖主义和地区安全合作。但美国、日本等国却推动在会议声明中纳入"南海"和"航行自由"等表述。其内容是将中国在南海持续推进的填海造地特定为安全保障方面的"威胁"、国际社会支持美国军舰在中国主张为领海的海域航行。美国国防部官员称,"我们和其他有类似想法的国家一样,认为应当将南海内容包括其中,但有些东盟成员想法不同"。一位美国高级代表明确表示,如果不提南海和"南海行为准则",美国便不会在联合宣言上签字。这一举动表明,美国显然是决心把东盟防长扩大

---

① 《常万全出席第三届东盟防长扩大会》,中国新闻网,2015年11月4日,http://www.chinanews.com/mil/2015/11—04/7606285.shtml。
② 《常万全会见美国国防部长卡特》,新华网,2015年11月4日,http://news.xinhuanet.com/2015—11/04/c_1117042555.htm。

会政治化。①

　　由于美国、日本等国始终要求在会议声明中加入与南海问题相关的表述，导致本届东盟防长扩大会议未能发表联合声明。随后，中国国防部发表声明称，中方本已就联合宣言内容和马来西亚及其他东盟国家达成共识，但个别域外国家不顾已有共识，企图强行在联合宣言中塞入不属于本会议讨论的内容，完全背离东盟防长扩大会议机制的宗旨原则，损害东盟在机制中的中心地位和主导作用。在此形势下，会议未能如期发表联合宣言，责任完全在于个别域外国家，中方呼吁各方珍惜东盟防长扩大会来之不易的合作氛围。② 美国防长卡特在当天的新闻发布会上被问及"防长会无法达成联合宣言，是否因为美国在南海议题上做得太过火"时表示，原本就没期望各国能在南海议题上达成共识。③ 美国国防部官员也向媒体强调，在美国看来没有宣言比一份避开了中国主权声索和"军事化"南海这一重要事项的宣言要好。④

　　尽管没有联合宣言，但东道国马来西亚国防部长希山慕丁发表了主席声明。主席声明只提到全面落实 DOC 和尽快达成 COC 的重要性，以及呼吁各国建立互信，维护地区和平与稳定。⑤ 希山慕丁在新闻发布会上试图淡化各国在东盟防长扩大会议上的争执，指出签署联合宣言不会解决对南海领土重叠的声索，也不能让南海上的船只离开；沉湎于联合宣言是不能解决实际问题的，我们的关切更加现实；东盟与伙伴国针对部分课题无法达成共识，而不是所有课题，例如在反恐课题、人道援助及赈灾等课题上都表示赞同。希山慕丁强调，不签署联合宣言并不构成任何问题，因为还

---

　　① 周波：《南海不应成为东盟防长扩大会议题》，《中美聚焦》，2015 年 11 月 25 日，http：//cn.chinausfocus.com/peace-security/20151125/2244.html；《东盟防长会议或被迫放弃发表联合宣言》，日经中文网，2015 年 11 月 4 日，http：//cn.nikkei.com/politicsaeconomy/politicsasociety/16804—20151104.html。

　　② 《国防部新闻事务局就东盟防长扩大会未能发表〈联合宣言〉答记者问》，国防部网站，2015 年 11 月 4 日，http：//news.mod.gov.cn/headlines/2015—11/04/content_4627184.htm。

　　③ Media Availability with Secretary Carter at the ASEAN Defense Ministers-Plus Meeting in Kuala Lumpur, Malaysia, U. S. Department of Defense, November 4, 2015, http：//www.defense.gov/News/News-Transcripts/Transcript-View/Article/627598/media-availability-with-secretary-carter-at-the-asean-defense-ministers-plus-me.

　　④ 《东盟防长会无联合宣言 美：比不提南海好 中：域外国家破坏》，《南华早报》中文网，2015 年 11 月 4 日，http：//www.nanzao.com/sc/national/150d0cd24d13b01/dong-meng-fang-chang-hui-wu-lian-he-xuan-yan-mei-bi-bu-ti-nan-hai-hao-zhong-yu-wai-guo-jia-po-huai。

　　⑤ Chairman's Statement of the 3rd ASEAN Defence Minister's Meeting-Plus, Kuala Lumpur, November 4, 2015, http：//www.asean.org/images/2015/November/statement/Chairmans%20Statement%20of%20the%203rd%20ADMM-Plus.pdf.

第三章 南海问题国际舆论"双线索、多热点"特征分析

有其他管道可以解决东盟相关问题,其中包括即将举行的东盟政治安全共同体委员会及东盟协调委员会。①

有国际舆论认为,中国成功阻止了东盟防长扩大会通过旨在强调"航行自由"重要性的联合宣言,也避免形成日美主导的对华包围网,这说明中国周密地"拉拢"东盟的政策奏效。② 美国防长卡特则在东盟防长扩大会议后即与马来西亚国防部长一起登上正在南海附近航行的"罗斯福"号航空母舰,再次对外宣示美国要保障"航行自由"。③

(四)下半年的东盟峰会和东亚峰会

东盟是东亚峰会(East Asia Summit, EAS)的领导者,东亚峰会一般在东盟峰会之后举行。东亚峰会首次会议举办于2005年。虽然各方都倡议每年举办一次,但因各种原因,有的年份并没有举办。截止到2015年底,东亚峰会已举办十届。东亚峰会的参加人员一般为各国政府首脑,但参与国并不仅限于东亚地区,美国、印度、澳大利亚、新西兰等国也参与其中。美国于2011年首次参加东亚峰会。2015年11月21日至22日,东盟先后组织召开了东盟峰会、中国—东盟领导人会议(10+1)、东盟与中日韩领导人会议(10+3)和东亚峰会(10+8)等共计十场峰会,东盟峰会主题为"我们的人民,我们的共同体,我们的愿景"。

在11月份的东盟系列会议期间,菲律宾依然站在了炒作南海问题的最前沿。时任菲律宾总统阿基诺三世继续在东盟内部炒作"中国对东盟的威胁",试图引起东盟各国对中国强大实力的"担忧"。阿基诺三世宣称,全世界都在审视中国是否会在南海争端问题上表现得像一个负责任的大国。针对中国在南海合法的岛礁建设,阿基诺三世声称,中国的岛礁建设完全无视国际法,并声称中方的主权要求使得菲律宾方面无法再进入"本国的专属经济区"。④

但东盟大多数国家在南海问题上表达了相对客观中立的立场。新加坡在2015年成为新的东盟—中国关系协调国,新加坡总理李显龙在东盟峰会系列会议上表示,东盟成员国向来欢迎中国扮演积极角色,同时重申双方

---

① 《东盟防长扩大会议难达共识 不签署联合宣言》,光华网,2015年11月5日,http://www.kwongwah.com.my/? p=41934。

② 《东盟防长会议无联合宣言 外媒:中方破解美对华包围圈》,《参考消息》网,2015年11月4日,http://news.xinhuanet.com/2015-11/04/c_1117042555.htm。

③ 《美防长卡特在南海马来西亚附近登上"罗斯福"号航母 中方回应》,观察者网,2015年11月5日,http://www.guancha.cn/Neighbors/2015_11_05_340220.shtml,登录时间:2015年11月17日。

④ Aquino says "world is watching" Beijing in South China Sea island row, The Japan Times, November 22, 2015, http://www.japantimes.co.jp/news/2015/11/22/asia-pacific/aquino-says-world-watching-beijing-south-china-sea-island-row/#.VsWc24e1E7E。

是战略性的伙伴关系，不应该被单一课题蒙上阴影。他呼吁全面有效落实 DOC，并期待就 COC 的框架和内容进行充实讨论以便及早制定该准则。① 印尼总统佐科则表示，各方应努力降低南海领土主权争议造成的紧张关系，并停止造成南海区域紧张的活动。佐科呼吁每个涉及南海议题的国家应该尊重国际法，各国应加速完成并落实"南海行为准则"。② 柬埔寨首相洪森就南海的主权问题表示，最理想的情况是交由当事国自行解决，强调了"局外者"的立场。他表示东盟无法决定当事国的国境线，强调东盟的作用有限。③

在 11 月 21 日的第 27 届东盟峰会主席声明中，东盟领导人重申维护南海和平、稳定、安全以及航行与飞越自由的重要性，并表示认同一些领导人对南海不断增加的军事装备和据点进一步军事化可能性的担忧，敦促所有各方确保和平、安全与稳定的持续。④

美国和日本试图鼓动东盟各国认识到中国在南海地区的"威胁"。美国总统奥巴马在与东盟十国领导人举行的会议上表示："许多国家领导人强调了南海地区的航行、飞越自由及和平解决争议等国际准则的重要性。美国正在加大对菲律宾及其他区域内盟友的海上能力建设支持力度。为了促进南海地区的稳定，各声索国应当停止在南海地区的填海、新建工程及将南海问题军事化。"⑤ 日本首相安倍晋三也就南海问题发表言论。安倍表示："目前南海地区还有以建立军事基地为目的的大规模、快速的填海工程正在进行。我对改变南海问题现状的举动十分关注。"⑥ 对于中国国家主席习近平不久前访美期间有关中方无意把南海岛礁军事化的发言，安倍表

---

① 《李显龙作出南海承诺 新加坡帮中国支招》，多维新闻网，2015 年 11 月 22 日，http://global.dwnews.com/news/2015—11—22/59697510.html。

② 《东盟峰会开幕 印尼总统只字未提九段线》，多维新闻网，2015 年 11 月 21 日，http://global.dwnews.com/news/2015—11—21/59697483.html。

③ 《东盟国家强调局外人立场 拒做反华棋子》，《参考消息》网，2015 年 11 月 24 日，http://www.cankaoxiaoxi.com/china/20151124/1006425.shtml。

④ Chairman's Statement of the 27th ASEAN Summit, Kuala Lumpur, November 21, 2015, http://www.asean.org/storage/2015/12/Final-Chairmans-Statement-of-27th-ASEAN-Summit-25-November-2015.pdf.

⑤ Ben Bland in Kuala Lumpur, China and US clash over South China Sea, Financial Times, November 22, 2015, http://www.ft.com/cms/s/0/59156934-9108-11e5-bd82-c1fb87bef7af.html#axzz40VOrqKdU.

⑥ Ben Bland in Kuala Lumpur, China and US clash over South China Sea, Financial Times, November 22, 2015, http://www.ft.com/cms/s/0/59156934-9108-11e5-bd82-c1fb87bef7af.html#axzz40VOrqKdU.

第三章 南海问题国际舆论"双线索、多热点"特征分析

示,话语必须伴有具体的行动。① 东盟各国与美国总统奥巴马举行了领导人会议。主席声明中写入了"确认在南海确保包括飞行在内的航行自由的重要性"的内容,但没有提到中国和人工岛。但是,奥巴马对修建人工岛的中国提出批评说:"应当停止填海和修建军事据点。"② 奥巴马在与马来西亚总理纳吉布会谈后的记者会上强调南海问题是全体东盟成员国的问题。③

在11月22日举行的东亚峰会上,中国总理李克强为了响应此次峰会的主要议题,就可持续增长和金融稳定、地区安全政策和倡议等提出了三点看法:首先,加快推进地区经济一体化,把东亚打造成世界经济的稳定增长极;其次,积极开展政治安全对话,探讨建立适合本地区的安全架构;第三,加强亚洲文明对话交流,促进不同文明和谐共生。④

针对国际社会关注的中国南海岛礁建设,李克强强调,中国在南沙群岛的有关设施建设,主要是民事功能,有助于中国更好地履行国际责任和义务,有助于为各国船只提供更多的公共服务,包括应对海上灾难。有关建设活动不针对、不影响任何国家,也无意搞军事化。⑤

最后,李克强就各国共同维护南海和平稳定提出五点倡议,包括各国承诺遵守《联合国宪章》的宗旨和原则,捍卫二战成果和战后秩序,珍惜来之不易的和平,共同维护国际和地区包括南海地区的和平与稳定;直接有关的主权国家承诺根据公认的国际法原则,包括1982年《联合国海洋法公约》,通过友好磋商和谈判,以和平方式解决领土和管辖权争议;中国和东盟国家承诺全面有效完整落实《南海各方行为宣言》,加快"南海行为准则"磋商,在协商一致的基础上尽早达成"准则",并采取措施不断完善地区互信合作机制建设;域外国家承诺尊重和支持地区国家维护南海和平稳定的努力,发挥积极和建设性的作用,不采取导致地区局势紧张

---

① Abe raises South China Sea dispute at ASEAN, The Japan Times, November 22, 2015, http://www.japantimes.co.jp/news/2015/11/22/national/politics-diplomacy/china-u-s-set-clash-south-china-sea-asean-summit/#.VsWbCoe1E7E.

② Obama urges halt to artificial islands in South China Sea, Reuters, November 21, 2015, http://www.reuters.com/article/us-asean-summit-idUSKCN0TA05S20151121.

③ Remarks by President Obama and Prime Minister Najib of Malaysia After Bilateral Meeting, Kuala Lumpur, Malaysia, November 20, 2015, https://www.whitehouse.gov/the-press-office/2015/11/20/remarks-president-obama-and-prime-minister-najib-malaysia-after.

④ 《李克强在第十届东亚峰会上的发言》,新华网,2015年11月23日,http://news.xinhuanet.com/world/2015—11/23/c_1117235852.htm。

⑤ 《李克强在第十届东亚峰会上的发言》,新华网,2015年11月23日,http://news.xinhuanet.com/world/2015—11/23/c_1117235852.htm。

的行动；各国承诺依据国际法行使和维护在南海享有的航行和飞越自由。①

在11月22日发布的第10届东亚峰会主席声明中，声明的内容没有强调统一的立场。可以看出，在各方的压力下，对中国、美国、菲律宾等国立场的照顾，以最大限度地确保主席声明能够顺利发布而不至于引发一些国家的反对。对于美国、菲律宾等国对中国南海岛礁建设的炒作，主席声明提到，参会的领导人注意到一些领导人对本地区最近以及正在发生的事情表达了严重担忧，这些事情损害了各方互信，可能破坏本地区的和平、安全与稳定。②

对于中国在维护南海稳定上的努力，主席声明表示：欢迎中国国家主席习近平在访问美国时对不寻求南海军事化的承诺，并注意到第10次落实DOC的高官会议和第15次联合工作组会在2015年10月19—20日的成果；对于最近东盟成员国与中国同意进入COC磋商下一个阶段的共识，我们深感鼓舞，并期待尽早达成一份有效的COC。③ 在南海问题的一般原则问题上，主席声明还重申了东盟成员国与中国确保全面有效落实DOC的承诺：建立、维护、提升互信；在行为上自我克制；不寻求使用威胁或者武力；相关国家通过和平手段依据包括《联合国海洋法公约》在内的国际法解决争端。④

在东亚峰会结束的当天下午，中国外交部副部长刘振民就南海问题接受了中外记者的采访。针对"南海行为准则"问题，刘振民表示，两年来，"准则"磋商取得了很多积极进展，各方就有关共识文件和设立搜救热线等早期收获项目达成一致。特别是不久前在成都举行的高官会上，各方讨论并形成了"重要和复杂问题清单"和"'准则'框架要素清单"两份文件，标志着"准则"磋商进入了新阶段，为未来讨论制定"准则"打下了良好基础。针对美菲等国炒作中国的岛礁建设"军事化"的行为，刘振民强调，中国在南沙群岛自己的岛礁上进行扩建工程，合法、合理、合

---

① 《李克强在第十届东亚峰会上提出南海问题五点倡议》，"国际在线"，2015年11月22日，http://gb.cri.cn/42071/2015/11/22/6891s5173683.htm。
② Chairman's Statement of the 10th East Asia Summit, Kuala Lumpur, 22 November 2015, http://www.asean.org/storage/images/2015/November/10th-EAS-Outcome/Chairmans%20Statement%20of%20the%2010th%20East%20Asia%20Summit%20Final.pdf.
③ Chairman's Statement of the 10th East Asia Summit, Kuala Lumpur, 22 November 2015, http://www.asean.org/storage/images/2015/November/10th-EAS-Outcome/Chairmans%20Statement%20of%20the%2010th%20East%20Asia%20Summit%20Final.pdf.
④ Chairman's Statement of the 10th East Asia Summit, Kuala Lumpur, 22 November 2015, http://www.asean.org/storage/images/2015/November/10th-EAS-Outcome/Chairmans%20Statement%20of%20the%2010th%20East%20Asia%20Summit%20Final.pdf.

第三章 南海问题国际舆论"双线索、多热点"特征分析

情,也是迫不得已的事。中国的南沙岛礁建设导致了南海"军事化"的观点是个伪命题。中方坚决反对南海"军事化"。当前一些域外大国高调派军舰和军机来到南海,行使所谓"航行和飞越自由",或加强与地区国家的军事合作,反而加剧了南海的"军事化"趋势。①

马来西亚作为 2015 年的轮值主席国,为维护东盟的团结以及南海地区的和平与稳定付出了努力。马来西亚总理纳吉布在 11 月 22 日的系列会议闭幕致辞中表示,"针对南海问题的讨论,东亚峰会各与会国达成共识,一致认为南海问题必须要以保证不升级紧张局势的方式进行处理,同时依据相关国际法,确保《南海各方行为宣言》的原则,尽快达成'南海行为准则',会上我们讨论到的另一个需要遵守的原则是确保本地区海域航行和飞越安全。"② 对于马来西亚作为东盟系列会议的轮值主席国发表的多份主席声明,中国外交部发言人表示,声明的基调是积极的,展示了各国致力于加强地区合作、共同应对挑战的政治意愿,并就下一步各领域合作进行规划。中方愿同各方一道为维护南海的和平与稳定做出不懈努力,促进本地区国家的共同发展与繁荣。③

2015 年,南海问题在东盟系列会议上被屡次提及,东盟内部在南海问题上的分歧也得到更为明显的展现。美国、菲律宾、越南、日本等国不顾东盟的团结,试图迫使东盟整体为它们的利益背书,可能削弱东盟的统一性。一方面,东盟政治、经济一体化的程度在不断加强,越来越多的成员国对内部协商一致原则以及以一个整体的力量提高东盟在地区的影响力有认同感。这既表现在东盟每年在地区性的各类会议上通过的涉及南海的一系列公报,也表现在像印尼、新加坡这些非声索国为解决南海问题所付出的努力。面向未来,南海周边国家以合作的方式和"大国平衡"政策等方式避免矛盾,东盟共同体的建立将进一步拉近各国在南海问题上的立场。另一方面,东盟各国在南海问题上并不是完全一致,这种内部不一致的状况产生了东盟作为一个整体相对温和的南海政策。然而,需要特别说明的是,这种对相关"普世"原则的不断重复在某种程度上界定了一种务虚却具有"普世价值"的舆论氛围。这种舆论氛围在南海问题国际舆论发展的过程中成为检验各国南海政策国际合法性与合理性的参照体系。

---

① 《外交部副部长刘振民在东亚合作领导人系列会议期间就南海问题答记者问》,中国外交部网站,2015 年 11 月 25 日,http://www.fmprc.gov.cn/web/wjbxw_673019/t1318352.shtml。
② 《第 27 届东盟峰会及系列领导人会议闭幕》,"国际在线",2015 年 11 月 23 日,http://gb.cri.cn/42071/2015/11/23/6611s5174099.htm。
③ 《2015 年 11 月 23 日外交部发言人洪磊主持例行记者会》,中国外交部网站,http://www.fmprc.gov.cn/web/fyrbt_673021/jzhsl_673025/t1317467.shtml。

结　语

2015年南海问题国际舆论沿着中国南海筑岛和"南海仲裁案"两条基本线向后延展,中间经历了香格里拉对话、东盟系列会议、美国"军事化"中国筑岛行动、南海仲裁管辖权的裁定等多个国际舆论引爆点,维持和持续推动了南海问题国际舆论的热点状态。

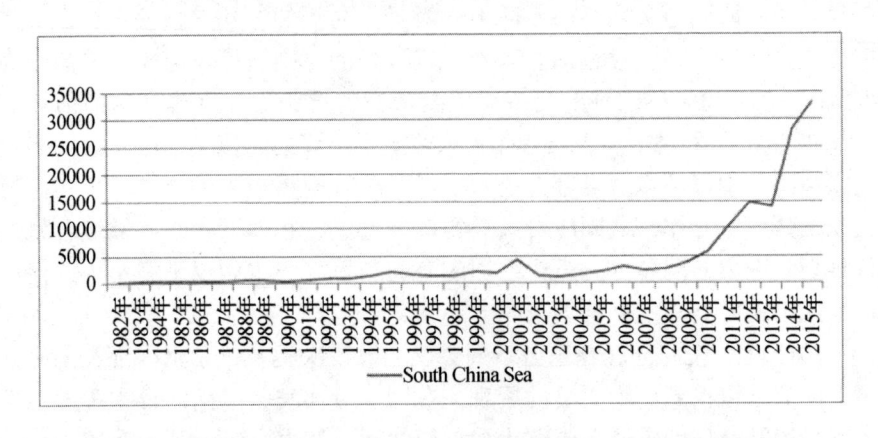

图3—19　1982年至2015年国际新闻媒体涉南海问题报道数量分布①

从南海问题国际舆论发展形势的历史趋势上看,2015年南海问题国际舆论的发展态势达到历年来的顶峰。在"双线多爆点"结构的综合运转下,作为国际热点的南海问题将在国际舆论中持续产生效应。

中国南沙岛礁建设和"南海仲裁案"的国际舆论动态线仍将在未来延展开来。在中国已经结束南沙岛礁吹填工程的背景下,"拉森"号事件发生后,国际社会对中国南沙岛礁建设的讨论将在"南沙岛礁的国际法属性"这一范围内继续深化。同时,围绕着临时仲裁法庭的相关程序进展以及"南海仲裁案"国际舆论动态线的持续发酵,中国南沙岛礁建设的国际舆论将与"南海仲裁案"国际舆论紧密联系起来。

而国际新闻媒体也将持续关注中国在之后的相关动作,南海问题国际舆论中的"南海航行自由"议题将继续伴随其中。无论美国是否继续实施"航行自由行动","南海航行自由"议题都将成为美、日、澳等域外大国

---

① 在LexisNexis新闻数据库中进行检索,检索的时间区间为:01/01/1982—12/31/2015;检索一级词条为South China Sea,得出相关数据。

介入南海问题的关键话语筹码，其介入程度深浅将成为"南海航行自由"议题未来发展的重要影响因素。至于"南海军事化"议题，其在南海问题国际舆论中的发酵已不再仅仅局限于其"话语"本身，而在"拉森"号事件对整个南海问题国际舆论的建构过程中，中国所采取的任何动作都将被置于国际舆论中的"传统安全"框架之下。因而，"南海军事化"将成为2016年南海问题国际舆论发展形势中的重要议题。

这一舆论趋势与美国"亚洲再平衡"战略对中国南海地缘政治能力的反对和压制有关，与美国以"巧实力"撬动中国周边国家与中国稳定关系有关，也与美国以所谓"国际法原则"确立其亚太国际秩序主导权而刻意塑造中国与国际法秩序的对立形象有关。面向未来，中国不可能停止岛礁建设的后续工作，不可能在南海仲裁问题上做根本性的政策改变，也不可能任由周边国家、南海域外国家持续在南海地区向中国施压而无所作为。中国未来的相关举措无疑会成为美国、日本、印度、东盟相关国家继续为南海问题制造国际舆论，破坏中国国际形象，否定中国南海主张合理性、合法性的炒作对象。从而，南海问题无疑会在未来仍旧成为国际热点问题，而其相关的炒作热点也无疑仍旧围绕几个核心问题展开。这种持续的热度和核心问题的固定化将为中国在恰当的时候，以恰当的方法，发起全方位的舆论反击战留下机遇。

第四章

十八大以来的中国南海政策*

2012年11月，中国共产党第十八次代表大会（以下简称"十八大"）选举产生了新一届中央领导集体，中国的发展开始迈入"新常态"时代。与此同时，中国的周边安全环境也在多种力量的对抗与重构下呈现出纷繁复杂、冲突频发的局面。尤其是新一轮的南海争端中，声索国加大对南海的管控力度，域外大国强势插手南海事务，本不是当事方的东盟也成了南海争端的角力场，这给中国带来了新一轮的多重考验。然而在新一届中央领导集体的带领下，中国政府积极应对，多管齐下，在继承传统外交方式的基础上，采取了一系列有针对性的措施，既维护了国家权益，又及时化解了同相关国家的冲突，再次树立了中国和平发展、勇于担当的大国形象。

第一节　十八大以来的中国南海面临的安全形势分析

为何选择十八大作为研究的起点？主要是基于以下几方面因素的考量：首先，2013年，奥巴马第二个任期开始，不再寻求连任的目标，其在对中国的外交政策上与上一任期有所调整；其次，2012年，在东盟地区论坛中，因南海问题的分歧未发表联合声明，这成为东盟成立45年来的首次，给东盟带来了新的挑战；第三，也是最主要的，就是十八大之后，中国新一届领导集体在继承往届政府战略决策的基础上，对南海政策有了新的调整，呈现了从"有所作为"到"积极有为"的特点。中、美以及东盟三个影响南海局势的重要因素中，都在十八大前后出现新的变化，因此，将该点作为本章研究的起点，以便于分析研究。

十八大以来，菲律宾、越南等国持续在南海制造事端，希望以此来巩固其国内法律，如《越南海洋法》与菲律宾所谓的"领海基线法"等。

一、当事国加强了对南海权益的声索

十八大以来，越南逐步减少同中国在南海的公开对峙，但是在争取南

---

* 杨珍奇，中央党校国际战略研究院2015级博士研究生。

第四章 十八大以来的中国南海政策

海权益方面并没有丝毫让步,这种策略的变化与两国关系发展的大局有着密切的关系。随着中越两国领导人的互访以及一系列协议的签订,中越能够在南海问题上进行有效的沟通,保持理性和克制,不使其影响两国关系的大局和南海的基本稳定。[1] 尽管中越在南海整体上的趋势有所缓和,但是这一其间越南仍然经常在南海制造摩擦,小动作不断,希望以此来巩固其在南海的非法所得利益。

继2012年6月越南通过《越南海洋法》之后,越南在2013年1月25日便宣布成立渔政局,其目的是所谓的"加强和保护捕鱼权和越南的领土主权","渔政局的重点任务是检查、巡逻、监控个人或公司在进行水产资源开发与保护工作时是否遵守越南法律规定。渔政局有权力对在越南海域非法进行捕鱼作业的越南或他国的个人与船只采取罚款或禁止捕捞等措施"。[2] 为了应对南海的紧张局势,越南还计划投入7.56亿美元来提升其在南海的海洋监视能力。[3]

同时,为了显示对南沙主权的"合法性",越南多次举办相关资料的展示活动。2013年1—2月,越南在岘港市举办了大型展览。此次共展出了125本地图册,3本舆图册,以及包括英文、法文、西班牙文等不同文字在内的18—19世纪书籍102本,证明其早在17世纪就开始对西沙和南沙群岛进行"管理"。[4] 同年9月,越南又在顺化举行了相关古地图资料展。此外,越南还多次举办针对南海的学术研讨会,从官员到学者,公开鼓吹越南对南沙主权的合法性,并对中国在南海进行的合法行动进行各种抗议和阻挠。2013年,随着越南国家主席张晋创的访华以及中国政府总理李克强的成功访越,两国在南海创造了一个相对稳定的局面。然而随着"981钻井平台"事件的发生,该稳定局面被再度打破。

2014年5月2日,中国企业所属的981钻井平台在中国西沙群岛毗连区内开展正常钻探活动,遭到越南方面包括武装船只在内的大批船只的干扰,现场冲撞执行安全护航任务的中国政府公务船,还派出越南"蛙人"

---

[1] 《中越联合声明(全文)》,新华网,http://news.xinhuanet.com/2013—06/21/c_116238537.htm。检索日期:2016年3月11日。

[2] 《越南渔政局矛头指向中国》,南海网,http://www.hinews.cn/news/system/2013/01/26/015396327.shtml,检索日期:2016年3月11日。

[3] TUOITRENEWS, Vietnam to spend $756mn developing marine law enforcement forces, JUNE 3, 2014, http://www.talkvietnam.com/2014/06/vietnam-to-spend-756mn-developing-marine-law-enforcement-forces/.

[4] Q&A: South China Sea dispute, 27 October 2015, http://www.bbc.com/news/world-asia-pacific-13748349. 中国的南沙群岛,越南称其为"长沙群岛",中国的西沙群岛,越南称之为"黄沙群岛"。

等水下特工在该海域布放障碍物，非法阻扰中国企业正常作业。截至2014年6月7日17时，"越方现场船只最多时达63艘，冲闯中方警戒区及冲撞中方公务船累计达1416艘次"。① 严重侵犯了中国的主权及中国人民的人身安全，破坏了南海的和平与稳定。

在此期间，越南还组织国内的"律师联盟"和"历史科学协会"发表声明，抗议中国部署钻井平台，认为是"侵犯"了其领土，并向联合国控诉要中国立即撤回该平台。② 2014年1月，越南官方媒体首次制作了西沙海战40周年报道，引起越南国内的强烈反响。③ "981钻井平台事件"的爆发再次激起了越南国内人民的民族主义情绪，一时间，越南多地掀起大规模反华游行，打砸抢烧带有中文标识的企业和商店，给中国，乃至新加坡以及日本的企业带来巨大破坏，④ 至少造成1名中国人死亡，90多人受伤。⑤ 同时，越南号召旅居世界各地的越南人举行示威游行，抗议中国"侵犯"越南"主权"。此后，中越两国关系趋冷。为了修复受损的两国关系，越共中央总书记阮富仲派特使黎鸿英于2014年8月26日访问中国，其向习近平总书记转达了阮富仲及越南国家主席张晋创的口信。10月，双方实现高级代表团互访，达成了包括党、军以及南海方面的三项协议，并签署了《有关设立越中国防部保密直通电话线的技术备忘录》，⑥ 两国关系回暖。同年12月25日，中共中央政治局常委、全国政协主席俞正声访问越南，进一步推动了两国关系向前迈进。之后，越南在南海问题上表现得相对理性很多。为了给国内经济发展创造良好的政治环境，越南缓和了同中国在南海的紧张局势，除了对中国在南海的正常的岛礁建设抗议之外，没有跟随菲律宾挑战中国底线。⑦ 2015年11月5日，习近平受邀访问越南，中越两国发表了联合声明，签署了一系列的合作文件，中越发展进入了新的阶段，中越南海争端进入"冷处理"阶段。

---

① 《"981"钻井平台作业：越南的挑衅和中国的立场》，新华网，http://news.xinhuanet.com/world/2014—06/08/c_126592086.htm，2014年6月8日。

② China, Vietnam Take South China Sea Dispute to UN, 10 June, 2014, http://www.51voa.com/VOA_Special_English/china-vietnam-take-south-china-sea-dispute-to-un-56633.html.

③ Vietnam profile-Timeline, 27 January 2016, http://www.bbc.com/news/world-asia-pacific-16568035.

④ Vietnam anti-China protest: Factories burnt, 14 May 2014, http://www.bbc.com/news/world-asia-27403851.

⑤ Vietnam profile-Timeline, 27 January 2016, http://www.bbc.com/news/world-asia-pacific-16568035.

⑥ 古小松：《中越关系：2014—2015年V字形发展》，《党政研究》，2016年1月，第37页。

⑦ Vietnam-China row over South China Sea plane landing, 3 January 2016, http://www.bbc.com/news/world-asia-35216579.

第四章　十八大以来的中国南海政策

与越南相比，菲律宾在南海的活动更加极端，不断挑衅中国，[1] 抹黑中国形象，损害中国核心利益，挑战中国在南海底线，扮演了一个"麻烦制造者"和"搅局者"的角色。

菲律宾不甘心其在 2012 年制造的"黄岩岛事件"的失败，又在 2013 年 1 月 22 日启动国际仲裁程序，声称将与中国在南海的争端提交国际法庭仲裁。按照国际法以及《联合国海洋法公约》赋予的权利，2013 年 8 月 1 日，中国照会仲裁法院表示不接受菲律宾递交的仲裁，也不参与仲裁程序。[2] 2014 年 3 月 30 日，菲律宾正式向仲裁庭递交诉状书，菲律宾外长德尔·罗萨里奥称"有超过 40 幅地图以及近 4000 页文件证明菲律宾对南海拥有主权"，[3] 并不顾事实地认为已就南海相关海域的管辖权，航海与资源开发权，以及南沙部分岛礁和黄岩岛地位同中国多次交换意见，已经"穷尽了谈判解决的可能性而争端仍未解决"。[4] 此后，菲律宾多次在公开场合抨击中国，指责中国是规则的"破坏者"，把自己打扮成"受害者形象"，混淆国际视听，执意走仲裁程序。[5] 2015 年 11 月，中国外交部长王毅访问菲律宾之际，菲发言人仍表示坚持走仲裁程序，坚称"仲裁是国际法之下普世承认的争端处理机制"，"直到取得合乎逻辑的结果"。[6] 而根据中菲两国元首签订的一系列文件都承诺通过谈判来解决争端，菲律宾拒绝同中国对话，明显违反了国际规范。

紧接着菲律宾又炮制了"仁爱礁事件"。1999 年 5 月 9 日，菲律宾一艘近 70 年船龄的破旧登陆舰以船底漏水为由，坐滩仁爱礁西北侧礁坪，并派士兵轮班进驻。中国政府多次让其拖走该舰，菲律宾以各种借口赖此不走。2013 年 5 月 9 日，菲律宾出动三艘军舰驰往仁爱礁，意欲打桩加固坐滩此处的登陆舰，阻止其下沉，并伺机扩大在仁爱礁的存在。该图谋遭到

---

[1] Bonnie S. Glaser, "SECURITY DIMENSIONS OF CHINA'S RELATIONS WITH SOUTHEAST A-SIA", Testimony before the U. S. – China Economic and Security Commission, May 13, 2015, http://csis.org/files/attachments/ts150513_Glaser_0.pdf. p. 9.

[2] PCA PRESS RELEASE Arbitration between the Republic of the Philippines and the People's Republic of China: Arbitral Tribunal Establishes Rules of Procedure and Initial Timetable, 27 August 2013, http://www.imoa.ph/wp-content/uploads/2013/08/PH-CN-Press-Release-ENG – 20130827.pdf.

[3] Philippines files case to UN in South China Sea dispute, 31 March 2014, http://www.bbc.com/news/world-asia – 26781682.

[4] 吴士存主编：《中菲南海争议 10 问》，时事出版社 2014 年版，第 21 页。

[5] Q&A: South China Sea dispute, 27 October 2015, http://www.bbc.com/news/world-asia-pacific – 13748249.

[6] 《菲律宾外交部：不会撤回南中国海仲裁案》，[新加坡]《联合早报》，2015 年 11 月 12 日，http://www.zaobao.com/wencui/politic/story20151112—548122，检索日期：2016 年 3 月 12 日。

在此海域巡逻的中国船只的阻止而未能得逞。随后菲律宾外交部对中国提出抗议，称仁爱礁是菲律宾"领土"的一部分，中国的行为"侵犯"了菲律宾"主权"，"违反"了国际法和《联合国海洋法公约》。① 菲律宾国防部长加斯明也强调，"没有人会怀疑菲律宾人民誓言保卫领土的决心"，并扬言与中国"战斗到最后一人"。② 为此，时任菲律宾总统阿基诺三世声称将再次投入16亿美元，来提升其海军装备，计划到2017年，将购买2艘新的护卫舰，2架执行反潜任务的直升机，3艘高速巡逻艇以及8架两栖攻击车。③ 在对峙一个月之后，菲律宾完成在仁爱礁的"换防"工作。④ 此后菲律宾加速实施在南沙群岛的飞机跑道等非法建设工程，直到2014年10月，菲律宾为了赢得"南海仲裁"的有利地位，抢占舆论制高点，才宣布暂时搁置其在南海的非法建设，随后又将其建设转入地下。从2014年底开始，菲律宾用渔船和其他小船偷偷运输钢筋、水泥、电缆以及焊接设备到仁爱礁，以加固在此处的坐滩军舰。⑤ 为了提升其在南海的监视巡逻能力，菲律宾不断更新其飞机、船只与海岸监视设施，不仅从法国购买了1架80米长的海岸巡逻船，4架24米长的近海巡逻艇，还向日本购买了10架多功能响应船。⑥ 2016年3月9日，菲律宾总统阿基诺三世表示，将租借日本自卫队的5架TC-50飞机部署在南海。

菲律宾阿基诺三世政府的这种包裹着法律外衣的政治挑衅，就是想通过欺骗的方式来固化其在南海的非法侵占，不但损害了双边关系，同时也加剧了南海的紧张局势。

---

① PH protests presence of Chinese ships in Ayungin Shoal, Philippine Daily Inquirer, May 21st, 2013.

② Christine O. Avendaño, Nikko Dizon, Tarra Quismundo, Gazmin: We'll defend the shoal to the last soldier, http://globalnation.inquirer.net/75509/gazmin-well-defend-the-shoal-to-the-last-soldier/comment-page-6.

③ 《中菲主权争端升级之际 菲律宾斥资23亿元提升军备》，[新加坡]《联合早报》，http://www.zaobao.com/special/report/politic/southchinasea/story20130522—207034，检索日期：2016年3月12日。

④ Jaime Laude, AFP rotates troops in Ayungin, other islets in Kalayaan, June 19, 2013, http://www.philstar.com/headlines/2013/06/19/955829/afp-rotates-troops-ayungin-other-islets-kalayaan。

⑤ 《疑为宣示主权 菲悄悄加固仁爱礁搁浅军舰》，[新加坡]《联合早报》，2015年07月15日，http://www.zaobao.com/sea/politic/story20150715—502994。

⑥ Bonnie S. Glaser, "SECURITY DIMENSIONS OF CHINA'S RELATIONS WITH SOUTHEAST ASIA", Testimony before the U.S.-China Economic and Security Commission, May 13, 2015, http://csis.org/files/attachments/ts150513_Glaser_0.pdf. P10.

二、东盟在南海争端中扮演的角色日益突显

十八大以来，影响南海局势发展的另一个因素就是东盟在南海的角色日益突出。

东盟成立后很长时间以来，对南海问题没有公开发表过意见。1992年，在菲律宾的推动下，东盟在马尼拉发表了《关于南中国海问题的东盟宣言》即《马尼拉宣言》，呼吁通过和平而非武力的方式解决南海主权与管辖权问题。① 以此为标志，东盟开始加大对南海问题的关注，并将该区域看作是后冷战时期东南亚主要的"冲突爆发点"。②

东盟各国签署的《东南亚友好合作条约》中，对于处理领土争端方式有着严格的规定，加上其成员国在南海问题上有着明显的分歧，东盟在处理南海事务时一直保持谨慎的态度，通常是在保证内部团结的基础上，寻求以集体方式同中国对话；当出现不利局面时，便依靠美日等外部力量对中国施压，目的是让中国在东盟设定的框架内解决争端。以往的《南海各方行为宣言》以及关于南海问题的"六项原则"的达成都是按照此种方式进行的。

十八大以来，东盟多次在不同场合对南海问题发表观点，尽管成员国中对南海争端存在很大分歧，但是东盟对南海总体立场一致的趋势是不可避免的。而且随着南海争端区域化、复杂化程度的不断加深，南海问题的"东盟化"现象也不断凸显。主要表现在以下两个方面：

首先，反对南海争端国际化，而主张由东盟主导南海问题。冷战期间，东南亚是大国争夺和博弈的地区，该地区多次发生大规模的战争与冲突，给东南亚人民带来深深的恐惧。冷战结束后美苏相继撤出该地区，为东南亚人民主导自身事务创造了条件。东盟抓住时机适当扩大规模，逐渐形成"大东盟"局面。尽管菲律宾、越南等国积极拉拢美日等国介入南海争端，但是东盟在对外政策上有自己的独立性，并不支持南海争端的国际化，不愿意被个别成员国绑架对抗中国，③ 而是主张在东盟框架内，由自己主导和平解决南海争端。从1992年的《关于南中国海问题的东盟宣言》，到2002年的《南海各方行为宣言》，再到2012年东盟发布的关于南海问题的"六项原则"等，都显示了东盟"以我为主"介入南海的战略意

---

① Rodolfo C. Severino, ASEAN and the South China Sea, p. 41 – 42.
② [加] 阿米塔·阿查亚：《构建安全共同体》，上海人民出版社2004年版，第188页。
③ Bonnie S. Glaser, "SECURITY DIMENSIONS OF CHINA'S RELATIONS WITH SOUTHEAST A-SIA", Testimony before the U. S. – China Economic and Security Commission, May 13, 2015, http：// csis. org/files/attachments/ts150513_Glaser_0. pdf. p. 7.

图。① 南海问题也成了历届东盟峰会无法避开的话题，特别是 2013 年文莱取代柬埔寨成为东盟轮值主席国以及来自越南的黎良明成为东盟秘书长以来，东盟在南海问题上的声调变得更加直白。2014 年 4 月，在东盟第 22 届峰会上，南海问题成了此次会议的一项重要议题，并出现在了之后的主席声明中。同年 11 月召开的第 25 届东盟峰会上，虽然对中国态度比较温和，但是南海问题仍然成为此次会议热议的话题。2015 年 8 月的东盟第 48 届外长会议，中国在南沙群岛的建设活动也成为其讨论的重要话题。东盟地区论坛、东盟峰会等场合已经逐渐被东盟打造成为南海议题的多边平台。

其次，通过国际法或条约来约束南海声索国行为。通过国际法来解决领土争端是国际社会走出"丛林法则"，走向成熟、文明、理性的标志，也是国际社会发展的趋势。在东南亚国家有关领土的争端中，已经有了一些通过国际法和平解决纠纷的实践，如马来西亚和印度尼西亚关于利吉丹岛和西巴丹岛的争端，以及新加坡和马来西亚关于白礁的争端等，都是通过国际法得到了很好的解决，受到了东南亚国家的普遍好评，也给了东盟坚持法律途径解决争端的信心。除此之外，东盟对于合作条约或者和平宣言也有着特殊的偏好，如东盟成员国一致签订的《东南亚友好合作条约》《联合国海洋法公约》以及《南海各方行为宣言》等。在当前南海形势日益严峻的今天，东盟尤其重视《联合国海洋法公约》的实践。在 2012 年发布的南海"六项原则"中，明确提出"全面遵守包括《联合国海洋法公约》在内的国际法准则"，"依据《联合国海洋法公约》等国际法和平解决争端"。② 在历次的东盟各级别会议中，《联合国海洋法公约》是东盟坚持处理争端的基本原则。

在东盟成员国在南海争端中所持有的立场存在明显分歧的现实条件下，《联合国海洋法公约》《南海各方行为宣言》以及尚未完成的"南海行为准则"等成了东盟协调一致的法理基础，东盟需要在其中寻找最大公约数来约束南海周边各国行为，维护东盟的内部团结。在南海争议出现"东盟化"的趋势下，东盟虽然坚称在南海争端中反对国际化，坚持由双边直接谈判解决，但东盟在一系列会议中讨论南海问题，反而加速了南海问题的地区化、复杂化。此外，东盟虽然宣称在南海争端中不持立场、保持中立，但是，东盟对于其成员国中违反《南海各方行为宣言》的行为从

---

① 赵国军：《论南海问题"东盟化"的发展》，《国际展望》，2013 年 3 月，第 88 页。
② 《东盟外长发表南海问题六条原则 中方表示欢迎》，中国新闻网，http://www.chinanews.com/gn/2012/07—20/4048449.shtml，检索日期：2016 年 3 月 14 日。

未予以谴责，反而对中国在南海的合法行动经常表示"担忧"，这在一定程度上纵容了其成员国的行为。

三、区域外大国改变以往中立立场

近年来，随着两岸关系的明显改善，台湾问题留给美国干涉中国内政的空间已经非常有限，而南海问题的升温为美国提供了另一个插手中国事务的理由。为了遏制中国在东亚的崛起，"平衡"中国在该地区的影响力，美国在2009年宣布"重返亚太"。十八大以来，美国以"航行自由""中国在南沙建设军事设施"等理由介入南海事务，并逐渐偏离了其在南海中立的态度，或者表面上宣称中立，但实际上对中国施压，强力插手南海争端，形成与东南亚部分主权声索国一起共同针对中国的局面。

1995年，"中菲美济礁事件"后，美国政府发表了一个关于南海的声明，宣称"美国对南海关注岛礁主权的争端不持立场"，[①] 此后，美国对南海局势多次发表声明，但都表示不会偏袒任何一方，在南海争端中保持中立。2008年，越南联合美国的油气公司在中国海域内开采石油，以及美国军舰横闯南海都遭到中国政府的反制，加上中国在2009年5月向联合国提交的关于断续线说明的照会，都使得美国感觉到自身在南海的利益受到"威胁"，于是开始重新调整其南海政策。2010年，希拉里·克林顿发表了一个美国关于南海问题的宣言，重申了1995年宣言的主要内容，包括"美国的航行自由不能受到威胁""反对使用武力去解决冲突"等，再次表示美国对于南海问题"不选边站"。[②] 尽管希拉里在此声明中没有明确点名中国，但是其关于"合理诉求"的言论暗示了对南海断续线地位的否定，其关于多边对话的主张也反应了对中国一直坚持的双边对话的否定。[③] 之后，希拉里在当年的香格里拉会议上再次表示美国需要在南海争端中扮演一定的角色，"愿意在此问题上推动多边会谈"。[④] 美国介入南海争端意图日益明显。

2012年春夏之际，"中菲黄岩岛事件"爆发，中国宣布成立三沙市，以及

[①] M. Taylor Fravel, U. S. Policy Towards the Disputes in the South China Sea Since 1995, March 2014, p. 4.

[②] M. Taylor Fravel, U. S. Policy Towards the Disputes in the South China Sea Since 1995, March 2014, p. 5.

[③] M. Taylor Fravel, U. S. Policy Towards the Disputes in the South China Sea Since 1995, March 2014, p. 5.

[④] Choe Sang-hun, Edward Wong, Offering to Aid Talks, U. S. Challenges China on Disputed Islands, New York Times, July 23, 2010, http://www.usvtc.org/press%20New%20York%20Times%20on%20East%20sea.pdf.

越南通过了声称对中国西沙和南沙拥有"主权"的《越南国家海洋法》，南海局势再度升级。对于上述事件的发生，尤其针对中国的行动，美国在2012年8月阐明了其南海政策，除重新阐述美国立场以外，与以往不同的是美国还明确指出了中国在黄岩岛和三沙市的行动，暗示美国会"选边站"。①

十八大之后，美国"选边站"的倾向日趋明显，声称南海关乎其切身利益，多次以"飞越及航行自由"来插手南海事务。美国坚持"公海航行自由"是《联合国海洋法公约》赋予的权利，其中"当然包括和平的军事活动，尤其是测量和军事考察"。②据此，美国多次侵入中国在南海的领水和领空。2014年，美国海军 P-8 巡逻机闯入南海，制造了中美军机近距离对峙的紧张局面。2015年10月，为了表达对中国在南海岛礁建设的不满，美国派遣"拉森"号驱逐舰首次驶入南沙岛屿12海里以内进行挑衅。美认为，"中国和平崛起可以，但是中国'侵略性'的行为是不能接受的。"③所谓维护"航行和飞越自由"，"根本就是转移视线的假议题"，因为一般的民间航运并没有受到影响。此时美国在南海插上一手，"一来显示对菲律宾等传统盟友的承担，以及配合自己'重返亚洲'的战略，二来确保自己可以继续在这一带的军事侦察及航行任务"。④美表示，"我们和我们的盟友指望着我们在此实施平衡策略，以防止任何的过分（行为）。"⑤2015年11月，奥巴马承诺将再次向亚洲盟国提供2.5亿美元的军事援助，以应对中国在南海的行动。⑥

为了保持长期在南海的军事存在，美国还经常夸大其词地指责中国。2016年2月，美国国家情报总监克拉帕认为"中国在南沙群岛修机场跑道、部署雷达等行动已经超出了防御的目的，是为了长期占领南沙岛礁进而占领整个南海"。⑦他声称"中国在此部署弹道导弹及巡航导弹是为了反

---

① M. Taylor Fravel, U. S. Policy Towards the Disputes in the South China Sea Since 1995, March 2014, p. 7.

② Michael McDevitt, The South China Sea: Assessing U. S. Policy, 08 Apr. 2015, p. 25.

③ US Sends Aircraft Carrier, Destroyers to South China Sea, March 04, 2016, http://www.globalsecurity.org/military/library/news/2016/03/mil-160304-voa09.htm.

④ 《星岛日报：美国南海示威 须控风险》，[新加坡]《联合早报》，http://www.zaobao.com/wencui/politic/story20151028—542526，检索日期：2016年3月16日。

⑤ US Sends Aircraft Carrier, Destroyers to South China Sea, March 04, 2016, http://www.globalsecurity.org/military/library/news/2016/03/mil-160304-voa09.htm.

⑥ Simone Orendain, Obama: Lower Tensions in South China Sea, 22 November, 2015, http://www.51voa.com/VOA_Special_English/obama-lower-tensions-in-south-china-sea-66494.html.

⑦ US Intel Chief Concerned About Beijing's South China Sea Militarization, February 11, 2016, http://www.voanews.com/content/clapper-south-china-sea-militarization/3186121.html.

第四章　十八大以来的中国南海政策

制西太平洋的美军,中国部署在此的中程弹道导弹能够打击关岛基地"。①2016年3月1日,美国国防部长卡特也警告中国不要在南海采取"咄咄逼人"的行动,"特定的行动可能会带来特定的后果"。② 4月,卡特再次登上美国航母,声称为了减轻此地的紧张局势,决定与菲律宾一起巡航南海。③ 美国逐渐改变了其中立立场,对其盟友在南海的非法行动视而不见,而对中国则是无端的指责和批评。

除了美国,日本、印度、澳大利亚等国也纷纷插手南海事务,并配合美国对中国进行围堵和遏制,这也给南海争端带来了新的挑战和难题。

第二节　十八大以来中国政府应对南海局势的策略

十八大以来,随着新一届中央领导集体的上任,中国政府的南海政策也在原来的基础上做了适当的调整,正呈现出"稳中求进,积极有为"的特点。④

一、维护两岸和平发展的大局

推动两岸在南海的合作,携手捍卫民族利益,一直是中国政府寻求的重要目标。中国台湾作为南海争端的当事方,在南海问题上发挥着作用,且其长期坚守南沙群岛中最具战略地位的太平岛,维护了中华民族的祖产。

尽管两岸对于合作的认知与行动有差异,如在菲律宾枪杀台湾渔民事件之前,有大约49%的台湾民众认为两岸应该在南海问题上一致对外(大

---

① US Intel Chief Concerned About Beijing's South China Sea Militarization, February 11, 2016, http://www.voanews.com/content/clapper-south-china-sea-militarization/3186121.html.

② 《中国警告美国勿当南海国际法官 美军称别咄咄逼人》,http://mil.news.sina.com.cn/china/2016—03—03/doc-ifxqafha0314618.shtml?cre = financepagepc&mod = f&loc = 1&r = 9&doct = 0&rfunc = 105,检索日期:2016年3月16日。

③ US Defence Secretary visits aircraft carrier in South China Sea, 15 April 2016, http://www.bbc.com/news/world-asia - 36057358?intlink _ from _ url = http://www.bbc.com/news/topics/b5a1d732 - ab0f - 42f8 - a462 - 5b79f942f8e6/philippines&link_location = live-reporting-story.

④ 吴士存:《当前南海形势及走向》,《中国井冈山干部学院学报》,2015年第1期,第33页。

陆为79%），① 渔民事件爆发后，这一比例上升到近70%。②

两岸在历史上就南海问题曾经有过合作。如1988年，中越赤瓜礁海战时，台湾驻太平岛军队曾给予大陆南海舰队提供帮助；1995年，"美济礁事件"爆发，台湾也发声支持大陆；2009年，越南提出"外大陆架划界"案时，遭到两岸人民的共同抵制；2012年，"黄岩岛事件"爆发后，台湾军方在太平岛进行演习，客观上是对大陆的一种策应和支援；③ 2015年，国际法庭发表裁决声明后，两岸都表示"不接受"。

虽然台湾当局在同大陆共同维护南海权益方面有着种种顾虑，至今也没有正式的协商和交流，但是，大陆仍不失时机地推动同台湾在南海的合作。2013年5月9日，中国台湾"广大兴28号"船遭到菲律宾公务船射击，造成一名船员当场死亡，之后，其仍未罢手，继续追赶扫射台湾渔船，国际舆论哗然。当晚，国台办发言人杨毅就对菲律宾进行谴责，声援台湾，之后中国海军东海舰队前往菲律宾海域对菲政府施压，最终在两岸人民的共同努力下，菲律宾以杀人罪起诉八名涉案人员，并给予1000万新台币的赔偿金，马英九对这一结果也表示"欣慰"。④

2014年5月，中越"981钻井平台事件"爆发，河内与胡志明市发生大规模反华游行，给大陆以及台湾的企业造成很大冲击，大陆通过多种渠道提出两岸在南海问题合作倡议，但并未得到台湾当局的积极回应。⑤

两岸关系的复杂性使得两岸真正联手维护南海权益在短期内难以实现，在这种情况下，保持两岸的和平稳定，不使南海问题因两岸关系的变化而激化成了维护南海利益的最低要求。十八大以来，党中央提出了"在新的历史起点上巩固和深化两岸关系和平发展的政策主张"，"推动两岸关系不断向前迈进"，使得两岸和平发展的大局得到维护。

2013年，习近平总书记上任伊始就先后会见了国民党名誉主席连战、吴伯雄，双方都坚持在一个中国框架下定位两岸关系。7月，马英九连任国民党主席，习近平总书记第一时间发去贺电，提出国共两党"登高望

---

① 蔡斌、肖春阳：《对两岸联手维护海洋主权的几点看法》，《台湾周刊》，2012年第40期，http：//doc.qkzz.net/article/62a13238－9795－46a5－b7ff－541d7aade789.htm。
② 李曦：《海峡两岸共卫东海与南海边疆的几点思考》，华夏经纬网，http：//www.huaxia.com/thpl/sdfx/3968682.html，检索日期：2016年5月1日。
③ 李曦：《海峡两岸共卫东海与南海边疆的几点思考》，华夏经纬网，http：//www.huaxia.com/thpl/sdfx/3968682.html，检索日期：2016年5月1日。
④ 《台渔民遭枪杀菲拟起诉8人 台湾要求交出凶手》，搜狐新闻，http：//news.sohu.com/2013/0808/n383641959.shtml，检索日期：2016年5月1日。
⑤ 宋燕辉：《两岸南海合作：原则、策略、机制及国际参与研析》，《台海研究》，2014年9月，第5页。

第四章 十八大以来的中国南海政策

远，深化互信，良性互动，继续推动两岸关系全面发展"。马英九也在复电中表示，希望两党在"现有基础上，继续扩大与深化两岸的交流合作，以进一步发扬中华文化，复兴中华民族，促进两岸永续的和平与繁荣"。[①] 同时，大陆海协会会长陈德铭与台湾海基会会长林中森进行了互访，传承了两岸机制化的沟通交流，并签订了继《海峡两岸经济合作框架协议》（ECFA）后续协议之一的《海峡两岸服务贸易协议》。该年，两岸经过沟通，妥善解决了台湾参加国际民航组织第38届大会的问题，受到岛内同胞的欢迎。2013年，升格后的两岸企业家紫金山峰会在南京召开，为两岸企业家交流搭建了平台，成为继两岸两会协商、海峡论坛以及经贸文化论坛之后的第四大制度化交流合作平台。[②]

2014年，习近平总书记先后会见了连战、宋楚瑜、萧万长等台湾客人。2月份，习近平在会见连战时强调，"继续推动两岸关系和平发展、促进两岸和平统一，是新一届中共中央领导集体的责任。"5月份，针对"反服贸运动"，习近平在会见宋楚瑜时提出"四个不会"，即"推动两岸关系和平发展的方针政策不会改变，促进两岸交流合作、互利共赢的务实举措不会放弃，团结台湾同胞共同奋斗的真诚热情不会减弱，制止'台独'分裂图谋的坚强意志不会动摇"。既指出了两岸关系发展的趋势，又提出了解决民众现实需求的可行办法。[③] 11月，在北京举行APEC峰会期间，习近平会见了台湾两岸共同市场基金会荣誉董事长萧万长一行，承认两岸间存在差异，需正视两岸交往出现的困难和阻力，强调要尊重对彼此发展道路和社会制度的选择，希望两岸共同努力，排除干扰，为两岸人民交往创造条件，"以增进相互了解，融洽彼此感情，实现心灵契合"，充分展示了大陆对台湾的善意和诚意。但是，因为该年在台湾发生的"太阳花学运"以及"四合一选举"事件，使得两岸来之不易的良好氛围受到冲击，国民党在台湾支持率也迅速下滑。面对"台独"势力的上升，大陆的对台政策中加大了反对损害两岸关系言行的内容。2015年5月，习近平总书记在会见朱立伦时强调两岸要"旗帜鲜明反对一切损害两岸关系政治基础的言行，绝不能让来之不易的台海和平和两岸关系和平发展成果得而复失"。[④]

[①]《中共中央总书记习近平电贺马英九当选中国国民党主席 马英九复电习近平表示感谢》，新华网，http://news.xinhuanet.com/politics/2013—07/20/c_116620818.htm，检索日期：2016年4月6日。

[②] 吕存诚：《2013年两岸关系综述》，《两岸关系》，2014年1月，第46页。

[③] 陈键兴：《四个"不会"为两岸关系发展稳舵》，新华网，http://mrdx.xinhuanet.com/。

[④]《习近平总书记会见中国国民党主席朱立伦》，人民网，http://politics.people.com.cn/n/2015/0505/c1001—26947541.html?a=trs，检索日期：2016年4月7日。

9月1日，习近平总书记在人民大会党会见参加中国人民抗日战争胜利70周年活动的国民党前主席连战时再次强调两岸要团结一心，携手并进，维护两岸和平发展，共同为中华民族的伟大复兴做出努力。11月7日，习近平同马英九在新加坡举行历史性会晤，习近平强调"我们是打断骨头连着筋的同胞兄弟，是血浓于水的一家人"。"我们应该以行动向世人表明，两岸中国人完全有能力、有智慧解决好自己的问题，并共同为世界和地区和平稳定发展繁荣做出更大贡献。"马英九也在致辞中回应"坚持九二共识，维护和平现状"，"降低敌对状态，和平处理争端"。"习马会"为两岸关系的整体方向定了基调，两岸关系和平发展为中国处理南海事务创造了有利条件：一方面，无论大陆还是台湾在南海的存在，都维护了中华民族的共同利益，坚守了"祖产"；另一方面，两岸和平稳定，而不是相互拆台，节约了两岸在维护南海权益上的力量，向世界展示了中华民族为维护主权形成的强大的凝聚力。同时，保持两岸关系的和平稳定，也给部分国家挑拨两岸关系，企图在南海火中取栗、浑水摸鱼增加了难度，使之不得不考虑同时对付大陆和台湾的机会成本。

二、构建"一带一路"

"丝绸之路"是一条连接亚欧大陆的东西方贸易之路，连接着亚非欧几大文明区，是东西方进行经济、文化交往的桥梁。面对纷繁复杂的国际与地区局势，后危机时代持续低迷的全球经济形势，传承和弘扬丝绸之路精神，让古老的丝绸之路焕发新的生机和活力显得尤为重要。2013年9月，习近平总书记访问哈萨克斯坦时提出希望建设"丝绸之路经济带"，同年10月，习近平访问印尼时又提出愿意同东盟国家共建"21世纪海上丝绸之路"，初步形成了"一带一路"倡议构想。

"一带一路"倡议不是针对南海而制定，但是"一带一路"倡议尤其是"21世纪海上丝绸之路"的实施势必会影响南海局势的走向，甚至可能成为解决南海问题的一个契机，同时南海局势的发展也必然会影响"一带一路"倡议的推进。首先，在"21世纪海上丝绸之路"设定的两条线路中，无论是抵达西亚北非及欧洲的印度洋航线还是抵达澳大利亚的南太平洋航线，南海都是必经之地。随着中国经济的不断增长与对外贸易的不断加强，中国经济的海外依存度也不断增加。自2012年起，中国已经成为全球最大的能源消费国，原油进口量达到2.7亿吨，对外依存度突破60%。[1]

---

[1] 海洋发展战略研究课题组：《中国海洋发展报告（2015）》，海洋出版社2015年版，第344页。

2012年，中国通过海运进口的原油达到1991.68亿美元，占进口总量的90.37%，这其中大约80%左右都要经过马六甲海峡。[1] 因此，破解马六甲困境，扩大与相关沿海国家的合作，保证通道的畅通性与可选择性就成了中国必需要认真思考的问题，南海沿岸国家则成了"21世纪海上丝绸之路"的首选推进区域。其次，从1991年中国与东盟开始正式对话起，经过20多年的发展，中国与东盟关系取得了长足的进展。随着中国与东盟发表《联合宣言》以及《中国与东盟全面经济合作框架协议》《中国与东盟全面经济合作框架协议货物贸易协议》《中国与东盟全面经济合作框架协议争端解决机制协议》等一系列协议的签订，中国与东盟有着机制性的合作与交流。然而最近几年，因为南海争端的白热化，中国与东盟部分国家因南海问题产生的摩擦也越来越多。在过去几年里，中国处理南海争端的办法通常是：坚持断续线，强化对断续线以内水域及岛礁的管理；对于某些南海国家伺机改变现状的行为进行强有力的反制；尝试以双边途径解决某些议题，但是不完全拒绝多边磋商，以此淡化南海问题对中国与东盟关系造成的影响。[2] 中国的上述变被动为主动的做法，赢得了国内人民的支持，但东盟国家也因此感觉自身安全环境变差，反对中国的声音明显增多，乃至多次发生大规模反华游行。为了抗衡中国，部分南海主权声索国还努力将南海问题变成中国与东盟之间的问题，同时不断寻求其他途径"平衡"中国，或加速倒向美国，或要求国际仲裁机构"主持公道"。[3]

在中国崛起尚待时日之际，保持周边安定环境，走和平发展道路，构建全方位开放新格局仍然是今后很长一段时期的首要选择，而"一带一路"建设不失为一个推动与沿线国家对接合作的契机。通过发掘区域内市场的潜力，创造需求和就业，促进投资和消费，增进沿线人民的人文交流和文明互鉴，"让各国人民相逢相知、互信互敬，共享和谐、安宁、富裕的生活"。[4]

自2013年习近平总书记提出"一带一路"倡议以来，经过两年多的发展，已经得到多个国家的积极响应与配合。为了更好地推进"一路一

---

[1] 傅梦孜、楼春豪：《关于21世纪"海上丝绸之路"建设的若干思考》，《现代国际关系》，2015年第3期，第2页。

[2] 薛力：《建设"海上丝绸之路"：解决南海争端的催化剂》，《世界知识》，2014年5月，第24页。

[3] 薛力：《建设"海上丝绸之路"：解决南海争端的催化剂》，《世界知识》，2014年5月，第24页。

[4] 国家发展改革委、外交部、商务部：《推动共建丝绸之路经济带和21世纪海上丝绸之路的愿景与行动》，人民网，http://sc.people.com.cn/n/2015/0329/c345167—24312466—2.html，检索日期：2016年4月9日。

带"倡议,在中国的推动下,2014年10月,中国联合印度、新加坡等21个首批创始成员国在北京签约,决定成立亚洲基础设施投资银行,同年年底还成功设立了丝路基金。2015年7月,在举行签约《亚洲基础设施投资银行协定》仪式时,创始意向会员国已达到57个,其中域内国家37个,域外国家20个。亚投行、"一带一路"倡议以及丝路基金的设立,为中国同相关国家的进一步合作制定了框架。[1]

2015年3月,国务院授权发改委、外交部、商务部联合发布了《推动共建丝绸之路经济带和21世纪海上丝绸之路的愿景与行动》,展现中国为推动"一带一路"的愿景与行动。目前,中国已经与多个沿线国家初步达成了共建"21世纪海上丝绸之路"的意向,其中包括泰国、缅甸、新加坡、马来西亚、印度尼西亚、文莱等南海声索国与非声索国,有力维护了南海局势的总体可控性。

三、开展高层南海外交

随着中国周边海洋形势的持续紧张,海洋问题也越来越引起中国新一届领导人的重视,有关海洋问题尤其是南海问题的高层外交也逐渐增多。2013年10月,习近平主席访问了印尼和马来西亚,这是习近平担任国家主席后首次访问东南亚。在印尼国会发表演讲时,习近平承认中国同东南亚国家在领土主权和海洋权益方面存在争议,但是主张以和平方式,通过对话和协商妥善处理分歧,努力维护双边关系和地区稳定的大局,同时中国愿意同东盟国家加强海上合作,使用好中国—东盟海上合作基金,发展好海洋合作伙伴关系,共建"21世纪海上丝绸之路"。[2] 10月9—15日,就在习近平刚结束东南亚之行之际,李克强总理又出席了在文莱举行的第16次中国—东盟领导人会议、第16次东盟与中日韩领导人会议和第8届东亚峰会,并对文莱、泰国、越南进行了穿梭访问。在有关南海的讲话上,李克强表示"宁静的南海是各国之福,南海起波澜对谁都不利,我们要共同努力,让南海成为和平之海、友谊之海、合作之海"。[3] 李克强在此次峰会上关于南海的表态受到多国领导人及国际媒体的称赞。马来西亚总

---

[1] Bonnie S. Glaser, "SECURITY DIMENSIONS OF CHINA'S RELATIONS WITH SOUTHEAST ASIA", Testimony before the U.S.–China Economic and Security Commission, p. 6, May 13, 2015, http://csis.org/files/attachments/ts150513_Glaser_0.pdf.

[2] 《国家主席习近平在印度尼西亚国会发表演讲(全文)》,中国新闻网,http://www.chinanews.com/gn/2013/10—03/5344133.shtml,检索日期:2016年4月9日。

[3] 《李克强总理出访精彩言论回顾》,新华网,http://news.xinhuanet.com/world/2013—10/19/c_125565350.htm,检索日期:2016年4月9日。

第四章 十八大以来的中国南海政策

理纳吉布表示支持中方提出的在争议解决前共同开发的主张；日本 NHK 称赞李克强关于将南海变成"和平之海"的倡议显示出积极姿态；《美国之音》记者史蒂文·赫尔曼称，"李克强在讲话中已经清楚表明南海争议应由直接当事方进行协商和谈判解决，南海存在的一些问题不会也不应当影响中国与东盟合作的大局。"[①] 在访问文莱时，与文莱签署了关于海上合作的谅解备忘录，以及关于成立油田服务领域合资公司的协议，并发表了联合声明，这是中国与南海国家在海上合作方面取得的重大突破。

2014 年，受南海问题影响，越南和菲律宾发生了大规模反华事件，中国与南海周边国家关系经历严峻考验。为此，李克强在 11 月出席第 17 次中国—东盟领导人会议时建议中国与东盟深化海上合作，精心经营海上合作新亮点，并将 2015 年确定为"中国—东盟海洋合作年"，成立海洋合作中心，落实《泛北部湾经济合作路线图》，共同实施好海上合作基金项目。[②] 2014 年，习近平总书记对南亚地区首次出访就选择了马尔代夫，之后又对斯里兰卡以及印度进行了访问，其中，习近平作为中国国家主席对斯里兰卡进行访问还是近 30 年来的首次，足见新一届中国政府对同海洋国家交往的重视。

2015 年，中国与南海周边国家的高层交往更加频繁。在中越南海争端愈演愈烈之际，越共中央总书记阮富仲与越南国家主席张晋创分别在 4 月和 9 月访华，同年 11 月，习近平总书记对越南进行了回访。在同阮富仲会谈时，习近平提到中越两国要通过协商途径，"以合作开发为共同目标，妥善处理并管控好海上分歧。同时，集中精力推进海上合作，逐步积累共识，扩大共同利益"。[③] 同年 7 月，张高丽副总理访越时也强调统筹海上、陆上与金融合作，管控好海上分歧，积极推动"一带一路"同"两廊一圈"建设的对接，尽早取得收获。

2015 年，习近平总书记与张高丽副总理分别在 10 月和 11 月对新加坡进行了访问，并同新加坡总统陈庆炎与总理李显龙举行了会谈。新加坡虽非南海声索国，但是其作为"亚洲四小龙"之一，又是东盟的创始成员国，其在东盟中扮演着至关重要的角色。新加坡向来坚持平衡外交，是小

[①]《李克强出访东南亚：亮点众多 魅力十足》，新华网，http://news.xinhuanet.com/world/2013—10/18/c_117774118_2.htm，检索日期：2016 年 4 月 9 日。

[②]《李克强出席第十七次中国—东盟领导人会议时强调：开创中国—东盟战略伙伴关系起点更高、内涵更广、合作更深的"钻石十年"》，人民网，http://yn.people.com.cn/news/n/2014/1114/c336247—22907237.html，检索日期：2016 年 4 月 9 日。

[③]《习近平访问越南、新加坡成果》，新华网，http://news.xinhuanet.com/world/2015—11/08/c_1117074341.htm，检索日期：2016 年 4 月 10 日。

国大外交的典范,其对南海的态度直接对周边国家产生重要影响。争取新加坡的支持对于调解南海争端有着不可忽视的作用。习近平访问新加坡时,两国发表了《关于建立与时俱进的全方位合作伙伴关系的联合声明》,包括多个海上合作项目。同时,新加坡愿意支持深化中国同东盟合作关系,赞成按照《南海各方行为宣言》精神处理南海有关争议问题,这对于争取非争端方的支持有着良好的示范作用。同年11月,李克强总理出席第18次中国—东盟领导人会议和第10届东亚峰会,并在对马来西亚进行访问期间,主动就南海问题提出了五项建议:各国遵守《联合国宪章》,共同维护南海地区的和平稳定;以和平方式解决领土和管辖权争议;全面有效完整落实《南海各方行为宣言》,加快"南海行为准则"磋商达成;域外国家承诺尊重和支持地区国家维护南海和平稳定的努力,不采取导致地区局势紧张的行动;依据国际法行使和维护南海的航行和飞越自由。[①] 同年11月,中国还同泰国、越南、老挝、柬埔寨、缅甸等国启动了澜沧江—湄公河合作进程,为提升区域整体发展及区域合作发挥了积极作用。

四、尝试"双轨思路"解决南海问题

近年来,菲律宾阿基诺三世政府为了赢得国际舆论的同情,屡次在多边场合就南海问题向中国发难,不但加剧了南海争端,还破坏了东盟内部团结,2012年在柬埔寨举行的东盟地区论坛也因此而未发表联合声明,[②] 成为东盟成立45年来的首次。十八大之后,针对越南、菲律宾等国在南海的挑衅,中国延续一贯的强力反制措施。而针对菲律宾等国将"南海管辖权"提交国际仲裁的行为,中国政府根据《联合国海洋法公约》的规定,将涉及海洋划界争端排除在包括国际仲裁在内的强制争端解决程序之外。[③] 但是菲律宾没有就此罢手,而是继续进行挑衅行为。

2014年,菲律宾为了推动南海问题东盟化,联合东盟国家向中国施压,菲律宾外长德尔罗萨里奥在东盟—中国(10+1)会议前夕访问越南和印度尼西亚,并在8月举行的东盟—中国(10+1)会议上抛出所谓的解决南海问题的"三步走"方案:第一步,在短期内暂停加剧南海紧张局势的行动;第二步,在中期内全面有效执行《南海各方行为宣言》并尽早

---

① 《图解:李克强出席东亚系列会议访问马来西亚全纪录》,人民网,http://politics.people.com.cn/n/2015/1124/c1001—27850045.html,检索日期:2016年4月10日。
② Mixed Reaction to ASEAN Position on South China Sea Dispute, 10 August, 2015, http://www.51voa.com/VOA_Special_English/south-china-sea-code-conduct-territorial-dispute-64587.html.
③ 吴士存主编:《中菲南海问题10问》,时事出版社2014年版,第23页。

第四章　十八大以来的中国南海政策

制定"南海行为准则";第三步,最终根据国际法通过解决机制解决争端。① 与之前美国提出的在南海"冻结行动"建议一唱一和。王毅外长对这种方案进行了驳斥,并在随后的记者会上提出了处理南海问题"双轨思路",即有关南海的具体争议由直接当事国在尊重历史事实和国际法的基础上,通过双边谈判协商解决,同时南海的和平稳定由中国和东盟共同来维护。② 这与《南海各方行为宣言》的精神高度一致。在 2002 年中国与东盟各国外长签订的《南海各方行为宣言》第四条明确规定"有关各方承诺根据公认的国际法原则,包括 1982 年《联合国海洋法公约》,由直接有关的主权国家通过友好磋商和谈判,以和平方式解决它们的领土和管辖权争议,而不诉诸武力或以武力相威胁"。同年 11 月,李克强总理在东亚领导人系列会议上再次提出"双轨思路",受到各方的高度关注,这标志着中国处理南海问题的方式发生了调整。从只在争端国之间谈判,完全拒绝在多边场合讨论南海问题转向承认在有限多边场合讨论。③ "这既体现了中国政府政策的一致性和连贯性,也不与东盟国家的态度和立场相抵触。"④

从"第一轨道"来说,1949 年后,中国与 14 个陆上邻国中的 12 个通过双边谈判的方式成功解决了边界争议,划定和勘定边界线长达两万公里,占中国陆地边界总长度的 90%。同时经过 20 多年的谈判,完成了中越北部湾海上划界任务。事实证明,"双边磋商与谈判达成的结果最易为当事国政府和人民所接受,引起的震动最小,也最具有持久生命力"。⑤

中国与东盟共同维护南海的和平与稳定构成解决南海问题的"另一轨道"。近年来,南海问题国际化、复杂化的趋向明显,这与中国一贯的南海政策相悖。在南海争端已成东盟成员国共同关心话题的客观条件下,与东盟一同维护南海的和平稳定成了当前现实的需要,这也符合中国与东盟长期形成的机制性合作现状。

---

① 贾秀东:《菲律宾在南海问题上又栽跟头(望海楼)》,《人民日报(海外版)》,http://paper.people.com.cn/rmrbhwb/html/2014—08/11/content_1463762.htm,检索日期:2016 年 4 月 11 日。

② Bonnie S. Glaser, "SECURITY DIMENSIONS OF CHINA'S RELATIONS WITH SOUTHEAST ASIA", Testimony before the U.S. - China Economic and Security Commission, p. 5. May 13, 2015, http://csis.org/files/attachments/ts150513_Glaser_0.pdf.

③ Mixed Reaction to ASEAN Position on South China Sea Dispute, 10 August, 2015, http://www.51voa.com/VOA_Special_English/south-china-sea-code-conduct-territorial-dispute-64587.html.

④ 吴士存:《"双轨思路"是实现南海合作共赢的钥匙》,《世界知识》,2015 年 5 月,第 35 页。

⑤ 《坚持以"双轨思路"处理南海问题》,新华网,http://news.xinhuanet.com/world/2014—11/17/c_127217362.htm,检索日期:2016 年 4 月 11 日。

"双轨思路"体现了中国在南海问题上新的努力和诚意。但是如何区隔"当事国直接磋商谈判"与"东盟为维护南海和平稳定而采取的行动"？对于涉及"五国六方"的南沙争端，东盟发挥作用的界限在哪里？岛礁归属与海洋划界谈判、油气资源开发等是否兼容？[①] 断续线的性质是什么？……这些现实问题需要合理商讨，否则势必会影响"双轨思路"的实施。

第三节　十八大以来中国南海政策的成效评析及努力方向

一、十八大以来中国南海政策的成效评析

十八大以来，针对南海紧张局势，新一届领导集体沉着应对，积极有为，采取了包括"一带一路""双轨思路"等一系列卓有成效的南海策略，对于稳定南海局势，维护国家权益产生了积极成果。

首先，针对美国强势插手南海事务，将南海地区军事化等行为，中国在南海进行了包括修建机场、部署雷达等行动。对于美国派遣"尼米兹"等航母战斗群在南海进行军事挑衅，中国派出数艘舰船进行防卫监视，明确表达了中国政府捍卫国家主权与民族利益的决心与态度，中国的防卫措施也对美国在南海的挑衅形成了一定反制，迫使其在"南海的行动和政策比较克制"。[②] 然而，也正是由于中国的反制措施，中美过早地在南海形成了对峙局面，本应是当事国之间的争端逐渐演变成了中美南海博弈，美国开始重整其西太平洋力量，联合盟友，加速遏制中国在该地区的崛起，这无疑增加了中国捍卫南海权益的成本，也增加了同美国爆发军事冲突的风险。

其次，新一届领导集体的对台政策，巩固了两岸和平发展的总体趋势，尽管双方在正式领域尚未进行合作，但是就南海在科技、经济、学术领域的合作，为未来携手维护南海权益奠定了基础，两岸的和平稳定客观上有利于中国应对来自南海的挑战。

第三，中国提出的"一带一路"倡议，亚投行成立，丝绸之路基金以及中国—东盟基础设施转向贷款的设立，在较短时间内聚集了50多个国家，其中包括泰国、马来西亚、印度尼西亚等南海周边国家。通过提供公

[①] 薛力：《"双轨思路"与南海争端的未来》，《世界知识》，2014年9月，第13页。
[②] 《加藤嘉一：大国崛起无人不恐惧 不恐惧是对中国的不尊重》，环球网，http://world.huanqiu.com/exclusive/2016—04/8839914.html，检索日期：2016年5月1日。

共服务,让沿线国家搭上中国快速发展的列车,同时加强沟通与交流,促进贸易往来,与周边国家找到利益共同点和交汇处,真正提供沿线国家所需要的资金、技术等支持,使南海周边国家在实现经济利益的基础上增加对中国的认同感和亲和力。这在一定程度上争取了非声索国对中国的支持,增加了部分声索国在南海制造摩擦的成本。

第四,十八大之后,中国根据南海局势的客观发展,提出解决南海问题的"双轨思路",改变了以往只求双边谈判,拒绝多边对话的模式,采取更加主动与灵活的处理方式,照顾了东盟的诉求,提高了东盟在南海问题上的地位,以此来阻止南海争端不断国际化的趋势,[1] 符合中国和东盟的共同利益,有助于"中国—东盟命运共同体"建设。

二、今后解决南海问题的政策方向

在南海争端尚不具备短时间内和平解决的条件下,需要做长期博弈的准备。应该在以下几个方面进行努力。

首先,避免同美国在南海的战略误判。海上霸权是维系美国全球霸权体系的重要组成部分。美国至今没有加入《联合国海洋法公约》,其根本原因在于美国要维持其全球海上霸权,摆脱《联合国海洋法公约》对美国的束缚。中国的快速发展超过了美国的心理预期。尽管越南、菲律宾等国早就在南海岛屿上修建机场跑道、部署军事设施,但当中国短时间内在南沙岛礁建设了基础设施时,仍然令美国始料未及,中国的工程建设能力使美国上下极为惶恐。美国作为守成大国,对中国的崛起并没有做好适应的准备,奥巴马明确表示"不能容忍美国成为世界第二"。因此,在经济上,美国极力构建 TPP,为亚太地区经济制定规则;在安全上,加强同日本、菲律宾等盟友的联系,巩固其在西太平洋的战略支撑;在军事上,美国将 60% 的海军部署在西太平洋地区,以应对可能发生的挑战。

就中国来说,南海作为中国的核心利益,必须捍卫;就美国来说,美国需要兑现维护盟友的义务,以及维护海上霸权。在这种情况下,当中国快速增长的利益同美国利益发生冲突时,很容易产生战略互疑,进而陷入"修昔底德陷阱"。因此,中美在南海问题上需要建立管控机制,必须防止战略误判,避免重蹈美苏冷战的覆辙。中美管控的底线是不挑战对方的核心利益,希拉里说南海是美国的"关键利益",并非核心利益。美国担心中国的崛起,更担心崛起之后的中国"推翻"美国在全球制定的规则。作为一个守成大国,对于中国这个崛起大国的担忧是常态,中国是现有国际

---

[1] 薛力:《"双轨思路"与南海争端的未来》,《世界知识》,2014 年 9 月,第 13 页。

体系的受益者，中国不寻求挑战美国制定的规则，中国更不可能挑战美国的霸权地位，因此，中国需要接受美国在南海的长期存在。美国在南海的航行可以得到保证，毕竟"美国的动作也小心翼翼，不是大胆地赤裸裸地较量"。① 同样，中国的崛起是不争的事实，美国需要适应一个意识形态与政治制度都与之不同的中国的崛起，南海作为中国的核心利益必须得到尊重，这需要美国长期的心理调适。

其次，构建"中国—东盟命运共同体"。经过20多年的发展，中国与东盟的关系取得了明显进步，中国是东盟最大贸易伙伴国，而东盟也成为中国第三大贸易伙伴。中国与东盟在贸易、投资、旅游领域均取得了重大突破，双方在经济上的相互依赖不断加深，但是南海问题成为阻碍中国与东盟关系进一步发展的不确定因素。随着南海形势的不断发展，东盟在南海问题上的作用日益明显。东盟地区论坛、东盟外长会议等场合成了东盟国家介入海南事务的重要场所。

尽管东盟成员国在对待南海问题上有着明显分歧，但是东盟"协商一致"的集团外交还是给中国带来了很大压力。十八大之后，中国解决南海问题"双轨思路"的提出，肯定了东盟在维护南海稳定中的作用。这些年来，南海争端持续发酵而没有失控的一个重要原因就是中国与东盟能够管控分歧、化解纠纷，共同维护来之不易的地区和平与稳定。中国支持东盟在东亚合作中的主导作用，重视东盟机制的建设性作用，东盟也在中国经济的快速发展中获益颇多，东盟希望中国能在该地区提供更多的投资，创造更多的就业机会。2013年，习近平主席访问印尼时倡议建立"中国—东盟命运共同体"。"中国—东盟命运共同体"不是恢复历史上的朝贡体系，而是"坚持讲信修睦、合作共赢、守望相助、心心相印、开放包容，使双方成为兴衰相伴、安危与共、同舟共济的好邻居、好朋友、好伙伴"。"命运共同体"能够给双方人民创造更多的红利。

现在中国与东盟结束了过去的"黄金十年"，迈入"钻石十年"，打造"中国—东盟命运共同体"，符合双方利益需要，对"一带一路"倡议能够形成互补，同时"中国—东盟命运共同体"对南海的紧张局势起到缓冲器的作用，即使不能明显改善局面，也会增加对话渠道，而不使局面失控，维护来之不易的战略机遇期。

第三，提升中国在南海的国际话语权。在南海争端持续发酵的当下，提升中国在南海的话语权，寻求国际舆论支持，是中国今后需要努力的方

---

① 《加藤嘉一：大国崛起无人不恐惧 不恐惧是对中国的不尊重》，环球网，http://world.huanqiu.com/exclusive/2016—04/8839914.html，检索日期：2016年5月1日。

向。西方对于南海问题的误读主要来自两方面的影响。一是西方在舆论上坚持的双重标准,刻意抹黑中国形象。如对于越南、菲律宾长期在南沙建设岛礁视而不见,而把中国在南沙的岛礁建设炒作成"破坏现状""军事化",声称中国增加的岛礁面积不享有国际法的权利,要求中国停止这种"改变现状的行为"。又如,在《联合国海洋法公约》中明确规定,沿海国家对于争议岛礁有权利发表排除性声明,可以不接受国际仲裁,世界多个国家均发表了类似声明。而当中国发表相关声明时,西方媒体便大肆渲染中国"不遵守"国际法,是"规则的破坏者"。这种双重标准误导了西方民众对中国在南海享有的合法权利的认知。另一方面的原因,是西方对南海真相以及国际海洋法并不明白,容易造成误解。例如,西方对南海断续线的历史由来并不清楚,想当然认为中国在南海追求的面积过多,中国的主张是"过分的",从而对菲律宾等国提交国际仲裁的行为抱有同情。加上越南、菲律宾媒体的大肆渲染,把自己打扮成"受害者"形象,而把中国打造成"强势霸权"的形象。

长期以来,我们很少主动在国际上发出自己的声音,缺少与国际媒体打交道的习惯,被西方媒体以及菲律宾、越南等媒体抢占了国际舆论阵地,给中国造成了很大的国际舆论压力,以至于使中国的南海维权陷入了被动应付的局面。因此,今后中国需要积极引导国际舆论,主动说明中国在南海权利要求的依据,对于刻意抹黑中国的行为进行有理有据的反击。

结　语

20世纪末以来,东亚的快速发展令世界瞩目,东盟"10+1""10+3",中日韩自由贸易区等发展如火如荼,世界经济的重心开始向亚太转移。进入21世纪以后,中国超越日本成为世界第二大经济体,中国成为带动东亚经济增长的主要动力。[①]"中国崛起"是进入21世纪以来的关键词。中国在经济、军事、工程建设、航天科技等方面的发展引起了越来越多国家的关注。中国的崛起改变了东亚既有的战略格局,不但给域外大国在该地区的利益带来影响,同时也给本地区中小国家带来心理冲击。于是,亚太国家纷纷采取不同的措施来应对中国的崛起。美国宣布"重返亚太",实施"亚太再平衡"战略,通过联合日本、菲律宾等国,频频向中国发难。日本因为历史、领土争端以及地缘战略等因素影响,对于中国在经

---

① Walden Bello, China and Southeast Asia: Emerging Problems in an Economic Relationship, 15 December 2006, https://www.tni.org/en/archives/act/16053.

济、海上力量的赶超更是难以接受,积极配合美国"亚太再平衡"战略,在钓鱼岛以及南海问题上挑衅中国。部分东南亚国家依仗美国支持,在南海问题上屡屡制造麻烦,中国不断成为被"平衡"的对象。一时间,东海、南海争端持续升温。尤其是南海,黄岩岛、仁爱礁事件层出不穷。而新一届中央政府,采取了多种措施维护了国家权益,化解了部分冲突,搁置了部分争议,保持了南海局势总体稳定的局面。但是,南海问题是多种因素交织作用的结果,在可以预见的时间内仍会持续发酵,需要新一届中央领导集体更大智慧、更多精力去解决。

第五章

马蔡交替背景下的中国台湾南海立场[*]

近两年,随着越南、菲律宾等国通过寻求美国等外部力量介入,而使南海主权争议国际化、多边化的倾向日趋明显,南海形势似乎正在步入冷战结束以来最为复杂和紧张的境地。在"亚太再平衡"政策的指引下,美国逐步介入南海争端,除把日本拉进"南海抗中联盟"外,还希望中国台湾在南海争议中发挥制约大陆的作用。[①] 鉴于此,之前似乎一直"默默无闻"的台湾,近两年在南海事务中逐步提高音量,并开始受到各方关注。马英九当局的南海立场比较明确,尤其体现在其2015年5月发表的"南海和平倡议"——该倡议全面系统地阐述了马英九当局的南海立场主张。而民进党作为岛内的重要政治力量,在台湾南海立场形成和发展过程中,同样扮演了重要角色。2016年初,台湾出现政权轮替,民进党重新上台执政,其南海立场与动向将对整个南海局势和两岸关系产生重要影响,值得密切关注。

第一节 马蔡交替之际台湾方面南海立场的主要动向

2014年至2015年,马英九当局的南海立场由模糊到清晰,明确地表达了积极维护台湾南海"主权"和海洋利益的主张;而以蔡英文为首的民进党则坚持模糊的南海立场,南海权益宣示上表现出消极态度。

一、马英九当局的南海立场及举措(2014—2015)

2014年至2015年间,台湾当局在南海问题上由被动回应到积极发声,以马英九为首的台湾当局较为有力地维护了自身南海权益,主动表达自身关切,积极谋求话语权。此外,基于岛内政治、两岸关系和美国因素的考虑,台湾当局虽多次强调在南海问题上与大陆没有合作的可能,但在实质作为上却较往年积极主动,与大陆形成了一种"不合作的合作"。[②]

---

[*] 刘超,广东省亚太地区发展研究中心助理研究员。
[①] 《台湾南海立场左右为难》,《南华早报》中文网,2015年6月1日,http://www.nanzao.com/tc/opinion/14dac893c5e4091/tai-wan-nan-hai-li-chang-zuo-you-wei-nan。
[②] 陈平平:《民进党执政,两岸南海合作何去何从》,中国南海研究院官网,2016年1月30日,http://www.nanhai.org.cn/index/php/Index/Research/review_c/id/148.html。

· 135 ·

（一）马英九当局利用多种场合坚持断续线，维护南海权益

2014年9月1日上午，马英九出席"'中华民国'南疆史料特展"开幕典礼时，强调南海的重要性，认为南海议题是"未爆弹"，值得各界共同思考。① 马英九表示，台湾当局在处理南海问题时，应积极进行"和平、非军事"的相关工作，目的是向国际社会展示台湾地区在南海"扮演很重要角色"，希望有任何关于南海的协商谈判，或者制定有关各国的行为规范时，"不能够被排除"。② 此外，2015年10月28日，台湾当局官员陈威仁强调，台湾地区"对南海'主权'的主张不变，过去我方针对南海所画定的'U型线'内岛礁为我固有疆域，任何一方片面改变对所有权的主张，我一概不予承认"。③

面对美国压力，马英九在维护南海权益上也显示出少见的"硬气"。前美国在台协会（AIT）台北办事处处长司徒文2014年9月14日表示，中国的南海断续线主张在全世界被认为"可笑"（laughable），中国台湾主张拥有整片南海权益的立场与中国大陆类似，台当局应认真考虑放弃拥有这一主张，改以实际控制的太平岛提出主张。④ 然而，马英九9月25日上午接见美国在台协会主席薄瑞光（Raymond F. Burghardt），并针对日前美方要求台当局放弃南海断续线立场，非常罕见地强硬表态说"不"。⑤

2015年间，马英九当局针对"南海仲裁案"发表了多份声明。7月7日，"南海仲裁案"开庭首日，马当局公布了声明，认为仲裁结果不具任何效力，也不予以承认，特别是在声明中指出，1947年的《南海诸岛位置图》呈现"中华民国政府"对于南海"领土"及"海域"的界限，台湾当局再次官方确定南海断续线作为南海海域主张的外部界限。⑥ 此外，马当局当日还发布太平岛影片，证明太平岛符合《联合国海洋法公约》第

---

① 《"总统"出席"中华民国南疆史料特展"开幕典礼》，"中华民国总统府"官网，2014年9月1日，http://www.president.gov.tw/Default.aspx?tabid=131&rmid=514&itemid=33125。
② 《南海谈判马："中华民国"不能缺席》，"自由时报"网，2014年9月2日，http://news.ltn.com.tw/news/politics/paper/809724。
③ 《台湾回应美军舰艇擅闯我岛礁海域：乐见美军巡南海》，观察者网，2015年10月29日，http://m.guancha.cn/military-affairs/2015—10—29—339273.shtml。
④ 《司徒文吁台以太平岛主张南海主权》，"自由时报"网，2014年9月14日，http://news.ltn.com.tw/news/politics/paper/813044。
⑤ 《马英九会见薄瑞光 强调我南海"主权"主张没改变》，"自由时报"网，2014年9月25日，http://news.ltn.com.tw/news/politics/breakingnews/1115207。
⑥ 高圣惕：《论南海争议与"中华民国"应处之道》，《远望》，2015年12月号（327期），http://presciencetw.blogspot.com/2015/12/blog-post_13.html。

121条"岛屿"要件等,举出一系列相关证据"捍卫领土及海域权利"。[①] 11月29日,"南海仲裁案"仲裁庭29日宣布受理菲律宾提出的"南海仲裁案",马当局30日再次表示,对仲裁庭的相关判断"不承认、也不接受",并发表七点立场。马当局认为,就历史、地理及国际法而言,南海诸岛皆为其固有领土及海域,并呼吁以和平方式解决争端。[②] 针对有中国台湾学者投书媒体,认为马当局对"南海仲裁案"毫无作为,12月15日台当局表示,面对"南海仲裁案"发展,一直"积极因应",保疆卫土决心毋庸置疑。[③]

(二) 马英九当局对南海岛礁的经营与管理

马英九在执政时期从未放松对所控南海岛礁的管理,以及对民众南海权益的意识强化。整体来看,马当局有意突出海洋科技、海洋环境和基础设施的适时经营,意图扮演负责任的"利害关系者"与"和平缔造者"的角色。[④] 他在2014年9月1日列举了台湾当局近年来积极推动南海事务的相关作为:2010年7月,正式启用"东沙环礁国家公园"管理站,执行《东沙国际海洋研究站计划》,推动东沙成为国际海洋研究重镇;2011年开始陆续划设东沙岛周边与南沙太平岛的矿区,并初步完成地质勘探及海域科学调查工作;从2011年起,分别举办"南沙研习营"与"东沙体验营",以强化南海诸岛重要性的认知;2011年12月,在南沙太平岛增建太阳光电系统,打造低碳岛;2012年8月,正式启用2700吨级的大型海洋研究船"海研五号",提升海洋科研能量;2013年11月起开始南沙太平岛交通基础整建工程;2013年12月,建置完成南沙太平岛的通信网络,便捷联系管道与紧急通信服务。[⑤] 2014年至2015年,台湾当局延续了在南海的作为,例如:2014年12月,台湾当局打造南沙太平岛成为低碳岛,第二期光电系统正式启用,除展现出"守护国土"的决心外,更彰显积极经

[①] 《南海仲裁案"外交部":保疆卫土积极因应》,"中央通讯社",2015年12月15日,http://www.cna.com.tw/news/firstnews/201512150400—1.aspx。

[②] 《国际仲裁庭受理南海争议"外交部":不承认不接受》,"自由时报"网,2015年10月31日,http://news/politics/breakingnews/1493333s/politics/paper/929458。

[③] 《南海仲裁案"外交部":保疆卫土积极因应》,"中央通讯社",2015年12月15日,http://www.cna.com.tw/news/firstnews/201512150400—1.aspx。

[④] 《中国划设南海九段线 美学者促马政府勿默认》,"自由时报"网,2014年4月18日,http://news.ltn.com.tw/news/politics/paper/771766。

[⑤] 《"总统"出席"中华民国南疆史料特展"开幕典礼》,"中华民国总统府"官网,2014年9月1日,http://www.president.gov.tw/Default.aspx?tabid=131&rmid=514&itemid=33125。

营南海的努力①；2015年2月，2015年度"全民国防南沙研习营"全面启动，在大学院校教师及博、硕士生中遴选组队②；2015年5月15日至18日，举办"2015东沙巡礼——海域安全及国家公园生态体验营"，以"台南"舰搭载20名岛内大专院校学生前往东沙岛，实地体验东沙环礁国家公园生态及周边海域执法现况，强化青年学生对南海权益及海洋政策的认识与支持。③ 2014年至2015年，台湾当局加强了对太平岛的基础设施建设。台湾当局大力加强在南沙太平岛上扩建跑道、码头、新建灯塔等基础设施，强化在南海的存在。太平岛新码头工程2014年2月以23.36亿新台币决标，2014年2月7日正式开工。2014年12月台湾当局决定在太平岛上兴建灯塔，并称"借由灯塔光芒，作为启动南海和平倡议的契机"，④ 2015年10月太平岛灯塔建成完工⑤。2015年12月12日，台当局相关部会官员搭机前往南沙太平岛，主持交通基础设施码头及灯塔的完工启用典礼。⑥

南沙太平岛码头、跑道等基础设施的建设，实际上也有着很重要的军事意义。不仅如此，就连一直较为敏感的南海军事建设，也随着南海局势的升温，在2014年至2015年间逐步被台当局放大声势。2014年4月10日上午，台海军执行"卫疆作战"之"规复作战"实兵演练，派出特遣舰队及一个陆战营兵力，在南沙太平岛执行大规模的实兵、全装两栖登陆演习，模拟"太平岛遭敌军攻占后，特遣部队抢滩成功，将太平岛控制重新拿回"，这也是台军方在2000年将太平岛防务移交"海巡署"后，首次以建制部队重返太平岛。⑦ 2014年5月19日，台当局军事部门副负责人夏立言在"立法院外交及国防委员会"指出，台军有"卫疆1、2号计划"，若

---

① 《南沙太平岛二期太阳能光电系统启用》，"自由时报"网，2014年12月16日，http://news.ltn.com.tw/news/local/paper/839506。
② 《"国防部"南沙研习营即日起报名》，"自由时报"网，2015年2月16日，http://news.ltn.com.tw/news/politics/paper/856450。
③ 《东沙生态巡礼 海巡带学子体验》，"自由时报"网，2015年5月18日，http://news.ltn.com.tw/news/life/breakingnews/1321320。
④ 《我彰显南海"主权"太平岛建灯塔》，"自由时报"网，2014年12月21日，http://news.ltn.com.tw/news/politics/paper/840788。
⑤ 《太平岛灯塔完工》，"自由时报"网，2015年10月25日，http://news.ltn.com.tw/news/focus/paper/926649。
⑥ 《陈威仁主持南沙太平岛灯塔启用典礼》，风传媒网，2015年12月12日，http://www.storm.mg/article/75863。
⑦ 《陆战队在太平岛进行大规模两栖演练》，"自由时报"网，2014年4月28日，http://news.ltn.com.tw/news/politics/breakingnews/996645。

太平岛出现状况，台军可以搭 C-130 运输机，4 小时后抵达。① 2014 年 5 月 30 日，台"海巡署长"王进旺回答质询太平岛的防御能力时表示，已在人员、火炮巡防艇及战备防护工事加强准备，同时与军事部门制订防护应变计划，严加固守，"不容许周边国家随意登岛或'路过'"。2014 年 11 月 5 日，台军方担心南沙权益及防务安全产生冲击，有官员指出，将审慎评估强化太平岛战力的各项可行性，包括在太平岛部署短程防空导弹、军舰及海巡舰常态进驻太平岛在内。② 2015 年 7 月 5 日，台当局表示，P3C 反潜机已具备初始作战能力，未来将以分阶段方式，执行台湾东南外海、东沙及南沙等相关巡弋任务，未来将持续强化东沙、南沙防务，以捍南海权益。③

（三）马英九当局对南海事务影响力的寻求：从"东海和平倡议"到"南海和平倡议"

马当局在东海、南海问题上的基本原则是"主权在我、搁置争议、和平互惠、共同开发"，同时也是其解决东海、南海问题的具体主张。在马英九的第二任期，才正式面对东海与南海的主权争议，而且都出于被动。日本对钓鱼岛的"国有化"行动，引发中日对峙、美国关切，马英九于是化被动为主动，在 2012 年 8 月提出"东海和平倡议"，并在一个月后赴彭佳屿宣示权利，提出"东海和平倡议推动纲领"。④ 美国对马英九的倡议表示肯定，加上后来"台日渔业协议"的签署，让马英九认定这是将理论实践于主权争议的"典范"，决定将此套路用于南海，2015 年 5 月"南海和平倡议"也就由此催生。⑤

2014 年 8 月 5 日，马英九出席"2014 年东海和平论坛"并在会上发言称："应思考如何将'东海和平倡议'的理念与精神，扩大运用到南海等东海以外地区去。"⑥ 2014 年 9 月马英九接见美国在台协会（AIT）主席

---

① 《扩充赤瓜礁威胁太平岛》，"自由时报"网，2014 年 5 月 20 日，http://news.ltn.com.tw/news/politics/paper/780479。
② 《军方评估 防空飞弹、军舰驻太平岛》，"自由时报"网，2014 年 11 月 5 日，http://news.ltn.com.tw/news/politics/paper/827515。
③ 《强化东南沙防务 "政院"：P3C 反潜机将分阶巡弋》，"自由时报"网，2015 年 7 月 5 日，http://news.ltn.com.tw/news/politics/breakingnews/136966010。
④ 陆行舟：《马非登太平岛不可的幕前幕后 不让扁成为唯一登岛"总统" 不让下任"政府"归责》，财讯网，《财讯双周刊》第 496 期，2016 年 2 月 10 日，http://www.wealth.com.tw/article_in.aspx?nid=6990。
⑤ 陆行舟：《马非登太平岛不可的幕前幕后 不让扁成为唯一登岛"总统" 不让下任"政府"归责》，财讯网，《财讯双周刊》第 496 期，2016 年 2 月 10 日，http://www.wealth.com.tw/article_in.aspx?nid=6990。
⑥ 《"总统"出席"2014 年东海和平论坛"开幕式》，"中华民国总统府"官网，2014 年 8 月 5 日，http://www.president.gov.tw/Default.aspx?tabid=131&rmid=514&itemid=32936。

薄瑞光时表示，台湾当局对于南海地区主张，"与过去没有任何改变"，并强调台湾当局希望在未来南海问题解决过程中，可以完全参与，有关解决问题的方法上，建议参考他所提出的"东海和平倡议"。① 对于南海争议现状，马英九则说，台方从未主张限制航行与飞越自由，而是主张"主权在我、搁置争议、和平互惠、共同开发"。② 马英九将这"四点主张"也作为日后其提出的"南海和平倡议"的基本原则与具体主张。2014年8月8日，美共和党全国委员会在芝加哥举行的"夏季大会"全会中，赞扬马英九的"东海和平倡议"，并正式通过"支持台湾在南海的和平倡议"（Resolution Supporting Taiwan's Peace Initiative in the South China Sea）决议案。③

2015年5月26日，马英九出席"2015年世界国际法学会与美国国际法学会亚太研究论坛"开幕典礼，借此场合发表"南海和平倡议"。他强调，南沙、西沙、中沙及东沙群岛与周边海域是属于固有"领土"及"海域"，持续在南沙群岛的太平岛上驻有人员，是台湾方面在此区域行使权利的明确证据。④ 马发表权利"五点呼吁"："自我克制，维持南海区域和平稳定，避免采取任何升高紧张情势的单边措施；尊重包括《联合国宪章》及《联合国海洋法公约》在内之相关国际法原则与精神，透过对话协商，以和平方式解决争端，共同维护南海地区海、空域航行及飞越自由与安全；将区域内各当事方纳入任何有助南海和平与繁荣的体制与措施；搁置主权争议，建立南海区域资源开发合作机制，整体规划、分区开发南海资源；就环保、科研与救灾等非传统安全议题建立协调及合作机制。"⑤ 此外，马英九还积极利用国际场合来推销他的"南海和平倡议"。马英九6月3日上午与美国斯坦福大学举行纪念二战胜利的视频会议，马指出，台湾当局除了在两岸与台美关系上寻求稳定发展之外，近年来以具体的行动，在东海及南海两大区域扮演"和平缔造者"的角色，"希望'南海和

---

① 《马英九会见薄瑞光 强调我南海"主权主张"没改变》，"自由时报"网，2014年9月25日，http://news.ltn.com.tw/news/politics/breakingnews/1115207。
② 《会见薄瑞光马英九重申不放弃南海九段线》，风传媒网，2014年9月25日，http://www.storm.mg/article/36231。
③ 《美共和党 支持我南海和平倡议》，"自由时报"网，2014年8月23日，http://news.ltn.com.tw/news/politics/paperhttp://news.ltn.com.tw/news/politics/paper/807036/790497。
④ 《马提南海和平倡议 吁对话协商》，"自由时报"网，2015年5月27日，http://news.ltn.com.tw/news/focus/paper/883963。
⑤ 《马提南海和平倡议 吁对话协商》，"自由时报"网，2015年5月27日，http://news.ltn.com.tw/news/focus/paper/883963。

平倡议'能达到'东海和平倡议'的效果",目的是降低南海局势紧张。①6月12日,马英九在美国《华尔街日报》发表《南海和平计划》署名文章,再度提出"南海和平倡议",呼吁各国以和解、合作的精神,把这个看似不可能的任务,转变成极为可能的任务,重申台当局主张南沙群岛、西沙群岛、中沙群岛、东沙群岛及其周遭海域权益,并强调台湾当局已经做好准备,要与南海其他声索方进行和平对话与合作。② 2015年9月29日,马英九与欧洲议会"友台小组"成员视频联机,会中指出欧洲带给他的一项启发是欧洲各国在北海议题上搁置争议,让他也以这样的原则提出"东海和平倡议",并实践在"台日渔业协议"上,希望接下来也能用相同的方式解决南海问题。③

自2013年"广大兴渔船"案开始谈判的"台菲渔业协议",终于在2015年APEC高峰会前夕(11月5日)完成签署。台湾当局领导人办公室发言人陈以信19日转述,马英九对"台菲渔业事务执法合作协议"表示肯定与欣慰,是马英九上任后"从台海、到东海、到南海"和平主张的实现。④ 但是,随后台湾当局就被"无情打脸",11月29日国际仲裁庭宣布受理菲律宾提出的"南海仲裁案",菲律宾认为太平岛为"礁岩"而非"岛屿",30日台湾当局被迫表示对仲裁庭的相关判断不承认、也不接受,太平岛更符合《联合国海洋法公约》121条岛屿要件。⑤

二、民进党的南海立场及主要动向(2014—2015)

2014年至2015年间,除苏贞昌短暂执掌民进党外,蔡英文的南海立场格外引人关注,整体上这期间民进党在南海问题上基本上都是被动回应,立场较为消极,更不会主动宣示捍卫南海权益的决心。如果被岛内舆论问及相关立场,只是使用模糊性的语言加以应对,而且一旦出现南海紧张形势,不是将矛头对准国外,反而多是批评岛内的国民党和中国大陆。

---

① 《纪念二战胜利 马向国际推销他的和平倡议》,"自由时报"网,2015年6月3日,http://news.ltn.com.tw/news/politics/breakingnews/1337379。
② 《马投书美媒 再提南海和平倡议》,"自由时报"网,2015年6月13日,http://news.ltn.com.tw/photo/politics/paper/572205。详见《华尔街时报》2015年6月12—14日周末版,第九版。
③ 《两岸年轻人只要成为朋友 就不会有战争》,"自由时报"网,2015年9月30日,http://news.ltn.com.tw/news/politics/breakingnews/1460544。
④ 《台菲渔业合作协定 马英九"南海和平倡议"实现》,风传媒网,2014年9月25日,http://www.storm.mg/article/36231。
⑤ 《国际仲裁庭受理南海争议 "外交部":不承认不接受》,"自由时报"网,2015年10月31日,http://news/politics/breakingnews/1493333s/politics/paper/929458。

（一）2014 年民进党内部分声音出现南海权益立场偏差

2014 年，民进党内尤其是部分高层和"精英"出现了公开放弃南海权益的声音，蔡英文没有主动澄清切割，并淡化处理称"个人主张"。[①] 2014 年 5 月，民进党秘书长、驻美代表吴钊燮曾撰文称，台湾在南海仅应主张目前占领的太平岛"主权"，南海断续线欠缺合法性。[②] 2014 年 9 月，台民进党籍民意代表张旭成参加"美国重返亚洲与区域安全国际研讨会"时表示，在 2016 年民进党重新上台后台湾当局就有了放弃南海诸岛的可能，民进党已经表示台湾"应当调整对南海的主张"。前民进党政权的另一位高官柯承亨也表示，民进党正思考是否要放弃对南海诸岛的主张。[③]

（二）2015 年民进党逐步模糊回应其南海权益立场

随着南海形势愈发紧张，同时面对国民党多次对其放弃南海权益言论的抨击，民进党开始逐步模糊回应其南海问题立场，突出不放弃太平岛及相关水域权益，避而不谈断续线。2015 年 5 月 26 日，马英九提出"南海和平倡议"；27 日，民进党发言人郑运鹏针对有关民进党放弃南海权益的说法回应表示，对于这种言论感到奇怪，民进党坚持对太平岛及相关周边海域的权益，类似说法可能是与民进党友好的学者所提出，不能代表民进党。[④] 郑运鹏指出，民进党主张在南海议题上，各方如果对主权有争议，都应该在国际法的规范下，依据《联合国海洋法公约》的规定作为基础，在国际机制下获得和平的解决与理性的讨论；民进党也主张公海有航行自由，反对任何挑衅的行为，坚持维护台湾地区在南海以及公海上面自由航行的权利。[⑤] 同一天，蔡英文在参加嘉南药理大学校园演讲时，重申民进党不会放弃太平岛的权益。她表示，将依照《联合国海洋法公约》的规定，以和平手段来处理，另外必须强调主张坚持在公海上的自由航行权，不能接受有任何的挑衅行为。[⑥] 针对"南海和平倡议"，民进党秘书长吴钊

[①] 张华：《蔡英文的南海政策及其影响》，中评网，2015 年 10 月 21 日，http://www.zhgpl.com/doc/1039/4/3/0/103943072.html。

[②] Jaushieh Wu, "The future of U.S.–Taiwan relations", The Diplomat website, May 14, 2014, available at: http://thediplomat.com/2014/05/the-future-of-u-s-taiwanrelations, 2015.7.18.

[③] 《民进党执政后放弃南海"主权"？蓝委抨击》，联合新闻网，2015 年 3 月 8 日，http://udn.com/news/story/6656/751320—民进党执政后放弃南海主权？蓝委抨击。

[④] 《传闻指绿执政拟放弃南海"主权" 民进党：觉得奇怪》，"自由时报"网，2015 年 5 月 27 日，http://news.ltn.com.tw/news/politics/breakingnews/1330967。

[⑤] 《传闻指绿执政拟放弃南海"主权" 民进党：觉得奇怪》，"自由时报"网，2015 年 5 月 27 日，http://news.ltn.com.tw/news/politics/breakingnews/1330967。

[⑥] 《南海争议 蔡英文：不会放弃太平岛"主权"》，"自由时报"网，2015 年 5 月 27 日，http://news.ltn.com.tw/news/politics/breakingnews/1329473。

燮则表示，台湾拥有太平岛及相关水域之权益，对南海议题当然不能置身事外，但马英九提出"东海和平倡议"时，将"三组双边"对话改为"一组三边"对话，导致日本疑惑中国台湾是不是要跟中国大陆联合对付日本，若此事无法澄清，"东海和平倡议"就只是一个口号，"南海和平倡议"也一样。① 7月28日，蔡英文针对李登辉称钓鱼岛"属于"日本的言论发表看法，称钓鱼岛"属于"台湾地区，国民党近来指责民进党说要放弃南海权益，但民进党从来没有放弃南海权益，是国民党一再扭曲民进党的立场。②

（三）民进党利用南海争议积极凸显国际上的"存在感"

2014年9月23日，民进党举行28周年党庆"外交使节"酒会，会上，蔡英文在会上表示，民进党在国际上将以维持亚太与台湾海峡的和平稳定为优先，台湾方面将持续积极与世界交流；民进党也了解避免冲突的重要性，将加强协助解决东海与南海等长期争端。③ 2015年6月，蔡英文在美国明确表示，不会放弃台湾在南海的权益主张以免被大陆视为挑衅，但相关争议台湾会坚持依国际法处理。④ 2015年9月23日，蔡英文宣布将推动"新南向政策"，针对南海紧张局势，蔡英文表示将审慎关注台湾方面在该地区的利益，也期待与不同的关系方进行对话，以和平方式化解冲突，未来民进党政权将致力于遵守国际法及《联合国海洋法公约》，并尊重航行自由。⑤

三、2016年"大选"前后台湾各方围绕南海立场的争论

民进党消极的南海立场成为国民党打选战的攻击点，民进党继续模糊回应。民进党胜选后，马英九终于踏上踌躇许久的太平岛之行，显然是不愿让陈水扁成为唯一登岛的台湾地区领导人，不让下一届民进党政权归责。⑥

---

① 《吴钊燮：马须说明是否与中国大陆联合》，"自由时报"网，2015年5月27日，http://news.ltn.com.tw/news/focus/paper/883964。
② 《蔡英文：从未放弃南海"主权"》，"自由时报"网，2015年7月29日，http://news.ltn.com.tw/news/politics/breakingnews/1394160。
③ 《蔡：维持亚太与和平稳定》，"自由时报"网，2014年9月24日，http://news.ltn.com.tw/news/politics/paper/815913。
④ 《蔡访美的天时、地利、人和》，"自由时报"网，2015年6月6日，http://news.ltn.com.tw/news/focus/paper/886958。
⑤ 《64国"使节"见证蔡发表"新南向政策"》，"自由时报"网，2015年9月23日，http://news.ltn.com.tw/news/politics/paper/917824。
⑥ 《强化东南沙防务 "政院"：P3C反潜机将分阶巡弋》，"自由时报"网，2015年7月5日，http://news.ltn.com.tw/news/politics/breakingnews/136966010。

(一)"大选"前国民党与民进党在南海问题上的攻防

2016年"大选"前,国民党候选人、党主席朱立伦延续了马英九的南海立场,并且和他一样主张开放政策。2015年10月28日,朱立伦接受媒体专访,被问到南海争议,他提出在太平岛上设立国家公园,创造"生态观光、和平、宣示主权"的三赢局面。朱立伦表示,南海议题中中国台湾也是重要角色,因为拥有太平岛①。29日,朱立伦谈到南海的争议,认为中国台湾要居中扮演"和平倡议者"的角色,进而推动"南海和平倡议",而在南海的经济资源归属方面,可以用联合开发的角度,让周边的国家都能共享利益。② 11月2日朱立伦又表达了开放太平岛观光的主张,对此,蔡英文回应说,朱应再去咨询专家意见,不要在没有经过进一步可行性研究之前,就抛出这个议题。蔡英文强调,南海问题是严肃的议题,可以强化当地的人道救援工作。③ 4日,蔡英文再次表达了民进党此前的南海立场,即遵循海洋法与国际海洋公约来处理,希望各方都能够依据国际规定提出各自的主张,主张确保南海地区的飞越、航行自由,争议必须透过和平方法来解决。④

国民党就民进党消极模糊的南海立场进行反击,国民党党团首席副书长李贵敏、国民党候选人朱立伦竞选总部主委胡志强、民意代表林郁方,2016年1月5日上午召开"台湾危机系列——台海争端贴向美日,战争阴影如影随形"记者会,要求蔡英文公开说明南海议题的主张及太平岛立场,"不要再当空心菜"。⑤ 民进党陈其迈、叶宜津随后召开记者会一再澄清,坚持太平岛与相关周边海域的权益,主张争议部分应遵循国际公约处理。⑥

(二)"大选"后马为即将执政的"蔡当局"在南海问题上戴"紧箍咒"

马英九原计划于2015年12月中旬登太平岛,以宣示对南海权益,最终却因天气原因取消行程,外传系因美国施压,总之未能成行,后由陈威

---

① 《太平岛拼观光盖国家公园 朱立伦开支票》,"自由时报"网,2015年10月28日,http://news.ltn.com.tw/news/politics/breakingnews/1490353。
② 《朱立伦谈"南海和平协议"》,"自由时报"网,2015年10月29日,http://news.ltn.com.tw/news/politics/breakingnews/1491177。
③ 《朱推太平岛观光 蔡宋轰奇想》,"自由时报"网,2015年11月4日,http://news.ltn.com.tw/news/politics/paper/929458。
④ 《朱推太平岛观光 蔡宋轰奇想》,"自由时报"网,2015年11月4日,http://news.ltn.com.tw/news/politics/paper/929458。
⑤ 《执政是否放弃南海"主权"蓝绿交锋》,"中央通讯社",2015年1月5日,http://www.cna.com.tw/news/firstnews/201610050170-1.aspx。
⑥ 《执政是否放弃南海"主权"蓝绿交锋》,"中央通讯社",2015年1月5日,http://www.cna.com.tw/news/firstnews/201610050170-1.aspx。

第五章 马蔡交替背景下的中国台湾南海立场

仁代行。马英九随后开展了一系列"护土行动"。① 台湾当局若不能及时在仲裁之前以具体行动宣示权益,太平岛可能因此丧失"岛屿"地位,进而失去经济海域,这不只是执政失能的事情,更是在任内丧失海上权益的大问题②,故马英九伺机登太平岛宣示权益。

2016年1月16日,蔡英文赢得选举。1月22日,台有关部门组织各专长学者组成"太平岛陆域生态环境调查团",登岛实地考察。③ 台当局1月27日上午宣布,马英九将在28日亲登太平岛访视,并表示曾通知相关"友邦",并邀请民进党派员同行。民进党拒绝派员,美、越等方面第一时间向马英九表示失望和反对,但马英九全然不顾,于28日上午11点左右抵达太平岛。此行最重要的任务,就是在太平岛发表公开谈话,重申"南海和平倡议",并提出实践倡议的"南海和平倡议路径图"。④ 马英九登太平岛宣示权益引发美方不满及国际关注,民进党批目前南海议题敏感,马不应有这种举措,其中民进党赵天麟认为,马英九登岛的后果会让新政府承担,说"民进党不接受,予以谴责",但扯到本岛权益担心被扩大解读,擦枪走火,民进党立刻切割。⑤

马英九面对民进党的批评声,反批"反对的人是在扯后腿",对于民进党婉拒派员同行,马英九强调,邀请民进党同行,是尊重制度。对于马英九称"不要扯后腿",民进党主席蔡英文认为"非常不恰当"。马英九2月1日再度提到登上太平岛的必要性、正当性与迫切性,太平岛被"降格"为岩礁,后果将非常严重。⑥ 马英九说,宁可忍受少数人士"谴责"登岛时机不当,也不愿在日后仲裁庭对太平岛做出不利判决时,才被事后舆论批评是"玩忽职守"。⑦

---

① 《台"外交部"邀外媒登太平岛 见证太平岛是"岛"非"礁"》,环球网,2016年3月18日,http://w.huanqiu.com/r/MV8wXzg3Mjc2NDdfMTI2MI8xNDU4MjM3OTAw。

② 陆行舟:《马非登太平岛不可的幕前幕后 不让扁成为唯一登岛"总统" 不让下任"政府"归责》,财讯网,《财讯双周刊》第496期,2016年2月10日,http://www.wealth.com.tw/article_in.aspx?nid=6990。

③ 《台"外交部"邀外媒登太平岛 见证太平岛是"岛"非"礁"》,环球网,2016年3月18日,http://w.huanqiu.com/r/MV8wXzg3Mjc2NDdfMTI2MI8xNDU4MjM3OTAw。

④ 《赵天麟谴责"总统"登岛》,TVBS新闻网,2016年1月29日,http://news.tvbs.com.tw/politics/news—637554/。

⑤ 《赵天麟谴责"总统"登岛》,TVBS新闻网,2016年1月29日,http://news.tvbs.com.tw/politics/news—637554/。

⑥ 《忧心太平岛被降格为"岩礁"》,风传媒网,2016年2月1日,http://www.storm.org/article/80851。

⑦ 《忧心太平岛被降格为"岩礁"》,风传媒网,2016年2月1日,http://www.storm.mg/article/80851。

2016年2月，美国总统奥巴马在东盟十国领袖峰会结束后，呼吁南海当事国家透过法律手段和平解决争端，尊重"南海仲裁案"即将做出的判决。17日马当局表示，由于仲裁庭没有征询中国台湾一方意见，在被排斥的情况下，台当局目前不接受仲裁庭判决，但对于奥巴马呼吁透过法律手段和平解决争端，与"南海和平倡议"基本原则不谋而合。①

根据台湾媒体《联合报》报道，台"国际法学会"南海小组成员、台湾师范大学政治研究所国际法教授王冠雄在2016年3月3日表示，他从不同学术管道得知，仲裁庭已发函至菲律宾和中国大陆，在信函中提到仲裁庭留意到台当局透过登岛声张权益的信息，要求中、菲双方就中国台湾一方主张太平岛是"岛"，不是"礁"予以说明，形势发展对中国台湾一方有利。② 王冠雄认为，若仲裁庭认定太平岛符合《联合国海洋法公约》中"岛"的定义，中国台湾一方有资格主张太平岛周围200海里为经济海域。③ 中国台湾另一位国际关系学者蔡翼提出马英九在最后任期内，"拿出魄力与勇气，宣布太平岛的200海里经济海域"。④ 不久后3月17日，台当局宣布于3月底计划安排外媒驻台记者搭乘台空军C-130运输机飞往太平岛。⑤

马英九当局在邀请媒体登岛之前，3月21日发表中英文双语版《"中华民国"南海政策说帖》（Position Paper on "ROC" South China Sea Policy），最全面表达了台湾当局的南海立场，除重申南海诸岛及周遭水域的权益与"南海和平倡议"的主张外，此份文件还着重从历史、地理、国际法角度详述了对南海的权益依据，强调了太平岛符合岛屿的要件，以及对太平岛的和平经营管理。⑥

仅过两日，23日台当局为宣传太平岛"是岛不是礁"，邀请十家外国

---

① 《奥巴马呼吁遵守南海仲裁结果》，东森新闻网，2016年2月17日，http://www.etoday.net/news/20160217/649095.htm?feature=rapaq&tab_id=119。
② 《马登太平岛国际仲裁庭注意到了》，联合新闻网，2016年3月4日，http://udn.com/news/story/6656/1540288。
③ 《马登太平岛国际仲裁庭注意到了》，联合新闻网，2016年3月4日，http://udn.com/news/story/6656/1540288。
④ 蔡翼：《马英九应宣布太平岛经济海域》，2016年3月19日，http://www.washingtonchinesepost.us/postfiles/20160319/A11.pdf。
⑤ 《台"外交部"邀外媒登太平岛 见证太平岛是"岛"非"礁"》，环球网，2016年3月18日，http://w.huanqiu.com/r/MV8wXzg3Mjc2NDdfMTI2MI8xNDU4MjM3OTAw。
⑥ 详文请参考台"外交部"网站，中文版pdf链接：http://www.mofa.gov.tw/Upload/RelFile/643/156143/%E4%B8%AD%E8%8F%AF%E6%B0%91%E5%9C%8B%E5%8D%97E6%B5%B7%E6%94%BF%E7%AD%96%E8%AA%AA%E5%B8%96.pdf；英文版pdf链接：http://www.mofa.gov.tw/Upload/RelFile/643/156142/Position%20Paper%20on%20ROC%20South%20China%20Sea%20Policy_.pdf。

第五章 马蔡交替背景下的中国台湾南海立场

媒体登上太平岛探访,并定名为"弘声专案",包括 CNN、半岛电视台、《华尔街日报》、《金融时报》、美联社、法新社、路透社、彭博社及日本的共同社、《读卖新闻》,并于晚间返抵台湾,马英九召开记者会并与记者茶叙。① 马英九正式邀请菲律宾派代表或律师登岛,也欢迎荷兰五位仲裁员登太平岛。② 在记者会上,马英九与台"国际法学会"南海小组成员、政大教授陈纯一宣布,由于中国台湾一方未参与"南海仲裁案",因此中国台湾"国际法学会"已于23日正式递交《法庭之友意见书》,提出太平岛做为岛屿的各项证据,台"国际法学会"南海小组实地勘查太平岛,各自提出地质、土壤、水质及植被四份调查报告,一致肯认太平岛是岛屿。③ 在这些证据支撑下,马英九首次称拥有太平岛12海里的"领海"外,并主张200海里的专属经济区及大陆礁层。最后马英九没有忘记"安抚"美国,强调了台方要把太平岛打造成一个低碳岛、生态岛,完全遵守联合国规范,不会造成局势紧张,不会忽略美国的"三停原则"(填海造陆、大兴土木、军事化)④。

马当局赶在仲裁案出结果之前动作频频,除了为台方主张权益外,实际上也是为"蔡当局"在南海立场方面加"紧箍咒"。

第二节 马蔡当局南海立场的异同

通过对近两年马英九当局和民进党南海立场主要动向的梳理,笔者总结了马英九当局和民进党基本的南海立场。马当局(国民党)坚持主张南沙群岛、西沙群岛、中沙群岛、东沙群岛及周遭海域为中国台湾固有"领土"及"海域"(坚持南海断续线为其南海海域主张),强调中国台湾已做好与南海其他声索方进行和平对话和参与多边机制的准备,尊重包括《联合国宪章》及《联合国海洋法公约》在内的相关国际法原则与精神,透过对话,以和平方式解决争端,共同维护南海地区海、空域航行及飞越自由与安全。民进党

---

① 《首登太平岛 外媒:确实是座岛》,《中时电子报》,2016年3月23日,http://www.chinatimes.com/realtimenews/20160323006659—260401。

② 《眼见为凭!马"总统"邀菲国派代表登太平岛》,《中时电子报》,2016年3月23日,http://www.chinatimes.com/realtimenews/20160323006386—260401? from = singlemessage&isappinstalled = 1。

③ 《马英九痛斥菲律宾荒谬 台湾向南海仲裁庭递交意见书》,Wells 法学微信公众号,2016年3月24日,https://mp.weixin.qq.com/s?__biz = MjM5MTA0NTQxNw = = &mid = 403127100&idx = 1&sn = 8d48d03eebb101c4158aefd14548c8ff&scene = 1&srcid = 0324nLVYFbKJOVnV8UFkeTR0&pass_ticket = 3tEmXTswNoEtpDApdfLAK3B9lxSp% 2BdSkRZpfhVUFNNZpiTAc6Ya% 2F% 2FZkFpgRuO6Zw#rd。

④ 《眼见为凭!马"总统"邀菲国派代表登太平岛》,《中时电子报》,2016年3月23日,http://www.chinatimes.com/realtimenews/20160323006386—260401? from = singlemessage&isappinstalled = 1。

认为中国台湾拥有太平岛及相关周边海域的权益,故对于南海议题无法置身事外。民进党认为南海争议应和平解决,期待台湾当局与不同的关系方进行对话,将遵守国际法和《联合国海洋法公约》,尊重飞越、航行自由不受干扰,突出太平岛在国际人道主义救援方面的作用。通过比较不难发现两党在南海立场上有部分相似之处,但差异点要比趋同点多。

一、马英九当局与民进党在南海立场上的趋同点

一是都主张通过国际法框架和平解决争端。通过梳理两党对于解决南海争议的表态可以看出,都主张南海各方依据《联合国宪章》与《联合国海洋法公约》和平解决南海争议问题。就国民党方面而言,例如在马英九发表"南海和平倡议"时提出的五点呼吁中,称"尊重包括《联合国宪章》及《联合国海洋法公约》在内之相关国际法原则与精神,透过对话协商,以和平方式解决争端"。[①] 就民进党方面而言,蔡英文在回应马英九"南海和平倡议"时表示,"将依照《联合国海洋法公约》的规定,以和平手段来处理"南海争议。[②] 蔡英文称,对于南海争议"会坚持依国际法处理"。[③]

二是都谋求作为"一方"参与多边对话与谈判。就国民党方面而言,马英九多次表态,台方为南海争议中的一方,要利用多边机制参与南海问题的解决。例如,马英九在2014年9月出席"'中华民国'南疆史料特展"时强调,台方很用心经营南海岛屿,希望有任何关于南海的协商谈判,或者制定有关各方的行为规范时,中国台湾都不能缺席。[④] 马英九在《华尔街时报》发表文章《南海和平计划》称,台方已做好准备与其他声索方进行和平对话与合作。[⑤] 就民进党方面而言,蔡英文宣布民进党将推动"新南向政策"时称,未来民进党政府将审慎关注中国台湾在该地区的战略利益,也期待与不同的关系方进行对话。[⑥]

[①]《马提南海和平倡议 吁对话协商》,"自由时报"网,2015年5月27日,http://news.ltn.com.tw/news/focus/paper/883963。

[②]《南海争议 蔡英文:不会放弃太平岛"主权"》,"自由时报"网,2015年5月27日,http://news.ltn.com.tw/news/politics/breakingnews/1329473。

[③]《蔡英文:在"中华民国"宪政体制下推动两岸关系》,"自由时报"网,2015年6月5日,http://news.ltn.com.tw/news/focus/paper/886655。

[④]《南海谈判 马:"中华民国"不能缺席》,"自由时报"网,2014年9月2日,http://news.ltn.com.tw/news/politics/paper/809724。

[⑤]《马投书美媒 再提南海和平倡议》,"自由时报"网,2015年6月13日,http://news.ltn.com.tw/photo/politics/paper/572205。详见《华尔街时报》2015年6月12—14日周末版,第九版。

[⑥]《64国"使节"见证 蔡发表"新南向政策"》,"自由时报"网,2015年9月23日,http://news.ltn.com.tw/news/politics/paper/917824。

三是都有着较为亲美的南海政策。无论是国民党还是民进党都视美国为"盟友"和"安全保护者",自然在南海立场上比较靠近美国。美台双方南海互动较为频繁。就国民党方面而言,例如马当局驻美代表2014年1月报告中呼吁台美共同合作处理东海及南海区域争议①;美国国务院也"赞赏"马英九提出的"南海和平倡议"。对于美军舰10月27日非法擅闯我岛礁海域事件,马当局高广圻28日接受质询时表示,"只要不碍于区域和平稳定,台军对美军巡航南海的态度是乐观其成。"② 就民进党方面而言,利用国际场合向美方多次表达善意,尤其在南海问题上更加配合美国的南海政策。民进党谢长廷向蔡英文建议,"民进党应积极表达对美国的善意及处理国际问题的能力。"③

二、马英九当局与民进党在南海立场上的差异点

首先,二者在南海权益上存在差异。国民党坚持断续线明确立场,而民进党"不放弃太平岛"模糊权益。

马当局在多个场合明确表达了南沙、西沙、中沙及东沙群岛与周边海域是固有"领土"及"海域",尤其是马当局2015年7月7日对外再次官方确定南海断续线作为南海海域主张的外部界限。此外,2015年10月28日,台当局官员陈威仁强调,中国台湾"对南海的主张不变,过去我方针对南海所画定的'U型线'内岛礁为固有疆域,任何一方片面改变对所有权的主张,一概不予承认"。④ 而民进党对断续线持消极立场,权益立场表达模糊,从未坚持拥有整个南海的主张,例如民进党在回应马英九"南海和平倡议"时,其发言人郑运鹏强调民进党坚持"太平岛及相关周边海域的权益"⑤;秘书长吴钊燮回应"拥有太平岛权益及相关水域拥有权"⑥。即使在选举过程中,蔡英文在回应民进党南海权益时也只是称"民进党不

---

① 《金溥聪:争取台湾参与美环太军演》,"自由时报"网,2014年1月5日,http://news.ltn.com.tw/news/politics/paper/744179。
② 《台湾回应美军舰艇擅闯我岛礁海域:乐见美军巡南海》,观察者网,2015年10月29日,http://m.guancha.cn/military-affairs/2015—10—29—339273.shtml。
③ 《吴钊燮:马须说明是否与中国大陆联合》,"自由时报"网,2015年5月27日,http://news.ltn.com.tw/news/focus/paper/883964。
④ 《台湾回应美军舰艇擅闯我岛礁海域:乐见美军巡南海》,观察者网,2015年10月29日,http://m.guancha.cn/military-affairs/2015—10—29—339273.shtml。
⑤ 《传闻指绿执政拟放弃南海"主权"民进党:觉得奇怪》,"自由时报"网,2015年5月27日,http://news.ltn.com.tw/news/politics/breakingnews/1330967。
⑥ 《吴钊燮:马须说明是否与中国大陆联合》,"自由时报"网,2015年5月27日,http://news.ltn.com.tw/news/focus/paper/883964。

会放弃太平岛的权益"①;回应国民党诘问,民进党陈其迈、叶宜津召开记者会响应,民进党"坚持太平岛与相关周边海域的权益"。

其次,二者在对待美国南海政策上存在差异。国民党对美妥协有限有度,而民进党更加迎合美国的南海政策和亚太战略。②

虽然国民党和民进党都比较亲美,但是在南海问题上国民党总体对美妥协是有一定限度的。面对美国要求台方对断续线的立场进行澄清,并不断施压,马当局始终没有松口,并多次回应坚持断续线。此外,2016年2月,美国总统奥巴马呼吁南海各方尊重"南海仲裁案"即将做出的判决,马当局表示,由于仲裁庭没有征询台方意见,台当局目前不接受仲裁庭判决,但对于奥巴马呼吁透过法律手段和平解决争端,马当局回应称与"南海和平倡议"基本原则不谋而合③,此回应显示出马当局对美方妥协较为纠结。民进党对美国的迎会较为"赤裸",在多次表态中重点强调南海的"巡航自由",更加迎合和配合美国在南海的政策与战略。此外,民进党谢长廷认为蔡英文可将美国维持南海现状的表述顺势纳入其"维持现状"的主张,"表达和美国相同的立场,坚持维持现状,让各国都可以自由通行,不要去增加限制,变更地形地貌,若朝野两党都力主维持和平现状,这对防止'弃台论'才有利"。④

最后,二者在南海问题的两岸合作上存在差异。国民党对两岸联手态度温和,而民进党则"上纲上线"。

虽然两岸民间一直有"两岸在南海协作"的呼声,但是近两年国民党和民进党双方均无表态与大陆在南海问题上进行合作。国民党的态度较为温和,使得两岸在南海议题上给人一种"默契"感。例如,如前所述马当局顶住美国压力,重申主张南海断续线;马当局对"南海仲裁案"结果"不承认、不接受",与大陆"不接受、不参与"立场形成呼应⑤。但是民

---

① 《南海争议 蔡英文:不会放弃太平岛"主权"》,"自由时报"网,2015年5月27日,http://news.ltn.com.tw/news/politics/breakingnews/1329473。

② 参考王建民研究员观点。王建民:《蓝绿两党南海政策有何异同?》,海峡导报网,2015年12月19日,http://m.epaper.taihainet.com/20151219/hxdb585797.html。

③ 《奥巴马呼吁遵守南海仲裁结果》,东森新闻网,2016年2月17日,http://www.ettoday.net/news/20160217/649095.htm?feature=rapaq&tab_id=119。

④ 《吴钊燮:马须说明是否与中国大陆联合》,"自由时报"网,2015年5月27日,http://news.ltn.com.tw/news/focus/paper/883964。

⑤ 陈平平:《民进党执政 两岸南海合作何去何从?》,中国南海研究院官网,2016年1月30日,http://www.nanhai.org.cn/index.php/Index/Research/review_c/id/148.html。

进党却对两岸南海合作十分反感,坚持与大陆区隔①,担心两岸南海合作有损"美台互信",② 所以对处理南海问题中涉及任何大陆因素的事情都"上纲上线"。例如,2014年5月,越南发生暴力反华事件后,时任民进党主席苏贞昌表示,"台湾对南海争执海域的问题,不会跟中国大陆同步"③;2014年11月5日,台当局组织赴太平岛考察,民进党邱志伟抗议马当局租用有大陆背景的工作船负责载运南沙太平岛码头工程使用的沉箱,担心泄露航道上及太平岛周边水文资料④,并引发多名民进党"议员"向马当局提出抗议,迫使马当局遣送相关船只;另外,台湾政治大学刘国复、台"中央研究院"宋燕辉等人与大陆学者开展合作研究,民进党萧美琴竟然上升到"安全层面"进行打压。⑤

三、造成两党南海政策差异性的因素

国民党和民进党在处理南海问题时都有各自的"小算盘",并且各自都受到外部压力,使得两党在处理南海问题时都格外谨慎。

(一)"蓝"与"绿"的恶斗

岛内两党斗争激烈,尤其是马当局支持率长期低迷,民进党为了自己的政治利益,尤其是近两年对于马英九的南海立场主张和维护南海权益的行动,找各种理由进行反对与质疑。南海问题成为两党恶斗的战场,民进党又步入了"为了反对而反对"的劣性政治,为马当局维护南海权益制造了不少压力与阻碍,同时民进党的消极与短视也造成了自己南海立场的模糊与摇摆,为国民党留下不断攻击的把柄。例如,马英九2015年5月提出"南海和平倡议",民进党秘书长吴钊燮批评马英九之前"东海和平倡议"就只是一个口号,"南海和平倡议"也一样⑥。国民党也在2015年5月蔡英文赴美前夕和2016年1月大选前夕,对民进党的南海立场进行拷问,逼

---

① 张华:《蔡英文的南海政策及其影响》,中评网,2015年10月21日,http://www.zhgpl.com/doc/1039/4/3/0/103943072.html。
② 《两岸共护南海 蔡英文态度保留》,"中央日报"网络版,2011年06月20日,http://cdnews.com.tw/cdnews_site/touch/detail.jsp?coluid=108&docid=101569467。
③ 王建民:《蓝绿两党南海政策有何异同?》,海峡导报网,2015年12月19日,http://m.epaper.taihainet.com/20151219/hxdb585797.html。
④ 《国安堪虞 太平岛建码头 中国大陆船参与》,"自由时报"网,2014年11月6日,http://news.ltn.com.tw/news/politics/paper/827832。
⑤ 张华:《蔡英文的南海政策及其影响》,中评网,2015年10月21日,http://www.zhgpl.com/doc/1039/4/3/0/103943072.html。
⑥ 《吴钊燮:马须说明是否与中国大陆联合》,"自由时报"网,2015年5月27日,http://news.ltn.com.tw/news/focus/paper/883964。

迫蔡英文表态。

（二）岛内民意与南海资源的驱使

虽然岛内"台独"势力不断强化民众对"台澎金马"疆域的认识，基于国民党历史上的长期执政与教育，岛内主体民意认为台方应拥有对南海的全部权益。相较于东海方面钓鱼岛争议，岛内民众面对东南亚国家的"底气"要比日本强很多，原因在于岛内民众认为台湾地区综合实力更强。虽然目前南海对于岛内民众并没有太大经济利益联系，但因对南海丰富的生物资源和油气资源抱有憧憬，综合因素下台湾民众对南海权益的民意支持度相对较高，故民进党不敢公开宣称放弃马当局所主张的南海权益。值得注意的是，2015年5月，台方中华航空已启动南海投资案，设立南海联合石油公司，项目目前都没有设限，包括油田开采、运油，甚至饭店等等。①

（三）两岸因素的影响

绿营南海问题权威学者林廷辉认为，"南海问题涉及两岸问题、统独意识形态等多层面问题，并非单纯的南海问题。"② 民进党一直模糊其南海立场，不敢明确表示放弃整个南海权益，其原因在于放弃南海权益势将连动到"破坏现状"的两岸敏感神经。

（四）美国和其他势力的压力

美国因素是国民党和民进党在处理南海问题上特别审慎的一个要素。美国在南海问题上积极拉拢日本和东南亚国家联手制约中国大陆，并且频频向台湾当局释放信号，一方面鼓励台湾当局与其他争议方对话，积极参与南海问题。例如：2014年4月白宫发言人称"台湾是南海主张方之一，美国鼓励台湾当局与其他的主张方对话"③；2015年9月29日，由美国参众两院大会通过的《2016国防授权法案》协商报告中，第1263节具体提出"南海倡议"（South China Sea Initiative），授权美国政府提供南海各国及地区相关援助与组织训练，该倡议同意文莱、新加坡与中国台湾等国家和地区以个人名义参与，显示美国积极思考中国台湾在"南海倡议"中的

---

① 《中航启动南海投资案 但无具体时程表》，"自由时报"网，2015年5月12日，http://news.ltn.com.tw/news/business/breakingnews/1314626。
② 《学者：马主张一中 自断南海发言权》，"自由时报"网，2015年7月25日，http://news.ltn.com.tw/news/focus/paper/900911。
③ 《南海主权争议 美鼓励台方与主张国对话》，"自由时报"网，2014年4月22日，http://news.ltn.com.tw/news/politics/paper/772769。

角色,并在南海事务上与台湾维持一定的合作关系。① 另一方面美国各界不断向马当局强力施压,要求澄清断续线的立场,力阻马英九登太平岛宣示权益等。如之前所述,前在台协会台北办事处处长司徒文和前美国白宫国安会亚洲事务资深主任贝德建议台方放弃断续线主张②;另一位前美国白宫国安会亚洲事务高级主任麦艾文2015年12月在公开演说中表示,前往太平岛,对脆弱的南海情势将"适得其反"。《南华早报》的评论部分说出了台方左右为难的境地:"台湾地区夹处在中国大陆和美国两强之间,对于南海权益的论述已经陷入左右为难的困局:一方面不愿因为放弃'U'型线触怒大陆,引发两岸空前矛盾,另一方面又必须配合参加美国联合东盟向大陆施压的'南海策略',促成'南海行为准则'的及早实现。"③

第三节 马蔡交替之际南海立场走向分析

2016年3月5日,中国国家主席习近平公开表示,对台方针不因台湾方面政局变化而有所变化,将"坚决遏制任何形式的'台独'分裂行径,维护国家主权和领土完整,绝不让国家分裂的历史悲剧重演",亮出了对台工作思路④,民进党随后便做出了"维持现状"的回应。目前民进党虽然掌握了台立法机构中的多数议席,但是在南海问题上将会受到国民党和以"时代力量"为代表的第三势力的很大牵制。2016年大选后曾被民进党视为"小弟"的"时代力量",目前在许多方面与民进党产生不和。值得注意的是,"时代力量"党主席黄国昌在马英九登太平岛后受访表示,南海争议的国际仲裁中,台湾地区没有声音、角色,若美国把台当成亚太区域的重要"盟友",台湾地区作为声索方之一,美国应表达积极支持的态度,而不是"在外面说三道四"⑤。这样的表态显示出第三势力不会完全跟着民进党迎合美国的南海政策走。鉴于目前局势,结合台湾大选后民进党的涉南海言论,例如从吴钊燮在美国智库CSIS的讲话中可以预判,民进党

---

① 《林廷辉:速公告太平岛领海基线》,"自由时报"网,2015年10月28日,http://news.ltn.com.tw/news/politics/paper/927483。
② 《司徒文吁台以太平岛主张南海"主权"》,"自由时报"网,2014年9月14日,http://news.ltn.com.tw/news/politics/paper/813044。
③ 《台湾南海立场左右为难》,《南华早报》中文网,2015年6月1日,http://www.nanzao.com/tc/opinion/14dac893c5e4091/tai-wan-nan-hai-li-chang-zuo-you-wei-nan。
④ 《决遏制任何形式的"台独"分裂行径》,凤凰网,2016年3月7日,http://news.ifeng.com/a/20160307/47718172_0.shtml。
⑤ 《要美国别说三道四 黄国昌:应把台湾当作"盟友"而非棋子》,风传媒网,2016年1月28日,http://www.storm.org/article/80309。

不会贸然放弃南海主张，但将会把台方南海立场带入调整期。

一、以"维持现状"为借口，继续在南海立场上的模糊策略

民进党清楚地认识到对于断续线的澄清和变更，一是自己承诺在"现行宪政体制"下放弃断续线"宪法"不允许；二是若放弃断续线，几乎等同于公然挑战两岸对一个中国的共识，会将两岸关系置于危险境地，所以民进党将继续持有对南海权益的模糊立场。民进党智库内部也对如何面对断续线进行了定调，马当局一直未进行断续线的法律论述，"现在的民进党没办法处理这个问题"[1]。民进党多次回应以"维持现状"来稳定两岸关系，南海问题上虽然有压力，但也曾以各方"维持现状"来回应，这样既可以应付大陆的压力，又能够配合美国攻击大陆"填海造岛"，同时也符合美国对于两岸关系的一贯主张。故民进党还是会延续之前模糊主张，坚持东沙与太平岛及相关水域权益，维持目前台方在南海的现状，避而不谈断续线，而是突出遵守国际法和《联合国海洋法公约》，强调南海航行自由，从而达到避重就轻，切割大陆，迎合美日的目的。

二、以强调"航行自由"为侧重，提升与美日在南海问题上的趋同

目前蔡英文的南海立场是在坚持过去民进党的南海立场的同时，加上并且着重强调了"南海航行自由"这一主张，这使民进党的南海立场与美国呈现80%的相似度。[2] 在2015年美、日"友绿"信号强烈，5月蔡英文在美时受到美方高规格接待，10月安倍给予蔡史上最高规格待遇，之所以如此，隐含确立"美日台安保同盟"的战略意图，进一步在亚洲孤立中国大陆。在2015年8月22日台方前驻日代表许世楷提出，"日本解禁集体自卫权，联合与受中国大陆'威胁'的国家和地区，未来台湾地区有可能在美日同盟延长线上扮演一定角色"[3]，这样的表述赤裸裸地表达了配合美、日牵制中国大陆的意图。目前面对大陆对自己形成的强大压力，中美、中日之间因南海、东海问题关系倒退，导致蔡英文的南海立场拥抱美、日是必然。蔡英文在执政后，将会继续提升美、日、台之间的三角关系，加紧

---

[1] 《南海议题 绿智库建议三阶段论述》，"自由时报"网，2015年6月3日，http://news.ltn.com.tw/news/focus/paper/886005。

[2] 张华：《蔡英文的南海政策及其影响》，中评网，2015年10月21日，http://www.zhgpl.com/doc/1039/4/3/0/103943072.html。

[3] 《美日同盟延长线 许世楷：台可扮演角色》，"中央通讯社"，2015年8月22日，http://www.taiwanncf.org.tw/seminar/report/CNA20150822.pdf。

强化美、日对民进党当局的信任。所以民进党执政后,将继续强调"自由航行"来迎合美国在南海的主张,并且民进党内部一直有声音利用太平岛联合美、日进行人道主义救援演习,以实际行动来迎合美国在南海的主张。

三、以国际法与《联合国海洋法公约》为框架,限制中国大陆对南海的主权声索

虽然国民党和民进党都提出通过国际法解决南海争端,若是注意用词和字眼,会发现国民党的表态都是"尊重"国际法和《联合国海洋法公约》的"原则和精神",例如马当局回应"南海仲裁案"时呼吁,"南海周边各方需一同遵守《联合国宪章》以及《联合国海洋法公约》的精神"[①],而民进党的表态是"遵守"或"依据"国际法和《联合国海洋法公约》来解决争议,蔡英文已经不只一次重申,关于南海该主张的权益都会主张,至于争议的部分,将会遵照国际法相关规定,尤其是依据海洋法公约的规定来处理[②]。民进党所谓依据国际法和平解决,尤其是遵守《联合国海洋法公约》,实际上就是放弃南海权益的隐晦说法,也是拿国际法作为放弃南海权益的挡箭牌。[③]

四、借太平岛"国际人道主义化",推动"新向南政策"拓展国际空间

民进党执政后会继续太平岛与东沙的开发经营,完善马当局在太平岛的基础设施建设,民进党早在2014年12月5日在台、美两地同时公布第八号以"人道救助与灾害防救"为主题的"国防政策蓝皮书",蔡英文表示,民进党重返执政,将规划太平岛建设成为"海外人道救援与灾害防救"的前置基地,而且将主动协助相关的组织如东盟人道救援中心、日本东盟整合基金或美国国际开发署在南海的人道救援与灾害救援。[④] 此外,蔡英文在2015年11月时强调南海问题是严肃的议题,在太平岛上的设施,

---

[①] 《国际仲裁庭受理南海争议"外交部":不承认不接受》,"自由时报"网,2015年10月31日,http://news/politics/breakingnews/1493333s/politics/paper/929458。

[②] 《反驳蓝营智库投书》,"自由时报"网,2015年6月26日,http://news.ltn.com.tw/news/politics/breakingnews/1360167。

[③] 张华:《蔡英文的南海政策及其影响》,中评网,2015年10月21日,http://www.zhgpl.com/doc/1039/4/3/0/103943072.html。

[④] 《民进党国防蓝皮书 太平岛成人道救援基地》,风传媒网,2014年12月5日,http://www.storm.org/article/25414。

还有在南海的能量可以强化当地的人道救援工作。[①] 美国也有声音为太平岛的"国际人道主义化"站台，美国众议员裴恩在国会声明中表示，台湾在太平岛设立医院，有 20 件关于人道救援的案例，充分展现台湾对人道关怀的贡献。[②] 2015 年 9 月 23 日，蔡英文在民进党举办的酒会上宣布，将推动"新南向政策"，意图强化中国台湾与东盟和印度的整体关系。太平岛"国际人道主义"在民进党看来是其换取东盟和域外国家支持的一个有力支点，推动其"新向南政策"的实施，从而为其在南海问题上谋求固定角色寻找突破口。此外，中国南海研究院海洋经济研究所副所长陈平平认为，民进党执政后会"继续加强太平岛的人道救援与灾害防救等非传统安全的基地建设，但不排除为了换取东盟和域外国家的支持，以太平岛为基地向与美国、日本等域外国家共享中国大陆在南海岛礁建设的情报信息"。[③]

结　语

总体而言，蔡英文及其团队、乃至整个民进党，在未来对于南海问题的立场将基于以下几个前提：一是不会放弃其建党以来的"民粹主义"路线，在对南海问题进行经济、民生利益解读时将持维权立场；二是不会放弃其与大陆方面"保持距离"的现状，在诠释南海立场时必将会尽力规避与大陆过度趋同，以防止岛内"泛绿"群体出现疑虑；三是不轻易放弃民进党长期的对美日的友好路线，这将在第一点的中和之下，促使民进党继续保持南海立场的总体模糊性。由于民进党反对两岸在南海的任何互动，在其执政后，两岸携手共护南海主权的希望将几乎不存在，其不主动的作为以及配合美国的"小动作"，将会为中国维护南海主权增加不确定因素。[④]

[①]《朱推太平岛观光 蔡宋轰奇想》，"自由时报"网，2015 年 11 月 4 日，http://news.ltn.com.tw/news/politics/paper/929458。

[②]《台湾南海政策 美六议员声援》，"自由时报"网，2015 年 12 月 20 日，http://news.ltn.com.tw/news/politics/paper/942152。

[③] 陈平平：《民进党执政 两岸南海合作何去何从？》，中国南海研究院官网，2016 年 1 月 30 日，http://www.nanhai.org.cn/index.php/Index/Research/review_c/id/148.html。

[④] 张华：《蔡英文的南海政策及其影响》，中评网，2015 年 10 月 21 日，http://www.zhgpl.com/doc/1039/4/3/0/103943072.html。

第六章

菲律宾的南海政策[*]

菲律宾 2015 年的南海政策继承了上一年的既有态势,并逐渐出现一定程度的固化特征。阿基诺政府持续不断地在国际舆论上炒作中国的南海岛礁建设和"南海仲裁案",并试图通过加强与美日等国的军事合作和自身的军备建设增强其在南海地区的影响力。中菲在南海问题上的冲突影响了阿基诺政府参与中国"21 世纪海上丝绸之路"的积极性,特别是在"亚投行"问题上由最初的积极参与到后来的犹豫不决,显示出中菲在南海问题上的政治性冲突已经部分外溢到经济领域。菲律宾国内在如何处理中菲关系、美菲关系以及南海问题上存在不同的看法。菲律宾多位下届总统的热门候选人在南海问题上表现出了调整阿基诺政府南海政策的竞选理念。2016 年国际仲裁庭的裁决和菲律宾总统大选结果对菲律宾的南海政策产生了一定影响。但在菲美战略合作大势已成的背景下,菲律宾南海政策日益僵化,新当选的菲律宾总统将难以逆转这一趋势。

第一节 继承与固化:菲律宾在南海问题上的主要举措

在南海问题上,阿基诺政府一直通过寻求国际力量,以高调方式制造不利于中国南海政策的国际舆论来实现其南海政策。2015 年,菲律宾不仅继承其之前的南海政策,更是通过炒作中国南海岛礁建设、提出和助推南海问题国际仲裁、煽动其国内针对中国的民族主义情绪来固化其南海政策。

一、积极炒作中国南海岛礁建设

菲律宾阿基诺政府是炒作中国南海岛礁建设的始作俑者。菲律宾外交

---

[*] 鞠海龙,暨南大学国际关系学院/华侨华人研究院副院长、教授、博士生导师;邵先成,国际海洋局南海信息中心研究人员。

部早在 2014 年 5 月就发布声明，宣称向中国就中方在赤瓜礁进行填海造地①提出了外交抗议，②并在第二天公布了一组从 2012 年 3 月到 2014 年 3 月中国在赤瓜礁进行填海造地进程的对比图。③随后，中国在南沙群岛的岛礁建设正式进入国际社会的视野。因为菲律宾自身在非法侵占的中国岛礁上已经进行了多年的建设，包括修建飞机跑道以及部署军事设施。因此，菲律宾在"指责"中国岛礁建设时存在"自身缺陷"，在更多时候是配合美国炒作中国的岛礁建设。

菲律宾极为关注中国南海岛礁建设的进展，不时地向国际社会发布中国在南沙群岛礁建设的相关信息。虽然菲律宾受到自身技术条件的限制，并不能总是掌握准确的信息，但却"毫不吝啬"从最坏的角度猜测中国岛礁建设的未来趋势和意图。例如，2015 年 2 月 5 日，菲律宾军队西部军区司令亚历山大·洛佩斯（Alexander Lopez）表示，中国已经开始在南海美济礁周围开展清淤活动。洛佩斯没有说中方的清淤工作何时开始，也没有提供填海造地的细节，只表示工程"相当可观"。④ 3 月份，菲国防部发言人加尔韦斯（Peter Galvez）又宣称，中国的填海造陆工程会持续引发误判或事故的发生，呼吁中国停止工程建设。⑤

菲律宾虽然在 2014 年 8 月跟随美国提出了类似的呼吁停止岛礁建设的建议，⑥ 并在 2014 年 10 月宣布暂停在南沙群岛所占岛屿上的一切维修工事，⑦ 但在 2015 年 3 月又迫不及待地宣布将恢复在南海岛礁的修复和维修

---

① 中国南海岛礁建设中的"陆域吹填工程"，有时也被称为"填海造地"，美国、菲律宾等国一般称为"land reclamation"。参见：外交部发言人洪磊就美方涉南海言论答记者问，外交部网站，2014 年 7 月 15 日，http：//www.fmprc.gov.cn/web/wjdt_674879/fyrbt_674889/t1174372.shtml；外交部发言人陆慷就中国南沙岛礁建设有关问题答记者问，外交部网站，2015 年 6 月 16 日，http：//www.fmprc.gov.cn/web/wjdt_674879/fyrbt_674889/t1273364.shtml。

② Dfa Statement on Mabini Reef, Philippine Department of Foreign Affairs, May 14, 2014, https：//www.dfa.gov.ph/index.php/newsroom/dfa-releases/2862-dfa-statement-on-mabini-reef.

③ China's Reclamation on Mabini Reef, Philippine Department of Foreign Affairs, May 15, 2014, https：//www.dfa.gov.ph/index.php/newsroom/dfa-releases/2871-china-s-reclamation-on-mabini-reef.

④ Redempto D. Anda, China's mischief: Expansion, reclamation, Inquirer.net, February 7, 2015, http：//globalnation.inquirer.net/118415/chinas-mischief-expansion-reclamation.

⑤ Alexis Romero, DND concerned over China's defense of South China Sea reclamation, The Philippine Star, March 9, 2015, http：//www.philstar.com/headlines/2015/03/09/1431810/dnd-concerned-over-chinas-defense-south-china-sea-reclamation.

⑥ Pia Lee-Brago, Phl pushes triple action plan vs China's lighthouse, The Philippine Star, August 9, 2014, http：//www.philstar.com/headlines/2014/08/09/1355549/phl-pushes-triple-action-plan-vs-chinas-lighthouse.

⑦ Philippines halts work in disputed South China Sea, Reuters, October 3, 2014, http：//uk.reuters.com/article/2014/10/03/uk-philippines-southchinasea-idUKKCN0HS0TE20141003.

第六章 菲律宾的南海政策

工作,包括修复一条飞机跑道。罗萨里奥辩解称这些工作不会违反 DOC,因为没有改变争议海域的现状。① 为了给其自身的岛礁建设活动寻找借口,5 月 11 日,菲律宾三军参谋长卡塔潘(Gregorio Catapang)带着多家外国媒体驻菲机构记者搭乘菲军方一架 C130 运输机飞抵菲律宾侵占的中国南沙中业岛。卡塔潘向记者们宣称,中业岛的机场跑道很短,增加了飞机起降时的难度,所以菲律宾有必要对跑道进行扩建。② 炒作中国的岛礁建设成为菲律宾为其非法的岛礁建设进行掩饰的借口。

不顾南海问题的客观事实,用夸张的手法毫无根据地在国际和国内层面渲染"中国威胁论",构成了阿基诺政府炒作南海问题国际舆论的惯用手段。阿基诺在 4 月中旬接受媒体采访时,毫无根据地宣称中国近些年对南海的声索行动让世界其他国家感到"恐惧",并警告称虽不相信中国打算卷入和菲律宾等争端国的军事冲突,但这仍然有可能发生。③ 在 4 月底东盟峰会上,菲律宾总统阿基诺宣称中国采取的大规模陆地再造活动"威胁"到地区安全与稳定,"威胁"到"全球贸易自由"和"海上航行自由",并对海洋环境造成不可挽回的"损害"。④ 在 8 月份的东盟地区论坛系列会议期间,菲律宾外长罗萨里奥攻击中国的南海政策,鼓吹针对中国的"南海国际仲裁"案,指责中国在南海的岛礁建设"破坏和平、安全与稳定"。⑤ 在 11 月份的东盟峰会和东亚峰会期间,菲律宾依然站在了炒作南海问题的最前沿。菲律宾总统阿基诺继续在东盟内部炒作"中国对东盟的威胁",试图引起东盟各国对中国强大实力的"担忧"。阿基诺宣称,全世界都在审视中国是否会在南海争端问题上表现得像一个负责任的大国。阿基诺表示,中国的岛礁建设"无视国际法",并声称中方的主权要求使得菲律宾方面无法再进入本国的"专属

---

① Philippines says to resume works in disputed South China Sea, Reuters, March 26, 2015, http://www.reuters.com/article/2015/03/26/us-philippines-southchinasea-idUSKBN0MM0UO20150326.

② PH runway in Spratlys erodes as China reclaims to build own, Rappler, May 13, 2015, http://www.rappler.com/nation/92988 – philippines-runway-pagasa-repair.

③ World should fear Beijing's claims to South China Sea, says Philippine's Aquino, South China Morning Post, April 14, 2015, http://www.scmp.com/news/china/diplomacy-defence/article/1766409/world-should-fear-beijings-claims-south-china-sea-says? page = all.

④ Louis Bacani, PNoy to ASEAN: China reclamation threatens regional security, Philstar.com, April 27, 2015, http://www.philstar.com/headlines/2015/04/27/1448461/pnoy-asean-china-reclamation-threatens-regional-security.

⑤ Southeast Asian nations back halt to land reclamation in South China Sea, Reuters, August 4, 2015, http://www.reuters.com/article/us-asean-malaysia-idUSKCN0Q90M220150804.

经济区"。①

在联合国平台上，菲律宾官员在6月份召开的第25届《联合国海洋法公约》缔约国大会上，宣称中国在南沙群岛的岛礁建设活动不仅"违反"了《联合国海洋法公约》，还违反了《南海各方行为宣言》、《生物多样性公约》（Convention on Biological Diversity）、《濒危野生动植物物种国际贸易公约》（Convention on International Trade in Endangered Species of Wild Fauna and Flora），认为中国是想"在'南海仲裁'判决前改变现状"。② 对此，中国出席缔约国大会的代表团团长王民大使对菲律宾进行了严辞驳斥。王民表示，中国的岛礁建设完全是中国主权范围内的事，合法、合理、合情，并强调中方岛礁建设有严格的环保标准和要求，不会破坏南海生态环境。③

二、提出和助推"南海国际仲裁"

"南海仲裁"是阿基诺政府炒作南海问题时最有力的抓手。阿基诺政府通过不断向仲裁庭提供相关材料，派遣大规模政府代表团等方式，维持了国际舆论对"南海仲裁"的关注度。3月16日，针对国际仲裁庭在2014年12月提出的26个关于仲裁庭的管辖权和菲律宾仲裁诉求的性质等问题，菲律宾向国际仲裁庭递交了超过3000页的关于"南海仲裁案"的补充文件。其中包括200页的49个岛屿、珊瑚礁等地貌详细信息的地图。④ 7月初，"为了表明菲律宾政府对仲裁案的支持"，菲律宾派出了包括参议长德里隆、众议长贝尔蒙特、外交部长德尔罗萨里奥、国防部长加斯明、司法部长利马等在内的高级别官员代表团，赴海牙仲裁庭参加"南海仲裁案"的口头辩论。⑤ 对于派出如此大规模的代表团，菲律宾知名法学教授哈利·洛克表示，在仲裁庭进行首轮发言的只有两人，阿基诺政府

---

① Aquino says "world is watching" Beijing in South China Sea island row, The Japan Times, November 22, 2015, http：//www.japantimes.co.jp/news/2015/11/22/asia-pacific/aquino-says-world-watching-beijing-south-china-sea-island-row/#.VsWc24e1E7E.

② PH to UN: South China Sea Disputes of Global Concern, Permanent Mission of the Republic of the Philippines to the United Nations, June 12, 2015, https：//www.un.int/philippines/activities/ph-un-south-china-sea-disputes-global-concern.

③ 《中国代表严辞驳斥菲律宾就南海问题对中国的无端指责》，中国新闻网，2015年6月13日，http：//www.chinanews.com/gj/2015/06—13/7341495.shtml。

④ Statement on the Philippines' Supplemental Submission to the Arbitral Tribunal, Philippine Department of Foreign Affairs, March 17, 2015, http：//www.dfa.gov.ph/index.php/newsroom/dfa-releases/5667-statement-on-the-philippines-supplemental-submission-to-the-arbitral-tribunal.

⑤ Philippines sends top execs to South China Sea arbitration, Philstar.com, July 3, 2015, http：//www.philstar.com/headlines/2015/07/03/1472862/philippines-sends-top-execs-south-china-sea-arbitration.

派这么多人去海牙是在浪费钱。①

仲裁庭在7月7日至13日就管辖权和可受理性问题进行了开庭审理。菲律宾外长罗萨里奥在庭审期间除了继续宣称中国的南海断续线所拥有的历史性权利"不符合"国际法外,还指责中国南海岛礁建设"破坏"了海洋环境。菲律宾聘请的律师则辩称其陈述中涉及到的岛礁的状态地位和中国在南海的行为涉及到的是与《联合国海洋法公约》中相关条款的适用问题,主张仲裁庭对这些问题拥有管辖权。针对菲律宾的做法②,中国外交部发言人表示,中方反对菲律宾提起和推进仲裁程序的任何做法。菲律宾单方面提起的"南海仲裁案",无视中国根据包括《联合国海洋法公约》在内的国际法享有的合法权利,违背与中国多次确认的共识及在《南海各方行为宣言》中的承诺。③

"南海仲裁案"仲裁庭在10月29日裁决称,其对菲律宾部分请求事项具有管辖权。④ 对此,中国外交部发表声明表示,应菲律宾共和国单方面请求建立的"南海仲裁案"仲裁庭此次就管辖权和可受理性问题做出的裁决是无效的,对中方没有拘束力。⑤ 菲律宾政府对裁决表示欢迎。⑥ 菲律宾媒体则欢呼"菲律宾在对中国的历史性诉讼中赢了第一回合"。⑦ "南海仲裁案"的推进为阿基诺政府持续不断地炒作南海问题提供了方便。

---

① Louis Bacani, Palace hits lawyer for questioning big Hague delegation, Philstar.com, July 8, 2015, http://www.philstar.com/headlines/2015/07/08/1474653/palace-hits-lawyer-questioning-big-hague-delegation.

② Sixth Press Release of Arbitration between the Republic of the Philippines and the People's Republic of China, Permanent Court of Arbitration, July 13, 2015, http://www.pcacases.com/web/sendAttach/1304.

③ 《外交部发言人华春莹就应菲律宾请求建立的"南海仲裁案"仲裁庭管辖权和可受理性问题庭审结束答记者问》,中国外交部网站,2015年7月14日,http://www.fmprc.gov.cn/web/fyrbt_673021/dhdw_673027/t1281116.shtml。

④ Award on Jurisdiction and Admissibility on Arbitration between the Republic of the Philippines and the People's Republic of China, Permanent Court of Arbitration, October 29, 2015, http://www.pcacases.com/web/sendAttach/1506.

⑤ 《中华人民共和国外交部关于应菲律宾共和国请求建立的"南海仲裁案"仲裁庭关于管辖权和可受理性问题裁决的声明》,中国外交部网站,2015年10月30日,http://www.fmprc.gov.cn/web/zyxw/t1310470.shtml。

⑥ Tarra Quismundo, PH hails Hague court ruling to take up arbitration case vs China, Philippine Daily Inquirer, October 30, 2015, http://globalnation.inquirer.net/130174/ph-hails-hague-court-ruling-to-take-up-arbitration-case-vs-china.

⑦ Philippines wins round 1 in historic case vs China, Rappler, October 30, 2015, http://www.rappler.com/nation/111142-philippines-china-case-tribunal-jurisdiction-award.

三、煽动针对中国南海政策的民族主义情绪

在国内层面，阿基诺政府罔顾历史事实，试图通过炒作"中国威胁论"激起菲律宾民众在南海问题上的民族主义情绪，以便使其南海政策获得更多的国内支持。2015年6月，菲律宾国家电视台播出了一部由菲律宾外交部、总统府新闻办公室和菲律宾新闻局联合制作的、针对南海问题的纪录片，宣称菲律宾渔民在黄岩岛遭中国海警"驱赶"，渔获量大为减少，因此失去了主要经济收入来源。菲律宾外交部表示，制作该纪录片旨在争取菲民众对菲政府外交决策和行动的支持。① 对此，中国外交部发言人认为，菲方企图通过误导和欺骗手段，骗取同情，营造"受害者"的假象，中方对菲方纪录片罔顾事实、颠倒黑白对中方进行无理和无据的指责表示强烈不满，并对菲现政府大肆炒作南海问题，煽动中菲人民对立的做法表示严重关切。②

阿基诺政府炒作南海问题已经达到了完全不顾客观事实的地步。6月份，阿基诺在日本再次荒谬地宣称中国在南海的行为使他想起当年的纳粹德国，呼吁美国作为超级大国在南海问题上发挥作用。③ 阿基诺缺乏历史常识的言论受到国际社会的批评。菲律宾著名报纸《马尼拉时报》认为，阿基诺完全没有必要挑衅中国，如果阿基诺政府希望中美因为南海问题爆发冲突，那么像菲律宾这样的中小国家的利益将受到损害。④ 俄罗斯卫星网认为，与希特勒的德国相比特别令人恼怒，因为中国是最后在南沙群岛进行建设的国家。⑤ 美国《福布斯》网站发表文章认为，阿基诺发出这种具有煽动性的民粹主义言论是另有所图，是期望借此转移菲民众的注意力，使他们不再关注该国领导层和精英过去几十年来在经济和治国领域的

---

① Matikas Santos, DFA turns to celebs, social media to spread word vs China bullying, Inquirer. net, June 1, 2015, http://globalnation.inquirer.net/124561/dfa-turns-to-celebs-social-media-to-spread-word-vs-china-bullying.

② 《外交部发言人华春莹就菲律宾炒播南海问题纪录片答记者问》，中国外交部网站，2015年6月29日，http://www.fmprc.gov.cn/web/fyrbt_673021/dhdw_673027/t1276711.shtml。

③ Louis Bacani, Aquino insists on comparing China to Hitler's Germany, Philstar.com, June 3, 2015, http://www.philstar.com/headlines/2015/06/03/1461806/aquino-insists-comparing-china-hitlers-germany.

④ Unnecessary provocation of China by the President, June 3, 2015, http://www.manilatimes.net/unnecessary-provocation-of-china-by-the-president/188951/.

⑤ Philippine President Compares China to Nazi Germany While Visiting Japan, Sputnik.com, June 3, 2015, http://sputniknews.com/asia/20150603/1022912953.html.

糟糕表现。[1]

阿基诺政府通过炒作中国南海岛礁建设、提出和助推"南海国际仲裁"、煽动其国内针对中国的民族主义情绪等方式，使菲律宾的南海政策表现出固化的趋势。阿基诺政府的上述政策看似在国际和国内层面获得了广泛的关注，实际上却使其南海政策的选择空间日益缩小。中菲政治关系难以改善，使得菲律宾在军事与安全上不得不越来越依赖于美国，并影响了阿基诺政府推动中菲经济合作的积极性。

第二节 增强南海影响力：依赖域外大国的军事和安全策略

阿基诺政府南海激进政策的推进与美国、日本等国的支持密切相关。在军事与安全问题上，菲美签署的《增强防卫合作协议》已获得菲律宾最高法院的批准，日本则在帮助菲律宾应对中国的问题上表现出浓厚的兴趣；菲律宾的军备建设在美国及其盟友的支持下取得明显进展；菲律宾与美国、日本、越南等国的军事关系通过军事战略对话、军事演习、军备援助等方式进一步加深。

一、增强与美日在军事和安全上的共识

阿基诺政府一直试图通过自身的军备建设，以及加强与美国和日本的军事关系，达到"制衡"中国军事优势的目的。菲律宾的国防预算总额偏低。阿基诺政府的军备建设虽然取得了一定进展，特别是开始接收购买自韩国的较为先进的 FA-50 战机，但整体的军事实力增长缓慢。菲美两国签署的《增强防卫合作协议》在菲律宾国内经过近两年争论后，获得了最高法院的认可，扫除了美国军事力量大规模重返菲律宾的主要障碍。阿基诺政府与日本安倍政府在共同应对中国问题上多次表达统一的立场。日本通过与菲律宾开展多次联合军事演习以及向菲律宾提供军事装备等措施，凸显了日本在南海问题上对菲律宾的支持。

二、涉及南海的军备采购与军事设施建设

菲律宾近年来通过采购众多的军事装备，以及在靠近南海的地方建设

---

[1] Jean-Pierre Lehmann Contributor, President Aquino Should Avoid Inflammatory Rhetoric On South China Sea: China Is Not Nazi Germany! —The Philippines Has Other Priorities, Forbes, June 7, 2015, http://www.forbes.com/sites/jplehmann/2015/06/07/president-aquino-should-shut-up-on-south-china-sea-china-is-not-nazi-germany-the-philippines-has-other-priorities/.

军事基地等措施,有力地提升了其空军和海军的整体实力。菲律宾在 2015 年开始接收购自韩国的 FA – 50 战机。这是在 2005 年菲律宾的 F – 5A 战机全部退役之后,菲空军首次获得超音速战机。① 菲律宾在 8 月份获得了两艘澳大利亚捐赠的、退役的巴厘巴板级重型登陆艇。10 月份,澳大利亚确认菲律宾希望再获得三艘退役的巴厘巴板级重型登陆艇。② 在军事设施建设上,菲律宾表示将重新建设苏比克湾,并计划在苏比克湾军事基地部署战斗机和护卫舰,以应对南海争端。苏比克湾距离中国黄岩岛约 200 公里。③ 同时,菲律宾三军参谋长卡塔潘(Gregorio Catapang)还宣称菲律宾将重点建设乌卢甘湾和巴拉望海军基地,以方便美国军舰在巡航南海时能够有港口停靠。④

三、加强与美日等国的军事战略对话和军事演习

菲律宾与美国的军事合作既有常态性的战略对话机制和军事演习,也有逐渐加强的军事部署和军事装备援助。菲律宾与美国举行的年度双边战略对话已成为菲美两国商讨如何在南海问题上共同应对中国的重要机制。在 2015 年 1 月举行的菲美第五次双边战略对话上,美国国务院助理国务卿拉塞尔对南海问题表示关切,并称"大国不能欺负小国"。美菲两国宣称将继续加强两国军队在南海情报监测等领域的合作。⑤ 对于美国宣称将考虑派美舰机进入南海岛礁海域的言论,菲律宾三军参谋长卡塔潘表示菲律宾欢迎此类行动,并且不排除菲律宾军队加入美国行动的可能性。⑥

菲律宾与美国常态性的军事演习是展现两国军事合作密切关系的重要

---

① Elena L. Aben, SoKor's FA – 50 fighter jets soon to patrol PH skies, Manila Bulletin, June 25, 2015, http://www.mb.com.ph/sokors-fa – 50 – fighter-jets-soon-to-patrol-ph-skies/.

② Australia confirms Philippines' acquisition of three ex-RAN landing craft, IHS Jane's 360, October 27, 2015, http://www.janes.com/article/55587/australia-confirms-philippines-acquisition-of-three-ex-ran-landing-craft.

③ Allan Macatuno, Presence of US troops in Subic seen as deterrent against China, Inquiner.net, July 22, 2015, http://newsinfo.inquirer.net/706726/presence-of-us-troops-in-subic-seen-as-deterrent-against-china.

④ AFP chief backs US proposal to deploy ships, aircraft in South China Sea, Manila Bulletin, May 15, 2015, http://www.mb.com.ph/afp-chief-backs-us-proposal-to-deploy-ships-aircraft-in-south-china-sea/.

⑤ U. S. – Philippines Bilateral Security Dialogue Press Conference, Manila, Philippines, January 21, 2015, http://www.state.gov/p/eap/rls/prs/2015/236246.htm.

⑥ AFP chief backs US proposal to deploy ships, aircraft in South China Sea, Manila Bulletin, May 15, 2015, http://www.mb.com.ph/afp-chief-backs-us-proposal-to-deploy-ships-aircraft-in-south-china-sea/.

平台。在4月份举行的菲美"肩并肩"联合军事演习期间，卡塔潘对美国的军事援助以及在南海问题上"平衡"中国的前景充满信心，其宣称将会要求美国提供更多军事设备和训练，以应对中国在南海争议海域宣示主权方面越来越"咄咄逼人"的态势。卡塔潘说："美国已经表明，会协助我们加强能力，目前我们把焦点放在海事安全上。我们希望强化在湿地、沼泽和沙滩登陆方面的能力。"① 菲美之间年度性的军事演习还包括"卡拉特"联合军事演习（CARAT）、"菲布莱克斯"军事演习（PHIBLEX）等。

美国对增强菲律宾军事实力表现出了浓厚的兴趣。美国参议院军事委员会主席约翰·麦凯恩（John McCain）和美国参议院军事委员会成员杰克·里德（Jack Reed）在5月份写信给美国国防部长阿什顿·卡特，不顾客观事实，指责中国对南海岛礁的控制，并呼吁美国政府应该对中国在南海的活动采取一定的制裁措施。② 时任美国总统奥巴马则在11月访问菲律宾期间宣布，美国将赠送给菲律宾一艘美国海岸警卫队退役巡逻舰和一艘考察船，并表示，美国对菲律宾有"不可动摇的承诺"，会保证菲律宾在南海争议海域的航行自由和安全。③

菲律宾国内各政治势力在加强菲律宾军事合作，特别是在增加美国在菲律宾驻军数量问题上，存在不同意见。2015年6月，超过半数的菲律宾参议员联名表示，菲美签署的"增强防卫合作协议"（Enhanced Defense Cooperation Agreement）必须通过参议院的审核，否则就是无效的。④ 菲律宾国内对增加美国驻军数量的反对态度使得"增强防卫合作协议"在签订一年多后，因为没有获得菲律宾最高法院的批准而无法落实。⑤ 但菲律宾最高法院最终在2016年1月以10票对4票裁定"增强防卫合作协议"没有违反菲律宾宪法。这将允许美国扩大其在菲律宾的军事存在，以轮流的方式驻扎军舰、飞机和军队。阿基诺的发言人桑尼·科洛马（Sonny Colo-

---

① Philippines seeks more military aid from US to counter China, The Manila Times, April 22, 2015, http://www.manilatimes.net/philippines-seeks-more-military-aid-from-us-to-counter-china/177519/.

② Document: McCain, Reed Letter to SECDEF Carter On Chinese Actions in South China Sea, USNI News, May 22, 2015, http://news.usni.org/2015/05/22/document-mccain-reed-letter-to-secdef-carter-on-chinese-actions-in-south-china-sea.

③ Alexis Romero, Obama: US to provide two more ships to Philippines, Philstar.com, November 17, 2015, http://www.philstar.com/headlines/2015/11/17/1523002/obama-us-provide-two-more-ships-philippines.

④ Maila Ager, "13 senators: Senate concurrence needed to make treaties like Edca valid", Inquirer.net, June 11, 2015, http://globalnation.inquirer.net/124556/13-senators-senate-concurrence-needed-to-make-treaties-like-edca-valid.

⑤ PH, US end war games after 56 field exercises, Rappler, May 1, 2015, http://www.rappler.com/nation/91710-philippines-us-end-war-games.

ma）表示，"增强防卫合作协议"将让菲律宾军队得以使用世界上最先进的装备进行训练，并让"我们的能力得到代际的跨越"。[①]

阿基诺政府为了进一步增强其在南海的军事信心，以更好地"抵消"和"平衡"中国的军事优势，对吸引日本的军事力量"进驻"菲律宾的军事基地表现出了浓厚的兴趣。菲律宾国防部长加斯明（Voltaire Gazmin）与日本防卫大臣中谷元（Gen Nakatani）在1月份就进一步加强在海上安全领域的合作达成一致，并签署了关于防卫合作与交流的备忘录。[②] 随后，两国开展了多次联合演习。5月6日，菲律宾和日本以"反海盗"为名在马尼拉湾举行海岸警卫队联合演习。[③] 5月12日，菲律宾和日本两国军舰在马尼拉湾入口处的科雷希多岛（Corregidor Island）附近海域举行联合海上演练。[④] 6月下旬，菲律宾的巡逻机和日本的P-3C"猎户座"侦察机多次抵近南海礼乐滩边缘进行所谓的海上搜救演习。[⑤] 这一系列军事演习对于提升菲律宾的军事能力，以及增强日本对南海水域的熟悉程度有重要作用。为了进一步增强合作，媒体在8月份援引日方消息人士的信息称，日本有意向菲律宾赠送三架可用于南海海上巡逻的比奇TC-90"空中之王"双发涡桨飞机，帮助菲方军力"升级"。[⑥] 时任菲律宾总统阿基诺在6月份访问日本时甚至表示，菲方将可能允许日本自卫队的飞机和舰船使用菲律宾的基地，以便于日本自卫队扩大在南海的活动范围。阿基诺与日本首相安倍晋三在发表的共同声明中宣称将加大在安保军事领域的合作。[⑦]

除了美国和日本外，越南也成为阿基诺政府拉拢的对象。越南政府副总理兼外交部长范平明（Pham Binh Minh）在2015年1月份对菲律宾进行

[①] Tetch Torres-Tupas, Supreme Court upholds legality of Edca, Inquiner.net, January 12, 2016, http://globalnation.inquirer.net/134880/supreme-court-upholds-legality-of-edca.

[②] Japan, Philippine defense chiefs agree to cooperate on maritime security, The Japan Times, January 30, 2015, http://www.japantimes.co.jp/news/2015/01/30/national/politics-diplomacy/japan-philippine-defense-chiefs-agree-cooperate-maritime-security/#.VskkIoe1E7E.

[③] Philippines, Japan coast guards hold anti-piracy drills, Reuters, May 6, 2015, http://www.reuters.com/article/us-philippines-japan-idUSKBN0NR0P820150506.

[④] Japan, Philippines hold historic naval drills, The Japan Times, May 12, 2015, http://www.japantimes.co.jp/news/2015/05/12/national/philippines-appeals-funds-build-new-naval-base-japan-might-help-project-part/.

[⑤] Shannon Tiezzi, Joint Japan-Philippine Flight Over South China Sea Riles China, The Diplomat, June 25, 2015, http://thediplomat.com/2015/06/joint-japan-philippine-flight-over-south-china-sea-riles-china/.

[⑥] Japan may give planes to Manila for South China Sea patrols: sources, Reuters, August 6, 2015, http://www.reuters.com/article/us-japan-philippines-aircraft-idUSKCN0QB06920150806.

[⑦] Tokyo, Manila eye "visiting forces" pact to rein in China, The Japan Times, June 5, 2015, http://www.japantimes.co.jp/news/2015/06/05/national/politics-diplomacy/japan-will-help-boost-philippine-coast-guard-abe/#.VskdQ4e1E7E.

第六章 菲律宾的南海政策

国事访问。菲律宾与越南就缔结战略伙伴关系事宜进行了会谈。菲律宾外交部向媒体透露称，菲越两国在南海问题上存在共同的担忧，成为推动两国建立战略伙伴关系的重要因素。越南有可能成为美日之后菲律宾第三个"战略伙伴"。菲律宾和越南的战略伙伴关系将通过联合海军巡逻、训练及演习活动，以加强两国军方之间的高级别接触。①

阿基诺政府试图通过自身的军备建设，以及增强与美国、日本、越南等国的军事关系，提升菲律宾在南海问题上的影响力。上述政策在短期内看似增强了菲律宾的军事能力。但从长期来看，阿基诺政府侧重于发展海军和空军的军备建设行动面临着国防预算不足、国内反政府势力尚未解决等难题。同时，菲律宾在与美日等国不断加深军事合作的过程中，难以掌握主动权，反而可能被美日等国强行推到对抗中国的第一线。

第三节 政治与经济的互动：菲南海政策影响下的对中经济行为

中菲在南海问题上的争端对中菲经济关系产生了不利影响。从经济角度考虑，菲律宾期望改善其落后的基础设施需求与中国强调基础设施互联互通的"21世纪海上丝绸之路"倡议有天然的契合度。菲律宾国内对中国的"21世纪海上丝绸之路"及其资金支持平台亚洲基础设施投资银行（以下简称"亚投行"）表现出了浓厚的兴趣。但中菲两国在南海问题上的争端，尤其是菲律宾单方面推动的"南海国际仲裁"，使得菲律宾国内在中国是否会利用"21世纪海上丝绸之路"和"亚投行"对菲律宾施加政治压力上产生了分歧。阿基诺政府对中国上述倡议的政治偏见影响了其参与的积极性。

一、参与中国"21世纪海上丝绸之路"时的矛盾心态

对于中国提出"21世纪海上丝绸之路"和"亚投行"的目的和影响，菲律宾学者一般认为中国的行动将为本地区带来经济机遇，并增加中国在本地区的影响力。菲律宾中华研究协会（Philippine Association for Chinese Studies）主席奇托·斯塔·罗曼纳（Chito Santa Romana）

---

① Philippines, Vietnam upgrade ties in show of unity against China, The Japan Times, January 30, 2015, http://www.japantimes.co.jp/news/2015/01/30/asia-pacific/politics-diplomacy-asia-pacific/philippines-vietnam-upgrade-ties-in-show-of-unity-against-china/#.VskkIoe1E7E.

认为,中国希望通过丝绸之路投资基础设施和互联互通工程,目的是为中国商品打开新的市场,并将为本地区带来经济机遇。① 菲律宾德拉萨大学(De La Salle University)副教授查德·加瓦德·哈德(Richard Javad Heydarian)认为,中国倡议成立"亚投行"是为了"挑战"国际货币基金组织和世界银行的经济权力结构,并可能利用"亚投行"作为经济手段"不合理地"影响周边国家的政策。② 菲律宾外交服务研究所(Foreign Service Institute)专家安德里亚·克洛伊·王(Andrea Chloe A. Wong)也认为,鉴于中国不断增加的经济和政治影响力,"亚投行"将使中国在本地区拥有更优越的地位。③

菲律宾国内对"21世纪海上丝绸之路"讨论最多的是,菲律宾是否应该加入"亚投行"。大部分观点认为加入"亚投行"是经济行为,有利于为菲律宾落后的基础设施提供资金支持,不应该被中菲南海争端束缚。菲律宾前总统、现任马尼拉市市长埃斯特拉达(Joseph Ejercito Estrada)表示,菲律宾目前亟需改善基础设施,应当加入中国倡议筹建的"亚投行",而且中国最近几十年的成功发展经历能够为菲律宾提供经验。④ 菲律宾工商总会(Philippine Chamber of Commerce and Industry)理事长蔡其仁(Alfredo Yao)认为,因为菲律宾需要基础设施建设以保持经济发展,因此阿基诺政府在考虑"亚投行"问题时应该把南海争议放在一边。⑤ 菲律宾大学政治学教授克拉丽塔·卡洛斯(Clarita R. Carlos)认为,在"亚投行"问题上,中菲间的政治问题应该放在一边。菲律宾通过"亚投行"进行贷款只是一个借贷和还贷的过程,不影响菲律宾在南海的"主权权利"。⑥ 菲

---

① Fsi's Mabini Dialogue Centers on China's New Silk Road Strategy, The Foreign Service Institute, February 17, 2015, http://www.fsi.gov.ph/fsis-mabini-dialogue-centers-on-chinas-new-silk-road-strategy/.

② Mikhail Franz E. Flores, Manila treads cautiously towards membership in China's Asian bank, Business World Online, April 6, 2015, http://www.bworldonline.com/content.php?section = TopStory&title = manila-treads-cautiously-towards-membership-in-china&8217s-asian-bank&id = 105605.

③ The Asian Infrastructure Investment Bank: Considerations for the Philippines, Center for International Relations and Strategic Studies Commentaries Vol. II, No. 11, May 2015, http://www.fsi.gov.ph/the-asian-infrastructure-investment-bank-considerations-for-the-philippines-by-andrea-chloe-a-wong-vol-ii-no-11-may-2015/.

④ 《菲律宾前总统埃斯特拉达:我要祝贺中国》,中国新闻网,2015年8月27日,http://www.chinanews.com/gj/2015/08—27/7493503.shtml.

⑤ Blind Loyalty and Total Disconnect, The Daily Tribune, July 2, 2015, http://www.tribune.net.ph/commentary/editorial/blind-loyalty-and-total-disconnect.

⑥ Mikhail Franz E. Flores, Manila treads cautiously towards membership in China's Asian bank, Business World Online, April 6, 2015, http://www.bworldonline.com/content.php?section = TopStory&title = manila-treads-cautiously-towards-membership-in-china&8217s-asian-bank&id = 105605.

律宾德拉萨大学（De La Salle University）学者路斯科·皮托（Lucio Blanco Pitlo Ⅲ）认为，鉴于世界银行、国际货币基金组织、亚洲开发银行等组织无法满足亚洲各国的基础设施建设需求，因此只要"亚投行"保持银行的非政治性特征，并且决策透明，菲律宾就应该成为其一员。①

但菲律宾国内也有观点认为，菲律宾应该在是否加入"亚投行"问题上更加谨慎，需要确保中国不会利用"亚投行"损害菲律宾在南海的"权利"。安德里亚·克洛伊·王认为，由于阿罗约时期的"国家宽带网络项目"② 和"北方铁路项目"③ 使菲律宾对中国投资产生了消极印象。因此，菲律宾担心中国主导的"亚投行"投资项目可能会再次发生"利用经济手段影响政治行为"的事件。④ 德拉萨大学副教授查德·加瓦德·哈德（Richard Javad Heydarian）认为，在南海争端继续定义中菲关系的整体背景，菲律宾对于中国的慷慨投资都将持谨慎态度。菲律宾政府最终的挑战是如何从亟需的中国投资中获益，但同时"不牺牲合法的领土利益"。⑤ 罗曼纳也认为，尽管中国的倡议将为本地区带来经济机遇，但各国应该在加入前小心评估利弊。菲律宾应该基于国家利益做出决定，同时保持在领土和海洋争端中的原则立场。⑥

二、加入"亚投行"时的举棋不定

阿基诺政府在加入"亚投行"过程中一度举棋不定。在"21世纪海上丝绸之路"提出之初，尤其是在筹建"亚投行"的倡议提出后，阿基诺政府表现出了相对积极的参与态度。菲律宾多次参加筹建"亚投行"的多

---

① Lucio Blanco Pitlo Ⅲ, Philippines, China and AIIB: Opportunities amidst Challenges, China U. S. Focus, April 24, 2015, http://www.chinausfocus.com/finance-economy/philippines-china-and-aiib-opportunities-amidst-challenges/.

② 《菲律宾前总统阿罗约被曝曾收受中兴合同回扣》，环球网，2011年12月30日，http://world.huanqiu.com/roll/2011—12/2315137.html。

③ 薛洪涛：《中菲北方铁路项目案始末》，《法治周末》，2012年10月9日，http://www.legalweekly.cn/index.php/Index/article/id/1090。

④ The Asian Infrastructure Investment Bank: Considerations for the Philippines, Center for International Relations and Strategic Studies Commentaries Vol. Ⅱ, No. 11, May 2015, http://www.fsi.gov.ph/the-asian-infrastructure-investment-bank-considerations-for-the-philippines-by-andrea-chloe-a-wong-vol-ii-no-11-may-2015/.

⑤ Richard Javad Heydarian, The Philippines' Dilemma on China's New Infrastructure Bank, The Diplomat, July 9, 2015, http://thediplomat.com/2015/07/the-philippines-dilemma-on-chinas-new-infrastructure-bank/.

⑥ Fsi's Mabini Dialogue Centers on China's New Silk Road Strategy, The Foreign Service Institute, February 17, 2015, http://www.fsi.gov.ph/fsis-mabini-dialogue-centers-on-chinas-new-silk-road-strategy/.

边磋商会议，并在 2014 年 10 月作为 21 个首批意向创始成员国之一签署了《筹建亚投行备忘录》。① 当时美国公开施加压力反对盟友参加"亚投行"，不仅英国、德国、法国等国尚未表示参加"亚投行"，就连亚太地区的澳大利亚、韩国等国也尚未签署这一备忘录。因此，在近几年中菲南海争端持续紧张，以及美国公开反对的背景下，阿基诺政府能够签署这一备忘录更显得极为特殊。甚至在 2014 年 11 月美国《华尔街日报》报道称中国规划的"21 世纪海上丝绸之路"地图将绕开菲律宾时，菲律宾外交部副部长劳拉·德尔罗萨里奥（Laura Del Rosario）还表达了失望之情。②

但阿基诺政府长期以来对中国的偏见远未消除，并最终影响了其加入"亚投行"的积极性。在签署《筹建亚投行备忘录》后不久，阿基诺政府开始公开表示对中国筹建"亚投行"意图的担忧，并为菲律宾可能拒绝加入"亚投行"做舆论铺垫。2014 年 12 月菲律宾财政部长塞萨尔·普里西马（Cesar V. Purisima）表示，需要确保"亚投行"投资条款的包容性，避免"亚投行"成为中国推动"地区霸权"的工具。③ 2015 年 3 月，塞萨尔·普里西马又宣称，在 2015 年 6 月菲律宾正式承诺加入"亚投行"前，"亚投行"对菲律宾是没有约束力的。④ 随后，菲律宾财政部副部长、首席经济学家吉尔·贝尔特兰（Gil S. Beltran）也表示，菲律宾有兴趣成为"亚投行"的创始成员国，但希望首先确信成员国的投票权如何计算，以及决策如何做出。⑤

阿基诺政府在"亚投行"问题上摇摆不定的态度，最终在准备签署《亚洲基础设施投资银行协定》的当月获得了明显的展露。2015 年 6 月 3 日，阿基诺在访问日本时公开表示，菲律宾需要判断加入"亚投行"是否是一个单纯有利的行为，需要观察"亚投行"的管理结构，确保"亚投

---

① 《21 国签约决定成立亚投行 搭建亚洲互联互通新平台》，新华网，2014 年 10 月 24 日，http://news.xinhuanet.com/fortune/2014—10/24/c_1112967382.htm。

② Andrew Browne, China Bypasses Philippines in Its Proposed "Maritime Silk Road", The Wall Street Journal, November 10, 2014, http://www.wsj.com/articles/china-bypasses-philippines-in-its-proposed-maritime-silk-road – 1415636066。

③ Cliff Venzon, Philippines gives China's regional bank benefit of the doubt, Nikkei Asian Review, December 11, 2014, http://asia.nikkei.com/Politics-Economy/International-Relations/Philippines-gives-China-s-regional-bank-benefit-of-the-doubt。

④ Butch Fernandez, PHL "in no rush" to join China-led Asian infrastructure investment bank, Business Mirror, March 31, 2015, http://www.businessmirror.com.ph/phl-in-no-rush-to-join-china-led-asian-infrastructure-investment-bank/。

⑤ Mikhail Franz E. Flores, Manila treads cautiously towards membership in China's Asian bank, Business World Online, April 6, 2015, http://www.bworldonline.com/content.php?section = TopStory&title = manila-treads-cautiously-towards-membership-in-china&8217s-asian-bank&id = 105605。

行"提供的经济帮助不会受到两国在南海问题上的政治分歧的影响。① 最终，在6月底的"亚投行"签字仪式之前，菲律宾决定暂缓加入"亚投行"。对此，菲律宾财政部长塞萨尔·普里西马只是表示，菲律宾"仍在考虑加入'亚投行'的利弊得失"。② 经过长期的利益权衡，菲律宾最终在12月底的截止日期前宣布将以创始成员国的身份加入由中国倡导的"亚洲基础设施投资银行"，并签署《亚洲基础设施投资银行协定》，成为57名准成员中最后一名签署协议的成员方。③

政治因素是阻碍阿基诺政府参加"21世纪海上丝绸之路"和"亚投行"的主要因素。这既与阿基诺政府在国内政治斗争中形成的对华偏见有关，也与其整体的"亲美制华"的外交政策密切相关。阿基诺政府最终决定加入"亚投行"，有利于减少菲律宾国内对中国的政治偏见，推动中菲经济关系进一步摆脱南海争端的影响。

第四节 2016年总统选举对其南海政策的影响

菲律宾的政党执政具有明显的精英政治和家族政治的特点，政治家族掌控着菲律宾政治的变迁，使得菲律宾的政党政治从选举到执政都打上了极深的家族烙印。④ 菲律宾的政党制度发展水平仍然较低。总体来看，菲律宾政治系统是利益驱动型的，而非制度型或政党型的。委托—代理关系纵贯最低层次的巴朗盖（Barangay，相当于中国的村社级行政单位）及最高层面的国家元首。无论在哪个层面，追求的都只是特定团体的目标。此外，国内政治议程，如反腐、反分裂主义和恐怖主义往往占据政府的主要议程，菲律宾的政治家更多关注短期的政治行为，而非外交和安全政策以及国家战略。家族政治的特点和较低的政治民主化水平，使菲律宾政府的外交政策缺乏基本的连续性，对外政策也容易成为国内政治斗争的牺牲品。

---

① Aquino wary of AIIB due to Northrail called loan, Business World Online, June 3, 2015, http://www.bworldonline.com/content.php?section=Economy&title=aquino-wary-of-aiib-due-to-northrail-called-loan&id=109064.

② Ben O. de Vera, PH remains prospective AIIB member, Philippine Daily Inquirer, June 29, 2015, http://business.inquirer.net/194328/ph-remains-prospective-aiib-member.

③ Prinz Magtulis, Philippines joins China-led AIIB, Philstar.com, December 30, 2015, http://www.philstar.com/business/2015/12/30/1537683/philippines-joins-china-led-aiib.

④ 崔运武、胡恒富：《论菲律宾政党政治的特点及其与政治文化的关系》，《南洋问题研究》，1998年第2期，第54页。

2016年菲律宾大选同样是其特有家族政治和低水平民主环境下的传统游戏。在菲律宾2016年总统候选人中，比较热门的人选包括现任副总统比奈（Jejomar Binay）、前内政部长罗哈斯（Mar Roxas）、参议员格雷丝·傅（Grace Poe），以及新近参选的杜特尔特（Rodrigo Duterte）。比奈是菲律宾主要反对党"团结民族主义联盟"的领导人。罗哈斯是现任总统阿基诺推举的代表执政党自由党参选的候选人。格雷丝·傅是独立候选人。杜特尔特则任达沃市（Davao City）市长。

在以上四位热门候选人中，比奈最早公开表示将参加2016年总统大选，并在2014年以来的多次民调中保持领先地位。比奈及其妻子都曾担任马卡蒂市（Makati City）市长，而他的儿子欧文·比奈（Erwin Binay）是马卡蒂市现任市长。马卡蒂市是菲律宾首都大马尼拉地区核心城市，也是菲律宾金融中心和最富有的城市。比奈参选总统面临的问题是，2014年9月其被指控从马卡蒂市政厅2号楼工程项目中收取回扣，以及菲律宾参议院对相关指控的调查。① 2015年初，比奈拒绝协助调查后，他的民调支持率开始下滑并在2015年6月被格雷丝·傅超越。②

罗哈斯出身菲律宾政治世家。罗哈斯的祖父曼努埃尔·罗哈斯（Manuel Roxas）是菲律宾摆脱美国殖民统治独立后的首任总统，父亲格拉尔·罗哈斯（Gerry Roxas）曾任菲律宾参议员。罗哈斯有美国留学的履历以及在纽约多年从事投资银行业的经历。1993年罗哈斯回国竞选众议员成功，随后步入政坛。罗哈斯在菲律宾前总统埃斯特拉达和阿罗约任内两度出任贸工部长，后来当选参议员。2010年总统大选中，罗哈斯主动放弃竞选总统，让阿基诺作为自由党候选人参加总统选举。阿基诺上台后先后任命罗哈斯担任交通部长、内政部长等职。2015年7月31日，菲律宾总统阿基诺宣布提名罗哈斯代表执政的自由党竞选下届总统，罗哈斯随即宣布参选。虽然罗哈斯家世显赫，但多项民调显示，他的民意支持度一直落后于格雷丝·傅和比奈。

菲律宾女参议员格雷丝·傅直到2015年9月16日才正式宣布参加菲律宾2016年总统选举。格雷丝·傅是菲律宾已故著名演员费尔南多·傅（Fernando Poe Jr）的养女。费尔南多·傅在2004年的总统选战中以微差败给了阿罗约。但费尔南多·傅的明星效应帮助格雷丝·傅赢得了很多民

---

① Miriam Grace A. Go, The Lord of Makati: Can Binay explain his wealth? Rappler, September 16, 2014, http://www.rappler.com/newsbreak/investigative/69161-lord-makati-binay-explain-wealth.
② Amita Legaspi, Grace Poe pulls ahead of VP Binay in latest Pulse Asia presidential survey, GMA News Online, June 18, 2015, http://www.gmanetwork.com/news/story/506066/news/nation/grace-poe-pulls-ahead-of-vp-binay-in-latest-pulse-asia-presidential-survey.

众的认同和支持。格雷丝·傅是个政治新手,但她在2013年首次参选参议员即以最高票当选。对于2016年的总统选举,格雷丝·傅在多次民调中的民意支持度一路攀升,大幅领先于已早早宣布参选的副总统比奈和获得菲总统阿基诺支持的前内政部长罗哈斯。阿基诺曾希望说服格雷丝·傅接受自由党邀请,与罗哈斯搭档参选,但遭到拒绝。格雷丝·傅从马尼拉大学毕业后,前往美国波士顿学院学习,此后在美国居住13年,一度拥有美国国籍,在其养父2004年12月去世后才返回菲律宾。因为菲律宾宪法规定,总统、副总统、参议员和众议员必须是在菲律宾出生的公民,竞选总统者必须在选举年前十年在菲律宾生活。因此格雷丝·傅面临参选资格是否合法的难题。[1]

杜特尔特曾多次否定其参加总统竞选的可能,直到2015年11月底才正式报名参选,但其民意支持率却在12月初公布的一份数据中一举超过傅和比奈而位居第一名,成为菲律宾选举史上最快的一匹黑马。杜特尔特的父亲以前是大达沃的市长,统辖着包括现在的达沃和周围两个省份的大片地区,也曾任宿务达瑙市市长。此外,杜特尔特家族有两人先后在1957—1959年和1983—1986年担任过宿务市市长,而他本人与德雷恩(Durano)、阿尔门德拉(Almendra)等宿务政治家族也有亲戚关系。尽管杜特尔特在达沃市担任市长多年,但他仍认为自己是宿务人。宿务的一些政治家对杜特尔特的总统竞选也表示支持。

任何民主制度光鲜亮丽的理论外衣下都有众所周知的"非常"竞争。菲律宾的政党政治师从美国。尽管其制度性建树不足,但是其"非制度性"竞争却有过之而无不及。

比奈在2014年以来的民调中多次处于领先地位。但是,由于政见和家族利益不同,阿基诺三世政府自2014年以来对比奈的贪腐指控和调查从未停止。这种政治调查甚至波及到比奈的家人。2015年3月,菲律宾监察专员以涉贪为由对马卡蒂市市长欧文·比奈等多名市政府官员下达停职令。随后,菲律宾内政部派官员及大批警察赴马卡蒂市政府执行停职令,并安排副市长佩纳宣誓就任代理市长。然而,就在停职令颁发数小时后,菲律宾上诉法院就针对该项停职令颁发临时限制令。这造成以内政部支持的代理市长佩纳为一方和以欧文·比奈阵营为另一方的直接政治对峙。2015年5月11日,菲律宾上诉法院批准了菲律宾反洗钱委员会提出的冻结比奈及家人和一批涉案个人与公司的银行、投资及保险账户的请求。随

---

[1] Grace Poe: I'm qualified, Philippine Daily Inquirer, June 4, 2015, http://newsinfo.inquirer.net/696058/grace-poe-im-qualified.

后，比奈阵营发表声明称，政治对手正在使用反洗钱委员会的调查牟取"政治利益"。从此，比奈与阿基诺三世阵营的矛盾日益公开化。

面对阿基诺三世，比奈是一个奋起反抗的反对党领袖。但他并非是一个只懂得被迫应战的总统候选人。针对格雷丝·傅在2016年是否拥有总统候选人参选资格的问题，2015年6月2日，比奈所在的"团结民族主义联盟"秘书长托比（Toby Tiangco）召开记者会宣称，根据格雷丝·傅在2013年填写的参议员候选人证明显示，当时其填写的是已在菲律宾居住六年零六个月，这意味着在2016年总统选举日期时，她在菲律宾的居住时间只有九年零六个月，不符合宪法规定。有趣的是，比奈否认托比受其指示。对于托比的指控，格雷丝·傅解释说，当时的表格是在2012年填写的，写"六年零六个月"，因为她在美国的房子是在2006年4月出售的。但格雷丝·傅称她有证据证明她从2005年2月即已居住在菲律宾，包括她的孩子在2005年6月就已在菲律宾上学。为了打消疑问、证明身份，菲律宾参议院选举法庭已要求格雷丝接受调查。2015年12月1日，菲律宾选举委员会裁定格雷丝·傅不具备参选下届总统的资格。格雷丝·傅所在的竞选阵营则表示会提出上诉，但是，这一问题无疑会对她的选举产生重要影响。

杜特尔特从1989年开始担任达沃市长，由于其在打击犯罪方面成绩卓著，因此获得了连任三届、连续执政九年的政绩。其后，杜特尔特当了三年众议员，2001年再次当选达沃市市长。现年70岁的杜特尔特治理达沃市长达20多年，是菲律宾任期时间较长的市长之一。他以铁腕打击犯罪著称，让达沃市成为公认治安良好的城市，在民众中享有良好声誉。但是，他的管理方式也颇具争议。位于纽约的"人权观察"组织表示，杜特尔特为了打击犯罪，从20世纪90年代末至今，可能下令私下处决了1000多名犯罪嫌疑人。[①]虽然如此，但由于参加竞选时间靠后，他本人的缺陷还没有显现出来。人权问题上的批评没有成为阻碍其选举的因素。

菲律宾四位热门总统候选人中，比奈的个人政治能力相对较强，但是自身不但有涉嫌贪腐问题的负面影响，也受到阿基诺三世政府的打压。罗哈斯个人能力在比奈之下却受到阿基诺三世的支持。格雷丝·傅形象清新，但其身份合法性问题的负面影响已经明显显现出来。杜特尔特展现出强劲的上升势头，雷厉风行的风格加上他颇具铁腕色彩的魅力对民众的吸引力不可低估。四人中，除了比奈和杜特尔特之外，其他两人均有美国求

---

① 《菲律宾"粗口市长"领跑大选民调 或因最近才宣布竞选》，环球网，2015年12月8日，http://world.huanqiu.com/exclusive/2015-12/8123185.html。

学和从业的经历。考虑到菲律宾国内政治体制与美国的联系，无论比奈还是杜特尔特都不可能完全不受美国的影响。

杜特尔特虽因"铁腕"而充满争议，但在菲律宾民主政治逐渐畸形化、国家权力逐渐家族化的时代，一个有力的人在民众和决定国家命运的利益集团眼中往往比温文尔雅、善于妥协的人更有吸引力。此外，杜特尔特对外交的理解也有别于当前的阿基诺三世。这对于并不太赞同过分依赖美国、敌对中国的菲律宾知识精英而言，也有着不一样的吸引力。

结　语

阿基诺政府在 2015 年的南海政策以"南海仲裁案"，以及加强与美日等国的军事关系为重点，并在国际舆论上不顾客观事实持续炒作南海问题，试图"以小欺大"。[1] 中菲南海争端影响了阿基诺政府参与中国"21 世纪海上丝绸之路"和"亚投行"的积极性，而菲律宾多位下届总统热门候选人则表达了不同于阿基诺政府的对华政策。2016 年"临时仲裁庭"的裁决将对菲律宾未来的南海政策和菲律宾的总统选举产生一定影响。在菲美军事合作大势已成的背景下，菲律宾南海政策日益固化，新当选的菲律宾总统的南海政策将受到这一趋势的束缚。

阿基诺政府通过发起南海国际仲裁，使中菲政治关系持续处于低谷；通过与美国签署新的军事协议，使菲律宾的南海政策与美国的亚太战略绑定在一起；通过在国内持续炒作南海问题，使菲律宾民众的对华印象日益消极。同时，菲律宾对美国的政治依赖增强了美国对菲律宾政治生态的影响力。面向未来，国际仲裁的结果和美国军方执意推动的所谓"航行自由"势必成为影响南海地区形势最主要的两大因素。

---

[1]《王毅：希望菲方"不要在一条道走到黑"》，环球网，2016 年 2 月 7 日，http://world.huanqiu.com/exclusive/2016—02/8615445.html。

第七章

越南的南海政策*

中越两国首脑年内实现互访标志着中越关系朝着积极方向发展，由两国领导人带动下的高层政治互动、经贸往来及人文交流等均表明中越关系明显升温，而两国政治经济与外交关系的升温有利于南海问题的降温，整体来看2015年的南海问题基本可控。但就越南政府的南海政策而言，维持南海现状并继续利用政治、经济、军事、外交等一切资源为其在南海既得利益服务并进而扩大其在南海地区的版图仍将是其南海政策的根本和目标。

第一节 越南南海政策的经济维度

加紧实施南海海洋经济战略，重点发展南海石油天然气勘探与开采、原油冶炼，大力发展海洋运输业、海洋海岛旅游业、海产养殖和远海捕捞业等海洋产业，启动六个大型南海渔业中心建设，既促进越南经济战略转型，又能够通过经济存在，宣示海洋海岛"主权"，与此同时升级海上执法装备和能力建设。

一、油气资源的非法开采

开采南海石油已成为越南主要经济支柱，石油是越南财政收入的主要来源，同时巨额的石油美元，又使越南当局从俄罗斯购买大批先进的战机、潜艇、反舰导弹等来进行海空军现代化，为越南进一步盗采南海石油和维持南海既得利益提供军事支持，因此可以说南海石油不仅是越南财政预算的支柱之一，也是越南军事预算的主要来源。

据越南统计资料显示，越南的石油资源储量和石油出口量在东南亚均居第三，石油储备约45亿桶，天然气储备230亿方[①]。另据美国能源信息管理局估测，若当前越南永久非法据有南海争议海域，那么其海上原油储

---

* 蒋玉山，暨南大学中国海洋发展中心南海战略研究基地兼职研究员、广西东南亚研究会副研究员。

① 石油和天然气储备实际上也包含了南海争议区海域。

第七章　越南的南海政策

备将是中国的两倍,天然气储备也远比中国丰富。2015年越南国有油气集团公司(PVN)原油产量1870万吨,天然气产量106亿立方米,[①] 均比2015年有较大幅度增长。但因国际油价暴跌,石油收入同比2014年锐减,全年原油出口额同比下跌53%,出口额不到38亿美元,成品油出口下跌49.8%[②]。

由于经济下滑,为达到其6.2%的增长目标,2015年7月,越南计划投资部部长裴光荣要求PVN扩大原油产能100万吨,为其宏观经济目标服务,如果油价下降致石油减产将会影响越南的经济增长。[③] 实际上全年越南经济增长达到6.68%,高于预定目标6.2%,主要原因是受到石油增产的驱动。[④] 2016年1月10日,在PVN集团2015年工作总结暨2016年计划部署会议上,越南副总理黄忠海强调,2016年即使未来国际油价继续下跌,PVN要继续加强石油勘探开采和投资,增加石油储备,保障国家能源安全,同时增加原油出口,确保国家经济和国家财政收入双增长,PVN要与工贸部配合制定《2025石油部门发展规划及2035年远景规划》,他还指示PVN要在南海争议海域开展有力活动,这也是"维护主权和海上安全的条件之一"。[⑤]

在加紧原油开采和出口的同时,越南政府还努力加强自主生产,减少对中国成品油的进口依赖。随着越南本土炼油厂的增建和扩能,将逐步成为本国市场主导力量,甚至会成为成品油净出口国,预计2020年越南年炼油能力将扩大至2500万—3000万吨。目前PVN旗下荣桔炼油厂,日炼油能力14万桶,满足国内约30%需求,其原油90%来自白虎油田。由PVN和科威特、日本三方持股年产能1000万吨的宜山炼油厂,预计2017年完工。年产能1200万吨的龙山炼油厂,计划于2018年投产。与韩国合建1000万吨南云丰炼油厂也在筹备中。泰国国家石油公司(PTT)计划2016年在越南仁惠经济开发区新建日加工能力为66万桶的炼油厂,预计到2019年建成投产,预计2025年石油产品需求将达到2700万吨/年,上述炼油厂不仅能够满足越南国

[①] 《越南12月原油产量同比下降15.9%》,中国石油新闻中心,2015年12月29日。

[②] 《2015年越南贸易逆差32亿美元》,驻胡志明市总领馆经商室,2015年12月28日,http://www.mofcom.gov.cn/article/i/jyjl/j/201512/20151201221236.shtml。

[③] VIETNAM EYES SQUEEZING MORE OIL FROM AGING FIELDS IN PURSUIT OF GROWTH, Hanoi (Platts), 14 Jul., 2015, http://www.platts.com/latest-news/oil/hanoi/vietnam-eyes-squeezing-more-oil-from-aging-fields-27609500.

[④] Vietnam may raise crude oil output in pursuit of economic growth, By Mai Thu, Thanh Nien News, HANOI, June 30, 2015, http://www.thanhniennews.com/business/vietnam-may-raise-crude-oil-output-in-pursuit-of-economic-growth-47328.html.

[⑤] 《越南2016年将加强石油勘探开采 保障能源安全》,《环球时报》,2016年1月11日。

内需求，还可使越南成为成品油出口国。年内，由于全球油价持续走低，越南石油经济政策受到重创，必将影响越南 2016 年的增长预期。越南计划投资部长斐光荣接受《西贡经济时报》采访时称，石油价格下降会致越南石油产业损失至少 30 亿美元，这无疑将进一步加剧越南公共财政的负担。① 另据越南计划投资部世界经济部社会经济信息和预测研究中心主任黎文魁研究认为，若国际油价徘徊在每桶 30 美元，人民币和越南盾贬值 3%，2016 年越南经济将下降 1.08%，2016 年越南国家税收将减少 11.1 亿美元。② 2016 年 2 月，PVN 公司执行总裁杜志清表示，如果原油价格低于每桶 32.4 美元，其下属企业勘探与钻进公司（PVEP）和越南石油公司（PV OIL）将不得不亏损。如果低于 30 美元，PVN 必须减产或关停部分老化油井。2016 年 1 月，公司旗下有三个子公司均呈现亏损。③ 因此越南政府的石油扩产能和企业追求效益本身就是一个矛盾。

由于近海油气资源开始枯竭，越南政府开始加紧对南海深海区油气资源的非法开采，为达到这一目标，越南政府正在加紧深海石油钻探设备及技术引进与自主研制。继 2014 年"三岛三号"之后，2015 年 12 月 13 日，"三岛五号"钻井平台在巴地—头顿正式下水，由越俄油气公司（Vietsovpetro）和石油钻井建造股份（PV Shipyard）投资承建，设备和材料国产化率 46%，是越南迄今为止自主设计和建造的最大自升式钻井平台。"三岛五号"自升式钻井平台采用美国 F&G 公司 JU-2000E 模式设计，重 1.8 万吨，最大钻井深度为 9 千米，核定载荷为 3000 吨，可抗 12 级台风，钻井平台投资额 2.3 亿美元，于 2014 年 3 月开始建造。④

以优惠政策吸引美、俄、印等国石油公司加入南海争议地区油气勘采，既弥补其资金技术和设备不足，又意图使南海争端国际化。目前俄罗斯与越南在南海的合作项目最大，越俄石油联营公司（VSP）俄方占资 49%，越方占资 51%，2015 年原油生产 520 万吨，营业收入 21.9 亿美元，上缴财政 9.98 亿美元，自成立以来，俄越合资公司在越南大陆架开采了 2.15 亿桶石油并获得 720 亿美元收入。同时 2015 年双方计划在越南大陆

---

① How Will Falling Oil Prices Affect Vietnam in 2015？, By Prashanth Parameswaran, December 23, 2014, http：//thediplomat. com/2014/12/how-will-falling-oil-prices-affect-vietnam-in-2015/.

② Vietnam's oil output seen rising 4.6%, Oil & Companies News, 12/09/2015, http：//www. hellenicshippingnews. com/vietnams-oil-output-seen-rising-4-6/.

③ PetroVietnam to close some oil wells if prices fall below ＄30/barrel. , VietnamNet English, Feb. 15th, 2016, http：//english. vietnamnet. vn/fms/business/151226/petrovietnam-to-close-some-oil-wells-if-prices-fall-below-30-barrel. html.

④《越南最大的"三岛五号"自升式钻井平台成功下水》，[越]《越共电子报》，2015 年 12 月 14 日。

架开采500万桶以上石油,并完成海钻井平台架设,2015年12月VSP白兔油田ThTC-02石油钻井平台正式投入运营。白兔油田南部,距离越南巴地头顿省头顿市120公里,海水深度50米,总重量3400吨,设计钻井数量12口,设计日产量6000吨。ThTC-02平台正在运营的三口钻井每日产量1100吨,占VSP石油开采总量的7.5%,2016年VSP将有12口新油井投入运营,年生产目标是原油开采量达500万吨和天然气供应量13亿立方米。2016年3月,VSP公司表示,2016—2020年将力争实现提高石油开采量到逾2440万吨,销售收入达116亿美元(平均每桶62.3美元)。① 2015年9月,俄能源巨头罗斯石油公司与日本海洋钻井(JDC)签署油井开发协议,项目于2016年正式实施,协议中两个油井在越南外海南昆山盆地06-1和05-3/11区块,正好位于中越南海争议区域。罗斯公司拥有南昆山盆地06-1区块天然气田股权35%,拥有05-3/11区块油气田100%的控股权,同时还拥有从南昆山盆地到越南海岸天然气输送管道将近33%的股权。该公司在南海其他几个地区同越方也有合资项目,并拥有49%股权,越方控股。② 当月10日"美国之音"报道称南昆山盆地06-1和05-3等区块位于中国划定海域,两区块均靠近中国万安北-21区块。早在1992年中国政府就授权中海油与美国克里斯通公司合作勘探开发,但后来遭越阻挠致合同无法执行,不过这个合同至今有效。③

二、启动六个大型渔业中心建设,资助渔民远海捕捞设备升级

根据《到2020年越南水产业发展总体规划》,越南政府将投资兴建海防、庆和、岘港、巴地—头顿、坚江和芹苴六个重点大型渔业中心,其中除海防外,其余均集中在南沙周边海域,投资总额6.4亿美元,至2020年水产业将基本实现工业化、现代化,成为具有高竞争力大产业。但计划投资部2016—2020年投资预算仅有1.23亿美元左右,只有约总投资的1/5。由于资金缺口大,越南政府拟通过多元投资和经营模式,包括发行政府公债、外国官方援助、公私合营、企业参与等形式筹集所需资金。④

在引进外资方面,年内日本政府已计划在庆和省投资约0.74亿美元建立渔业中心,项目占地约46公顷,是越南拟成立的六大渔业中心之一,越方希望通过日本方面进行技术转让,迅速提升其渔业技术。⑤ 此外越南政

---

① 《未来5年越俄石油联营公司石油开采量可达逾2440万吨》,越通社,2016年3月3日。
② 《俄罗斯越南开发有争议南海资源 日本"帮忙"》,《大公报》,2015年9月10日。
③ 《俄日拟在争议区开采南海油田 俄欢迎日介入》,《环球时报》,2015年9月11日。
④ Se Quy Hoach Kien Thiet 6 Trung Tam Ngu Nghiep Lon, Thoi Bao Kinh Te VN, 2015—12—08.
⑤ 《日本拟投资越南中南部渔场》,《人民日报》,2015年5月12日。

府还拨出专项资金给渔民出南海捕捞配备通信设备，加强对所占海域实施海洋海岛"主权"。2015年12月20日，越南通信传媒部与红十字会、VOV、VTV联合发起活动，号召国内外组织和个人捐资捐物，购买通信联络设备赠送给越南出海渔民。当日活动组委会在潘切市向各沿海24个省市渔民赠送747套通信联络及电子导航设备。①

三、正式将南沙群岛纳入旅游地图，启动南沙海上旅游，以宣示海上"主权"

2014年越南当局宣称搞"南沙游"，并让个别旅游团先行到南沙探路，越南和平旅游公司开始了南威岛、DK1和DK2高脚屋及周边礁盘旅游，时间是六天七晚，在中国反对之下，有所收敛。规划指出除新鲜刺激外，南沙旅游区有助于越南民众展示"爱国主义精神"。2015年1月9日，越南文体旅游部《至2020年中部重点经济区文化、家庭、体育、旅游总体发展规划和2030年展望》指出，越南中部地区推动现代旅游业发展，打造高竞争力的历史自然遗产旅游和海岛旅游等产品，岘港市和顺化市将成为中部地区文艺中心，最终发展成为拥有特色游产品比如文化遗产游、海岛游、海洋生态游等的国际大型旅游中心。按照胡志明市通过的《2015—2020年海岛旅游规划》，其中的"南沙游"是旅游战略计划中的重点。② 2月9日，越南交通运输部也将履行该项目并将于年内开通国内至南沙的航班完成法律框架。

2015年4月，胡志明市正式筹备"南沙游"，市府责成市旅游局对适合"南沙游"目的地吃、住、行等承载力进行考察，国防部和海军承诺为"南沙游"提供船只、直升机和油料保障。6月初，胡市旅游局正式推出为期六天价格为800美元赴南沙存争议岛屿游轮之旅，参观南沙群岛两处礁盘和两个岛屿，高端旅游套餐还推出乘坐私人直升机抵目的地，住VIP酒店房间。6月22日，首个赴南沙180名游客组成的旅游团正式成行，旅游团先从海防乘机抵胡志明市然后乘船从西贡港达南沙群岛，参观DK1和DK2高脚屋、大熊油田，以及南威岛、景宏岛、南子岛和西礁，游轮之旅的政治意味甚于经济意义，此前的旅行推介称"游历'长沙'岛县……将重振民族自豪感并增强公民对国家神圣海上主权意识"，"'长沙'岛县不再那么遥远，其蓝色的海洋将深深印入人们心中"。③ 市政府官网也称赴南

---

① 《向沿海省份渔民赠送通信联络设备》，[越]《越共电子报》，2015年12月21日。
② Truong Sa set to be attractive destination for tourists, VOV, March 03, 2015.
③ 《外媒：越南要推南沙游轮之旅或激化南海问题分歧》，《参考消息》，2015年6月7日。

沙首发团"意义重大",是胡志明市乃至全国正式开启南沙旅游的标志,媒体也认为作为最大城市和经济中心,胡市率先推出"南沙游"具有"非同寻常的示范效应"。① 12 月,赴南沙群岛定期客运航班正式开通,未来旅游者还将与守岛官兵进行文体交流,参观与维护相关的历史资料等。

四、宣扬经济民族主义

在经济合作与投资领域摆脱中国主导的亚洲贸易结构,减少对中国经济的依赖。在双边贸易领域,中国依然是越南最大的贸易国。在投资领域,越南倾向于美国和日本而排斥中国,日本成为越南最大的投资国。2015 年 9 月阮富仲访日期间,日本向越南提供 2.39 亿美元用于建造胡市一家医院,及 8.29 亿美元基础设施建设项目。2015 年 10 月越南正式签署由美国主导的"跨太平洋经济合作协议",这是另一个为了减少对中国经济依赖而深化同美国伙伴关系的例子。作为回报,美国可能会自动承认越南的市场经济地位。同时越南以安全为由,限制中国电子产品进口。2015 年 1 月 18 日,越南公共安全部向政府部门下发内部紧急通知,警告不要在中国产联想电脑上存储保密资料,通知称联想电脑预装"间谍软件",可能危及越南信息安全。根据要求,海防市和广宁省两地已着手替换联想设置桌面,两地政府部门还规定,出于安全考虑,禁止采购联想设备。②

第二节 越南南海政策的政治与外交维度

一、无理反对中国在西沙和南沙行政管辖和建设

截止到 2015 年 11 月底,越南政府通过直接交涉、领导人公开抗议、外交部发表谴责等各种渠道就中国对南海合法行政管理、岛礁扩建和完善基础设施、南海海上演习等主权范围内的行政管理和军事活动表示抗议多达 46 次,指责中国"侵犯主权"、在南海实行"军事化"和"非法建造人工岛屿"等,仅就中国在西沙和南沙围填进行正式交涉多达 22 次。2015 年 11 月 28 日,越南"祖国阵线"中央委员会发布南海问题报告,称中国在南海填海造岛行动是"对越南主权的侵犯"并强调"越南已经并将持续采取各种措施、在各种层面、通过多种形式进行坚决斗争",报告提出为驻南沙守岛越军部队升级装备和武器,并继续向南沙所占岛礁加大移民。

---

① 《越南本月试点推南沙旅游》,《今日早报》A0012 版:国际·聚焦。
② 《1 月 4 日至 1 月 10 日网络安全情况摘报》,中华人民共和国教育部网站,http://moe.edu.cn/s78/A12/szs_lef/moe_1427/moe_1431/201602/t20160201_229246.html。

4月16日，越南外交部发言人黎海平称越南"反对中国在南沙'非法'建设，要求中国中止错误行为"。海军少将黎继岚认为"中国将其'非法占领'的越南礁盘转变成军事前哨的行为是十分危险的，严重危害了地区和全球安全"。① 5月初，越南网民要求谷歌搜索修改"西沙群岛是海南省的一部分"，此前键入"黄沙或帕拉赛尔群岛"，维基百科会显示词条"岛屿属中国海南省"。5月17日，越外交部对中国在南海宣布"禁渔令"表示强烈抗议，还表示当月就中国建造人工岛屿递交了八次外交照会。5月27日，越南政府办公厅主任阮文南举行例行发布会，称除向中国递交外交照会外，还向联合国成员国递交了外交照会。5月28日，越南当局以中国畅销小说《盗墓笔记》第一季是"非法出版物"而撤销越南语版在越南发售，实际上是因为《盗墓笔记》中提到西沙群岛仙女岛盗墓和南沙群岛中的七连屿，越南当局认为"侵犯了其主权"。② 5月30日，香格里拉会议期间，越南国防部副部长阮志咏在接受媒体采访时公然指责中国，称中国在南海实行"军事化"并"非法"建造人工岛。7月20日，中国海事局发布的第HN0030号航行通报称，中国于7月22日至31日举行军事演习，越方做出激烈反应。9月10日，黎海平在外交部例行记者会上对中国在西沙群岛实现4G网络覆盖表示强烈抗议。8月24日，越南对中国台湾太平岛建设灯塔，10月28日三沙市政府在西沙群岛完成两座灯塔，相继进行指责。9月23日，越南外交部声称中国国务院正式批准《全国海洋主题功能区规划》将西沙和南沙两座群岛列入规划范围。越南第十三届国会第十次会议期间，来自28省国会代表提议越南政府尽快完成法律程序，在国际仲裁庭上起诉中国，维护越南"主权"。越南国会的一份报告还称，许多省的选民对中国在南海"侵犯越南主权"行为表示失望，尤其是中国在南沙和西沙"非法"建造人工岛屿。11月27日，越南外交部称中国海警和军舰"包围并武力威胁攻击"越南"海腾五号"船。2016年1月2日，越南外交部对中国在南沙永暑礁新建机场进行校验和试飞活动表示抗议和不满。1月5日，越南向国际民航组织提出要求修改三亚飞行情报区的航行地图；在中国反对后，越南一直表示抗议和不满。1月7日，越南民航部门指责中国飞机飞越越南"领空"并威胁地区空中安全，越南常驻联合国代表团向联合国秘书长提出两次照会并要求向联大成员国散发。2015年12月12日，中国台湾"内政部长"陈威仁与"海巡署长"王崇仪率官员登岛主持启用太平岛揭碑典礼遭越南抗议。就1月6日中国海南省宣布在三

---

① China's East Sea plot- "What is done by night appears by day", VNA, June 09, 2015.
② Vietnam orders Chinese novel to be pulled for inaccuracies about territory, VNA, May 29, 2015.

沙成立四个基层人武部以及在永兴岛展开演习一事,越南岘港市"黄沙"岛县政府主席武公正1月8日表示"黄沙群岛隶属越南",当月19日,越南外交部要求在北部湾湾口外海域活动的中海油981钻井停止钻探作业并从该海域撤出。

二、加快南沙占领海域基础设施建设巩固"主权"

越南当局在南沙海域侵占岛礁的基础设施经过数十年经营,已相对完善和系统化,同时还在南沙地区进行围海造岛工程,进一步提升南海驻岛部队医疗后送及远程医疗服务水平。2015年1月13日,越南国防部正式展开"军医院与南沙岛屿远程医疗系统"项目,首个项目即驻胡志明市175军医院与海军五区司令部78医疗队远程医疗系统正式投入使用,项目由国防预算拨款,总投资40万美元。2月21日,175军医院与驻南威岛的南沙岛医疗所医护队通过远程医疗系统成功实施了一起急性阑尾炎手术。10月17日,越南海军954旅VNT-773号"双水獭"水上飞机从新山一机场起飞执行医疗急救,将一名患者从南威岛送回175军医院救治,在飞机抵达之前,南威岛医疗所医生通过远程医疗系统与175军医院进行远程视频会诊。2015年胡志明共青团、越南大学生协会同越南投资与发展银行合作开始共建"沿海前哨岛屿七座国旗台",以彰显"主权",教育和激发越南青年和大学生的爱国主义,增强海洋海岛"主权意识",该项目主要在广宁省陈岛、海防市白龙尾岛、广平省罗岛、平定省绿岛、平顺省富贵岛、巴地头顿省昆岛及坚江省土珠岛。[①] 首个"国旗台"于2015年6月18日正式动工,于7月初正式竣工,项目投资约6万美元。8月24日,耗资约10万美元的第二座旗台广宁陈岛国旗台正式落成。

三、建立西沙海战纪念馆,对西沙提出无理主权诉求

2015年12月7日,西沙群岛展览中心正式破土动工,[②] 项目投资178万美元,主体建筑分四层,总面积1296平方米,工期2年,建成后将展出有关西沙群岛的相关资料、图片和视频,包括西沙地理位置与自然环境、阮朝时期越南古籍中西沙群岛、中国和西方国家1858—1954年及1954—1974年出版的资料;1975年以来颁发越南对西沙群岛"管理"文件和历史见证人等主题。该市市委书记阮春英指出,展馆有助于"鼓舞越南人民尤其是年轻一代

---

① 《平顺省富贵岛上祖国旗台正式开工兴建》,[越]《人民军队》2015年6月18日。
② Work starts on Hoang Sa exhibition centre in Da Nang, VNA, December 8, 2015.

捍卫主权精神和意志"。① 2015 年初，越南全国总工会即向全国募集资金筹建"爱国"系列工程，借此宣示对南海地区"主权"。2015 年 3 月，庆和省金兰半岛开工建设的赤瓜礁烈士纪念碑是该"第一年建设工程"项目，计划投资 500 亿越南盾（约合 1500 万元人民币），较预算追加了投资。2016 年 1 月 17 日，越南全国总工会和广义省委、省政府在越南广义省理山岛县联合举行"黄沙死难士兵纪念馆"② 奠基仪式，这是越南总工会维护南海"主权"的"第二年建设工程"。

四、深化同域外大国防务合作，将南海问题国际化和多边化

俄罗斯是越南传统伙伴，军事和油气合作是越俄关系的两个基本常数，在军事合作关系方面，俄罗斯是越南军事现代化尤其是海空军现代化的重要倚重力量。年内两国分别举行了第七次副部长级国防与安全战略对话，第十七次政府间军事技术合作会议等，俄太平洋舰队定期访问仙沙港，③ 俄罗斯还为金兰湾潜艇基地建设和潜艇艇员培训提供帮助。在油气合作方面，俄罗斯国有石油集团，私营石油企业如罗斯石油公司，俄罗斯天然气工业股份公司早就卷入南海石油勘采，2015 年越南与俄罗斯天然气工业股份公司合作建立越俄合资天然气公司（Gazprom-Vietnam）。预计该公司将于 2016 年投资进入越南大陆架及南海深海钻井，重点是在南沙地区开发新油田。④

2015 年是越美关系史中具有里程碑意义的一年，以越美建交 20 周年为契机，越南进一步深化同美国的政治、外交与国防合作，纵观 2015 年越南同大国关系，美国是其政策优先。越南希望通过同美国的高层话语、外交互访和美国在南海军事存在等牵制中国南海维权行动。6 月 1 日，越南国防部长冯光青与到访的美国国防部长阿什顿·卡特签署《越美国防关系联合愿景声明》表示双方将进一步加强两国国防关系，合作内容包括消除越战遗留问题、人道主义救援、海上搜救和执法合作等，双方还提到要确保地区和平、安全和繁荣。⑤ 越方要求尽快解除对越武器禁运，加速越南

---

① 《"黄沙"展览馆在岘港市动工兴建》，[越]《越共电子报》，2015 年 8 月 12 日。
② 指 1974 年 1 月 19 日在中国南海西沙群岛西部的永乐群岛海域，中国人民解放军与南越海军发生的小规模海上作战。上述"黄沙兵"即指被中国海军毙伤的南越官兵 53—100 余人。
③ 《俄海军舰艇编队访问越南岘港市》，[越]《越共电子报》，2015 年 7 月 31 日。
④ PM Medvedev highlights RussiaVietnam cooperation prospects, VN net bridge, 2015-04-06, http://english.vietnamnet.vn/fms/government/127365/pm-medvedev-highlights-russia-vietnam-cooperation-prospects.html.
⑤ 《越美签署国防关系〈联合愿景声明〉》，新华社，2015 年 6 月 1 日。

武器现代化，美方提出太平洋舰队能自由地停靠在金兰湾。① 7月初越共中央总书记阮富仲访美，期间在CSIS就越美关系发表讲话时对美国卷入南海问题表示欢迎。他说"我们非常希望美国在南海利益的增长，也对美国就和平解决南海问题，……反对军事化控制南海海域和空域的一贯表态表示感谢，越南欢迎美国维护南海海上安全，航行和飞越自由……"② 而奥巴马表示美国将越南视为亚太地区战略转移政策中一个升级的地区伙伴。值得注意的是，阮富仲访美前，3月15—20日，新当选的越南国家主席、时任越南公安部长的陈大光大将访美并受到高规格接待，期间陈与美国国土安全部长，联邦调查局长，国务院、国防部、司法部和中情局以及国会高官进行广泛接触，其谈话内容超越了国土安全，涉及国防安全、贸易投资等问题。综观全年，越美关系已经突破了意识形态，取得实质性突破，③ 9月越美防务安全对话期间，美国宣布向越南提供2000万美元用于购买六艘美国高速巡逻艇以加强其南海海防能力。为了国家利益，越南希望在2016年继续寻求提升与美国的国防合作水平，而这种情况视越南与中国未来在南海地区矛盾的程度。④

深化越日防务合作提升海上防务能力合作关系是越南发展对日关系的主旋律。2015年5月，日本两架P-3C侦察机在马里海域执行打击海盗任务返回日本途中停降岘港，这是自2014年以来日本自卫队P-3C侦察机第二次停降越南，日本军方称将有助于构筑两国防务信赖关系。⑤ 2015年7月，第七次"日—湄"峰会中，越南总理阮晋勇提出强化越日关系新战略并指出日本在亚太经济合作及安全结构中的重要作用与地位，日本首相安倍晋三指出海上"航行自由"和"法治"是维护地区和平和稳定的基础。9月越共中央总书记访日期间越日两国达成《至2020年越日合作和2030年展望》及其他一系列合作协议，提升双边贸易和防务关系以应对南

---

① Vietnam's careful dance with the superpowers, 21 Jan. 2015, Phuong Nguyen, CSIS, Wash. DC.
② Address by his excellency General Secretary of VCP Nguyen Phu Trong at the Center for Strategic and International Studies, Washington D. C. 8th, July 2015.
③ A Breakthrough in US-Vietnam Relations, By Alexander L. Vuving, April 10, 2015, http://thediplomat.com/2015/04/a-breakthrough-in-us-vietnam-relations/.
④ US and Vietnam: gradually becoming bittersweet partners?, by Ahn Le Tran, May 19, 2013, http://www.globalpost.com/dispatches/globalpost-blogs/commentary/us-vietnam-asean-saigon-trans-pacific-trade.
⑤ 《日本自卫队侦察机停降越南》，中国新闻社，2015年5月14日电。

海问题。① 协议中除了日本向越南提供约 10.7 亿美元 ODA 援助外，还包括年内向越南提供 160 万美元海洋安全援助用于购买两艘日本二手高性能海巡艇，加强南海维权力量，一份《海警合作谅解备忘录》。② 双方还声称合作应对在东海和南海与中国海权纠纷，促进海洋安全对话，反对中国在南海吹填作业和跑道建设，鼓吹"海上法治"和"航行自由"的重要性。访日之前，阮富仲接受《日本经济新闻》等媒体采访时强调要发展与日本的战略伙伴关系，除在政治、经济等领域开展广泛合作外，还要在国防领域加强合作。③ 12 月，越日举行第六次国防部副部长级战略伙伴对话，期间双方重提以《联合国海洋法公约》保障"海上和平""航行与飞越安全和自由"对维护地区和平、稳定的重要性。5 月，越南海警司令部还与访问越南的日本海岸警卫队"八岛"号巡逻艇在岘港海域举行了海上搜救训习。

2015 年 4 月，阮晋勇与访越的印度国家安全顾问阿吉特·库玛尔举行会谈，双方表示加强双边国防和军事技术合作，印度将国防安全，尤其是国防工业，军事技术、武器装备、军事情报及英语和网络安全等对越南提供支持。阿吉特指出印度坚持南海"航行自由"，反对任何单边改变南海现状行为，同时支持越南关于遵守 DOC 及尽早达成 COC 的提议。④ 2015 年 5 月，越南国防部长冯光青大将率高级军事代表团访问印度并与印度国防部长马诺哈尔·帕里卡尔签署《2015—2020 年阶段越南—印度国防关系共同愿景声明》《越南海警与海岸警卫队联合打击跨国罪犯与合作共同发展的备忘录》。8 月，越南海警三区司与到访的印度海岸警卫队在距头顿市海岸约 10 海里区域举行联合海上搜救和海上执法演练。参演舰艇包括越海警三区 8001 号和 4043 号船，印度"SaRang44"号舰。此外印方还向越南承诺，印度可以向越南提供巡航导弹和弹道导弹以及有安全保障的核能力和研究用反应堆，印度还正在为越南培训 500 名潜艇兵。

---

① Vietnam Party Chief Visit to Japan Boosts Bilateral Defense Cooperation by cogitASIA Staff Hunter Marston, September 24, 2015, http://cogitasia.com/vietnam-party-chief-visit-to-japan-boosts-bilateral-defense-cooperation/.

② 《越日发表两国关系联合愿景声明》，[越] Nghien Cuu Bien Dong, 2015 年 9 月 21 日，http://www.nghiencuubiendong.vn/cn/tin-tham-khao-bien-dong/2182—2015—09—21—07—23—31。

③ Vietnam Party Chief Visit to Japan Boosts Bilateral Defense Cooperation, By Hunter Marston by cogitASIA Staff, September 24, 2015, http://cogitasia.com/vietnam-party-chief-visit-to-japan-boosts-bilateral-defense-cooperation/.

④ Vietnam seeks deepened security cooperation with India, VNA, April 4th, 2015, http://english.vietnamnet.vn/fms/government/127485/vietnam-seeks-deepened-security-cooperation-with-india.html.

第七章　越南的南海政策

2015年3月，阮晋勇访问澳大利亚，与澳大利亚总理阿博特会谈，期间双方签署《提升越澳战略伙伴关系宣言》，内容包括地区和国际合作、贸投、工业、发展援助及国防和执法合作，并还签署一系列备忘录。[①] 澳方将就潜艇救援和技术对越南海军进行培训。关于南海问题，双方要求执行DOC，反对威胁使用武力和单边改变现状行为，加紧制定COC，保障航行自由和安全，遵守国际法、国际海洋法公约。同时越、澳还表示，将强化地区安全结构合作，支持东亚峰会以及其他东盟起中心作用的机制。

为使南海问题区域化，越南提议建立东盟共同国防政策，与菲律宾建立战略伙伴关系，在南海问题上结成同盟。2015年3月，第9届东盟国防部长会议在马来西亚吉打州卡威举行，与会各方除签署关于加强传统与非传统安全合作的联合声明外，越南国防部长冯光青提出政治安全共同体建设是东盟共同体的关键支柱，他提议东盟进一步加强防务合作，提议实行共同防务政策。[②] 2015年4月，在马亚西亚举行的第26届东盟峰会讨论联合声明文本时，越南伙同菲律宾提出在联合声明中加入谴责"中国侵略行为"的无理要求，但未获得主席国支持，东盟主要国家马来西亚和新加坡均反对越南通过南海问题绑架东盟同中国关系。

共同的利益诉求使越南同菲律宾在南海搁置争议，强化联合。双方除在东盟和多边国际场合进行联合，相互支持共同牵制中国外，年内越南与菲律宾构建一系列合作机制并签署了战略伙伴关系，对中国在南海的主张和维权行动构成一定的牵制。4月越菲举行第一届副部长级国防战略对话，双方表示将在地区和国际多边论坛上保持密切协调和配合并确定未来合作方向，包括：加强各级别代表团互访、青年军官交流，推动教育培训和情报共享；在南海地区展开共同巡逻，联合海上搜救，打击非法捕捞等。5月27日，菲律宾海军西部军区副司令巴里佐准将与越南海军四区副司令黎鸿战大校分别率团在南沙南威岛举行第二次交流。10月21日，越菲第八次双边合作委员会议在河内举行，会议由菲外长德尔·罗萨里奥与越南副总理兼外长范平明共同主持，重点商讨有关两国海军、海岸警卫队在海上搜救、人道主义援助和灾害救助等领域交流，罗萨里奥与阮晋勇在会见中谈及菲越两国双边关系的"全面加强"以及包括南海在内的地区问题。[③]

[①] Vietnam, Australia issue joint statement on lifting relations to new level, VNA, March 19, 2015, http://english.vietnamnet.vn/fms/government/125845/vietnam—australia-issue-joint-statement-on-lifting-relations-to-new-level.html.

[②] Vietnam's ideas lauded at ADMM—9: minister, VNA, March 18, 2015, http://english.vietnamnet.vn/fms/government/125825/vietnam-s-ideas-lauded-at-admm-9—minister.html.

[③] 《菲律宾将与越南签署建立战略伙伴关系协议》，中国新闻社，2015年10月23日。

12月17日，在亚太经济合作非正式领导人会议期间，两国外长正式签署"建立战略伙伴关系协议"以提高双边交流的层级与密度，双方还表示将重点加强海上合作。在与越南国家主席进行会晤时，阿基诺声称同越南的战略伙伴关系将会为深化双边合作，尤其是经济、农业、国防及海上合作提供进一步动力，而海上安全合作对两国的战略利益至关重要。[①] 越南也成为继美、日之后菲律宾的第三个"战略伙伴"。

五、加强媒体宣传，妄图否定中国对南海固有领土领海主权

3月9日，广宁省下龙市越南海军同越南音乐家协会、美术协会、作家协会和表演艺术家协会联合举行以"海洋、岛屿和海军战士"为题材的文学艺术创作营。4月21日，亚非会议期间，越南与部分太平洋及印度洋沿岸国家关于海洋管理的研讨会，越南副外长阮金玉向部分非洲国家代表团提出南海问题，散布越南片面主张与诉求，对中国含沙射影地进行攻击，阮金玉称中国在南海海上安全，改变南海现状，加剧南海紧张局势，中国的岛礁建设影响南海礁盘、海上生物并破坏周边环境。7月14日，庆和省芽庄市举行"和平与创新"主题的2015年海洋文化节，文化节的主旨是捍卫国家"主权"、环保与发挥海洋海岛价值，上万当地居民与游客参加。8月14—16日，平定省归仁市举行"2015年平定：大学生与祖国海洋海岛"夏令营暨国际青年论坛，宣扬海洋海岛对越南的意义和重要性。9月10日，越南驻法国大使馆与法国高校在法国布列塔尼地区洛里昂市共同举行"航海空间之地缘政治——南海问题"，集中探讨南海紧张局势、海洋海岛主权争端和运用国际法保障国际和地区稳定、航行安全与自由等问题，越驻法国大使馆参赞阮氏碧惠在会上强调越南对南沙、西沙两个群岛的"主权"。11月12日，越南学者陈德英山参加哥伦比亚大学和塔夫茨大学南海问题学术研究会并提交两篇关《南海海洋贸易史料》，论文称南海考古发掘及越南、日本、中国和西方国家档案馆资料均表明10—20世纪在世界海洋贸易网络中南海和越南具有极其重要的地位。11月23—24日，第七届南海问题国际研讨会在越南头顿市举行，会议由越南外交学院、南海研究基金会、越南律师协会联合主办，包括越南在内的十多个国家的学者、驻越外交机构代表及媒体共200余人参会，规模为历届之最。除重点讨论国际局势对南海争端的影响以及南海局势最新发展，主办方精心设计了中国在南海进行基础设施建设的议题供讨论，并指责中国在南海岛礁实

---

① Philippines, Vietnam sign strategic partnership, November 17, 2015, http://www.talkvietnam.com/2015/11/philippines-vietnam-sign-strategic-partnership/.

第七章 越南的南海政策

行"军事化",引发南海军备竞赛,"威胁"到地区和平与安全。① 11月16日,岘港举办东亚海环境管理伙伴关系计划及第五届东亚海洋大会,越南副总理黄忠海致开幕辞时指责中国"在岛礁上进行违反国际法的大规模修建活动",并提出要"遵守国际法,维护东亚海洋航行和飞行安全"。② 12月19日,在参加印度新德里举行的"亚太世纪:印度和大国接触"学术会议时,越南驻印大使孙生清发表演讲说"东南亚尤其是南海的和平与安全,是印度洋和太平洋不可分割的一部分",他还指出"中国南海空前的岛屿礁建设是南海局势恶化的主要因素"。③

越南当局还指示传媒机构加强海洋海岛知识的对内对外宣传力度,利用一切机会和场所举行各式各样的资料、图片等展览,以宣示其"主权"。举行关于南海海洋与海岛的新闻、记事、纪实文学和摄影比赛,激发青年民众的爱国主义。2015年伊始,越南通信与传媒部就会同各省市及越南人民军、公安部队在全国范围内举行地图资料展,展出的实物和资料主要来自越南南海研究人员收集的国内外学者出版或公布资料。除此之外还有由各地方政府及相关机构举行的各种艺术节和图片资料展览,大大小小全年有数十次。

12月2日,第一国家藏书中心与第四国家藏书中心在河内联合举行《阮朝硃本、木板与史编工作——世界资料遗产》资料展。12月12日,旅法越南人协会、法越友协、越南驻法国大学生协会、法国南海问题研究课题组和越南信息与资料中心在巴黎举行展览会、电影和座谈会等系列活动,向法国人和旅法越南人宣扬越南"对南海主权"。12月22日,越南建军71周年之际,胡志明市博物院与越通社图片部胡志明市战争遗址博物院展出约200张关于"越南海洋海岛"图片。同一天,海防市文体旅游厅举行"越南海岛——历史、潜力和发展"图片展,内容包括部分阮朝硃版在内的近100幅图片、地图和资料。

第三节 越南南海政策的军事维度

为应对南海争端,越南当局正加快军事变革步伐,重点推动越南海

---

① 《南海地区安全问题国际研讨会开幕》,越南"东海"研究网站,2015年11月24日,http://www.nghiencuubiendong.vn/cn/。

② 《第五届东亚海洋大会:加强协调配合助力可持续发展》,[越]"东海"研究网,2015年11月25日,http://www.nghiencuubiendong.vn/cn/tin-tham-khao-bien-dong/2218—2015—11—25—01—37—23,Vietnam joins debate on Asia-Pacific security12/21/2015VNA。

③ 《印媒:中国驻印大使称域外国家不应干涉南海问题》,《参考消息》网,2015年12月21日,http://www.cankaoxiaoxi.com/china/20151221/1032734.shtml。

军、海警和空军装备现代化进程，尤其重视增强越南海军的局部制海和制空能力建设。2015 年年初，越南新列编两艘柴电潜艇并开始在南海巡逻，标志着越南潜艇舰队正式成军，这也是越南应对南海军事冲突非对称战略威慑的重要支柱，越军升级并扩大其防空系统，购入预警雷达以及先进的防空导弹，提升对岸防能力和对海攻击能力。此外，越南还正在制定新的法律来打造准海军部队，或称之为第二海军部队的海上警察部队，加大对南海争议海域的巡逻密度和刚性执法强度，维护其"南海主权"。

一、越南海军与空军现代化

越南海军是一支以轻型装备为主的近海防御型力量，其所辖四个沿海区主战装备种类比较齐全，但总体装备老旧。自 2010 年以来，越南海军加快了装备现代化速度，形成了发展海空军、潜艇舰队和导弹快艇舰队，以"空、潜、快"为核心，构建在南海地区空中、水下和水面均具有一定威慑能力的积极防御的海军力量的海军建军思路。在海军潜艇舰队建设方面。2015 年 1 月，越南"河内"号和"胡志明""基洛"级潜艇已开始在南海争议水域巡逻，首批两艘配备有潜射巡航导弹，射程 186 海里。2015 年 5 月 2 日，越南海军在庆和省金兰湾军港举行纪念越南海军成立 60 周年潜艇舰队阅兵式，越南国家主席张晋创参加了阅舰式。参阅力量包括于 2015 年初成军的两艘"基洛"级潜艇"河内"号和 HQ－183"胡志明市"号，越南海军目前最强大的水面舰艇、满载排水量 2100 吨的"丁先皇"号护卫舰，"毒蜘蛛"导弹快艇，以及 P－15"冥河"反舰导弹，越南海军陆战队也展示了步兵方阵，以及 EXTRA 增程火箭炮、BTR－60 装甲输送车、PT－76 水陆两栖坦克等装备。① 越共中央委员、海军司令兼国防部副部长阮文献上将在阅兵式讲话，他称南海局势正"日趋复杂"，"直接影响到国家主权和国家领土完整"，因此越南在南海"保卫主权"行为进入一个"沉重而复杂"的新阶段。② 8 月 1 日，"海防"184 号和"庆和"185 号举行潜艇升旗仪式，正式列编 189 号潜艇旅，越南海军司令范淮南上将在仪式上强调，"海防"号和"庆和"号正式编入是越南海军乃至越南人民军队现代化的重要标志，海军 189 号旅共接收了四艘 636 型"基洛"级潜艇。6 月 8 日，编号为 HQ－186"岘港"号的第五艘潜艇在波罗

---

① 《越南海军举行海上阅舰式 俄制战舰成批亮相（图）》，观察者网，2015 年 5 月 4 日，http://mil.news.sina.com.cn/2015—05—04/1013829642.html。

② 《越南举行海军建军60周年阅舰式 越海军司令称南海局势"沉重而复杂"》，观察者网，2015 年 5 月 3 日，http://m.guancha.cn/military-affairs/2015_05_03_318155。

第七章 越南的南海政策

的海完成海试,12月17日已由荷兰货轮Rolldock Star号装运离开圣彼得堡港,经新加坡马六甲海峡,于2016年2月初,托运至越南金兰湾。按照计划,到2017年,越南从俄罗斯订制的六艘潜艇将全部交付。

通过多元渠道进行巨额军事采购。自2009年以来,越南当局已耗资数十亿美元打造潜艇舰队、导弹快艇、岸基火炮及导弹系统、多用途战机。军备大部分是从俄罗斯和印度购买,为执行其南海海军对中国的"非对称战略",巩固其威慑能力,越军计划继续通过俄印来充实其海空军武器库。越南企图升级空军战机,淘汰约100架老旧米格-21战机,并减少对俄制武器依赖,实行多元化,与欧美武器制造商进行谈判购买战斗机、海上巡逻机以及无人侦察机。斯德哥尔摩国际和平研究所的数据统计显示,从2005—2015年,越南军费开支在东南亚各国中位居前列。2015年6月,美国国防部长阿什顿·卡特访问越南时表示,美方将资助越南海军1800万美元购买六条美国现代化巡逻艇,协助越南改善海防和海上救助能力,预计在2016年内完成移交。

增强越军南海空战能力和海上巡逻、监视与侦测能力,2015年5月越军开始与洛克希德·马丁公司洽谈F/A-50轻型战斗攻击机和"大力神"海上巡逻机,同时希望从波音公司购得具备类似P-8海上巡逻机监视技术的侦察机。[1] 9月15—17日,美国贝尔直升机公司在嘉林直升机场进行新型贝尔-429 WLG型机试飞,期间越方与该公司商讨购入美制贝尔直升机,用于执行南海监察、拍照、医疗急救、人员输送和后勤补给等任务。贝尔新型429 WLG是世界上最先进直升机之一。其中设置两个主机,能在任何环境中活动,时速280—300公里,最大航程630公里。[2] 欧洲战斗机公司的"台风"式战机、瑞典萨博公司鹰狮-E型战机以及萨博340或2000型双引擎飞机。美国国防大学的东南亚问题首席专家扎卡里·阿布扎(Zachary Abuza)教授指出"越南军队现代化的主要议题是大力发展导弹项目,越南的导弹系统在东南亚首屈一指,这正是北京需要考量的"。[3] 越南海上打击能力进一步提升,据2015年5月31日美国《战略前瞻》网站《中国反对越南为潜艇购"俱乐部"导弹》[4] 一文,越南从俄罗斯购进50

---

[1] 《越南军购或逐渐转向西方 欲买鹰狮台风战斗机》,新华社,2015年6月7日。
[2] 《贝尔直升机公司在越南介绍贝尔新型429 WLG直升机》,[越]《人民军队报》,2015年9月18日。
[3] Vietnam's Rising Power on the Open Seas, by By Hunter Marston, December 14, 2015, http://cogitasia.com/vietnams-rising-power-on-the-open-seas/.
[4] 《美媒:越南购入"俱乐部导弹"可能华反对最后反击》,参考消息网,2015年6月2日,http://www.cankaoxiaoxi.com/mil/20150602/802323.shtml。

枚3M54"俱乐部"式潜射导弹,在2015年之前已随3艘基洛级潜艇配套交付了28枚,按照计划,余下22枚导弹将在2015—2017年全部移交越南海军,作为对海攻击的利器,"俱乐部"反舰巡航导弹还可用于打击陆上目标。

二、继续海警现代化改革

2014年越南成立全国渔业监察部队备受国际社会关注,2015年2月12日,越南国防部部长冯光青大将在海警司令部发表讲话时称,越南政府将继续不遗余力地大力推动海警部队的现代化建设。8月28日,越南海警司令部在河内举行"革新时期人民武装部队英雄"称号授奖仪式,国家主席张晋创出席并发表讲话表示要加紧落实"2020年及今后若干年海警部队建设提案",重视提高人力资源培训能力,选培一支能力强、素质高海警部队,满足维护海洋主权要求。9月越南当局政府出台新规定,允许海岸警卫队在南海海域进行积极防御,此举也反映越南通过将海警执法船军事化来创建"第二海军"的尝试。按照新规定,从10月20日开始,越南海警执法船将被授权使用船载武器对进入越南海域的外国船只进行威慑并击退,"直到外国船只完全离开越南水域"。虽然新规定含有预警成分,即它要求越南当局预先进行口头告知"非法"出现在越南"水域"的外国船只离开,然后才可以采用进攻性手段来威慑或击退这些船只,① 值得注意的是,这显然是针对中国渔船或在南海海域执法的中国公务船。10月19日,国防部长冯光青大将签署"国防部第4358号令",批示成立研究和制定越南"海警法草案"指导委员会,同时指示越南海警司令部下属单位对落实海警法草案的情况进行总结并上报国防部,使草案最终成为法律,命令称制定越南海警法草案有助于健全国家法律系统,加强海上执法活动,维护国家海洋主权。2016年1月14日,越南国防部"海警法草案"制定委员会举行了首次研究和制定"越南海警法草案"会议,会议主要对海上执法的法律文件落实结果以及存在问题进行评估,并以此为基础制定《越南海警法》。②

三、服务海上权益斗争的造船工业进展快速

为增强越南海警力量在海上的执法能力,越南海警司令部从越南国防

---

① 《日媒:越南海警船将能使用武器应对中国"第二海军"》,人民网,2015年09月15日,http://military.people.com.cn/n/2015/0915/c1011—27585828.html。

② 《继续制定和完善〈越南海警法〉草案进度》,[越]《人民军队报》,2016年1月16日。

第七章 越南的南海政策

工业总公司下属秋河造船厂采购数艘较为现代的海巡船。3月11日，越南公安部警察总局向海防和广宁移交1300CV号巡逻船，这是目前越南海警部队最先进的沿海执法船①。6月25日，越南巴山造船厂将6008号海警船正式移交越南海警三区服役，6008号海警船长度38.2米，宽7.8米，排水量397.9吨，航速10节，能承受7级风力，航程2000海里。7月9日，秋河公司8002号和9004号船在岘港下水并正式移交越南海警部队。8002号是海警最为先进船只之一，担负越南近海巡逻和南海深海海域执法和搜救任务，排水量2200吨，能抗12级大风，续航40天，巡航范围5000海里。9004号是越南迄今为止船体最大、装备最先进的海警搜救船，主要执行巡逻和搜救任务。②11月30日，秋河造船厂建造的当前东南亚最先进的巡逻船8005（DN2000）号海警船下水，排水量2400吨，续航能力40昼夜，航程5000海里，服役后该船将执行南海远海和越南大陆架周边执法、搜救任务，同时也为在海岛上活动的各个力量提供后勤服务等任务。

四、进一步巩固南沙地区非法侵占岛礁，进行填海造岛和前哨军事化升级

如前述，越南当局对中国合法主权范围管辖内的基础设施建设活动极力反对。但越南实际上是先于中国在其非法侵占的中国南沙岛礁上大兴土木。越南当局一直进行大规模填海造地和军事建设，修建机场、港池、跑道、导弹阵地、办公楼、营房、宾馆、灯塔等永久性设施，甚至部署导弹等攻击性武器。在万安滩、西卫滩、李准滩、奥南暗沙等建设多座高脚屋和直升机平台等设施，此外还在侵占的较大岛屿上修建了学校、医疗站等配套服务工程。据美国东西研究中心研究员兼澳大利亚国防学院网络安全中心教授格雷格·奥斯汀研究，到1996年越南在南沙群岛侵占24个岛礁。截止到2015年，越军侵占的南沙岛数量扩大了一倍。2015年5月13日，美国助理国防部长大卫·谢尔向美国参议院外委会作证时称"越南拥有48个军事前哨"。美方资料显示，近20年来，越南控制岛礁数量翻倍，并且侵占行为均是近年才发生的，尤其是从2009—2015年的六年间越南实控数量从30个增加到48个，除了疯狂地抢占南沙礁盘外，越南还在中礁、染青沙洲、鸿麻岛、毕生礁、东景宏岛和南子岛开始了填海造陆工程。谢尔

---

① 《公安部向海防和广宁两省市移交2艘大马力巡逻船》，[越]《越共电子报》，2015年3月11日。

② 《秋河总公司向越南海警司令部交付8002号和9004号海警船》，[越]《人民军队报》，2015年7月11日，http://cn.qdnd.vn/webcn/zh-cn/120/362/371/368277.html。

· 193 ·

指出,"2009—2014,越南在所有南海声索国中,无论在前哨升级还是在围海造岛方面都是最为活跃的一个,其造岛面积约60公顷。越南还在南沙争议岛屿修建了大小和功能不一的跑道"。① 谢尔还表示,越南的行为使人们可以很好的理解中国政府确实表示了"极大的克制"。美国数字地球公司于2010—2015年4月30日间拍摄南沙卫星照片显示,越南在两个非法侵占的中国南沙岛礁上进行了大规模填海造地。美国智库战略与国际问题研究中心研究照片也表明,越南在非法占领的南沙敦谦沙洲和西礁上开始打桩填海造地并修建设施,不过由于越南经济条件与装备技术不足,进展非常缓慢,其总的造陆面积预计8万平方米。"亚洲海洋透明度倡议"项目主任米拉·拉普—胡珀根据卫星照片估计,越南在西礁填海造地面积约6.5万平方米,在敦谦沙洲填海造地面积为2.1万平方米。她还说,越南在敦谦沙洲和西礁修建明显用于军事目的的设施。② 但越南填海造陆工程进度很缓慢,迄今为止尚未将低潮高地或礁盘岛礁扩建成岛屿。在结束第14届香格里拉会议并顺访越南期间,美国防长阿什·卡特还曾经劝阻越南的南沙造岛活动,以避免南海事态升级。

在南沙守岛备的医疗保障也得到进一步提高,越军建立了海陆链接的远程医疗系统,医疗后送能力有所增强。7月22日,越南南威岛医疗所医生泰玉平上尉组成的医疗组为32岁患阑尾炎的战士黎氏竹河进行了首例阑尾切除手术。8月6日,越军175军医院通过远程医疗系统与越南海军561号医院船协调配合,为染青沙洲驻军战士陈公琪孝进行会诊,这是为数不多的一次远程视频会诊。9月2日,防空空军军种370师917团的五名官兵组成的机组,驾驶一架米-171直升机从新山一机场起飞,赴南威岛将重病人阮成忠紧急送到越南宁顺省立综合医院进行救治,往返飞行时间约六个小时。

第四节 越南南海政策趋势

2015年年初越共中央总书记访问中国和年底中国国家主席习近平访问越南,两国首脑实现了近几年来的首次互访,标志着上一阶段中越海上冲突阶段性结束,以及因南海问题而中止的两国各项合作机制全面重启。两国首脑通过互访达成重要共识,均强调要认真落实《关于指导解决中越海

---

① Who Is the Biggest Aggressor in the South China Sea? By Greg Austin, June 18, 2015, http://thediplomat.com/2015/06/who-is-the-biggest-aggressor-in-the-south-china-sea/.
② 《越南在南沙岛礁填海造地 修建用于军事目的设施》,新华网,2015年5月8日。

第七章 越南的南海政策

上问题基本原则协议》，共同管控好海上分歧，全面有效落实《南海各方行为宣言》(DOC)，并在协商一致的基础上早日达成"南海行为准则"(COC)，不采取使争议复杂化、扩大化的行动，及时、妥善处理出现的问题，维护中越关系大局以及南海和平稳定。[①] 越共十二大会议闭幕后，在南海问题上走激进路线的阮晋勇被迫退出越共中央领导层，诞生的新一届"四驾马车"面世，发展经济，保持政权稳定，巩固新一任领导班子，成为越南政府的主线。越南当局不再鼓励过度炒作南海问题，在2016年新闻宣传工作会议上，越共中央宣教部部长丁世兄强调新闻媒体机关要坚决驳斥敌对势力的错误言论和歪曲论调，推动宣传越南通过和平方式解决南海问题的观点和立场，宣扬与邻国和大国友好关系，以及越南和平、独立、自主对外路线。当然这并不代表越南在南海问题上会有关键性让步，其南海政策的内核仍将不会改变。但从与中国的经济合作中获益，以及维护越共统治是当前越南领导层的共识，从这个方面来看，短期内越南的南海政策将会有所收敛和克制，其政策输出相比之前可能会相对低调。

与此同时也必须注意到，越南国内仍然有相当一部分人，包括部分政府高官、青年、"南方派"、法律界、少壮派军官及接受西方思想的学者等可称之为越南的"鹰派"人员或"民族主义者"，他们对中国怀有敌意，他们深深地影响着越南的南海政策和对华政策。越南的南海政策，不管是过去、现在乃至将来都不会改变其基本目标。在政治上，坚持对南沙和西沙所谓的"主权"要求，罔顾历史事实，以《联合国海洋法公约》为基础提出南海主权诉求，对中国在南海地区任何合法举措均一律表示反对或抗议，甚至试图借助联合国国际法院来约束中国。在策略上，越南当局将会继续坚持斗争与对话的两手政策，但斗而不破，既顽固坚持在西沙和南沙地区所谓独有"主权"，同时又不排斥各层级对话，充分体现其南海政策的两面性。由于越中力量严重不对称，越南当局深知无法单独在南海问题上与中国角力，因而充分利用所谓"大国平衡"战略，拉笼域外国家美国、日本、印度、俄罗斯等以航行自由或飞越安全为借口介入南海问题，加强同这些国家的军事和防务合作，并声称美国的亚太同盟结构有利于南海地区"稳定"，在东盟内部搁置争议，建立利益共同体，联合对华，与菲律宾建立战略伙伴关系即是明证。在军事上，将进一步加快越南人民军现代化进程，强化海空军建设和装备升级，使潜艇部队快速形成战斗力，升级岸基导弹系统，持续购入先进俄制战机，抢占南海局部制空权，在军事战略上贯彻海上"非对称"和"有限威慑"战略思想，越方不大可能在

---

① 《中越联合公报：早日达成"南海行为准则"》，《人民日报》，2015年4月9日。

南海地区对中国发起先发制人攻击，但不排除在特定环境下与中国发生正面低烈度冲突的可能性。在经济上，越南标榜维护中越关系大局，一方面要求中国不能单方面在南海争议地区开采油气资源；另一方面将"面向南海"视作国家经济现代化、经济转型与升级的依托，加强对南海油气资源的开采。

第八章

马来西亚的南海政策[*]

2015年，马来西亚作为东盟轮流主席国，在南海问题上更多地通过东盟发声，基本上延续原有以"务实"为主线，在东盟走"中间派"路线，支持立足东盟，坚持在南海区域实行"大国平衡"战略，积极推动在国际法框架下开展多边对话和磋商机制。但是，随着国内外局势的改变，马来西亚的南海政策也在逐渐变化。一方面，美国不断加大在南海的军事影响力，对中国进行威慑，日本则通过经济提升与东盟国家的政治关系，削弱中国对东盟的影响力，菲律宾等声索国支持将南海问题上升到国际层面，制造于中国不利的国际舆论。另一方面，受国内政治经济不稳定等内部因素的影响，马来西亚南海政策，特别是在处理直接关涉自身利益的中马南海争端问题时，正由原来"沉默、温和"的立场态度，逐步转变为"公开、强硬"。

第一节 "中间派"路线与东盟主导权的政策延续

作为2015年东盟轮值主席国，马来西亚在南海问题上更倾向于通过东盟进行发声。根据《东盟宪章》，东盟成员国均有成为东盟轮值主席国的权力。轮值主席国拥有决定东盟外长会议、东盟峰会等多边会议与论坛的时间、次数及会议议程设置的权力。东盟轮值主席国是否将南海议题置入地区多边机制的议程或写入外长会议声明、峰会首脑声明中将对东盟在南海问题上的关注度有着决定性的影响。[①] 在2015年度东盟系列会议上，美国、菲律宾提出作为轮流主席国的马来西亚在联合声明中就南海问题发表针对中国的强硬措辞。马来西亚坚持传统务实的"中间派"路线，拒绝美、菲提出的要求，采取相对温和的言辞。

一、坚持传统务实主义政策的"中间派"路线

作为东盟轮流主席国，相对于菲律宾、越南等国在南海问题中的强硬

---

[*] 邹新梅，暨南大学国际关系学院/华侨华人研究院2015级博士研究生。
[①] 曹云华、鞠海龙：《南海地区形势报告2012—2013》，时事出版社2012年版，第46页。

立场和挑衅举动,马来西亚坚持务实主义政策"中间派"的路线,主要体现在以下两个方面。

一方面,对华经济依赖的加深使马来西亚积极与中国展开合作,支持中国在南海争议中提出的共同开发的主张,在处理南海争端中采取温和措施。马来西亚是中国在东盟的最大贸易伙伴,双边贸易额 2014 年已超过 1000 亿美元。据中国商务部统计,2015 年全年中国对马来西亚非金融类直接投资达 4.08 亿美元,同比增加 237%,在"一带一路"政策影响下,中国对马来西亚投资持续升温。① 长期以来,马来西亚国内经济发展主要建立在南海油气开发基础上。据美国能源信息管理局(U. S. Energy Information Administration)统计,目前马来西亚是世界第二大液化天然气出口国、东南亚第二大石油和天然气生产国,且其几乎所有石油都来自沿海地区,能源产业占马国内生产总值(GDP)的近 20%。② 保持南海局势的稳定,与中国合作进行共同开发,符合马来西亚现实的经济利益。因此,在处理南海争端上,马来西亚主张避免采取针对中国的过激言行。

4 月 26 日,在东盟峰会的外长会议上,时任菲律宾外长的德尔罗萨里奥(Del Rosario)就扩散"中国威胁论",号召东盟一同指责中国。"(中国)准备加强对南中国海的实际控制。(中国的)'威胁'是切实存在的,无法被忽略或否认。(中国活动的)负面作用是迫在眉睫、影响深远的,将超出地区范围,影响整个国际社会。难道现在东盟不应该对其北方邻国说,它的行为是错误的吗?"马来西亚回应,"在这点上,我们希望外长们在东盟—中国关系的框架下建设性地解决这一问题。"③ 在东盟峰会联合声明中,马来西亚拒绝了菲律宾要求东盟峰会主席声明中发表"避免中国大规模改造等破坏稳定的活动"的强硬措辞的要求,在声明中没有直指中国,态度相对温和,用词相较委婉。尽管马来西亚主张避免因措辞激烈引发与中国的直接对抗,但实际上,马来西亚对南海问题的立场和行动与菲律宾是一致的。马来西亚在联合声明中同样表示出对中国南海行为的担忧,"我们和部分领导人一样,对在南中国海地区进行的改造行为表示担忧。此类行为破坏了信任和信心,也许还会破坏南中国海地区的和平、安全与稳定"。在此之前,马来西亚与菲律宾于 3 月 11 日达成一致意见提升

---

① 《马来西亚迎来"中国投资热"》,环球网,2016 年 3 月 14 日,http://finance.huanqiu.com/br/overseas/2016—03/8703346.html(Accessed at Mar. 20, 2016)。
② 陈相秒:《2014 年马来西亚南海政策评析》,《世界经济与政治论坛》,2015 年第 3 期。
③ Chairman's statement of the 26th Asean summit Kuala Lumpur & Langkawi, April 27, 2015, http://www.asean.org/images/2015/april/26th_asean_summit/Chairman%20Statement%2026th%20ASEAN%20Summit_final.pdf(Accessed at Jan. 8, 2015)。

第八章 马来西亚的南海政策

两国的防务关系,强调在被中国"占领"的南海争端海域自由航行的重要性。①

另一方面,马来西亚积极推动建立"南海行为准则"(COC),以多边机制牵制中国和控制南海形势。作为南海主要声索国之一,马来西亚对中国南海政策主动性的戒备在增加。从20世纪90年代起,中国和东盟就启动"南海行为准则"的磋商达成共识,经过多轮磋商取得一定的进展。2002年,中国和东盟签署《南海各方行为宣言》(DOC);2011年,中国与东盟达成《落实〈南海行为宣言〉指针》;2013年的中国东盟高官会议就加快"南海行为准则"的磋商达成新的共识;2014年,中国又提出了"南海争端由当事方通过协商谈判的方式解决,南海的和平稳定由中国和东盟共同维护"的"双轨思路"。作为东盟轮值主席国,马来西亚更是将此作为东盟的重要事项加以推动,多次呼吁中国—东盟建立"南海行为准则",马来西亚认为与中国在"南海行为准则"上达成共识是解决南海争端的最佳途径。

3月10日,马来西亚外交部副部长哈姆扎·扎因丁(Hamza Zaindin)表示,马来西亚将推动东盟与中国签订"南海行为准则"作为东盟主席国的主要任务之一。"马来西亚将在保障和平谈判进程中发挥主要作用。"哈姆扎·扎因丁同时声明,东盟与中国间关于通过该文件的讨论已经进行了很长时间。此外,哈姆扎·扎因丁还指出,自2013年起,东盟成员国即开始与中国进行对话,并以避免使该地区成为热点地区作为目的。② 在第14届亚洲安全会议上,马来西亚国防部长希山慕丁敦促各方增加磋商的力度,以确保尽快建立一个有效的"南海行为准则"。他说,"南海行为准则"是避免南海冲突的重要工具,有利于管控各声索国在南海的行为,接受和遵循"南海行为准则"可以阻止冲突和挑衅行为。准则将确保海洋得到适当的管理,航空的自由开放。如果没有行为准则,管控失效,南海将成为最致命的冲突地区之一。③

10月20日,中国与东盟国家在中国成都举行了落实《南海各方行为

---

① Philippines Urges Strong ASEAN Statement Against China, Philippine Times, April 27, 2015, http://www.philippinetimes.com/index.php/sid/232306433, http://www.philstar.com/headlines/2015/03/11/1432473/philippines-malaysia-boost-defense-ties-urge-south-china-sea-peace (Accessed at Jan. 1, 2016).

② ASEAN urged to speed up COC deal, The Jakarta Post, Mar. 19, 2015, http://www.thejakartapost.com/news/2015/03/19/asean-urged-speed-coc-deal.html, (Accessed at Jan. 20, 2016).

③ Challenges for Maritime Intelligence, Surveillance and Reconnaissance, International Institute for Strategic Studies, May 30, 2015, http://www.iiss.org/en/topics/conflict-prevention/session-3-68a1 (Accessed at Jan. 20, 2016).

宣言》(以下简称《宣言》)第十次高官会,《宣言》是中国和东盟国家就南海问题签署的首个政治文件,对维护南海和平稳定具有里程碑式的重要意义。会议达成共识,继续全面有效落实《宣言》,符合各方共同利益,并指出应从以下三个方面继续推进相关工作:第一是要继续支持全面有效落实《宣言》,增进彼此互信,加强务实合作;第二是推动落实《宣言》框架下的海上务实合作项目;第三是在航行安全与搜救、海洋科研与环保、打击海上跨国犯罪三个领域加强合作,深入探讨建立有关技术委员会。马来西亚在会上呼吁各方"应该和平地通过多边平台来解决中国南海问题",各方磋商应该追求折中的理念,因为包括国内极端主义和冲突问题往往源于极端、非理性。东盟所提倡的"东盟方式"是保持克制,这与马来西亚的外交政策方向是一致的。"平衡和温和,不仅是我们与他人交往,也是我们管理自己,防止面临更多问题的办法。"[1]

在务实主义政策下,马来西亚的"中间派"路线使其成为南海争端中获利最大的国家。马来西亚不但实际控制着中国南沙弹丸礁、簸箕礁、榆亚暗沙、光星仔礁和南海礁等五个岛礁,而且还与中国保持良好的双边合作关系,也是南海油气开发的获利者。这是其保持南海政策延续的重要动力。

二、主张东盟主导权以防止域外国家主导南海争端

马来西亚在南海政策上的务实主义政策和"中间派"路线传统使其对域外国家过度介入南海争端保持警惕。在对待域外国家——特别是美、日、澳等国——介入南海事务上,一方面,马来西亚认为需要借助域外国家牵制中国,另一方面,则强烈反对美日趁机主导南海地区事务,加剧南海局势的复杂和紧张,主张建立以东盟国家为主导的南海争端解决方式。

一是针对南海问题上美国与菲律宾的一唱一和,马来西亚呼吁东盟国家要发挥主导作用。东盟主导下的一系列多边会议为美国、日本等区域外国家参与南海问题提供平台。美国提出,自中国开始在南沙群岛建造人工岛屿,造成地区紧张局势的上升。美国还以"妨碍"自由航行、石油和商品运输为由,要求中国停止有关建设,呼吁有关各方采取积极行动,以外交形式解决"威胁区域稳定"的问题。美方声称,美国虽然不是领土争端的一方,但是在有争议的海域"航行自由"是美国的国家利益,中国应该"停止填海造岛、停止军事部署、停止其他加剧南中国海地区紧张气氛的

---

[1] 《落实〈南海各方行为宣言〉第十次高官会在成都举行》,新华网,2015年10月22日,http://news.xinhuanet.com/2015—10/22/c_1116898179.htm(Accessed at Jan. 20, 2016)。

第八章 马来西亚的南海政策

激进行为"。澳大利亚也对中国南海岛礁建设表现出担心。菲律宾积极呼应美国的提议,外交部长德尔罗萨里奥在声明中表示,随着该地区不断升级的紧张局势,菲律宾完全支持并将积极推动美国提出的可能会进一步加剧紧张局势的所谓"三停"原则。"然而,我们必须强调,不应以任何方式合法化中国的人工岛。"菲律宾还表示,如果中国和其他国家在争议区域不遵守"三停"原则,菲律宾也不会受制于此。对此,在8月4日举行的东盟外长会议上,马来西亚呼吁东盟国家为和平解决南中国海的紧张局势做出更多的努力。马来西亚在会上对美、日、澳等国针对中国所提出的要求,提出南海问题应由东盟发挥主导作用确保海上争端和解,实现各方和平与合作。①

二是在东盟主导南海争端解决方式上,马来西亚主张各方搁置争议,建立互信机制,联合维护南海安全,防止美国以南海问题为由介入地区事务。2015年1月,美国第七舰队司令托马斯(Robert Thomas)称,美国欢迎日本把其空中巡逻扩大到中国南海,并呼吁东南亚国家成立一个联合海上部队,在南海海域进行巡逻。② 马来西亚对于美国不仅自身有意与东南亚国家形成对中国的统一战线,还拉拢日本参与的建议极其敏感。2月21日,马来西亚国防部长希山慕丁表示希望在担任东盟轮流主席国期间建立东盟联合维和部队。③ 3月18日,希山慕丁再次在兰卡威国际海事与航空展上称,东盟国家需要团结,"如果我们还只是看到(地图上的)那些虚线和有争议的领土主张,未来将看上去十分黯淡"。他呼吁建立一支不包括美、日在内的,由东盟国家组建的联合维和部队,以增进彼此在应对中国南海领土争端问题上的相互信任,以及解决两国边境问题。④

三是马来西亚主张在国际法框架下,通过与中国的友好协商解决南海争端。4月27日,马来西亚总理纳吉布(Najib Razak)在新闻发布会上说,在处理南海争议纠纷问题上,东盟要在国际法的框架下坚持友好协商

---

① Malaysia seeks amicable solution to China sea dispute, Military Times, Aug. 4, 2015, http://www.militarytimes.com/story/military/2015/08/04/malaysia-seeks-amicable-solution-china-sea-dispute/31094249/ (Accessed at Mar. 19, 2016).

② U. S. 7th Fleet Would Support ASEAN South China Sea Patrols, United States Naval Institute, Mar. 20, 2015, http://news.usni.org/2015/03/20/u-s-7th-fleet-would-support-asean-south-china-sea-patrols (Accessed at Jan. 1, 2016).

③ Prashanth Parameswaran, Malaysia Wants an ASEAN Peacekeeping Force, The Diplomat, Feb. 21, 2015http://thediplomat.com/2015/02/malaysia-wants-an-asean-peacekeeping-force/ (Accessed at Jan. 1, 2016).

④ Nigel Pittaway, Malaysia Focuses on Terror Threats at LIMA, Mar. 21, 2015, http://www.defensenews.com/story/defense/policy-budget/warfare/2015/03/21/lima-malaysia-air-force-show-/25010493/ (Accessed at Jan. 1, 2016).

的原则解决，域外国家不应在南海搞加剧紧张局势的活动。"各国需要明白一个事实，南海问题只是东盟关注的（所有）问题之一，即便因此发生纠纷，应该通过谈判友好协商，但必须遵守《联合国海洋法公约》等国际法律。"纳吉布敦促东盟各成员国坚持上述原则和维持对现有的承诺，以应对南海问题。[1]

综上可以发现，与菲律宾和越南在南海问题上的高调和拉拢域外实力不同，一直以来，马来西亚对南海争端采取较为低调的方针策略，对占领南沙岛礁和资源开发也以单方面行动为主，较少上升到国际层面。马来西亚的南海政策基本延续了传统的务实主义原则，作为东盟的轮值主席国，马来西亚坚持走中间路线。但随着南海局势的变化，在涉及中马南海纠纷时，马来西亚也对其政策进行了调整。

第二节 "大国平衡"战略下的政策调整

面对中国强大的综合国力、日益提高的国际地位以及在地区和世界范围内作用的增强，南海争端中任何一个声索国必然需要借助于域外国家的介入，通过"大国平衡"战略来牵制中国，以实现和巩固南海权益。马来西亚是东盟创始国之一，一直是东盟"大国平衡"战略的积极支持者，主张美、中、日三大国的力量在东南亚达到一种平衡状态，可以通过相互制衡，保证本区域安全。[2] 近年来，南海局势随着菲律宾"仲裁案"、中菲"黄岩岛事件"，以及越南推动南海争端国际化，域外国家的介入与南海相关国家"抱团"牵制中国，为南海争端国家提供了与中国博弈的筹码。在这种南海局势下，马来西亚也相应地对其南海政策进行了调整，实现新的"大国平衡"。

一、加强与美国、日本等的军事合作

在与美国的合作上，马来西亚持矛盾态度。一方面，马来西亚时常批评美国是霸权主义国家，打着所谓"民主和人权"的旗号干预马国内政治，也由此担心美国会干预地区事务，使南海局势升温，因此对支持美国的军事行动有所保留。另一方面，美国"重返亚太"战略与东南亚国家的战略利益也有重合之处，马来西亚把美国视为"平衡"中国军事实力和影

---

[1] Chairman's statement of the 26th Asean summit Kuala Lumpur & Langkawi, April 27, 2015, http://www.asean.org/images/2015/april/26th_asean_summit/Chairman%20Statement%2026th%20ASEAN%20Summit_final.pdf（Accessed at Jan. 8, 2016）.

[2] 曹云华：《在大国间周旋——评东盟的大国平衡战略》，载《暨南学报（哲学社会科学）》，2003年第3期，第12页。

响力的重要外部势力,出于双方战略利益的需要,马美两国一直保持着较为密切的经济、政治和军事合作关系,两国还多次在南海举行联合军事演习。此外,尽管马来西亚一向以来标榜不在大国之间"选边站",自从2014年下半年开始,马来西亚私下允许美军在每次飞行前在获得马方许可的情况下,可以利用其两处军事基地进行燃料补给。这实际给美国侦察中国在南海的活动提供支持。5月20日,美军派出最为先进的P-8A"海神"反潜侦察机飞越中国正在开展建设活动的南海岛礁上空执行侦察任务。[1] 5月10日,马来西亚空军及海军与美国海军"卡尔·文森"号航母战斗群、驱逐舰第一支队共同参加在南海举行的联合军事演习,此次演习以支持美国第七舰队安全合作为目标,并允许两国海军追踪真实目标。8月17日至21日,马来西亚和美国在马来西亚东部山打根进行第21届年度美马"卡拉特"(海上联合战备与训练)双边联合海军军事演习。演习的目标是增进美马两国关系并提升两军的协同作战能力。在与日本的合作上,马来西亚加强了双方合作关系。马来西亚早在1957年独立后即与日本建立了外交关系,两国一直保持着良好的经济关系。在南海问题上,日马双方有一致的目标和战略利益需求。日本与马来西亚都与中国存在领土争端,在此基础上,两国由紧密的经济关系,逐步提升到政治安全合作关系。5月25日,马日双方启动签署有关防卫装备产品和相关技术转移协定的谈判,双方此举意着眼于南海局势,加强马日两国在安全保障领域的合作。马来西亚也是东盟国家中第一个与日本启动该类谈判的国家。同时,日本与马来西亚还发表了"联合声明",把两国关系提升为"战略伙伴关系"。日本承诺将在五年内接收马来西亚500名研修人员,为马来西亚提供资金、技术等全方位的支持。日本此举换得了马来西亚对其政治上的支持,马来西亚明确表示支持日本担任联合国安理会常任理事国。[2]

二、加强与中国的军事合作

作为南海争端的重要一方,中国是影响南海事务至关重要的因素。马来西亚传统的务实主义政策以及倡导东盟南海事务主导权的政策主张,就表明了与中国展开合作的重要性。实现"大国平衡"战略,必然需要加强与中国的双边合作。

---

[1] Exclusive: China warns U. S. spy plane, CNN Politics, May. 20, 2015, http://edition.cnn.com/2015/05/20/politics/south-china-sea-navy-flight/index.html (Accessed at Jan. 20, 2016).

[2] Japan-Malaysia Joint Statement on Strategic Partnership, Ministry of Foreign Affairs, Jan. 29, 2015, http://www.mofa.go.jp/s_sa/sea2/my/page3e_000342.html (Accessed at Jan. 20, 2016).

马来西亚是东盟国家中与中国建交最早的国家，也是南海争议国家中与中国保持较好关系的国家。中国提出"一带一路"倡议后，马来西亚也表示希望能搭上这一快车，发展本国经济。此外，随着中国实力的增强以及地区影响力的扩大，马六甲海峡及其周边海域的海盗、恐怖主义等非传统安全问题严峻，马来西亚需要与中国开展全方位合作，包括以军事合作的方式来维护具有重要战略意义的南海及周边海域的安全。2015年，中马在安全领域方面的合作得到明显加强。9月17日至22日，中国和马来西亚军队在马六甲海峡及其附近海域举行代号为"和平友谊-2015"的联合军事演习。这是中马两军举行的首次实兵联演，也是中国迄今为止与东盟国家举行的规模最大的双边联合军事演习。演习的课题是"联合遂行非战争军事行动"，演习课目包括联合护航、联合搜救、联合解救被劫持船只、实际使用武器、人道主义救援减灾行动等。马来西亚国防部副部长乔哈里表示，"这次演习的目的是深化中马两国全面战略伙伴关系，加强两军防务交流合作，提高双方共同应对现实安全威胁，共同维护地区海上安全的能力。"①

作为"大国平衡"战略的重要措施，中国获准使用具有重要战略地位的马来西亚军港，这在很大程度上改变了南海局势。中国海军司令员吴胜利11月访问马来西亚期间与马来西亚海军达成协议，允许中国人民解放军海军船只使用马来西亚沙巴州的哥打基纳巴卢港作为"中途停留的地点"，以"加强两国之间的国防关系"。该港口地处美国在菲律宾的苏比克湾和在新加坡的樟宜海军基地之间，还能扼守马六甲海峡的东口，可见其地理位置之重要。中国获得哥打基纳巴卢港，令美国如鲠在喉，可能会使美国在南海的战略做出新的调整。②

从马来西亚的"大国平衡"战略可以看出，域外国家的介入和相关国家"抱团"牵制中国为马来西亚提供了博弈筹码。在国家利益的驱动下，马来西亚通过南海政策的调整以实现新的"大国平衡"。

第三节　影响马来西亚南海政策
延续和调整的主要因素

作为南海争端的声索国，马来西亚之所以延续务实主义的南海政策，

---

① 《中华神盾舰出发赴南海演习 加强与马来西亚防务合作》，新华网，2015年9月13日，http://mil.news.sina.com.cn/2015-09-13/0947839028.html（Accessed at Feb. 15, 2016）。

② Kota Kinabalu offered as port of call to chinese naval ships, Borneo Post, Nov. 10, 2015, http://www.theborneopost.com/2015/11/10/kota-kinabalu-offered-as-port-of-call-to-chinese-naval-ships-rmn/（Accessed at Jan. 20, 2016）。

第八章 马来西亚的南海政策

又能根据南海局势对其政策进行调整,受到国内外综合因素的影响。

首先,出于维护和增进国家利益的需要,马来西亚坚持以"非对抗"为主的南海政策。经济是政治的基础,马来西亚正处于社会转型期,维持与中国的友好贸易往来对经济发展有重要的影响。一方面,马来西亚是中国在东盟国家中最大的贸易伙伴国,有着石油、棕榈油等大宗商品贸易,中国的庞大进口量给马来西亚带去了巨大的商机。据统计,2015 年中国与马来西亚双边贸易额达 973.6 亿美元,同比下降 4.6%,其中,中国对马出口 440.6 亿美元,自马进口 533 亿美元。中国继续保持马第一大贸易伙伴国、第一大进口来源地和第二大出口目的国地位。马来西亚仍是中国在东盟第一大贸易伙伴,占中国与东盟贸易总额的 20.6%,中马贸易继续在东盟国家中发挥引领作用。马仍是中国在全球第六大贸易伙伴国,在前六大贸易伙伴国中,除中美贸易额增长 0.6% 外,中国与其他国家贸易额降幅均大于中马贸易额降幅(日本 -10.8%,韩国 -5%,德国 -11.8%,澳大利亚 -16.7%)。[①] 2016 年 1 月,在分析制约 2015 年马来西亚经济发展的原因时,总理纳吉布公开承认,"在马来西亚国内,我们正面对一个挑战性(经济)的形势","这不是我们的错误,也不是我们的弱点"。纳吉布认为原因主要来自于外部不可控因素,除国际原由价格暴跌,美国联邦储备局的标准利率"使得美元与全球货币的价值相比更为强劲"等原因外,中国的经济放缓也是对马来西亚的经济产生负面影响的原因之一。[②] 另一方面,马来西亚国内的经济增速已经降到了两年来的最低值。正处于社会转型过程中的马来西亚,在经济状况不太好的情形下,并不真正希望与中国因南海问题交恶,影响中马贸易关系,甚至是政治安全关系,这只会对其整体经济发展局势雪上加霜。更为重要的是,马来西亚不断衰退的国内经济形势将使巫统丧失马来人对其的支持,而马来人的支持是巫统执政地位的基石。如果巫统中层领导人担忧纳吉布继续担任总理将在未来的选举中导致巫统失败,他们将放弃对纳吉布的支持。民众在越来越高的生活开支和越来越低的政府补助面前,也将毫不犹豫地把选票投给反对党。纳吉布在经济领域对选民的承诺是在 2020 年左右将马来西亚建设成为一个发达经济体。经济发展对于纳吉布巩固现有政权地位至关重要,这是马来

[①]《2015 年中马双边贸易额 973.6 亿美元 中国仍是马第一大贸易伙伴国》,驻马来西亚经商参处,2016 年 1 月 18 日, http://www.mofcom.gov.cn/article/i/jyjl/j/201601/20160101236624.shtml(Accessed at Jan. 28, 2016)。

[②] The prime minister and Finance Minister Datuk Sri Najib should be responsible for the upcoming economic crisis in Malaysia, DAP Malaysia, Jan. 13, 2015, http://dapmalaysia.org/cn/statements/2016/01/13/9003/(Accessed at Feb. 26, 2016)。

西亚在今年南海局势升温的形势下,依然坚持其南海"务实"政策的原因之一。

其次,马来西亚综合国力的增强为其在处理中马南海争端中态度趋于强硬提供了筹码。这种实力的增强在军事领域表现最为明显。马来西亚是东南亚国家当中军事实力最强的国家,特别是海军实力,其不仅拥有10多艘先进的濒海战斗舰和大量的导弹快艇、登陆舰以及2艘潜艇,并且火力远超东南亚其他国家,"追风"级护卫舰配备"飞鱼"反舰导弹和RAM舰载防御导弹系统、反潜鱼雷、直升机以及隐身舰炮。马来西亚空军装备了大量的先进战机,其中包括18架苏-30战机,14架米格-29战机,8架F/A-18C/D战机,18架F-5战机,13架"鹰式"攻击机,另外还拥有大量的运输机和直升机,整体实力不容小觑。[①] 2015年1月,马来西亚海军表示,将在第11个"马来西亚计划"(2016—2020年)中为36个军备项目拨款,其中包括升级"吉打"级和"拉克萨马纳"级轻型护卫舰,以及对部分军机进行更新,对航空设备和导航系统进行升级。[②] 越来越强大的马来西亚国防力量,为马来西亚由"沉默、低调"开始转为"公开、抗议"提供实力保障。2015年6月3日,马来西亚海军与中国海警船在琼台礁对峙,马来西亚提出外交抗议,甚至表示马来西亚总理纳吉布将在下一次与中国国家主席习近平会面时直接提出这一话题。马来西亚海军司令阿卜杜·阿兹·贾则认为近两年发生的类似事件"责任"在中国,"现在是中国对马来西亚"。他称,自2014年下半年来,中国船只"进入"马来西亚水域已经成为了一项例行事务,每次马来西亚政府都要向中国表示抗议。此次事件后,马来西亚将会向争议地区派遣更多的舰船,维持其对该地区全天候的监视,以强化宣示本国对于该地区水域的"主权"主张。与此同时,将部署大量的近海战斗舰与海军陆战队,执行两栖作战的特殊行动,强化马来西亚在南沙的军事存在。[③] 2015年6月15日,马来西亚外交部副部长哈姆扎称,"(中国)基于'九段线'的诉求不符合1982年《联合国海洋法公约》。涉及马来西亚、文莱、越南、菲律宾和中国在南海的

[①] Senarai negara mengikut saiz kekuatan tentera, Wikipedia, https://ms.wikipedia.org/wiki/Senarai_negara_mengikut_saiz_kekuatan_tentera(Accessed at Feb. 26, 201).

[②] Ridzwan Rahmat, Malaysia plans to upgrade four Kedah-class corvettes for ASW role, Jane's Navy International, Apr. 23, 2015, http://www.janes.com/article/50908/malaysia-plans-to-upgrade-four-kedah-class-corvettes-for-asw-role(Accessed at Feb. 26, 201).

[③] Malaysia, Asean nations don't recognise Chinese claims in South China Sea, The Malaysia Insider, Jun. 15, 2015, http://www.themalaysianinsider.com/malaysia/article/malaysia-asean-nations-dont-recognise-chinese-claims-in-south-china-sea(Accessed at Feb. 26, 2016).

争端,迄今为止没有任何谈判","马来西亚的立场是,边界问题必须在国际法基础上通过谈判和平解决"。①

最后,"大国平衡"战略的巧妙运用及其产生的效果,使马来西亚维护南海"主权"和"经济利益"的战略目标更为坚定。美、日等大国在东盟会议及一些国际会议上对声索国提出的诉求公开声援,给中国制造强大的舆论压力,还不断加强在南海海域的军事部署和力量投放。马来西亚对美等大国在南海的介入表面批评,实则暗暗提供支持。2012年以后,中国逐步强化在南沙海域的实际存在,2013年起对南康暗沙及相关海域的巡航开始常态化。对此,马来西亚一方面表示"如果中国的意图不是为了发动战争,那么每天都可以巡逻,这并没有什么可担心的"。而同时却相应接受美国军舰在其港口停泊次数增加至2003年的4至5倍。同时,还私下允许美国军机在马来西亚的两处军事基地进行燃料补给,为美在南海对中国实施侦察提供帮助。2015年11月5日,马来西亚在美国的邀请下,两国防长共登美国航母巡航南海。马来西亚为维护和巩固其在南海的"主权"和经济利益,在对等美国等大国介入南海问题上充分显现其矛盾性和两面性。

第四节 马来西亚南海政策的未来趋向

马来西亚是南海问题的重要当事方,作为争端国之一,马来西亚在很大程度上影响着东盟在南海争端中采取的政策和措施。马来西亚南海政策的务实主义原则与"大国平衡"战略使其南海政策具有较强的灵活性,分析其可能性影响,有利于中国在南海政策和处理南海争端上做好防范和应对,取得主动权。

一是对中国而言,东盟共同体的成立既带来了机遇,又为南海问题的解决带来更大的挑战。一方面,东盟共同体的成立在一定程度上能使中国在解决南海争端上有更加明确和清晰的谈判目标,东盟共同体也能对南海相关国家产生行为规范,有利于中国以和平协商方式抑制南海冲突。但另一方面,东盟共同体的成立及其借助于域外国家,增强了东盟国家的博弈力量,在客观上对中国提出了新的挑战。2015年12月31日,东盟共同体成立。早在2007年11月20日《东盟宪章》签署时就明确了建立东盟共同体的战略目

---

① Malaysia, Asean nations don't recognise Chinese claims in South China Sea, The Malaysian Insider, June 15, 2015, http://www.themalaysianinsider.com/malaysia/article/malaysia-asean-nations-dont-recognise-chinese-claims-in-south-china-sea (Accessed at Feb. 26, 2016).

标,"使未来的东盟具有一个目标、一个身份和一个声音,共同应对未来的挑战。"针对南海问题,东盟在建立的东盟共同体十年计划《东盟共同体愿景2025》中,写明了"将通过东盟主导的机制强化海上安全"。从2015年马来西亚在东盟会议中的声明、表态中可以看出,马来西亚倡导的以东盟一个声音,通过基于国际法的多边谈判的立场没有改变。此后十年,共同体将推进政治和安全领域的整合,以期强化在国际社会中的话语权。① 对马来西亚而言,与东盟各成员国通过良好的安全合作共同抵御区域外的威胁是国家安全战略的核心内容。但是,东盟共同体的成立并不意味着就能在南海政策上高度一致。东盟以"全会一致"为决议原则,东盟成员国、声索国的要求各不相同,在南海问题上形成一致有效对策并非易事。

二是马来西亚国内政局的变化可能会导致主张南海政策"强硬"的声音加大。部分反对派就南海问题向政府施压。2016年2月,针对中国船只在马来西亚沙捞越北部海域外"长期巡逻",该国国防部长希山慕丁以"马国寻求外交途径解决问题"回应。对此,反对党发文称,希山慕丁必须为他过去几天的言论做出交代,而总理纳吉布及内阁也有必要就是否认同希山慕丁"极不负责的答复"做出表态。如果中国船只是开展执法行动,"违反"《联合国海洋法公约》和马来西亚"主权"的话,马来西亚必须采取具体而坚决的步骤,让中国做出正式道歉。一些马来西亚政府人员认为在南海问题上马来西亚政府"软弱"。马来西亚的战略国际问题研究所高级分析官洛克曼分析称,"在马来西亚政府内部出现了这样的质疑,仅仅采取柔软的对华路线能行吗?"② 主张对华强硬的反对派势力如果继续走强,将对马来西亚现有的南海政策产生更大的不利影响。

三是美国、日本和各声索国联合针对南海问题的国际化、军事化等肆意行为加剧,将会给南海争端的解决带来更大的压力和阻力。不管是马来西亚的"大国平衡"战略,还是其他南海国家以域外国家作为推手,都不可能轻易实现其"平衡"目标,不可避免地会形成域外国家过度干预的溢出效应,域外国家的过度干预及其主导南海地区事务,只会使南海局势更加复杂和紧张,从根本上不利于南海冲突国家的权益。南海问题是东南亚国家和美国、日本表达共同利益的切入点。美日以军事合作、经济等手段拉拢东盟国家,遏制中国在该地区的影响力,为南海问题的解决制造更大

---

① Raman Letchumanan, What is ASEAN Community 2015 All About? Feb. 13, 2015, http://thediplomat.com/2015/02/what-is-asean-community-2015-all-about/ (Accessed at Mar. 6, 2016).

② 《东盟各国对华态度出现变异?》,日本经济新闻,2015年10月13日,http://cn.nikkei.com/columnviewpoint/column/16163—20151013.html (Accessed at Feb. 26, 2016)。

第八章　马来西亚的南海政策

障碍。以日本为例，2015年8月，日本在与东盟各国的最高级别外交官会晤时，讨论加强合作事宜，提出针对中国在海洋问题上变得愈加强硬之际会确保海上安全。在基础设施开发方面，日本再次誓言帮助东盟努力加强互联互通。为帮助弥合东盟内部发展差距，日本将继续推动其在2015年5月宣布的投资倡议，在此后五年里提供1100亿美元资金，以推动亚洲"高质量基础设施"。[①] 以上可见日本投入的经济力度之大。马来西亚对中国虽有经济上的需求，但美、日强大的军事和经济拉拢手段，一定程度削弱中国的影响力。再加上美国还计划加大对南海海域军事力量和资金的投入。菲律宾、越南于2015年9月签署"战略伙伴"协定，加强双方在防备、政治和经济等方面的关系，包括在南海问题上的合作，并计划联合向中国提出南海"主权"诉求。上述都给中国维护南海主权和利益带来更多的阻力。解决南海问题，中国要做好"软""硬"两手准备，坚持"双轨政策"，稳定南海局势、深化与东盟互利合作的关系，继续发展与马来西亚友好关系。

---

① Japan PM Abe announces ＄110－billion aid for Asia infrastructure, News on Japan, May 22, 2015, http://www.newsonjapan.com/html/newsdesk/article/112612.php (Accessed at Feb. 26, 2016).

第九章

印度尼西亚的南海政策*

印尼不涉及南海"争议"岛礁的主权声索,声称在南海问题上面不会"选边站",一直努力扮演着"调解人"的角色。南海对于印尼具有重要的主权、经济、航行和区域政治利益,南海地区局势的发展对印尼有着直接的影响。作为对外政策的重要组成部分,印尼的南海政策以维护海域权利、维护地区稳定和南海重要海上通道的航行安全为主要目的。佐科政府的南海政策是对既往南海政策的传承和发展,"世界海洋轴心"战略构想的提出对印尼南海政策的发展产生了深远的影响。正确认识印尼的南海政策,有利于促进中国和印尼在南海问题上的互信与合作,也利于印尼在南海问题中继续发挥积极的协调作用。

第一节 影响印尼南海政策的利益因素

作为毗邻南海的国家之一,印尼的经济利益与南海丰富的海产资源和油气资源密切相关,主权利益与纳土纳群岛和其他最外部岛屿紧密联系,航行利益与马六甲海峡、卡里马塔海峡、印尼群岛海道等重要的海上航道息息相关。而作为东南亚最大的国家,如何扮演其在南海争议中的角色,直接决定了印尼的区域政治利益。

印尼不是南海争议的声索国,但印尼担心南海争议会对其位于南海最北部的纳土纳群岛以及部分最外部岛屿的主权利益构成威胁。由于印尼依据纳土纳群岛基线划定的专属经济区进入了中国南海断续线(以下简称"断续线")之内,与中国存在海上边界划分争议。但基于对主权地位的考量,印尼一直不接受中方关于"中国和印尼存在海洋划界问题"的表述。印尼认为中国南海"断续线"对印尼依据《联合国海洋法公约》享有的群岛国权利形成了一种潜在的挑战,特别是如果"断续线"具有海疆线的含义,则对印尼所划分的纳土纳部分海域的归属权构成威胁,因此始终对"断续线"保持着高度警觉,并屡次质疑"断续线"的合法地位,如在2010年7月8日发给联合国秘书长潘基文的一份外交照会上指出中国的

---

* 龚晓辉,洛阳外国语学院亚非语系讲师。

第九章　印度尼西亚的南海政策

"断续线"缺乏国际法依据。①

印尼有92个最外部岛屿与印度、马来西亚、新加坡、越南、菲律宾、澳大利亚、东帝汶、帕劳、巴布亚新几内亚等国相邻。在这92个岛屿中，有12个岛屿因为存在边界纠纷的可能性而备受重视，其中就包括地处南海的2个岛屿，分别是位于廖内群岛、邻近新加坡的尼帕岛和同样位于廖内群岛与越南相邻的史卡东岛。最外部岛屿的问题复杂多样，涉及到存在、拥有状况、地域范围变化、安全维护和监管等。最外部岛屿作为边界划分的起点，在维护国家主权和领土完整方面具有重要的作用，但在维持这些岛屿的存在以及管理它们方面，印尼仍未具备最大限度的能力。在后勤维持方面，由于最外部岛屿的条件比较恶劣，淡水资源缺乏和生活空间不足使得大部分的岛屿都不适合居住或处于无人居住的状态。而在安全维护方面，最外部岛屿存在着被非法买卖或租赁给外国组织或个人的可能性，在一些案例中，某些岛屿已经被个人甚至外国组织私自经营，这对印尼政府和人民都构成了现实的威胁。②

印尼是一个相对的资源依赖型国家，虽然资源开发的主要区域在南海以外，但南海对印尼经济的发展仍然是一个重要的支撑。南海的油气资源和渔业资源是印尼财政收入的重要来源。印尼位于南海的专属经济区的油气产量约占印尼油气产量的30%，其中纳土纳群岛拥有亚太地区乃至世界上最大的天然气储备，预计储量达60亿立方米，石油储量也预估达14386470桶。③距离纳土纳大岛以北225公里的D-Alpha天然气田的总天然气储量达6.29万亿立方米，其中可开采天然气储量1.3万亿立方米，为亚洲同类可开采资源之最。印尼在南海专属经济区内的钻井平台由数个跨国能源企业管理，所出产的大部分天然气直接出口新加坡。由于印尼在纳土纳群岛北部所规划的矿区部分延伸至中国的"断续线"海域内，印尼一直担心中国会争取"断续线"内海洋资源的归属权进而直接对印尼的海洋利益造成影响。除了拥有丰富的油气资源，纳土纳群岛及周边海域海洋渔业资源的年均产量超过100万吨，但捕捞量只占总量的36%④。有印尼媒

---

① Indonesia Diplomatic Note to the UN Secretary-General No. 480/POL-VII/10, http://www.un.org/Depts/los/clcs_new/submissions_files/mysvnm33_09/idn_2010re_mys_vnm_e.pdf, July 8, 2010.

② Kementerian Pertahanan Republik Indonesia, "Buku Putih Pertahanan Indonesia 2008", 18 Febuari 2008, pp. 18–19.

③ 《纳土纳：天然气储量世界最大》，[印尼]《罗盘报》，2010年12月28日。

④ "Profil Kabupaten Natuna", http://pariwisata.natunakab.go.id/index.php?option=com_content&view=article&id=1&Itemid=4, 2015—09—10.

体认为，政府的监管不力导致印尼海域非法捕鱼活动猖獗，每年造成超过220亿美元的损失，其中纳土纳海域非法捕鱼活动造成的损失每年约为4亿美元。① 非法捕鱼活动不仅造成经济上的破坏，也损害了政府作为管理机器的权威，进而危害国家的主权。因此，印尼不仅在经济上遭受巨大的损失，民族自尊心也遭受了极大的打击。②

印尼是连接太平洋和印度洋的重要海上通道，在南海拥有第一印尼群岛海道及部分拥有马六甲海峡等重要的海上战略通道。印尼群岛海道依据《联合国海洋法公约》划定，第一印尼群岛海道主要由卡里马塔海峡航段和巽他海峡航段构成的连续的通航带，是南海通往印度洋的主要通道之一。马六甲海峡地处马来半岛和印尼的苏门答腊岛之间，是连接南海和安达曼海的一条狭长水道，也是亚洲、非洲、欧洲、大洋洲之间相互往来的海上枢纽，交通位置十分重要。印尼在南海的航道为本地贸易和国际贸易提供了便利，但同时也存在着较高的风险，海上贩毒、武器走私、非法移民、人口贩卖、海盗、海上武装抢劫、海上恐怖主义等非传统安全问题成为影响航运安全的潜在威胁。印尼给予所有国家的船舶通过群岛海道的无害通过权，但海道的开放使印尼面临监控方面的压力，尤其是不能保证对驶出海道的船舶进行有效的监控。③ 作为马六甲海峡的三个共管国之一，印尼有义务维护海峡的航行安全，保证正常的航行秩序。但如何在保证对马六甲海峡主权的前提下协调各使用国的利益则成为印尼在维护马六甲海峡安全问题上的一个重要考量。

印尼作为东南亚地区最大的国家和唯一的G20成员国，亚太地区仅次于中国、日本和印度的经济体，一直希望扮演区域性大国的角色。在南海问题上，以美国、日本为代表的西方国家希望印尼成为促使南海问题向国际化方向发展的推手；越南、菲律宾等东南亚南海声索国希望拉拢印尼成为在南海问题上对抗中国的砝码；中国则希望印尼在南海问题的解决上发挥积极的协调和推动作用。印尼希望在南海问题上展现出其领导东盟的实力和能力，充当南海争议"调解人"，彰显地区大国的地位和影响力。一方是有着良好关系的大国，一方是同属东盟的国家，如何在二者间保持相对中立的立场，在处理南海问题时坚持公正的态度，体现着印尼在区域内

---

① 《在南海的摩擦》，[印尼]《大雅加达报》，2013年12月5日。
② Puji Lestari, "Motivasi Indonesia Bekerjasama dengan Vietnam di Bidang Perikanan Tahun 2010—2012", Jurnal Online Mahasiswa (JOM) Bidang Ilmu Sosial dan Ilmu Politik, 1 (1), 2014, p. 6.
③ Redaksi, "Lemahnya Pengawasan ALKI, Mengancam Kedaulatan RI", Maritime, October 2014.

第九章 印度尼西亚的南海政策

作为一个负责任大国的担当。

第二节 印尼南海政策的传承与发展

在印尼划分的三类国家利益中,南海的主权利益属于绝对的国家利益范畴,经济利益属于至关重要的国家利益范畴,航行利益和区域政治利益属于重要的国家利益范畴。各种利益相互交织,相互依存,共同构成印尼在南海的利益存在。南海政策是印尼对外政策的重要组成部分,如何有效维护印尼在南海的利益是其南海政策的核心基础。总体上看,印尼的南海政策主要服务于维护南海主权、维护地区稳定和维护航行安全三个方面。

一、印尼南海政策的主要内容

维护南海海域权利主张是印尼南海政策的基本目标。位于南海的纳土纳群岛海域是印尼与周边国家存在争议的主要海域,一直以来,印尼注意在立法、外交、军事等方面采取措施以维护其在相关海域的权利主张。从20世纪60年代起,印尼先后通过颁布《印度尼西亚水域法》(1960)、《关于印度尼西亚专属经济区的政府宣言》(1980)、《印度尼西亚专属经济区法》(1983)、《印度尼西亚专属经济区资源管理法令》(1984)等多项法律、法规以确定其海上权利,并单方面宣布确立200海里的专属经济区。印尼对其南海安全利益的关切在1993年开始有了显著的提高。当时参加"南海研讨会"的中国代表出示了一张地图,上面显示"断续线"内的海域与纳土纳的部分海域重叠。印尼政府随即向中方提出质疑,并在此后多次要求中方对纳土纳岛屿主权归属做出澄清。此后,印尼政府对中国"断续线"采取视而不见的态度,在1995年美济礁事件发生后,印尼国家石油公司与美国埃克森石油公司合作耗资400亿美元在纳土纳群岛附近海域开发天然气资源,印尼军方和警方也共同于1996年9月"以保护纳土纳特大型天然气项目发展安全"为名在纳土纳群岛地区举行了大型军事演习,[1]以此宣示对纳土纳群岛主权的控制。为了加强海上防御能力,印尼一方面推动海军的装备现代化进程,另一方面也推出了以海上战略通道及专属经济区安全为主要目标,具有群岛国家海上安全防御特色的"逐岛防御计划",目前已基本完成了以爪哇岛为中心,兼顾东西,有力监控马六甲海

---

[1] "Indonesia Plans War Games to Caution China", New York Times, September 16, 1996.

峡、邻近南海海域与印度洋海域的海上安全战略基本布局。①

维护地区稳定、充当南海争议"调解人"是印尼处理南海争议的基本原则。印尼是东南亚地区没有直接涉及南海争议的国家之一，长期以来一直积极推动南海问题的妥善解决，在南海争议中扮演"调解人"的角色。南海问题的解决可能需要相当长的一段时期，这当中需要一种能够维持地区稳定的方式。印尼希望它所施行的"防御性外交"途径能够成为维持南海地区局势稳定的一项努力。这种外交途径的一个重要组成部分就是在各南海争议方之间建立和增加互信。印尼所主导的"处理南海潜在冲突研讨会"（以下简称"南海研讨会"）正是这一努力的成果，它不仅体现了印尼的国家安全观和区域安全观，也是印尼海上安全政策在南海问题上有针对性的实践结果。除了建立二轨层面的安全机制，印尼也屡在关键时候通过一轨外交处理南海问题。在2012年4月举行的第20届东盟峰会和第45届东盟部长会议上，东盟成员国在南海争议问题上出现重大分歧，各南海声索国之间也出现两极分化现象，直接导致东盟部长会议首次没有就南海问题发表联合声明。面对东盟的内部分化，时任印尼外交部长马蒂展开了恢复东盟内部团结的努力，在两天时间对马尼拉、河内、曼谷、金边和新加坡进行了"旋风式"访问，并最终达成敦促落实《南海各方行为宣言》的六点提议，缓解了东盟国家与中国之间的紧张局势。此外，印尼还提出"南海行为准则"草案，试图加快制定该行为准则的进程。该草案在苏西洛总统任内基本上为南海问题各争议方所遵守，避免了军事演习、军事侦察、在争议区域建造新的建筑物及其他危害航行安全的活动发生。②

维护南海重要海上通道的航行安全既是印尼对本国经济发展的保障，也是印尼对国际社会承担的义务。在维护海上通道安全上，主权独立首先是印尼的立足点，因此印尼不希望其他国家直接插手马六甲海峡等印尼政府高度重视主权区域的管理事务。"9.11"事件发生后，美国以"恐怖分子可能会在马六甲海峡内发动袭击以切断全球经济生命线"为由，屡次提出派兵进驻马六甲海峡，③均遭到马来西亚和印尼的拒绝。为避免美军直接卷入马六甲海峡安全事务，2004年7月20日，印尼、马来西亚和新加坡三个马六甲海峡共管国签署合作协议以加强马六甲海峡航道的巡逻。为克服弊端，提高效率，从2005年9月13日开始，海峡共管国在马六甲海

---

① 鞠海龙：《印度尼西亚海上安全政策及其实践》，《世界经济与政治论坛》，2011年第3期。

② "What Indonesia has done in mitigating the tension in the South China Sea", http://theindonesianists.org/article/what-indonesia-has-done-mitigating-tension-south-china-sea, May 24, 2014.

③ 《马六甲沿岸三国认同中国参与安保》，《国际先驱导报》，2005年8月17日。

峡海域开展名为"空中之眼"的空中联合巡逻，巡逻范围包括从新加坡到苏门答腊北部沙璜的四个部分。① 印尼认为，沿岸国家在马六甲海峡海域展开的安全维护仍然是有效和可延续的，因此，尚不需要沿岸国以外的国家直接参与上述的安全维护，但是它们可以参与马六甲海峡的安全建设，以确保相关维护安全的行动得以继续。②

二、印尼南海政策的发展动向

佐科在2014年10月20日就任印尼第七任总统后，逐步将国家的发展重心从陆地转向海洋。2014年11月13日，佐科在缅甸首都内比都举行的第九届东亚峰会上发表主题演讲，阐释了"印尼作为海上支点、两大洋之间大国"的外交政策原则，提出将印尼建设成为"世界海洋轴心"的构想。佐科提出了实现海洋轴心构想的五个主要支柱：第一，重建印尼的海洋文化；第二，维护和管理海洋资源，通过发展渔业、发挥渔民的核心作用来建立海基食品的所有权；第三，优先发展基础设施和海上的互联互通，建设海上高速公路和深海港口，发展物流业、航运业和海洋旅游业；第四，欢迎各国通过海洋外交与印尼在海洋领域开展合作，共同消除海上冲突的根源，如非法捕鱼、主权侵犯、领土争端、海盗和污染等；第五，作为连接两大洋的桥梁，印尼有义务建设其海上防御力量，这不仅是保护本国海洋财富和主权的需要，也是保障航行安全和海上安全的义务。③ 通过上述努力，佐科希望印尼在21世纪成为"世界海洋轴心"，成为一个航行于两大洋上、繁荣且可信赖的海洋强国。

从参加总统竞选开始，佐科就声称他将专注于国内事务，特别是提高印尼的海上基础设施，重申国家的权力，强调加强印尼海事部门建设的重要性。与对外交事务拥有强烈兴趣且热衷于区域安全架构和"大国平衡"等概念的前任总统苏西洛不同，以国内改革者姿态自居的佐科更注重外交的务实性。④ 佐科在其竞选纲领提到了印尼面临的三大问题：国家威望下滑，国家经济基础变弱，不宽容及民族认同危机蔓延。其中，没有能够察

---

① Ruhanas Harun, "'The Evolution and Development of Malaysia's National Security' dalam Abdul Razak Baginda", Malaysia's Defence and Security Since 1957, MSCRC, 2009, p. 31.

② Kementerian Pertahanan Republik Indonesia, "Buku Putih Pertahanan Indonesia 2008", 18 Febuari 2008, p. 143.

③ "The seas should unite, not separate us", The Jakarta Post, November 14, 2014.

④ Aaron L. Connelly, "Sovereignty and the Sea: President Joko Widodo's Foreign Policy Challenges", Contemporary Southeast Asia, 37 (1), 2015, pp. 1–28.

觉领土主权威胁成为导致国家威望下滑的原因之一。① 为此,佐科在竞选时提出了"打造一个拥有独立主权、自力更生、具有协作精神的印尼"的外交目标。佐科外交政策的一个前提是印尼作为一个群岛国家,其繁荣与近岛海域密切相关,而保护国家免受各种内部和外部威胁的能力则是捍卫国家尊严的关键。因此,佐科外交政策的关注点集中在印尼作为海洋交汇点的地位以及对国家主权拥有更加坚定自信的防御能力。

佐科提出的五大支柱既为印尼以海洋为中心的发展指明了方向,同时也成为印尼处理既有海洋问题的指导方针。如前文所述,南海涉及印尼各方面的利益,如何维护印尼在南海的利益,如何继续扮演在南海问题中的角色,虽然佐科没有在他宏伟的海洋发展蓝图中专门指出,但捍卫主权利益、维护资源利益将是未来印尼南海政策的关键所在。加强印尼海上边界的安全和主权是佐科实施海洋轴心计划的第一步,佐科政府在执政初期就在维护主权利益特别是南海主权利益方面展现了比往届政府更加坚定的立场和政策措施。2014年12月,在佐科宣誓就任总统后不久,他的高级顾问、现任印尼法律与安全统筹部长的卢胡特·班查伊丹在华盛顿参加美国国际战略研究中心太平洋论坛时透露,鉴于中国对南海的主张,印尼军方计划加强在南海的军事存在。他还提到了印尼正与美国的雪佛龙公司在纳土纳海域展开资源勘探,"这将向中国传递一个信号,这里存在着美国的利益,因此你不能在这里'胡闹'"。② 卢胡特的这番强硬言论可以说是前所未有的。

佐科本人也在涉及纳土纳问题上表达了立场。他在2015年3月访问日本期间接受《读卖新闻》采访时指出,"中国对南海大部分地区提出主权要求没有任何国际法依据",路透社等多家新闻媒体对此进行了转载。③ 虽然此后印尼外交部澄清相关报道系对佐科讲话的误读,佐科只是对涉及到印尼领土纳土纳群岛的"断续线"提出批评,而非针对中国在南海的所有主权要求,但佐科也表现出了在领土主权问题上的强硬姿态。

总之,从佐科担任总统以来在南海问题上的举措看,我们暂时还不能确定在今后数年的执政期间,佐科会倾向选择怎样的一种南海政策。但正如许多人指出的那样,佐科做出的任何决策对于南海争议的走向都是非常

---

① Joko Widodo & Jusuf Kalla, "Jalan Perubahan untuk Indonesia yang Berdaulat, Mandiri dna Berkepribadian-Visi, Misi dan Program Aksi", Mei 2014, p. 1.
② 《印尼加强南海存在》,[印尼]《共和国报》,2014年12月15日。
③ "Jokowi Bantah Komentar Media Soal Klaim China di Laut China Selatan", http://www.voaindonesia.com/content/jokowi-bantah-komentar-media-soal-klaim-china-di-laut-china-selatan/2693754.html, 25 Maret 2015.

第九章 印度尼西亚的南海政策

重要的。

三、印尼南海政策的实践

佐科当选总统后，明确表示将继承"独立与积极"的外交理念以及前任总统苏西洛任内确定的海上安全政策框架，在南海问题上也将秉持与苏西洛执政时期一致的立场。① 纵观佐科担任总统一年多以来印尼针对南海实施的举措，也可以看到，佐科的南海政策是对苏西洛时期南海政策的继承与发展，并且表现出了比以往更加强硬的态度和立场。

在外交上，印尼政府注意强化印尼对纳土纳群岛及其海域的主权。印尼国内一直对中国"断续线"含括纳土纳群岛海域一带耿耿于怀。一些印尼"爱国"人士坚称，对于中国潜在的（主权）要求，政府必须采取更有进攻性的行动。② 另外一些人则坚持认为印尼政府应该首先秉承此前的中立政策，这是目前能避免南海爆发冲突的条件。③ 佐科政府更倾向于选择一种强硬的外交姿态来显示印尼对纳土纳的主权，包括在不同场合对中国"断续线"的质疑。印尼大学国际法教授加瓦纳在佐科内阁成立之初就指出，佐科希望内阁各部长能够实现其作为总统的愿景和使命，外交部长雷特诺·马尔苏迪的一个主要任务就是向中国政府提出关于中国官方地图中"断续线"的质疑。如果中国政府根据"断续线"对纳土纳海域提出声索，印尼将不会在南海问题上继续充当"调解人"，而会立即宣布与中国存在边界争端。④ 对于在印尼专属经济区与中国"断续线"重叠区域发生的一些纠纷，印尼政府也在外交上采取了一种咄咄逼人的态势。2016 年 3 月 19 日，由于印尼海警对在位于北纬 5 度 5.866 分，东经 109 度 7.646 分进行捕鱼作业的中国渔船"桂北渔 10078"实施扣押并抓捕了船上的八名中国船员，中国海警船在营救过程中与其发生了碰撞⑤。印尼政府认为中国渔船捕鱼作业的地点和碰撞事件发生的地点是在印尼的"专属经济区内"，向中国政府提出了强烈的抗议，包括抗议中国海警船"侵犯"了印尼在"专属经济区"和大陆架的"主权"或"管辖权"，抗议印尼执法机构在"专属经济区"和大陆架的"执法工作"受到阻碍，抗议中国海警船"侵

---

① 《印尼：中国不具有南海领土的合法要求》，[印尼]《共和国报》，2015 年 3 月 25 日。
② 《国会：政府须强硬对待中国对纳土纳的声称》，[印尼]《共和国报》，2015 年 3 月 26 日。
③ 《印尼需警惕南海争端》，[印尼]《共和国报》，2014 年 11 月 13 日。
④ "Empat hal pokok bagi menteri luar negeri baru", Antara News, 28 Oktober 2014.
⑤ 关于此次碰撞，中国国内媒体的描述是"中国海警船以 25 节的高速追上并撞击印尼海警船"，而印尼渔业部长苏西·普吉亚斯图蒂在 3 月 20 日举行的新闻发布会上向媒体介绍的情况为"以 25 节的速度行驶的中国海警船与被扣押的中国渔船发生碰撞"。

犯"了印尼的"领海主权",并表示将根据该国法律起诉八名中国渔船船员。① 而在区域范围内,公开表态在南海问题上不会"选边站"的佐科则继续领导印尼担当东盟南海声索国和中国之间"调解人"的角色。佐科表示印尼已经做好充当南海争议各方"调解人"的准备。印尼不会在南海争议上偏袒任何一方,印尼支持中国与东盟之间的对话,并推动"南海行为准则"的最终制定和落实。② 印尼军方发言人在谈到南海争议的时候也指出,如果东盟国家与中国在南海爆发冲突或战争,印尼没有义务向涉事的东盟国家提供帮助,因为印尼没有与东盟国家签订任何防务协定。但是,作为东南亚最大的国家,印尼有义务拉近冲突各方的关系。③

在军事上,印尼政府开始对南海紧张局势的安全影响进行评估,并已着手规划在南海兴建军事跑道和码头。对于印尼这一正在发展迈向海洋国家的群岛国,印尼国民军的主要职责是捍卫国家的主权。印尼政府要求国民军能够监控所有领土,保卫资源,应对针对领土和自然资源的一切干扰。④ 2002年12月17日,海牙国际法庭裁定马来西亚和印尼在加里曼丹岛东北部产生主权争议的西巴丹岛和利吉丹岛的主权归马来西亚所有,这使印尼认识到在最外部岛屿建立行政管理的重要性。⑤ 对于没有居民的最外部岛屿,可以通过部署海上巡逻、空中巡逻和在一定时期内驻扎地面部队的方式来维护其主权。纳土纳岛作为印尼在南海的最前线,建立相应的海军和空军基地是对印尼分布于南海的最外部岛屿实施有效巡逻部署的重要条件。其国防部长里亚米扎尔德·里亚库杜表示,未来将有几个项目投入建设,如能够供战斗机降落的跑道。而战斗机和军舰也要加强在南海的存在并具备遂行军事行动的能力。此外,政府还将采购先进的雷达和无人机以监控距离50—60公里以上的外国飞机或轮船。通过部署充足的国防基础设施,印尼能够更容易地侦测到各种威胁。所有相关建设的预算将涵括在2016年国家收支预算草案中,印尼国防部将与其国会负责监督国防及外交事务的第一委员会就相关事务进一步展开讨论。⑥ 而随着南海地区紧张局势的升级,印尼对与本国海上安全相关的联合军事行动也表现了积极的

---

① "Indonesia dorong semua pihak jaga keamanan Laut Tiongkok Selatan", Antara News, 24 Maret 2014.
② "Presiden dorong implementasi CoC Laut China Selatan", Antara News, 24 Maret 2015.
③ 《印尼加强南海存在》,[印尼]《共和国报》,2014年12月15日。
④ 《成立70周年,印尼国民军面临四大挑战》,[印尼]《罗盘报》,2015年10月5日。
⑤ Czi Safril Hidayat, "Menjaga Kedaulatan Teritorial Indonesia", Wira, Vol. 53, Maret-April 2015: p. 29.
⑥ 《印尼政府开始评估南海的紧张局势》,[印尼]《罗盘报》,2015年9月21日。

第九章　印度尼西亚的南海政策

态度，不仅参加了由美国主导的"金色眼镜蛇"和"环太平洋"联合军演，更与美军在南海的敏感海域举行了双边联合军事演习。2015年3月，印尼三军总司令穆尔多科公布了一份与美国驻印尼大使布雷克关于印尼和美国计划在纳土纳海域举行联合军事演习的声明。布雷克指出，穆尔多科已经同意美国空军在未来的军事演习中使用纳土纳的拉乃军用机场作为基地。① 2015年4月，印尼、美两军按照预定计划在距离纳土纳480公里的巴淡岛附近举行了联合军事演习。据印尼海军发言人透露，一旦位于纳土纳的军事基地建成，该演习将成为在印尼所辖南海海域上定期举行的军事演习。②

在维权上，维护和管理海洋资源是佐科"世界海洋轴心"战略构想的一项重要内容。佐科上台之初，印尼面临着非常严峻的非法捕鱼问题，世界上约30%的非法捕鱼活动发生在印尼海域，纳土纳群岛海域、巴布亚省阿拉弗拉海域和北苏拉威西省海域是外国渔民进行非法捕鱼活动最猖獗的三个地点。如何统筹国家在海事领域的预算以提高渔民福利和增强海洋经济主权，如何对造成海洋和渔业损失的自然资源部门进行管理，成为佐科政府在海带领域面临的挑战。为提高在维护海洋权益方面的工作效率，佐科对部分政府机构进行了改革，如新成立了统筹海洋渔业部、旅游部、交通部、能源及矿业部四个与海洋有关部门的海洋统筹部，其下辖的海洋渔业部就具体负责打击印尼海域存在的非法、不报告和无管制捕鱼活动。2014年10月以来，海洋渔业部与印尼海军和警方合作，共炸沉了42艘在印尼海域从事非法捕鱼的外国渔船，并计划在2015年10月下旬再炸沉8艘外国渔船。新成立的由政治、法律、安全统筹部管辖的海洋安全署也开始参与执行制止非法捕鱼的行动。此外，印尼政府还在纳土纳和阿南巴斯群岛新建了两个综合渔港，作为渔船前往纳土纳和阿南巴斯海域捕鱼的入口，以此减少在南海相关海域的非法捕鱼活动。③ 在实施一系列举措后，印尼海域非法捕鱼活动大幅减少，国家经济得到保护，渔民的福祉也有了保障。2015年前三个月，印尼渔业产量比2014年同期增长14.43%，渔业在国民生产总值中的比重上升至8.64%。④ 面对政府采取炸船行动引发的

---

① 《对抗"伊斯兰国"，印尼军方准备与美国进行军事合作》，[印尼]《共和国报》，2015年3月19日。
② Kanupriya Kapoor & Randy Fabi, "Indonesia eyes regular navy exercises with U. S. in South China Sea", Reuters, April 13, 2015.
③ "Pemerintah Bangun Pelabuhan Ikan untuk Hindari Pencurian", Antara News, 29 Mei 2015.
④ Kementerian Kelautan dan Perikanan, "Setahun Pemerintahan Jokowi-JK Berantas Illegal Fishing, Produksi Ikan Meningkat", 20 Oktober 2015.

国际舆论非议，印尼从上至下都表达了一致的支持。有专家表示，炸沉渔船的行动不需要任何外交手段或许可，因为相关法律已经很明晰了。那些外国渔民是故意进入印尼领土从事非法捕鱼活动的，他们是知法犯法。炸沉渔船的行动将能逐步制止外国渔民在印尼海域进行非法捕鱼活动。[1]

第三节 对未来印尼南海政策的展望

印尼南海政策的目的是维护其在南海的主权利益和经济利益，并以地区大国的身份参与南海问题的协调与解决，以此实现其在区域的政治利益。佐科提出的"世界海洋轴心"战略构想点燃了印尼的民族主义情感和海洋情怀，也使印尼的南海政策有了更加明确的导向和目标。透过印尼南海政策的实践，认识印尼南海政策的本质，有利于我们厘清两国在南海的利益共同点和分歧，维护两国关系的稳定发展，共同推动南海问题的和平解决。

首先，印尼以维护海域权利为主的南海政策基本目标没有改变。佐科政府在纳土纳群岛主权问题上表态强硬，不承认中国"断续线"的合法地位，实际上是印尼在南海问题上所面临微妙处境的一种反映。印尼虽然没有对中国的南沙岛礁和海域提出主权要求，中国也明确告知印尼不会对纳土纳本岛提出声称，中国和印尼之间不存在岛屿主权争议，但不论印尼愿意承认与否，客观上印尼和中国在纳土纳海域是存在着海洋划界问题的。日本《外交官》杂志副主编普拉森·帕拉梅瓦朗曾撰文指出，印尼所处的所谓困境实际上久已有之。印尼官员自20世纪90年代起就非常清楚中国的"断续线"与印尼根据纳土纳群岛链划定的专属经济区重叠。2016年3月印尼海警与中国海警在相关重叠海域发生冲突后，虽然印尼政府提出了强烈的外交抗议，但也表示，纳土纳海域发生的事件只是渔业部门的问题，印尼并未与中国发生边界上的冲突。印尼的立场很清楚，那就是印尼和中国之间并没有任何的边界冲突。[2] 印尼政府一直避免在与中国海域重叠的问题上做文章，因为那样的代价将是影响地区稳定以及印尼作为一个公正"调解人"的信誉。[3] 一方面，印尼政府希望确保其海上规划与加强海上边界相吻合，但另一方面，相关的海洋政策会破坏印尼作为"调解

---

[1] "No diplomacy needed to sink illegal fishing boats: Observer", Antara News, October 15, 2015.

[2] 《总统府强调印尼与中国没有冲突》，[印尼]《罗盘报》，2016年3月23日。

[3] Prashanth Parameswaran, "No, Indonesia's South China Sea Approach Has Not Changed", The Diplomat, March 26, 2015.

第九章　印度尼西亚的南海政策

人"的形象。在佐科建设"世界海洋轴心"的蓝图中，首要的就是强化印尼的海上边界和海域主权。苏西洛在第二个任期把印尼在国际社会中定位为"只交朋友，不树敌人"的国家，施行"全方位的外交政策"，[①] 并抵制了来自国内要求他在各种争端中采取更加强硬立场的压力。与此不同的是，以国内改革为重心的佐科在处理问题时完全以国家利益为导向，并选择一种比以往更加强硬的方式来表达国家的利益诉求，其中突出的表现就包括通过外交和军事途径强化纳土纳群岛的主权，通过炸船行动来打击印尼水域的非法捕鱼活动。印尼对领土与主权的独立性与完整性具有强烈的敏感性，佐科"重塑印尼海洋大国辉煌"，"恢复印尼'海上强国'称号"并"称雄四海"[②] 的雄心壮志彻底激发了印尼被长期压抑的海洋情怀，"世界海洋轴心"的战略构想更使各界有了一个一致的奋斗目标。在此前题下，印尼在涉及主权的纳土纳群岛以及长期损害国家主权的非法捕鱼问题上表现出强硬的态度就不足为奇了，但其诉求的本质与以往相比并未发生变化。因此，在对待相关的问题上，中国应充分理解和尊重印尼的国家独立性，准确把握印尼南海政策的特性，避免两国在南海问题上产生新的分歧乃至对抗。

其次，印尼处理南海问题时所秉持的中立立场没有改变。印尼是东盟成员国中具有潜在区域性影响力、谋求区域大国地位的国家，东南亚地区无疑是印尼的战略要地。如果南海争议对东南亚地区稳定构成威胁，那么这一对东盟安全态势造成影响的因素也势必将对印尼产生影响。印尼虽然不是南海争议的直接参与方，但印尼具备在和平解决南海问题上扮演关键角色的潜力，能够发挥建设性的作用。[③] 在南海问题上，中国与东盟的互信不足导致各方就"南海行为准则"达成共识面临重重困难。印尼在南海问题上声称保持中立并充当"调解人"，很大一部分考虑就是希望能与东盟国家和中国之间都分别建立一种互信，这是能够推动"南海行为准则"磋商继续进行的基础。2015年9月印尼宣布在南海岛屿建设新海军基地的计划曾一度引起外界猜测印尼在南海问题的中立态度有所改变。但国防部长里亚米扎尔德表示，印尼在南海问题上是绝对的中立方，也是能够在南海维持和平的一方。[④] 当东盟一些国家在北京香山论坛将南海问题矛头指向中国在南海的岛礁建设时，印尼国防部长里亚米扎尔德表达了相对客观

---

① 《苏西洛总统就职演说全文》，[印尼]《罗盘报》，2009年10月20日。
② 《佐科总统就职演说全文》，[印尼]《点滴新闻》，2014年10月20日。
③ Yudha Kurniawan, "Kontribusi Indonesia dalam Penyelesaian Konflik Laut China Selatan", Konvensi Nasional Asosiasi Ilmu Hubungan Internasional Indonesia (AIHII) II, Bandung, 2011.
④ 《印尼政府开始评估南海的紧张局势》，[印尼]《罗盘报》，2015年9月21日。

公正的观点,表示印尼尊重中国在南海岛礁建设是以民事功能为主,并赞赏中国在此问题上坚持公开透明。① 此外,印尼还提议中国和东盟南海争议国通过共同巡逻南海的方式,维护南海的和平与稳定。② 从区域角度看,虽然印尼奉行"大国平衡"战略,试图在对外关系中平衡中国、美国、日本等国,并在南海构建一种维持力量平衡的均势,但作为地区强国的印尼从苏哈托时代起就已经在东盟内部建立了领导地位,未来它将进一步巩固地区机制,防止东盟外的大国主导本地区的事务。因此,印尼并不乐意看到西方国家过多插手其视为东盟内部事务的南海问题,而会以东盟领袖的身份继续在南海问题上充当"调解人"的角色,协调东盟内部南海声索国与中国的关系。印尼对南海问题的基本态度表明其将继续坚持中立的立场,中国应正确辨明印尼国内出现的对南海问题的不同声音,充分发挥印尼处理南海问题的公正态度在解决南海争议中的积极作用。

最后,中国和印尼在南海具有广阔的合作空间和前景。中国和印尼双方认为,习近平主席提出的建设"21世纪海上丝绸之路"重大倡议和佐科总统倡导的"世界海洋轴心"战略构想高度契合。③ "21世纪海上丝绸之路"重点方向是从中国沿海港口过南海到印度洋,延伸至欧洲;从中国沿海港口过南海到南太平洋。④ 横亘在印度洋与太平洋之间的印尼正是海上两条线路的交汇点。特别是位于南海的马六甲海峡是连接中国与西亚、欧洲和非洲等地区的海上要道,对中国具有重要的战略意义。中国与印尼在国际海事组织、国际海道测量组织和马六甲海峡等多个领域都保持着密切的合作与协调,作为马六甲共管国之一的印尼与中国在维护马六甲海峡安全的问题上达成了不少共识。中国在建立与印尼的海上合作方面的投入超过10亿人民币,合作项目包括航行安全、海事安全、海洋科学研究和环境保护以及空间跟踪、遥测和控制等。⑤ 除了印尼,中国与另一马六甲海峡共管国马来西亚也同样在海峡安全维护问题上有着良好的合作,因此,中国应该抓住海上安全合作的机遇,积极参与马六甲海峡这一重要国际航道的安全维护,确保海上能源通道的畅通。关于南海,佐科所承诺的最重要

---

① 《北京香山论坛闭幕,南中国海争议成热点课题》,[新加坡]《联合早报》,2015年10月19日。

② "Indonesia-Tiongkok mantapkan gagasan patroli Laut China Selatan", Antara News, 15 Oktober 2015.

③ 《中华人民共和国和印度尼西亚共和国关于加强两国全面战略伙伴关系的联合声明》,http://news.mod.gov.cn/headlines/2015—03/27/content_4577107.htm,2015年3月27日。

④ 《推动共建丝绸之路经济带和21世纪海上丝绸之路的愿景与行动》,http://world.people.com.cn/n/2015/0328/c1002—26764633.html,2015年3月28日。

⑤ "Indonesia-China tingkatkan kerjasama keselamatan maritim", Antara News, 14 Juli 2013.

第九章 印度尼西亚的南海政策

的计划就是把包括南海在内的印尼海域变成"海洋轴心"。在佐科的设想中，印尼海域将是世界贸易的一条全球性的航线，并将给印尼带来经济利益。目前，全球有45%的货物航运使用印尼海域作为航线。[①] 由于没有成熟的海洋基础设施，印尼只能成为大型船舶的途经地区。印尼希望未来能够在海上交通领域发挥更重要的作用，"世界海洋轴心"构想的实现也需要印尼开展更加广泛而深入的海洋外交和合作。中国和印尼携手打造的"海洋发展伙伴"关系致力于发挥两国各自的优势，推动海上基础设施互联互通，深化产业投资、重大工程建设等领域合作，契合两国的海洋发展战略目标，必将推动两国的海洋合作迈向更加深入的阶段。

结　语

虽然印尼的南海主张不涉及南沙群岛的主权争议，但由于印尼依据纳土纳群岛链划定的专属经济区与中国主张的"断续线"重叠，事实上印尼与中国存在着海上边界的划分争议。因此，印尼在践行的南海政策中，维护其对纳土纳群岛主权及周边海域权利的主张居于首要地位。此外，为维持一个安全稳定的地区环境，印尼一直积极推动南海争议的和平解决，并积极维护马六甲海峡等重要海上通道的安全和畅通。佐科就任总统后，其提出的"世界海洋轴心"战略构想成为印尼南海政策的指针性纲领。一方面，印尼不断从外交和军事上强化其对纳土纳群岛的主权，另一方面，印尼希望继续在南海问题上充当公正的"调解人"，通过推动南海争议的和平解决彰显其作为地区大国的影响力，巩固在东盟的领导地位。如何在加强南海权利和继续充当"调解人"上取得协调是印尼未来面临的一个难题。

在南海问题上，印尼和中国有着利益的契合点，也有着认识上的分歧。纳土纳群岛海域划界重叠问题虽然不涉及两国的主权争议，但却是横亘在中国和印尼关系之间的最大障碍。而中国建设"21世纪海上丝绸之路"的倡议与印尼"世界海洋轴心"战略构想的契合又为两国提供了更为广泛和深入的海洋合作良机。佐科将印尼一直以来坚持的"独立和积极"外交方针重新诠释为注重发展"对印尼有利"的外交关系，并曾坦率地指出，希望中印尼关系能够形成更加具体的成果，使两国人民能够获得互惠互利。[②] 因此，如何正确处理两国关系中的不利因素，推动两国在南海问题上的互信并谋求在南海的合作与互利，也将是我们所面临的一个问题。

---

① 《2025——印尼成为世界海洋轴心》，[印尼]《共和国报》，2015年3月16日。
② "Foreign friendships must benefit RI: Jokowi", The Jakarta Post, November 17, 2014.

第十章

美国的南海政策[*]

进入2015年后,为了确保掌控战略主导权,2015年美国延续其日趋强硬的南海政策,[①] 在南海问题上频频出招,致使南海局势呈现紧张态势。美国虽然并不是南海争端当事方,但自2010年奥巴马政府宣布在南海地区拥有国家利益并"高调介入"南海事务以来,美国事实上已经成为影响南海问题走势的关键变量之一。系统总结2015年美国南海政策的表现、深入分析其特征、科学研判美国南海政策的未来走势,有助于中国更有效地应对日益复杂、严峻的南海局势。

第一节 南海问题日益上升为中美关系中新的突出问题

中美关系是当今国际事务中最重要的双边关系,同时也是最复杂的双边关系。中美两国之间既有着广泛的共同利益,同时也存在着一些分歧和矛盾。中美关系中的矛盾主要有:崛起大国与守成霸权国之间的矛盾、地缘政治的矛盾、政治制度与意识形态矛盾、台湾问题。近几年来台海局势相对平稳,然而南海局势却因为美国越来越多的"实际性介入"而风云迭起。目前,"南海博弈是否会引发中美直接对抗,南海问题是否会成为中美之间'第二个台湾问题'"正引起国际社会的深度担忧,[②] 而2015年美国在南海一系列咄咄逼人的行动及其产生的严重负面影响使得这种"忧虑"进一步升级。越来越多的迹象表明,如果不能够得到有效的管控,南海问题将迅速上升为中美关系中新的突出问题。

众所周知,中国政府一贯主张"南海问题不是也不应该成为中美之间的问题"[③],而南海问题之所以会日趋上升为中美关系中的突出问题主要源于奥巴马政府对南海事务逐步升级的"高调介入"。2010年7月,美国国

---

[*] 王光厚,东北师范大学政法学院副教授。
[①] 周琪:《冷战后美国南海政策的演变及其根源》,《世界经济与政治》,2014年第6期。
[②] 王传剑:《南海问题与中美关系》,《当代亚太》,2014年第2期。
[③] 《2015年6月23日外交部发言人陆慷主持例行记者会》,中华人民共和国外交部,http://www.mfa.gov.cn/mfa_chn/wjdt_611265/fyrbt_611275/t1276347.shtml。

务卿希拉里在越南河内发表演说时宣称"美国在（南海）自由航行方面拥有国家利益"，[1] 而中美在南海问题上的"争端"由此肇始。[2] 奥巴马政府第一任期，为维护其既往的"仲裁者"的角色，在南海问题上积极推行"均势"战略，打着"尊重国际法"的幌子在中国和东南亚南海声索国之间"拉偏架"。[3] 这一阶段，中美两国在南海问题上虽有龃龉，但是由于美国方面并没有明显的"直接性"行动，所以南海问题尚未成为两国关系中的战略性议题。进入奥巴马政府第二任期后，为掌控战略主导权，美国执意将南海问题拉升到中美战略博弈的层面，其标志性的事件是在2013年中美首脑安纳伯格庄园会晤中南海问题成为主要议题之一。为加大在南海问题上对中国的"战略威慑"力度，2014年5月奥巴马在西点军校发表外交政策演说时暗指中国"侵略"南海，他还将南海问题视为美国的核心利益并明确了美国在南海动用武力的可能性。[4] 奥巴马这一表态凸显了美国对南海事务的关切，而南海问题在中美关系中的战略性意涵也因之被提升到一个新的高度。

进入2015年后，伴随美国对南海事务高强度的"介入"，中美两国在南海问题上的矛盾升级，南海问题开始严重掣肘中美关系的发展。具体说来，美国主要通过两种方式来提升中美两国在南海问题上的战略博弈层次。

一方面，美国政府高层借助各种场合频繁就南海问题发声，以求将南海问题打造成地区性乃至全球性的政治议题，从而增大中国的政治压力。2015年4月10日，美国总统奥巴马在访问牙买加时直指中国在南海"以大欺小""以强凌弱"。他表示："我们关注的是中国不遵守国际常规和规范，凭借其庞大的块头和肌肉迫使他国处于从属地位，……我们认为这一问题可以通过外交解决，就因为菲律宾或越南没有中国那么大，并不表示他们可以任意被推搡至一边。"[5] 2015年5月22日，美国副总统拜登在出席美国海军学院毕业典礼致辞时专门提及了南海问题。拜登一面说"在南中国海的争议海域，美国不偏向任何一国的主权声索"，另一面却又表示

---

[1] Hillary Rodham Clinton, "Remarks at Press Availability, Hanoi, Vietnam, July 23, 2010", http://m.state.gov/md145095.htm.

[2] 周琪：《冷战后美国南海政策的演变及其根源》，《世界经济与政治》，2014年第6期。

[3] 王光厚、田立加：《奥巴马政府南海政策特征论析》，《东南亚研究》，2015年第1期。

[4] The White House, "Remarks by the President at the United States Military Academy Commencement Ceremony", http://www.whitehouse.gov/the-press-office/2014/05/28/remarks-president-united-states-military-academy-commencement-ceremony.

[5] BBC, "Obama: China 'using muscle' to dominate in South China Sea", http://www.bbc.com/news/world-asia-china-32234448.

"但是我们将不退避地维护和平公正解决争端的原则以及航行的自由,而今天这些原则因为中国在南海的行动而受到考验"。拜登进而表示:"我们期盼你们在这些原则受到挑战的地方坚守它们,增强我们不断增长的安全伙伴并兑现我们对盟友共同防御的不可动摇的承诺。"① 2015 年 6 月 1 日,奥巴马在与到访的东南亚青年领袖对话时进一步就南海问题表态。会谈中,奥巴马大谈航行自由和国际机制的重要性并暗指中国"背弃"国际法。与此同时,他还强调指出"他们(中国)的一些主张或许是合法的,但是他们不能通过以大欺小、蛮横无理来实现其主张"。② 2015 年 6 月 23 日,美国副总统拜登在中美战略与经济对话上就南海问题对中国提出"严重警告"。③ 拜登表示:"负责任的国家应当遵守国际法,共同努力保持国际海洋航线开放,商业航运不受损害。"拜登还意有所指地说:"不顾外交而使用胁迫和恐吓来解决争端,或者对他国这种不轨行为视而不见,只会招致不稳定并损害国际社会共同努力的目标。"④ 2015 年 9 月,中国国家主席习近平访美期间,南海问题成为中美双方讨论的重要战略性议题。奥巴马在会见习近平的时候表示:"航行、飞越的自由和不受阻碍的商业是所有国家的权利。"进而,奥巴马指出:"我们对于填海造陆以及在有争议地区的建设和军事化深表担忧,这使得这一地区国家和平解决争端变得更为困难。"⑤ 2015 年 11 月,在出席亚太经合组织领导人会议、东亚峰会等系列国际会议期间,奥巴马进一步就南海问题表态。奥巴马指出:"我们一致认为有必要采取大胆的措施来缓解紧张局势,包括做出承诺停止进一步的填海工程、停止新建项目、停止将南中国海有争议的区域军事化。"⑥ 奥马巴和拜登有关南海问题的上述表态,处处将矛头对准中国,力求向外界

---

① The White House, "Commencement Address by the Vice President at the United States Naval Academy", https://www.whitehouse.gov/the-press-office/2015/05/22/commencement-address-vice-president-united-states-naval-academy.

② The White House, "Remarks by the President in Town Hall with YSEALI Initiative Fellows", https://www.whitehouse.gov/the-press-office/2015/06/02/remarks-president-town-hall-yseali-initiative-fellows.

③ Pamela Dockins, "US, China Acknowledge Areas of Tension", http://www.voanews.com/content/us-china-kick-off-wide-ranging-talks/2833495.html.

④ U. S. Department of State, "The U. S. - China Strategic & Economic Dialogue/Consultation on People-to-People Exchange", http://www.state.gov/secretary/remarks/2015/06/244120.htm.

⑤ The White House, "Remarks by President Obama and President Xi of the People's Republic of China in Joint Press Conference", https://www.whitehouse.gov/the-press-office/2015/09/25/remarks-president-obama-and-president-xi-peoples-republic-china-joint.

⑥ Simone Orendain, "Obama Calls for 'Bold Steps' to Quell Tensions in South China Sea", http://www.voanews.com/content/obama-calls-for-bold-steps-to-quell-tensions-in-south-china-sea/3063005.html.

第十章 美国的南海政策

传递如下重要的政治信息：第一，中国在南海的行动"有碍"航行和飞越自由；第二，中国在南海事务上"不遵守"国际法；第三，中国在南海"以大欺小""倚强凌弱"。就既往的情况来看，美国总统奥巴马和副总统拜登虽然也曾就南海问题进行过公开表态，但是其频率和力度远不及2015年的情况。奥巴马等对南海问题的高度关切凸显出南海问题在美国对外战略图谱中的地位已显著提升，而与此相对应的是南海问题对中美关系的制约也日益明显。这种发展态势无疑将进一步加重中美两国之间的战略互疑，为两国新型大国关系的构建平添波澜。

另一方面，美国军舰以"航行自由"为名闯入南海"炫耀武力"，公然挑战中国的南海主张，以求增大中国的战略压力。自2010年"高调介入"南海事务以来，美国军舰和飞机曾多次穿过南海，但是美方并没有公然挑战中国12海里主权。进入2015年以后，伴随中美战略博弈的加剧，美国蓄谋在南海采取更直接行动以迫使中国就范。2015年5月12日，美国国防部一名官员在接受采访时表示国防部长卡特要求考虑向南海存在主权争议的岛礁海域派遣侦察机和军舰并向有关岛礁12海里范围内派遣军舰"巡航"。该官员还表示"我们正考虑如何在一个对世界贸易至关重要的地区展示航行的自由"①。2015年10月初，有媒体援引美国国防部官员的话表示美国即将向南海中国"人造岛礁"12海里区域内派遣军舰"巡航"。对此，中国外交部发言人华春莹表示："中方一向尊重和维护各国依据国际法在南海和世界各地享有的航行和飞越自由，但决不允许任何国家以'维护航行和飞越自由'为名侵犯中国在南沙群岛的领海和领空。"② 然而，2015年10月27日美国"拉森"号（USS Lassen）导弹驱逐舰却罔顾中国政府的警告，未经中国政府允许非法进入距离南沙渚碧礁12海里的海域。从表面上看美方的这次"巡航"行动主要是为了干扰中国在南海的维权行动和工程建设，事实上其背后有着深刻的战略考量：其一，美国力求通过此举挑战中国主权，试探中国南海政策底线，从而提升中美两国南海博弈的战略层次；其二，美国试图通过炫耀武力来展示美国在亚太的军事存在，凸显美国在军事上的战略决心并增进其盟友的信心；其三，美国力求通过此举来抑制中国海上力量的发展，从而维护美国的亚太制海权。

对于美国军舰的这一挑衅性行为，中国有关部门依法实施了监视、跟

---

① 《美国考虑派军舰侦察机巡航南海争议海域》，BBC，http://www.bbc.com/zhongwen/simp/world/2015/05/150513_pentagon_military_challenge_china_sea_claims。
② 《2015年10月9日外交部发言人华春莹举行例行记者会》，中华人民共和国外交部，http://www.mfa.gov.cn/web/fyrbt_673021/jzhsl_673025/t1304598.shtml。

踪和警告并迅速予以外交上的强烈回应。中国外交部发言人陆慷 10 月 27 日在回答记者提问时指出"美方军舰有关行为威胁中国主权和安全利益，危及岛礁人员及设施安全，损害地区和平稳定。中方对此表示强烈不满和坚决反对"。陆慷还表示"中方强烈敦促美方认真对待中方严正交涉，立即纠正错误，不得采取任何威胁中方主权和安全利益的危险、挑衅行为，恪守在领土主权争议问题上不持立场的承诺，以免进一步损害中美关系和地区和平稳定"①。10 月 27 日，外交部副部长张业遂召见美国驻华大使博卡斯，就美国军舰进入中国南沙群岛有关岛礁邻近海域提出严正交涉和强烈抗议。美国当地时间 10 月 27 日，中国驻美国大使崔天凯在接受采访时表示"美方派军舰进入中国南沙群岛相关岛礁邻近海域的行为显然是严重的政治和军事挑衅，是试图使地区局势军事化和紧张升级的行为"②。与此同时，中国军方亦予以强烈回应。10 月 27 日，国防部新闻发言人杨宇军谴责了美方的行为，他表示"中国军队维护国家主权安全的意志坚定不移。我们将采取一切必要措施维护自身安全"。③ 10 月 29 日，中国海军司令员吴胜利与美国海军作战部长理查德森进行视频通话，表达了中国海军对这一事件的严重关切。11 月 3 日，中国人民解放军总参谋长房峰辉在会见到访的美军太平洋司令部司令哈利·哈里斯时直言对这一事件的严重关切，他强调"中方维护南海主权和海洋权益的决心和意志坚定不移"。④ 中国方面所做出的这些回应立场鲜明、措辞强烈。这一方面充分体现了中国维护南海领土与主权的坚定决心，另一方面也从一个侧面折射出中美两国在南海问题上的深刻矛盾。

2015 年美国之所以持续在南海问题上咄咄逼人地向中国施加政治和战略压力、一步步将该问题打造成中美之间的突出问题，主要是由南海问题所蕴含的多重矛盾决定的。其一，从国际战略层面看，南海问题凸显了崛起大国与守成霸权国之间的矛盾。预防潜在对手的出现是后冷战时期守成霸权国美国的战略目标，而日益崛起的中国正成为美国最主要的防范对象。在台湾问题相对平静的情况下，炒作、操纵南海问题是美国"制衡"

---

① 《外交部发言人陆慷就美国拉森号军舰进入中国南沙群岛有关岛礁邻近海域答记者问》，中华人民共和国外交部，http://www.fmprc.gov.cn/web/fyrbt_673021/dhdw_673027/t1309393.shtml。

② 章念生、张朋辉：《我驻美国大使阐明中方严正立场》，《人民日报》，2015 年 10 月 29 日，第 21 版。

③ 《国防部新闻发言人杨宇军就美舰进入中国南沙群岛有关岛礁近岸水域发表谈话》，中华人民共和国国防部，http://www.mod.gov.cn/auth/2015—10/27/content_4626363.htm。

④ 《房峰辉会见美军太平洋总部司令》，中华人民共和国国防部，http://news.mod.gov.cn/headlines/2015—11/03/content_4627069.htm。

中国崛起的战略支点。其二,从地缘政治层面看,南海问题事关美国对亚太制海权的掌控。全球化时代,掌控制海权是霸权国称雄世界的必要条件之一。南海地处"全球海运的咽喉"。"在美国全球霸权式微的情况下,掌控南海无疑会使美国获得更多的战略主导权。"① 与此同时,掌控南海还可以制约中国海权的维护与拓展。其三,介入南海事务是美国实现其亚太战略目标的重要抓手。近年来,随着南海局势的逐步升温,南海问题成为地区热点问题。南海问题事涉六国七方,其背后有着多重利益关系,博弈形势错综复杂。对美国而言,介入南海问题可以强化自己在亚太地区的战略存在,这样做不但可以有效制衡自己的战略对手,而且还能够左右地区形势的发展。

就未来的发展趋势来看,由于介入南海事务可以产生多重战略效应,美国无疑会进一步借重南海问题向中国施压。2015年年底多位美国官员罔顾中方的抗议表示将继续在南海"巡航"以及2015年12月10日一架美国B-52轰炸机在"执行任务"时飞入南海华阳礁上空12海里范围内等事件,即是重要的政治讯号。"南海诸岛自古以来就是中国领土,这是老祖宗留下的。"② 中国捍卫南海主权的决心是坚定不移的,中国在南海维权是合理合法的,因而中国不会慑于美国的政治和战略压力而放弃在南海的正当权益。在这种情况下,南海问题有可能会成为未来中美关系中最为突出的问题之一,而该问题对中美关系的掣肘将会进一步凸显。在中美"新型大国关系"进入"战略竞合新常态"的背景下,如何管控双方在南海问题上的分歧和矛盾,不使之产生更大的外溢效应,应是双方共同努力的方向。

第二节 积极组建意在节制中国的南海"战略同盟"

南海问题本是"中国与有关国家间的问题"。③ 然而,由于南海所处的战略位置至关重要且南海问题涉及到错综复杂的利益关系,所以除了美国以外亚太地区其他大国以及东南亚地区的多个非南海声索国、东盟组织等亦纷纷介入到南海事务之中。这使得南海问题不断向多边化、国际化、复

---

① 王光厚、田立加:《奥巴马政府南海政策特征论析》,《东南亚研究》,2015年第1期。
② 《习近平:南海诸岛是老祖宗留下》,中国新闻网,http://www.chinanews.com/gn/2015/10—18/7575509.shtml。
③ 《中国在南海问题上的基本立场以及解决南沙争端的政策主张》,中华人民共和国外交部,http://www.mfa.gov.cn/chn//pds/ziliao/tytj/t10650.htm。

杂化的方向发展。美国在介入南海事务时，充分依托这种博弈态势，不断加强与其他力量的协调与合作，努力打造针对中国的"战略同盟"，从而驱动南海事务向自己期望的方向发展。

日本是美国在亚太地区最重要的盟友，在美国"重返亚洲"战略中占据举足轻重的地位。长期以来，美日两国在军事和安全领域保持着密切的合作关系，而南海问题在近年来亦成为两国共同关注的重点。进入2015年后，伴随美国对南海事务介入力度的加强，美国对日本在南海问题上的角色更加倚重。2015年1月29日，美国第七舰队司令罗伯特·托马斯（Robert Thomas）在接受路透社记者采访时表示："中国在南海地区的渔船、海警船和海军超过其邻国，为制衡中国在南海越来越强的海上力量，美国欢迎日本将自卫队空中巡逻区域扩大至南海。"罗伯特·托马斯还认为"未来日本海上自卫队在南海的行动是有意义的"。① 2015年3月27日美国国防部主管亚太事务的助理国防部长施大伟（David B. Shear）在华盛顿智库战略与国际研究中心演讲后回答有关"美日同盟或是日本在南海应当发挥什么作用？"的提问时，表示"我总是说，美日同盟对亚太地区的和平与稳定非常重要，我说的不仅仅是东北亚，也包括东南亚和南海"。施大伟还表示美国和日本不仅会加强在南海周边的合作伙伴能力建设，而且也会加强在那个区域的协调。② 2015年4月27日，美国和日本在纽约举行年度外长和防长"2+2"磋商，敲定了新版《美日防卫合作指针》（以下简称新《指针》）。新《指针》解除了日本自卫队行动的地理限制，从而使得日本武装力量能够在全球扮演更具进攻性的角色。需要特别指出的是，尽管新《指针》没有明确提及中国南海，但是新《指针》将旧《指针》的"周边事态"拓展至"全球范围"，南海无疑是包含其中的。③ 在美日"2+2"磋商宣布新《指针》的记者会上，美日双方更明确地阐释了它们对南海问题的共同立场。美国国务卿克里表示："美日站在一起，呼吁区域争端获得和平解决。我们反对任何自由航行、飞行、合法使用海空是大国赐予小国的优惠的说法。"日本外相岸田文雄表示："我们再次共同认识到法治的重要性，将推进与国际社会合作的各种措施。我们不能纵容

---

① Tim Kelly and Nobuhiro Kubo, "U. S. Would Welcome Japan Air Patrols in South China Sea", http://www.reuters.com/article/us-japan-southchinasea-idUSKBN0L20HV20150130.

② Center for Strategic and International Studies, "Video: U. S. - Japan Security Seminar 2015 (pt 1 Opening)", http://csis.org/multimedia/video-us-japan-security-seminar-2015-pt-1-opening.

③ Ministry of Foreign Affairs of Japan, "The Guidelines for Japan-U. S. Defense Cooperation, April 27, 2015", http://www.mofa.go.jp/files/000078188.pdf.

第十章 美国的南海政策

单方面改变现状的行动。"① 新《指针》发布后，美国进一步明确表示欢迎日本军事力量进入南海。2015 年 6 月 12 日，美国太平洋司令部司令哈里·哈里斯在东京会见日本媒体时表示"南海是公海而不是任何国家的领海。因而，欢迎日本到它认为合适的公海行动"。② 值得关注的是，为凸显两国在南海的力量存在、增进两国在南海行动的协作能力，2015 年 10 月 28 日美军"罗斯福号"航空母舰战斗群与日本海上自卫队"冬月"号护卫舰在南海举行了联合军事演习。这是美国和日本首次在该海域进行联合军事演习。2015 年 12 月 27 日日本《产经新闻》报道日本海上自卫队和美国海军已经决定于 2016 年 2 月在南海再次举行联合军事演习。美国和日本同为亚太大国，它们在南海的联合行动无疑给本地区的安全与稳定带来巨大不确定性。

印度被美国视为"21 世纪决定性的伙伴之一"，③ 美印两国积极建设战略合作伙伴关系。近两年来，为有效推进其"东向行动政策"，印度力求"进一步强化其在南海事务中的战略导向性角色"。④ 与美国一样，印度介入南海事务也有着"制衡"中国的战略考量，这使得美印两国有了南海合作的利益契合点。⑤ 2014 年 9 月底 10 月初，印度总理莫迪访问美国，双方决定将美印《防务合作框架协议》延长 10 年，双方还表示为推进美印海洋安全合作美国将与印度海军探讨有关技术合作以及升级两国现有的"马拉巴尔"（MALABAR）双边演习。⑥ 进入 2015 年以后，美国与印度的海洋安全合作又取得新进展，而南海合作是其中的重点。2015 年 1 月 25 日，美国总统奥巴马访问印度期间，美印两国共同发布了《美印亚太和印度洋地区联合战略愿景声明》（以下简称《声明》），勾画了两国未来合作的方向。《声明》专门强调了美印两国对南海问题的关注。《声明》指出："地区繁荣有赖于安全。我们重申在整个地区保卫海洋安全、确保航海自

---

① U. S. Department of Defense, "Joint Press Conference with Secretary Carter, Secretary Kerry, Foreign Minister Kishida and Defense Minister Nakatani in New York, New York", http://www.defense.gov/News/News-Transcripts/Transcript-View/Article/607045.

② Yuka Hayashi and Chieko Tsuneoka, "Japan Open to Joining U. S. in South China Sea Patrols", http://www.wsj.com/articles/japan-may-join-u-s-in-south-china-sea-patrols-1435149493.

③ The White House, "Remarks by the President to the Joint Session of the Indian Parliament in New Delhi, India", http://www.whitehouse.gov/the-press-office/2010/11/08/remarks-president-joint-session-indian-parliament-new-delhi-india.

④ 葛红亮：《"东向行动政策"与南海问题中印度角色的战略导向性转变》，《太平洋学报》，2015 年第 7 期。

⑤ 方晓志：《对当前印度南海政策的战略解析及前景展望》，《国际论坛》，2013 年第 1 期。

⑥ The White House, "U. S. -India Joint Statement", https://www.whitehouse.gov/the-press-office/2014/09/30/us-india-joint-statement.

由以及飞越通行权的重要性,特别是在南海地区。"① 2015年3月3日,美国太平洋舰队司令哈里·哈里斯②在访问印度时表示"我对中国填海造陆表示担忧。我认为这种行动是挑衅性的,将会在南海以及南海区域所有国家引发紧张局势。……对于我们这些关心航行自由的人来说,我们有必要注意中国目前在南海的行动及其戏剧性的填海造陆。事实上他们正在改变既成事实"。哈里斯认为:"南海是国际水域,印度可以自由决定自己在哪里行动。如果那里是南海,(印度)可以去那里行动。"③ 2015年6月3日,美国国防部长卡特访问印度,美印两国签订了新的为期十年的《防务合作框架协议》,决定推进双方在联演联训、反恐防扩、情报交流、导弹防御、海上安全合作等15个领域的防务合作。在访问期间,卡特表达了希望与印度共同在南海牵制中国的意愿。卡特表示:"美国角色的增强和与之相伴的本地区内印度、越南和新加坡以及其他盟友经济实力的提升,将有助于反制中国(在南海)的'侵略'(Aggression)。"进而,卡特说:"当面对海洋安全和海洋主权意识问题时,这两者就自然走到一起。"④ 尽管对于美国的拉拢印度采取了相对中立的姿态,但是有鉴于美印两国在南海有着共同的战略目标和利益诉求,所以未来两国在南海问题的互动仍值得特别关注。

澳大利亚是美国亚太战略的"南锚",长期以来美澳两国一直保持着密切的军事同盟关系。澳大利亚北部与南海相距较近,因而澳大利亚在美国的南海战略全局中亦发挥着举足轻重的作用。2014年8月12日,美澳签署了一项为期25年的有关扩大美国驻澳大利亚北部达尔文地区海空军事力量的协议。根据该协议,到2017年美国将向澳大利亚达尔文地区派驻2500名海军陆战队队员,而美军常驻澳大利亚意味着美国对南海乃至整个东亚战略威慑力的增强。进入2015年后,伴随美国对南海事务介入力度的加强,美国强化了与澳大利亚在南海问题上的合作并对澳大利亚在南海问题上发挥更大作用寄予厚望。其一,美国明确表示将向澳大利亚派驻军舰。2015年2月10日,美国海军作战部长格林纳达在国立澳大利亚大学

---

① The White House, "U. S. – India Joint Strategic Vision for the Asia-Pacific and Indian Ocean Region", https://www.whitehouse.gov/the-press-office/2015/01/25/us-india-joint-strategic-vision-asia-pacific-and-indian-ocean-region.

② 2015年5月27日,哈里·哈里斯正式接任美国太平洋司令部司令。

③ Vishnu Som, "In South China Sea Row, Top US Commander Roots for India", http://www.ndtv.com/india-news/in-south-china-sea-row-top-us-commander-roots-for-india-743891.

④ Jacqueline Klimas, "U. S., India Joint Forces to Counter Beijing Aggression in South China Sea", http://www.washingtontimes.com/news/2015/jun/4/us-india-join-forces-to-counter-beijing-aggression/?page=all.

发表演讲时表示:"我们正与澳大利亚国防军一同探讨在澳大利亚及其周边能开展哪些海上合作,也许包括派驻军舰。"格林纳达进一步表示:"现在的问题是它们必须在何时准备就绪,以及是否三艘一起来,还是说一次来一两艘。"① 美国军舰如进驻澳大利亚将强化美国在亚太地区的军事存在,从而大大提升美国对南海问题的战略威慑和军事介入力度。其二,美国与澳大利亚进一步明确表达了对南海局势发展的共同立场。2015年10月13日,美国和澳大利亚在美国波士顿举行年度外长与防长"2+2"会晤。在会后的联合声明中,美澳两国首先"表达了对中国近期在南海填海造陆的强烈关注"。进而,美澳特别强调了中国贯彻其南沙群岛功能非军事化的承诺并采取其他类似的措施来化解与其造岛计划相关的紧张局势的重要性。美澳还重申要依靠国际法包括《联合国海洋法公约》来澄清和追求领土声索以及相应的海洋权益。最后,美澳在联合声明中"强调依据国际法飞越、航行以及行动的权利、自由和合法利用海洋的重要性"。② 其三,美国与澳大利亚力求就南海"巡航"问题进行合作。2015年6月1日,澳大利亚国防部长凯文·安德鲁斯在新加坡出席香格里拉安全对话会会见媒体时表示:"即便北京在南海单方面设置防空识别区,澳大利亚军机也将继续对南海争议水域进行侦察。"安德鲁斯还暗示澳大利亚将同美国还有其他国家一起反对中国的南海计划。③ 根据BBC的报道,2015年美澳"2+2"会议期间两国就南海巡逻合作进行了磋商,双方表示将致力于确保南海的"航行自由"。④ 最终,澳大利亚虽然并没有参与美国于2015年10月27日进行的南海"巡航"行动,但是,在美国"巡航"之后澳大利亚国防部长玛丽斯·佩恩立即发表声明表示澳大利亚关注在南海的"航行、飞越自由"。她说:"澳大利亚强烈捍卫这些权利。"佩恩进一步表示:"澳大利亚同美国以及其他地区伙伴在海洋安全问题上将继续密切合作。"⑤

---

① Lance M, Bacon, "CNO says ship basing in Australia under Considerstation", http://www.navytimes.com/story/military/2015/02/14/australia-basing-looked-at-cno-confirms/23344415/.

② U. S. Department of State, "2015 Australia-United States Ministerial (AUSMIN) Joint Statement", http://www.state.gov/r/pa/prs/ps/2015/10/248170.htm.

③ David Wroe, "South China Sea: Australia will ignore Chinese air defence zone, says Kevin Andrews", http://www.smh.com.au/federal-politics/political-news/south-china-sea-australia-will-ignore-chinese-air-defence-zone-says-kevin-andrews-20150601-ghe7o1.html.

④ 《美国和澳大利亚就南海巡逻与合作进行磋商》,BBC, http://www.bbc.com/zhongwen/trad/world/2015/10/151014_us_australia_china_sea_diplomacy。

⑤ Australia Department of Defence Ministers, "Minister for Defence-Statement-Freedom of Navigation in the South China Sea, 27 October 2015", http://www.minister.defence.gov.au/2015/10/27/minister-for-defence-statement-freedom-of-navigation-in-the-south-china-sea/.

值得关注的是，2015年11月25日至12月4日，澳大利亚皇家空军一架P-3C"猎户座"侦察机曾在北印度洋和南海执行所谓的"常规海洋巡逻"任务。澳大利亚国防部表示这是澳大利亚"维护地区安全稳定努力的一部分"。[1] 有鉴于美澳军事同盟的存在，澳方的这一行动在很大程度上可能是美国推动的结果。澳大利亚国防部长业已表示澳将继续在南海"巡航"，美国方面亦表明了同样的立场。未来两国是否会在南海共同"巡航"值得特别关注。

在保持同日、印、澳三国双边形式的南海合作的同时，美国还积极推动与这些国家间的多边南海合作，以求形成针对南海问题的"战略同盟"网络。事实上，美国的这一多边"战略同盟"构想筹划已久，只是进入2015年后才逐步成型。2015年5月30日"香格里拉安全对话"期间，美国、日本、澳大利亚三国防长举行场外三边会谈。三国"对在东海和南海使用胁迫或武力单方面改变现状的做法表示强烈不满，对中国在南海填海造陆活动表示严重关切"。三国"呼吁所有南海声索国保持自我约束，停止填海造陆活动，采取措施缓和局势，约束进行使紧张局势升级的行动"。[2] 2015年7月，美国和澳大利亚在澳大利亚北部城市达尔文等地举行代号为"护卫军刀"（Talisman Sabre）的联合军事演习，日本首次派出40名陆上自卫队队员参加此次大型演习。2015年10月，在美国的支持下日本海上自卫队时隔八年再次参加美印在孟加拉湾举行的"马拉巴尔"海上联合演习。美、日、印三国已就将这一军事演习固定下来每年举行一次达成一致意见，而澳大利亚亦表现出加入该演习的浓厚兴趣。[3] 就未来发展趋势来看，有鉴于南海问题正逐步成为中美关系中的结构性矛盾，为取得战略主导权，美国着力打造的这一南海"战略同盟"必然会采取更多实质性举措。

除了强化与日本、印度和澳大利亚三国的南海合作外，2015年美国还力求密切同菲律宾、越南、新加坡、印度尼西亚等国以及与东盟的南海合作，并力求将韩国拉入到南海争端之中。这使得美国主导下的这一南海"战略同盟"呈现出网络状、细密化的发展态势。

---

[1] BBC, "Australia conducting 'freedom of naviagation' flights in South China Sea", http://www.bbc.com/news/world-australia-35099445.

[2] U. S. Department of Defense, "Japan-U. S. - Australia Defense Ministers Meeting Joint Statement", http://www.defense.gov/News/News-Releases/News-Release-View/Article/605538/japan-us-australia-defense-ministers-meeting-joint-statement.

[3] 《澳洲希望加入美印在印度洋海上联合军演》，BBC, http://www.bbc.com/zhongwen/simp/world/2015/09/150904_australia_india_us_navy-drills.

第三节 通过多种途径加强在南海地区的军事存在

美国是当今世界军事实力最强的国家，军事手段向来是其实现对外战略目标的主要途径。为取得对南海问题的战略主导权、增强自己在南海博弈乃至整个中美博弈中的战略威慑力，奉行实力至上的美国不仅仅满足于对南海问题进行政治施压和宣传炒作，而且还充分发挥自己在军事上的优势，通过多种途径加强自己在南海地区的军事存在。

首先，不断优化其战略部署，以求增强对包括南海在内的整个中国的战略威慑力。近年来，为制衡潜在对手，美国在亚太地区积极推行"再平衡"战略，不断强化在本地区的前沿军事存在。进入2015年后，美国在亚太地区的战略部署继续向前推进。2015年2月6日，奥巴马政府发布2015年《国家安全战略》报告。该报告"为利用美国强有力的并且可持续的领导地位来促进美国国家利益、'普世价值'和基于原则的国际秩序提供了愿景和策略"[1]。尽管该报告并没有明确地将中国列为美国国家安全战略首要挑战之一，但是从报告的主要内容来看美中关系无疑是美国国家安全战略中最重要的一部分。报告指出，我们"坚持认为，从海洋安全到贸易到人权，中国要遵守国际准则和规范"；"在降低误解和误判风险的同时，我们将密切关注中国的军事现代化及其在亚洲的力量拓展"。以上两点阐述事实上都直接指向南海问题。为维系美国在亚太的主导地位并在战略上防范和牵制中国，报告指出美国正通过"亚洲安全伙伴关系多样化和我们防务立场和存在的多样化"来实现"重新平衡"（Rebalance）。[2] 2015年3月13日，美国海军、海军陆战队和海岸警卫队联合发布了新版《21世纪海上力量合作战略》（以下简称《战略》），对美国所面临的"全球安全环境"进行了全新评估，确立了美国海上合作战略的支柱以及海上力量建设的基本构想。该《战略》六次提及中国，充分体现了对中国崛起的战略关切。《战略》认为："中国海上力量向印度洋和太平洋的扩张所带来的机遇与挑战并存"，而"当中国对其他主权国家使用武力或威吓提出领土

---

[1] The White House, "Fact Sheet: The 2015 National Security Strategy", https://www.whitehouse.gov/the-press-office/2015/02/06/fact-sheet-2015-national-security-strategy.

[2] The White House, "National Security Strategy", https://www.whitehouse.gov/sites/default/files/docs/2015_national_security_strategy.pdf, p. 24.

要求时"中国海上力量的扩张"带来挑战"。① 此处虽未言明,但是南海问题无疑涵盖其中。为有效应对中国崛起所带来的不确定性,《战略》表示:"随着战略关注点转移到印度洋—亚洲—太平洋地区,我们将增加部署在那里的舰船、飞机和海军陆战队",同时"通过改进相互操作性、更一体化的行动以及越来越复杂的练习和训练,为加强联盟奠定基础"。② 2015年7月1日,美军参谋长联席会议主席邓普西在五角大楼公布了2015年度的《国家军事战略》报告。报告宣称中国在南海的行动"加剧了亚太地区的紧张氛围",而中国的南海主张"有悖于国际法"。③ 为确保对"对手"国家的战略优势,报告指出美国将积极发展与盟友的关系并将继续推动"重返亚洲"战略,"将最先进的装备和更大的能力投向重要的舞台"④。2015年8月21日,美国国防部发布《亚太海上安全战略》报告,系统阐述了美军在亚太的"安全与自由航行、避免冲突和压制、促成各方遵循国际法和国际准则"三个战略目标和"增派军力、强化盟友关系、力图减少误判以及架构地区安全框架"四个着力点。这份报告高度关切中国海军力量的发展并对东海问题和南海问题进行重点论述,因而报告防范、制衡、威慑中国的战略意图非常明显。为强化对亚太地区的战略主导权,报告重申美军将在2020年之前将60%的海空力量部署在亚太地区。报告指出,今后美军将向亚太地区派遣新型"罗纳德·里根"号航母取代"华盛顿"号航母,增派"美国"号两栖攻击舰、三艘DDG-1000型驱逐舰、两艘"弗吉尼亚"级核动力潜艇,还将部署F-22和F-55战斗机、B-2和B-52轰炸机、"鱼鹰"运输机等。报告指出未来美国还将在亚太大量部署F-35战斗机,并将向日本派遣两艘"宙斯盾"级驱逐舰。报告指出美国还将于2017年在新加坡部署四艘濒海战斗舰,这将是20多年来美军首次在东南亚地区部署海军力量。⑤ 除了上述这些在亚太地区新的战略规划和军力部署外,报告还就如何强化与日本、澳大利亚、印度等国的安全合

---

① American's Navy,《21世纪海上力量合作战略》,http://www.navy.mil/local/maritime/CS21R-Mandarin.pdf, p. 3。
② American's Navy,《21世纪海上力量合作战略》,http://www.navy.mil/local/maritime/CS21R-Mandarin.pdf, pp. 8 - 9。
③ Joint Chiefs of Staff, "The National Military Strategy of the United States of America 2015", http://www.jcs.mil/Portals/36/Documents/Publications/2015_National_Military_Strategy.pdf, p. 2.
④ Joint Chiefs of Staff, "The National Military Strategy of the United States of America 2015", http://www.jcs.mil/Portals/36/Documents/Publications/2015_National_Military_Strategy.pdf, p. 9.
⑤ US. Department of Defense, "Asia-Pacific Maritime Security Strategy", http://www.defense.gov/Portals/1/Documents/pubs/NDAA%20A-P_Maritime_SecuritY_Strategy-08142015-1300-FINALFORMAT.PDF, pp. 20 - 23.

第十章 美国的南海政策

作关系进行了规划和部署。上述几个美国于2015年出台的不同层面的战略规划都将崛起中的中国列为美国的主要防范对象。有鉴于南海局势不断升温且南海问题日益成为中美关系中的结构性问题，这几份战略报告均强调通过加强军事存在以及加强与伙伴国家安全合作的方式来形成对中国的战略优势，这意味着未来一段时期内中国在南海所面临的来自美国的战略压力将进一步增大。

其次，美国海空军事力量更加频繁地在南海海域开展针对中国的军事活动。近年来，伴随南海问题的逐步升温，美军在南海区域的活动日渐频繁。进入2015年以后，由于中美南海博弈加剧，美军在南海的军事活动越来越具有挑衅性。2015年2月1日到21日，美国海军航空兵"塘鹅"飞行中队驾驶最先进的P-8A"海神"反潜巡逻机在菲律宾吕宋岛外海上空进行侦察和巡逻活动，其中在南海上空的飞行时间超过180个小时。2015年2月26日，美国官方首次承认出动最先进的P-8A"海神"反潜巡逻机到南海"巡航"。[1] 美方的这一表态清晰表明美国的南海政策正向武力威慑的方向发展。2015年5月11日，部署在新加坡樟宜海军基地的美军"沃斯堡"号濒海战斗舰前往南海巡逻，首次到达南沙群岛附近海域。濒海战斗舰灵活性强适合南海海域作战，因而此次"沃斯堡"号深入南沙群岛海域的巡逻活动十分敏感，同样具有很强的武力示威的作用。2015年5月20日美国海军一架P-8A"海神"反潜巡逻机在南海巡逻时，突然飞越中国正在开展建设活动的南沙永暑礁等岛礁的上空。值得一提的是，为进行炒作，应美国军方之邀美国有限电视新闻网（CNN）的记者随机进行采访。事后，CNN报道了这一事件并对外公布了美国军方掌握的有关录音。对于美方的这次行动，中方当场进行了八次警告。2015年5月22日，中国外交部发言人洪磊在例行记者会回答有关提问时表示："美军机抵近侦察的举动，对中方岛礁的安全构成潜在威胁，极易引发误判，进而导致海空意外事件，是十分不负责任，也是十分危险的，有损地区和平稳定。中方对此表示强烈不满。我们要求美方严格遵守国际法和相关规则，不要采取任何冒险和挑衅行动。"[2] 然而，美国负责东亚事务的助理国务卿拉塞尔却明确表示美军的巡逻"完全适当"，美国将继续在南海开展此类活动。拉塞尔还表示："任何正常人都不会试图阻止美国海军执行任务——这可

---

[1] Manuel Mogato, "U. S. Flies most advanced surveillance plane from philippines", http://www.reuters.com/article/us-philippines-usa-idUSKBN0LU1F620150226.

[2] 《2015年5月22日外交部发言人洪磊主持例行记者会》，中华人民共和国外交部，http://www.fmprc.gov.cn/web/wjdt_674879/fyrbt_674889/t1266139.shtml。

不是一个好赌注"。① 其后,在 2015 年 7 月 18 日,美军太平洋舰队司令斯考特·斯威夫特上将从菲律宾搭乘 P-8A "海神"反潜巡逻机到南海上空进行了一次历时七个小时的海上侦察行动。斯威夫特的此次南海侦察活动同样邀请了 CNN 的记者随机采访,炒作的意味十分浓厚。事后,斯威夫特表示此次行动如同 5 月 20 日的行动一样是"例行任务"。他还表示:"我们的力量部署在整个地区,以展示美国对自由航行的承诺。"② 对于美方的这一行动,中方予以尖锐抨击。2015 年 7 月 30 日在回答记者提问时,中国国防部发言人杨宇军表示:"美军太平洋舰队司令甚至乘机在南海海域'巡航',制造地区紧张气氛,增加了突发海空意外事件的风险。中方对美方推动南海军事化表示高度关切。美方这种做法也不得不让人怀疑,美方是不是唯恐天下不乱?"③ 及至 2015 年 10 月 27 日,美国"拉森"号导弹驱逐舰罔顾中国政府事前的多次警告,未经中国政府允许非法进入距离南沙渚碧礁 12 海里的海域。美方这一蓄谋已久的"挑衅"行动,意在挑战中国南海政策底线,将中美南海博弈提升到了战略层面。其后,在 2015 年 11 月 8 日和 9 日美国两架 B-52 轰炸机进入南沙群岛海域飞行,12 月 10 日美军一架 B-52 轰炸机进入华阳礁上空两海里范围内。同既往美国在南海海域的军事行动相比,2015 年美军派遣先进的军舰和飞机频繁到南海侦察和"巡航"、美军高官亲赴南海活动以及美国军舰驶入中国南海岛礁 12 海里水域等事件表明,美军在南海的活动已经不仅仅局限于一般的军事范畴,而是越来越具有明显的战略宣示和武力威慑性质。

最后,深化同南海区域伙伴国家的军事与安全合作。在美国的亚太战略图谱中,加强自身的军事存在与加强同伙伴国家的安全关系是两大基本支柱。面对错综复杂的南海博弈形势,2015 年美国不断提升同伙伴国家军事与安全合作的层次与力度,以求进一步确保其对南海安全事务的控制力。一方面,美国进一步密切了与菲律宾、越南这两个南海声索国的军事与安全合作。由于国力上的巨大差异,南海声索国之间的博弈呈现出很强的不对称性。为了避免战略天平不断向中国一方倾斜,美国除了在政治上"偏袒"菲律宾与越南外,还积极拓展和两国的军事与安全合作,以增强两国在南海同中国"抗衡"的力量。菲律宾是美国的传统盟友,美菲两国

---

① David Brunnstrom, "U. S. Vows to continue patrols after China warns spy plane", http://www.reuters.com/article/us-southchinasea-usa-china-idUSKBN0O60AY20150521.

② Voice of America, "US Admiral says S. China Sea Surveillance Flights 'Routine'", http://www.voanews.com/content/us-admiral-says-south-china-sea-surveillance-flight-routine/2870129.html.

③ 《国防部:中方对美方推动南海问题军事化表示高度关切》,中华人民共和国国防部, http://news.mod.gov.cn/headlines/2015—07/30/content_4611875.htm。

第十章 美国的南海政策

长期保持着密切的军事与安全合作关系。2014年4月28日,美菲两国签署了为期十年的《加强防务合作协议》。① 据此,美军可以在菲律宾方面指定区域新建军事设施或升级现有的基础设施以及扩大轮换部署,美军还可以在菲律宾预先部署武器装备、补给物资和人道主义救援物资等。② 进入2015年以后,美菲军事与安全合作稳步向前推进。其一,美菲年度三大联合军事演习持续进行。2015年4月举行的美菲"肩并肩2015"(Balikatan)联合军演,参加演习总人数达到11740人,系2014年参加军演人数的一倍,规模创15年之最。2015年6月,美菲在巴拉望岛东部的苏禄海举行"卡拉特"(Carat)联合军演,美方派出"沃思堡"号濒海战斗舰参加演习。2015年10月初,美菲"PHIBLEX 16"两栖登陆联合军演在靠近南海的菲律宾巴拉望省举行。其二,美国继续帮助菲律宾提升军事现代化水平。2015年美国对菲律宾的军事援助额提高到7900万美元,用以帮助菲律宾海军和空军的现代化建设。2015年11月17日美国总统奥巴马在马尼拉宣布将向菲律宾出售两艘舰船以帮助其南海巡航,而2014年美国向菲律宾出售的两架C-130运输机亦于2016年初交付菲方。其三,不断扩大美国在菲律宾的军事存在。2015年4月15日,美国宣布将在菲律宾驻扎美军的轮换基地由原来的两个增加到八个,而美军将利用这些基地进行军事训练和演习并进行军队、舰船和战机轮岗驻守。越南是美国在东南亚地区的新伙伴,美越两国于2013年建立了在广泛领域深入合作的"全面伙伴关系"。2014年美越在美国解除对越南的武器禁运方面取得重大突破。进入2015年后,美越两国的军事与安全合作又有了新进展。其一,美越确立了两国安全合作的架构。2015年5月31日到6月2日,美国国防部长卡特访问越南,两国签署了《防务关系联合愿景声明》。该声明指出两国承诺"扩大我们两国间的防务贸易"、"扩大在海洋安全以及海上预警方面的合作"以及扩大两国军事研究机构培训与教育机会等十二个方面的合作,③从而为未来两国进一步扩大双边军事合作铺平道路。2015年7月6日到10日,越共中央总书记阮富仲访问美国,美越两国联合发表了《美国—越南关系愿景联合声明》。该声明再次重申:"继续加强防务和安全领域的双边

---

① 2014年4月菲美签署《加强防务合作协议》后,菲律宾反对人士向菲律宾最高法院控告这项协议违宪。2016年1月12日,菲律宾最高法院裁定该协议合宪。

② The Philippines Government, "Enhanced Defense Cooperation Agreement between the Philippines and the United States, April 28, 2014", http://www.gov.ph/2014/04/29/document-enhanced-defense-cooperation-agreement/.

③ U. S. Department of State, "U. S. - Viet Nam Joint Vision Statement on Defense Relations", http://photos.state.gov/libraries/vietnam/8621/pdf-forms/usvn_defense_relations_jvs2015.pdf.

合作。"该声明表示:"双方强调在多领域紧密配合的承诺,其中包括应对非传统安全威胁以及海洋安全、海上预警、防务贸易与信息分享、搜寻救难、人道主义援助和灾害救助、防务技术转让方面的合作。"① 其二,美国开始向越南出口杀伤性武器。2015 年 5 月底 6 月初,美国国防部长卡特访问越南期间表示美国将提供 1800 万美元帮助越南购买美国生产的"Metal Shark"巡逻艇,以提升越南的防务能力。这次军售是越南战争结束 40 年来美国首次向越南出口杀伤性武器。其三,积极开展与越南的海洋安全合作。2015 年 3 月,美国和越南举行了为期五天的"海军交流活动"(Naval Engagement Activity,NEA),其中包括一整天的海上交流。是年,美国还通过多个计划帮助越南提升其海洋情报、监视和侦察能力以及越南海洋机构的指挥和控制能力。为帮助越南明确其未来海洋防务需求,2015 年美国还同越南共同成立了一个新的双边工作小组。② 另一个方面是加强同新加坡、印度尼西亚的军事与安全合作。新加坡与印尼虽然在南海问题上并没有与中国"对抗",但却对中国多有"疑虑"。由于新加坡与印尼在地理上毗邻南海且在地区事务中有一定影响力,因而近年来美国日益看重同这两个国家的军事与安全合作。新加坡是美国在东南亚地区的重要伙伴国,两国机制化的特殊防务关系已经持续 20 多年。2015 年,美新军事和安全合作继续稳步推进。2015 年 5 月 7 日,美国国防安全合作局宣布将对新加坡空军 60 架 F－16 型战斗机进行改装,以增强新加坡捍卫边境和参与多国行动的能力。2015 年 12 月,新加坡国防部长黄永宏访问美国期间,与美国国防部长卡特签署了加强防卫合作的协议,以强化两国在军事、政策、战略和技术领域以及应对非传统安全挑战方面的合作。值得注意的是,2015 年新加坡首度同意在现行协议下,让美国每隔几个月派遣 P－8 "海神"反潜侦察机到新加坡做短期停住部署。③ 新加坡樟宜海军基地与南海距离较近,美军强化在这里的军事存在,无疑将增强美国介入南海事务的能力。印尼是东南亚地区最大的国家,美国将其视为"越来越有影响力的国

---

① The White House, "United States-Vietnam Joint Vision Statement", https：//www.whitehouse.gov/the-press-office/2015/07/07/united-states－%E2%80%93－vietnam-joint-vision-statement.

② U.S. Department of Defense, "Asia-Pacific Maritime Security Strategy", http：//www.defense.gov/Portals/1/Documents/pubs/NDAA%20A-P_Maritime_SecuritY_Strategy－08142015－1300－FINALFORMAT.PDF, pp. 26－27.

③ U.S. Department of Defense, "Carter, Singapore Defense Minister Sign Enhanced Defense Cooperation Agreement", http：//www.defense.gov/News-Article-View/Article/633243/carter-singapore-defense-minister-sign-enhanced-defense-cooperation-agreement.

家"①，两国关系目前已经从"全面伙伴"提升为"战略伙伴"。进入 2015 年后，美国与印尼的军事与安全合作稳步推进。2015 年 4 月美国海军与印尼海军在巴淡岛举行了联合军事演习。印尼方面表示希望与美国定期在该区域进行联合军演。2015 年美国按照有关计划帮助印尼进行了一系列提升其巡逻能力以及情报、监视和侦察整合和保持能力的举措，美国还与印尼共同成立了一个新的双边工作小组以帮助印尼明确其海洋防务需求。② 值得特别关注的是，2015 年 10 月印尼总统佐科·维多多首次访美期间，两国发表的《联合声明》将南海问题纳入其中，该声明还专门强调了两国在海洋和防务领域的合作。③ 由于印尼在一定程度上"担心中国对南海的主张同样会'侵犯'其对纳土纳岛的主权"，④ 因而美国与印尼的海上安全合作多有在南海"防范"中国的意图。

美国围绕南海所进行的这些战略规划、军事部署和军事与安全合作，大大增强了美国"介入"南海事务的军事能力。这些行动不断将南海区域推向"军事化"，给中国南海维权和维稳带来巨大挑战。

第四节　频繁在南海事务上对中国进行指责或施压

尽管美国政府一直对外宣称在南海问题上保持"中立"立场，但自 2010 年"高调介入"南海事务以来美国一直罔顾事实不断就南海问题对中国进行指责或施压。进入 2015 年以后，伴随南海问题日益成为中美关系中的突出问题，美国措辞日益强硬、态度更为鲜明、立场更为偏颇。

其一，对中国在南海的岛礁建设和管控活动横加指责。近两年来中国在南海有关岛礁所进行的"陆域吹填"等建设活动完全是"中国主权范围内的事，合法、合理、合情，不针对任何国家，不会对各国依据国际法在南海享有的航行和飞越自由造成任何影响，也不会对南海的海洋生态环境

---

① The White House, "National Scurity Strategy, May 2010", http://www.whitehouse.gov/sites/default/files/rss_viewer/national_security_strategy.pdf.

② U.S. Department of Defense, "Asia-Pacific Maritime Security Strategy", http://www.defense.gov/Portals/1/Documents/pubs/NDAA%20A-P_Maritime_SecuritY_Strategy-08142015-1300-FINALFORMAT.PDF, pp. 26-27.

③ The White House, "Joint Statement by the United States of America and the Republic of Indonesia", https://www.whitehouse.gov/the-press-office/2015/10/26/joint-statement-united-states-america-and-republic-indonesia.

④ Rizal Sukma, "Indonesia-China Relaitons: The Politics of Re-engagement", Asian Survey, Vol. 49, No. 4, July/August 2009.

造成破坏，无可指责"。① 然而，自2014年11月起美国就开始对此事表示严重关切。进入2015年后，美国更加变本加厉，包括美国总统奥巴马在内的各类政治人物轮番上阵不断就此事指责中国，其中一些官员的措辞颇具挑衅性。2015年4月15日美国太平洋司令部司令洛克利尔在华盛顿出席美国众议院军事委员会听证会时表示中国在南海"侵略性的"（aggressive）的填海和工程建设可能使得中国"增加其军队和海岸警卫队力量的停留时间，扩大其监控和区域封锁系统的范围"，最终"给予中国更大的存在能力"。② 2015年5月13日，美国负责东亚事务的助理国务卿拉塞尔在接受《华盛顿邮报》的电话采访时表示："填海造陆不一定违反国际公约，但必然会破坏东南亚地区的'和谐'。而且，与中国'要做一个好邻居，一种良性的、无威胁的力量'的承诺'不符'。"③ 2015年5月30日，美国国防部长卡特在出席香格里拉安全对话时对中国的南海填海造陆活动进行抨击。卡特表示："因其在南海的行动，中国与构成亚太安全结构基础的国际准则和规则以及赞同外交和反对胁迫的区域一致性不合拍。"④ 2015年6月26日，美国副国务卿布林肯（Antony Blinken）在新美国安全中心（Center for a New American Security）发表演说时表示中国在南海大规模填海造陆"威胁和平和稳定"。布林肯表示："中国和所有声索国要做的是，冻结它们的填海造陆活动，依据法律化解分歧。在乌克兰东部和南中国海，我们都看到单边的、强制性的改变现状。美国和我们的盟友与伙伴一致反对这一越轨行为。"⑤ 美方的这些颇具挑衅性的言论罔顾历史、法理和事实，对中国在南海早已形成的主权和权益以及正常的建设活动横加指责，有损于

---

① 《2015年6月16日外交部发言人陆慷举行例行记者会》，中华人民共和国外交部，http://www.fmprc.gov.cn/web/wjdt_674879/fyrbt_674889/t1273492.shtml。

② U. S. Pacific Command, "PACOM House of Representatives Armed Services Committee, Prepared Statement, By Commander, US Pacific Command, ADM Samuel J. Locklear, Ⅲ", http://www.pacom.mil/Media/SpeechesTestimony/tabid/6706/Article/585175/pacom-house-of-representatives-armed-services-committee-prepared-statement.aspx.

③ Simon Denyer, "Tensions rise between Washington and Beijing over man-made islands", https://www.washingtonpost.com/world/asia_pacific/tensions-rise-between-washington-and-beijing-over-man-made-islands/2015/05/13/e88b5de6-f8bd-11e4-a47c-e56f4db884ed_story.html.

④ U. S. Department of Defense, "IISS Shangri-La Diaue: 'A Regional Security Architecture Where Everyone Rises' As Delivered by Secretary of Defense Ash Carter, Singapore, May 30, 2015", http://www.defense.gov/News/Speeches/Speech-View/Article/606676/iiss-shangri-la-dialogue-a-regional-security-architecture-where-everyone-rises.

⑤ U. S. Department of State, "Remarks at Center for a New American Security, Antony J. Blinken, Deputy Secretary of State, Washington, DC, June 26, 2015", http://www.state.gov/s/d/2015/244421.htm.

第十章 美国的南海政策

南海的和平与稳定以及中美关系的健康发展。

其二,进一步推动南海问题国际化。"南海问题是中国与有关国家间的问题。中国政府一贯主张通过双边友好协商解决与有关国家之间的分歧。"① 中国历来反对将南海问题国际化、多边化和扩大化。然而,为了保障自身在东亚事务上的主导权②,并有效制衡中国崛起,自 2010 年"高调介入"南海事务以来美国一直致力于推动南海问题国际化。2015 年美国坚持既有策略进一步推动南海问题向国际化方向发展,这在 2015 年 11 月奥巴马的亚洲系列访问中表现得非常突出。2015 年 11 月 18 日,在亚太经合组织第 23 次领导人非正式会议首日会议召开前几小时,美国总统奥巴马不顾中国所强调的本次会议应聚焦经济议题的倡议,在与菲律宾总统阿基诺举行的记者会上谈及南海问题,称"我们同意有必要采取果断措施来降低紧张局面,包括承诺停止在有争议的南中国海海域进一步的填海造陆,新建工程以及军事化"。③ 2015 年 11 月 21 日、22 日,在马来西亚首都吉隆坡举行的第十届东亚峰会和第三届美国—东盟峰会上美国总统奥巴马再一次就南海问题向中国发难。奥巴马在美国—东盟峰会上表示南海声索国为了地区的稳定应"停止在争议地区填海造陆、新建工程以及军事化"。④ 在会后发表的联合声明中,美国和东盟共同表示:"我们重申保持和平与稳定、确保海洋保障和安全以及在南海自由航行和飞越的重要性。"⑤ 南海问题亦是东亚峰会讨论的主要问题。⑥ 峰会后发表的主席声明强调了南海"航行自由和飞越自由"的重要性。声明还表示:"我们注意到多位领袖对最近以及正在发展的动向的严重关切,这些动向有损于各方间的信任与信心并将损害地区的和平、安全与稳定。"⑦ 国际舆论认为这些表述反映了美

---

① 《中国在南海问题上的基本立场以及解决南沙争端的政策主张》,中华人民共和国外交部,http://www.fmprc.gov.cn/chn//gxh/zlb/zcwj/t10650.htm。

② 惠耕田:《南海问题国际化的多层次动因》,《战略决策研究》,2013 年第 2 期。

③ Michael D. Shear, "Obama Calls on Beijing to Stop Construction in South China Sea", http://www.nytimes.com/2015/11/19/world/asia/obama-apec-summit-south-china-sea-philippines.html.

④ Matt Spetalnick and Martin Petty, "Obama Urges halt to artificial islands in South China Sea", http://www.reuters.com/article/us-asean-summit-idUSKCN0TA05S20151121.

⑤ ASEAN, "Joint Statement on the ASEAN-U.S. Strategic Partnership, 21 November 2015, Kuala Lumpur, Malaysia", http://www.asean.org/wp-content/uploads/images/2015/November/27th-summit/statement/ASEAN-US%20Joint%20Statement_Adopted.pdf.

⑥ The White House, "Press Conference by President Obama", https://www.whitehouse.gov/the-press-office/2015/11/22/remarks-president-obama-press-conference.

⑦ ASEAN, "Chairman's Statement of the 10th East Asia Summit, Kuala Lumpur, 22 November 2015", http://www.asean.org/storage/images/2015/November/10th-EAS-Outcome/Chairmans%20Statement%20of%20the%2010th%20East%20Asia%20Summit%20Final.pdf.

国总统奥巴马以及日本首相安倍晋三等人的意向。美国这些推动南海问题国际化的行动使得南海问题更趋复杂，恶化了中国南海维权的国际舆论环境，给南海问题的解决带来挑战。

其三，继续从法理上对中国的南海主权进行挑战。奥巴马政府对南海事务的"介入"有一个逐步深入的过程。其初期主要以政治上"拉偏架"、军事上"秀肌肉"、舆论上"恶意炒作"为主。然而，自2013年中期起美国在坚持上述"介入"方式的同时，开始公然挑战中国对南海的"历史性权利"以及"断续线"的合理性与合法性，力求从法理上"解构"中国的南海主权。2014年2月5日，美国负责东亚事务的助理国务卿拉塞尔在美国国会众议院外交委员会东亚与太平洋分会就东亚海洋争端问题作证时，对"断续线"这一中国南海主权声索依据的合法性予以公开否定。2014年12月5日，美国国务院发布了其下属的海洋与国际环境、科学事务局海洋与极地事务办公室撰写的一份题为《海洋界限：中国在南中国海的海洋主张》的研究报告，公开质疑中国南海"断续线"的法律效力。[1] 进入2015年以后，美国继续从法理上对中国的南海主权进行挑战。2015年7月21日，拉塞尔在美国战略与国际研究中心举办的第五届南海会议上发表演讲时，对中国在南海的"历史性权利"进行批评。拉塞尔表示："一些声索国采取绝对主义者的政治立场。它们坚称其主张是'毋庸置疑的'。它们坚称其主张所代表的领土，无论距离其沿岸有多远，是'祖先留给他们的'，他们誓言不会放弃'一英寸'。"此外，拉塞尔在演讲中还对"断续线"的法律效力进行质疑和攻击。[2] 2015年11月3日，美国太平洋司令部司令哈里·哈里斯访问中国期间在北京大学发表演讲时表示："国际公海和空域属于每一个人，不是任何一个国家的领土。例行的航行自由行动与我方所言和外交上所做的相一致，我们以此来明确表示，美国继续支持和平解决争端，我军将继续在国际法允许的任何时候和任何地方进行飞行、航行和执行任务。南中国海现在不是、将来也不会是一个例外。"在演讲中，哈里斯将"断续线"称为是"中国模棱两可的海洋主张"。[3] 此外，美军以"航行自由"为名对我南沙岛礁12海里主权公然挑战。美方

---

[1] See U. S. Department of State, "Limits in the Sea No. 143: China: Maritime Claims in the South China Sea", http：//www.state.gov/documents/organization/234936.pdf.

[2] U. S. Department of State, "Remarks at the Fifth Annual South China Sea Conference, Daniel R. Russel, Assistant Secretary, Bureau of East Asian and Pacific Affairs, The Center for Strategic and International Studies, Washington, DC, July 21, 2015", http：//www.state.gov/p/eap/rls/rm/2015/07/245142.htm.

[3] Adm. Harry B. Harris, Jr., "Admiral Harris'Speech at Stanford Center-Peking University, Beijing China", http：//www.pacom.mil/Media/SpeechesTestimony/tabid/6706/Article/627100/admiral-harris-speech-at-stanford-center-peking-university-beijing-china.aspx.

第十章　美国的南海政策

的这些行动表明美国已经全面"介入"到南海问题的法理斗争之中,而法理博弈亦将成为未来中美南海博弈的主要方面。

其四,积极声援、支持菲律宾就中菲南海争端单方面提起的强制仲裁。2013年初菲律宾就中菲有关南海"海洋管辖权"的争端单方面向"仲裁庭"提起强制仲裁。对于菲律宾的这一行动美国一直通过多种方式予以声援和支持,进入2015年之后美国更加积极地帮菲律宾"摇旗呐喊"。2015年5月21日,美国参议院军事委员会主席麦凯恩以及成员杰克·里德就美国邀请中国参加"2016年环太平洋军事演习"一事致信美国国防部长卡特,表示:"由于中国在东海和南海的'挑衅行为',我们的政府应当考虑如何惩罚中国的这种干扰行为的政策选择,而不是奖励中国。"进而,两人表示:"我们同样相信我们的政府应该提高中国为这类行为所付出的代价,这包括更为公开地支持菲律宾仲裁案。"[①] 2015年7月21日,就在海牙"仲裁庭"针对菲律宾单方面提起的"南海仲裁案"的"管辖权"和"可受理权"问题听证会刚刚结束之际,美国负责东亚事务的助理国务卿拉塞尔在美国战略与国际研究中心举办的第五届南海会议上明确表示:"在这一机制下,仲裁庭的决定是对争端各方都具有'法律约束力'的。这是一个条约。在符合法制的情况下,菲律宾和中国都有义务遵守这一案件达成的任何决议,无论它们愿意与否。"[②] 2015年10月29日,"仲裁庭"做出裁决,声称有权审理菲律宾就中国南海主权争议提出的诉讼。对于这一裁决,美国政府迅速表达了对菲律宾的支持。2015年10月29日,美国国务院发言人柯比在《每日新闻简报》回答记者提问时称:"虽然我们还在研究国际冲裁庭的这个长篇裁决,但是我们注意到这一仲裁将会依据法律得以审理。我还想说一点,根据海洋法公约的条款仲裁庭的裁决将对菲律宾和中国都有法律上的约束力。"[③] 另有一些美国人士则无保留地极力夸大该裁决的"意义"。美国战略与国际研究中心费和中国研究讲座资深研究员葛来仪(Bonnie Glaser)认为这一结果是"对中国的重重一击,因为这一意见明确拒绝了中国的论点"。一匿名美国官员表示:"你不

[①] U. S. Naval Institute, "Document: McCain, Reed Letter to SECDEF Carter on Chinese Actions in South China Sea", http://news.usni.org/2015/05/22/document-mccain-reed-letter-to-secdef-carter-on-chinese-actions-in-south-china-sea.

[②] U. S. Department of State, "Remarks at the Fifth Annual South China Sea Conference, Daniel R. Russel, Assistant Secretary, Bureau of East Asian and Pacific Affairs, The Center for Strategic and International Studies, Washington, DC, July 211, 2015", http://www.state.gov/p/eap/rls/rm/2015/07/245142.htm.

[③] U. S. Department of State, "John Kirby, Spokeperson, Daily Press Briefing, Washington, DC, October 29, 2015", http://www.state.gov/r/pa/prs/dpb/2015/10/248963.htm.

能说断续线是无可争议的,因为法院在这里通过承认有权审理已明确表示这确实是个争议。"该官员进一步表示:"在我看来,该声明刺中了断续线的心脏。"美国参议院军事委员会主席麦凯恩则表示:"今天的裁决是朝着依据国际法反对中国巨大的、在我看来是可疑的南海主权要求的重要一步。"① 南海岛礁自古以来就是中国的领土,中国对南海诸岛的主权不容否认,因而"菲律宾南海仲裁案是披着法律外衣的政治挑衅"②。美方积极声援、支持菲律宾"南海仲裁案",严重违背了其在南海问题上"不选边站"的政治承诺,不利于地区和平与稳定。

其五,就南海问题抛出充满欺骗性的"三个停止"的政策建议。2015年7月21日,美国负责东亚事务的助理国务卿拉塞尔在美国战略与国际研究中心举办的第五届南海会议上发表演讲,全面阐释了美国南海政策的基本立场并提出了给南海问题"降温"的三项建议:"停止在南海填海造陆、停止建造新的设施、停止既有设施军事化。"拉塞尔进一步表示:"这些举措各方都能够立即执行,不需要各方有任何花费,能够显著地降低风险,能为最终解决争端开一扇门。"③ 拉塞尔"三个停止"的建议并不新颖。事实上,早在2014年7月11日美国战略与国际研究中心举办的第四届南海会议上美国助理国务卿福克斯就提出了内容相似的所谓"冻结"南海"挑衅"行为的"四点建议"。④ 拉塞尔有关南海的"三个停止"的建议貌似公允,实际上是很虚伪的"双重标准"的言论,⑤ 其"欺骗性"和"倾向性"可谓昭然若揭。众所周知,自20世纪70年代以来菲律宾、越南等国相继侵占中国南沙部分岛礁。长期以来,这些国家在"其非法侵占的中国南沙岛礁上大兴土木,非法进行大规模填海造地,修建机场等固定设施,甚至部署导弹等进攻性武器。例如菲律宾在中国南沙中业岛修建机场并进行扩建,并在该岛建造码头等设施。菲还在中业

---

① Anthony Deutsch, "In Defeat for Beijing, Hague Court to hear South China Sea Dispute", http://www.reuters.com/article/us-philippines-china-arbitration-idUSKCN0SN26320151030.

② 钟声:《罔顾事实法理 何言公平正义 [菲律宾南海仲裁案系列评论(四)]》,《人民日报》,2015年12月17日,第3版。

③ U. S. Department of State, "Remarks at the Fifth Annual South China Sea Conference, Daniel R. Russel, Assistant Secretary, Bureau of East Asian and Pacific Affairs, The Center for Strategic and International Studies, Washington, DC, July 211, 2015", http://www.state.gov/p/eap/rls/rm/2015/07/245142.htm.

④ See Michael Fuchs, "Fourth Annual South China Sea Conference, Remarks, Washington, DC, July 11, 2014", http://m.state.gov/md229129.htm.

⑤ 《崔天凯谈南海:希望美方停止发表虚伪"双重标准"言论》,中国新闻网,http://www.chinanews.com/gn/2015/07—29/7434857.shtml。

岛、马欢岛和费信岛等岛屿建设所谓旅游设施。菲律宾还企图对在仁爱礁非法'坐滩'的军舰进行加固以侵占该礁。越南在中国南沙20多个岛礁实施大规模填海造地,并同步建设了港池、跑道、导弹阵地、办公楼、营房、宾馆、灯塔等大批固定设施。越还在万安滩、西卫滩、李准滩、奥南暗沙等建设多座高脚屋和直升机平台等设施"。① 这些赤裸裸的侵占和建设活动历时已久,美国不但从来不提议"冻结"或"停止",有时甚至或明或暗予以支持、庇护和纵容。最近几年,随着中国国力的增强,其南海维权的能力不断提升、南海岛礁的有关建设不断加速。这些都是中国主权范围内的事情,不影响也不针对任何人,任何国家都不应该对此"指手画脚"。美方在这个时候抛出"三个停止"的政策建议,显然是要束缚住中国南海维权的手脚。

其六,积极炒作"南海军事化"。近两年来中国在南海有关岛礁进行了一系列扩建活动。"南沙岛礁扩建之后,岛礁上的功能将是多方面、综合性的,除了满足必要的军事需求之外,更多的是为民事需求服务。""中国对南沙群岛及其附近海域拥有无可争辩的主权。……有关建设是中方主权范围内的事情,合情、合理、合法,不影响也不针对任何国家,无可非议。"② 然而,美方却大肆炒作中国将南海岛礁建设用于"军事目的"、中国正在使"南海军事化"。2015年5月13日,美国负责亚太事务的助理国防部长施大伟在美国参议院外交委员会"保卫美国在东海和南海的利益"听证会上作证时,表示:"从军事角度讲,中国的填海造陆将使其能够提升防御性和进攻性能力"。③ 2015年9月17日,美国太平洋司令部司令哈里·哈里斯在美国参议院的一场听证会上表示中国在南海的岛屿上建了三个机场,其进一步军事化在"军事上非常令人关切",对地区内的所有国家构成"威胁"(Threat)。哈里斯进一步表示为维护自由航行和飞越,美国应当在"那些不应被称为岛屿"的区域附近"训练"。④ 2015年10月17日,美国前海军作战部长、退役海军退役上将加里·拉夫黑德在出席第六届香山论坛时给"南海军事化"下了一个明确的定义。拉夫黑德在回答有

---

① 《2015年4月29日外交部发言人洪磊举行例行记者会》,中华人民共和国外交部,http://www.fmprc.gov.cn/web/wjdt_674879/fyrbt_674889/t1259195.shtml。
② 《2015年4月9日外交部发言人华春莹举行例行记者会》,中华人民共和国外交部,http://www.fmprc.gov.cn/web/wjdt_674879/fyrbt_674889/t1253375.shtml。
③ United States Senate Committee of Foreign Relations, "Statement of David Shear, Assistant Secretary of Defense for Asian & Pacific Security Affairs, before the Senate Committee on Foreign Relations, May 13, 2015", http://www.foreign.senate.gov/imo/media/doc/051315_Shear_Testimony.pdf.
④ David Brunnstrom and David Alexander, "U.S. Commander backs challenging China over disputed islands", http://www.reuters.com/article/us-usa-southchinasea-mccain-idUSKCN0RH25920150917.

关提问时表示:"我认为某一事物的特点和性质是用于军事目的的话,就应该是军事化,比如该地区的基础设施建设是为了确保军事目的,那就是军事化。"[①] 此外,2015年9月"习奥会"以及2015年11月奥巴马前往亚洲出席系列国际会议期间,美国方面也曾提及南海军事化的问题。众所周知,"中国坚定奉行防御性的国防政策,反对任何国家在南海采取不利于安全、稳定和互信的'军事化'行动,中方也不谋求在南海搞'军事化'。将南沙岛礁建设同'军事化'挂钩是没有道理的"[②]。反观美国,不但其海空军事力量持续、频繁在南海海域开展针对中国的抵近侦察、战略宣示和政策性游弋等活动,而且还在南海海域频繁举行各种军事演习,美国还计划到2020年将60%的海空力量部署在亚太地区。因而,真正使南海走向"军事化"的不是中国,而恰恰是美国。

结　　论

伴随中国与美国之间战略互疑的加深,南海问题日益上升为中美关系中新的突出问题,而美国的南海政策也随之日趋强硬。在战略层面,美国加强了同印度、日本和澳大利亚等国在南海问题上的合作,以求形成节制中国的"战略同盟"。在军事层面,为确保战略优势,美国优化了其针对中国的军事部署,强化了在南海地区的军事存在力度,深化了同菲律宾、越南、新加坡、印尼等南海区域伙伴国家的安全合作。针对南海问题本身,为在南海"搅混水",美国通过对中国在南海的岛礁建设和管控活动横加指责、积极声援和支持菲律宾就中菲南海争端单方面提起的强制仲裁、积极炒作"南海军事化"等行动直接"介入"其中。美国的这些举动表明中美南海博弈正朝着明晰化、长期化、尖锐化的方向进一步发展。2015年9月的"习奥会"给中美新型大国关系定下了理性化解分歧的主基调。如何理性化解两国在南海问题上分歧,不使南海问题真正成为又一个严重掣肘中美关系发展的结构性矛盾,是此后中美双方领导人需要深入思考、理性应对的战略性课题。

---

① 邱越、闫嘉琪:《美国退役上将抛"南海军事化"概念引"火药味"》,http://military.people.com.cn/n/2015/1017/c1011—27710082.html。
② 《2015年11月23日外交部发言人洪磊主持例行记者会》,中华人民共和国外交部,http://www.fmprc.gov.cn/web/wjdt_674879/fyrbt_674889/t1317467.shtml。

第十一章

日本的南海政策[*]

2015年,是美国"重返亚太"后日本在南海地区释放影响力最为明显的一年。日本安倍政权在新的《日美防卫合作指针》[①]框架下,对"安保法"[②]、"开发协力大纲"[③]、"防卫计划大纲"及"中期防卫力整备计划"[④]等进行了全面的修订、扩充和强化。作为南海地区域外国,日本联合美国通过外交、经济、军事、科技等途径深化对东盟,特别是菲律宾、越南、马来西亚的软、硬实力影响,指责并歪曲中国在南海地区开展的疏浚[⑤]工程等岛礁和平开发利用,为亚太海洋安全环境带来更大的挑战。

第一节 美日同盟体系下的日本南海政策

作为日本外交基轴,深化美日同盟关系是本年日本外交的关键词。双方在2015年修订《日美防卫合作指针》以推进与美国在亚太地区的防卫合作,为日本介入南海提供了政策依据。为了与新的防卫指针进行对接,日本通过新安保法,全面解禁"集体自卫权"[⑥],为实现全球协防美国迈出了实质性的一步。

一、新版《日美防卫合作指针》指向南海

2015年2月6日,美国发布《国家安全保障战略》,提出推进与日本

---

[*] 张磊,暨南大学国际关系学院/华侨华人研究院2014级博士研究生。
[①] http://www.mod.go.jp/j/publication/kohoshiryo/pamphlet/index.html#shishin.
[②] http://www.mofa.go.jp/mofaj/gaiko/page22_000407.html.
[③] http://www.mofa.go.jp/mofaj/gaiko/oda/seisaku/taikou_201502.html.
[④] http://www.mod.go.jp/j/approach/agenda/guideline/index.html.
[⑤] 疏浚为疏通、扩宽或挖深河湖等水域,用人力或机械进行水下土石方开挖工程。疏浚工程广泛应用于:开挖新航道、港口和运河;浚深、加宽和清理现有航道和港口;疏通河道、渠道、水库清淤;开挖码头、船坞、船闸等水工建筑物基坑;结合疏浚进行吹填造地、填海等工程;清除水下障碍物。
[⑥] "集体自卫权"是一种国防概念,简言之可视为海外出兵或介入他国战争的权利,视为一种进攻作战的潜在概念,与本国关系密切的国家遭受他国武力攻击时,无论自身是否受到攻击,都有用武力进行主动干预和阻止权。即一个联盟所有成员在其中一个成员遭受攻击时进行相互武装援助,例如北约以及华约组织就是类似概念的国家群体,并会互相实行集体自卫权。日本一直争取在日本国宪法下容许行使集体自卫权,安倍晋三推动的"安保法案"即为此而制定。

等国家的同盟关系现代化，并强调促进与地区国家间的相互合作。作为奥巴马的政治遗产的一部分，着重论述和评估了亚洲形势、重视亚洲和中国部分。4月8日，日本防卫相中谷元在防卫省与到访的美国卡特防长举行会谈。双方同意尽快达成新的《日美防卫合作指针》。并讨论了指针确定后双方在情报收集和警戒监视方面的合作问题。在会谈后的记者会上，中谷元表示新指针涉及南海地区。4月15日，在德国举行的G7外长会议通过《海洋安保宣言》，美日主导说服G7制定有关海洋安全问题的文件达到牵制中国的目的。4月26日，安倍访美，商讨日美同盟如何应对中国在钓鱼岛和南海地区的挑衅。美国国会上议院在安倍访美期间以多数赞成通过再次确定美日同盟重要性的决议。决议认为美日同盟在亚太地区和全球区域和平方面的重要作用，支持强化同盟关系。4月27日，日本外相岸田文雄和美国国务卿克里召开记者会表示，由美日外交和防卫负责人组成的安全保障协议委员会（2+2）表示为了应对中国在东海和南海的动作，明确了确立国际法支配的必要性。岸田外相表示不会放任中国单方面改变现状的尝试。中谷防相也表示南海问题关系地区和平与稳定，属美日关注的地区公域问题。美日两国政府新的防卫指针取消地理限制，将美军和自卫队的合作从日本周边扩展至全球，从平时到有事状态全覆盖，确保海上交通安全和强化在南海的警戒监视合作。美日问题专家卡耐基国际和平基金会高级研究员詹姆斯·肖夫评价新版防卫指针应赋予同盟合作更大的弹性才有可能应对更加严酷的安全保障环境。另一方面有专家认为应该慎重考虑让自卫队执行与日本安全关联性低的任务。对此，4月29日中国外交部发言人洪磊在例行记者会上表示美日同盟是冷战时代的产物，美日双方有责任确保美日同盟不损害包括中国在内的第三方利益，不损害亚太地区和平与稳定。

二、新安保法覆盖南海

日本众议院7月16日召开全体会议，表决通过了新安保法案，并于之后提交参议院。新安保法中"重要影响事态法"突破了现行周边事态法关于自卫队执行任务的地理空间约束，同时也将志愿对象扩充至除美军以外的其他国家军队，大大地提高了在亚太海域的遏制力。

新安保法案修订主要涉及以下三方面：

第一，原本"和平宪法"限定的个别自卫权通过变更宪法解释后，自卫队可以行使集体自卫权。

第二，现行法律规定，将日本在未受到直接攻击时对日本安全产生重要影响的事态定义为"周边事态"。在认定为"周边事态"时，现行法规

第十一章　日本的南海政策

定自卫队可以对美军进行后方支援的权利。但新安保法定义，即使日本未受到直接攻击，但对日本安全产生重要影响的事态改称为"重要影响事态"。当被认定为"重要影响事态"时，除了对美国还可对其他国家进行后方支援。这将意味着后方支援的内容、形式和支援对象国增加，海外派兵排除了地理性制约。

第三，在认定"周边事态"后，若必要则通过制定特别措施法规定对美国军事活动支援，而此次新安保法成为可以在任何时候对多国军队进行支援的恒久法。安倍政府推行新安保法是否意味着自卫队可以恒久地为任何国家、在任何时候、在任何权利范围、针对任何国家实施军事后援，都无法缓和本不太平的亚太地区安全形势。

据日本《朝日新闻》7月11日发布的"关于宪法第9条"主题问卷调查报告显示，在采样的宪法学者当中认为新安保法"违宪"和"可能违宪"的比例高达97%；另一方面，认为新安保法"合宪""可能合宪"的学者比例不到2%。中国社会科学院国际法研究所赵建文研究员在国务院新闻办公室举行的吹风会上表示这个安保法案，名义上是解禁集体自卫权，实际上是解禁战争权。因为根据《联合国宪章》第51条，国家自卫权无论是集体自卫权还是单独的自卫权，这样的权利是自然权利，即使法律没有明文规定也是存在，根本不需要解禁；是美国在推动日本解禁集体自卫权。

11月以来，日本首相安倍晋三、官房长官菅义伟和防长中谷元连续针对南海的言论和外交动作并不源于安保法，而是建立在一直以来与美国的军事合作基础上，并通过制定安保法达到进一步推进军事合作的目的。

日美联合军演是基于《防卫省设置法》第4条第9号"对所掌握事务执行必要的教育训练"，但联合演习的内容却是以行使集体自卫权和保护美国军舰为目的。回看日美联合巡航军演，其内容包含了在南海针对中国海军核潜艇的侦查、威吓，针对中国战列舰和战斗机的威吓、攻击、防护等项目。很显然日美"利剑"联合演习和"日美联合巡航演习"内容是违背了宪法第9条。但安保法实施后日本可以合法地防护美国军舰、行使集体自卫权和对战斗区域实施后方支援等。可以推测今后日美联合军演的内容更趋于实战性。一旦自卫队协同美国海军在南海开展军事行动将为地区安全形势带来极大的威胁。同时也必须看到，面对中日历史问题，日本自卫队如果在中国核心利益所在的南海进行军事活动将被视为对中国的军事挑衅，这将激化中国国内的反日民族主义情绪。而不可忽视的是南海地区也曾是日本发动太平洋战争受到激烈抵抗的地区。

三、自卫队进出南海

7月29日，日本海上自卫队幕僚长武居智久访美并与美国海军作战部部长格林纳特上将会面，他表示日美同盟也是海洋同盟，包括了海上自卫队与美国海军的合作，共同强化南海地区海军之间的合作。格林纳特表示认同安倍政权在解除集体自卫权限制并成立安全保障关联法案方面的"努力"。11月6日，安倍在东京表示鉴于中国单方面加剧南海局势紧张，今后将在包括20国首脑会议、亚太经合组织、东亚峰会等一系列国际会议上提起"中国南海威胁论"。他还表示，南海对于日本是国际法保护下的资源和货物重要海上通道，必须彻底贯彻国际法保证海路的开放、自由与和平。11月19日，美日在菲律宾举行首脑会谈，安倍首相对美海军的"自由航行"表示支持。奥巴马提出希望未来日本向南海派遣自卫队，安倍回应说正在评估南海问题对日本安全保障的影响。奥巴马强调美日同盟是美国安全保障的基础，因此"自由航行"是非常重要的行动，今后将实现"日常化航行"，以牵制中国。

针对自卫队会否参加美国"南海自由航行"，11月20日日本官房长官菅义伟在记者会上表达了美日同盟在亚太和维护国际社会和平、稳定、繁荣的意义，并称日美关系正向更高层次飞跃发展。菅义伟再次表示，日本暂时没有派遣自卫队参加美国"自由航行"的计划，自卫队也没有在南海执行持续的警戒监视活动和具体计划，他强调自卫队将继续实行对菲律宾和越南的支援，以及与美军进行的共同训练等现有任务。菅义伟的表态也说明日本海上自卫队现阶段装备局限。随后11月24日美海军第七舰队司令官奥肯与日本海上自卫队自卫舰队司令重冈康弘共同会见记者时暗示日本、美海军在印度洋和西太平洋地区"定期游弋"，包括日本海上自卫队等其他国家也应该如此。奥肯表达了将来有可能与日本在南海地区执行巡逻任务。重冈康弘回应称目前尚未收到在南海"巡逻"的命令，因日本海上自卫队一直以来都是协同美海军行动，如果命令一旦下达，日本将付诸行动。显然美国希望更多盟国参与到所谓的"自由航行"中。

据日本防卫省相关数据统计，海上自卫队现有P-3C反潜侦察机和P1固定翼侦察机80架，护卫舰50艘[①]。毫无疑问，海上自卫队具备相当的战斗力，如果考虑定期检修等因素，日常运行战斗力应该在50%—70%。但大部分部署在钓鱼岛周边和日本海执行本国防卫任务。海上自卫队若跟

[①] https://zh.wikipedia.org/wiki/%E6%B5%B7%E4%B8%8A%E8%87%AA%E8%A1%9B%E9%9A%8A.

进美国"巡航南海"将消弱日本周边防卫能力。即便从冲绳派遣 P-3C 反潜侦察机，其两小时的续航能力大大影响侦查南海效果。如果要执行有效的侦查任务则必须在南海沿岸国的基地设立据点，前提是还须与沿岸国签署相关法律协定。原海上自卫队幕僚长古庄幸一指出，目前海上自卫队任务繁重，如承担索马里抗击海盗任务、警戒朝鲜导弹发射、钓鱼岛"周边巡逻"及日本周边日常巡逻，从预算和人员都无法再承担应对"南海巡逻"任务。他建议当前可行的是与南海沿岸国建立情报网络共享。

所以，从现状分析，自卫队可以发挥的现实作用可以分为两方面：一是继续并扩大在南海协助美国与菲律宾等沿岸国的共同训练，提升自卫队的存在感，牵制中国；二是向南海沿岸国提供装备，支援、强化其防卫能力，实现地区权力"平衡"正常化。

第二节 "ASEAN+日本"体系下的日本南海政策

从地理角度来讲，东盟是日本在亚太地区重要的海上通道，是日本企业进出海外市场的重要通路，对日本的政治和经济方面具有重要的影响。日本将沿着东盟内部融合道路，通过实施政府开发援助（ODA）开展对其包括基础建设、法治建设、海上安全、灾害防治、医疗保健、和平构筑等全方位支援。特别是日本与南海声索国菲律宾、马来西亚、越南之间互动频繁。日本计划通过新的开发协力大纲，深化与以上各国的战略伙伴关系，其实质是结成共同牵制中国的合围圈。

一、从 ODA 到"开发协力大纲"

日本 ODA 大纲于 1992 年制定，此次是自 2003 年以来第二次修订。作为表示不限于 ODA 的广泛对外援助的概念，新采用了"开发协力"这一表述。在国际上，ODA 仅仅指利用公共资金援助发展中国家，重点在于削减贫困等。而在新大纲中，除了上述目标之外，还突出了重视有助于日本安全保障和经济增长举措的姿态。

"开发协力"是日本在发展中国家开展外交最重要的战略手段之一。在 2 月新制定的"开发协力大纲"的基础上，推进基于外交政策的战略性"开发协力"，完善实施机制，进一步强化民企、社团组织、大学、科研机构、国际机构及地区机构等之间的合作。为了确保南海海上交通的安全，有必要扶持沿岸国海上安保能力和提供设备等。

日本政府于 2 月 10 日在内阁会议上通过了作为日本对外援助指导方针

的 ODA 大纲修正案，名称改为"开发协力大纲"。其中明确加入了在非军事领域援助其他国家军队、援助收入水平较高的岛屿国家、与民间进行投资合作等此前未被列入 ODA 框架的举措。此外，新大纲中还增加了"为确保国家利益做出贡献"这一表述，突出日本在进行对外援助时，要考虑对于本国战略重要性的方针。

新大纲沿用了原大纲中"避免用于军事目的及助长国际纷争"这一内容，并就军队和军人方面的援助，新写入"应着眼于实际意义，具体情况具体研究"。关于军队方面的援助，此前除了军队管辖医院的翻修援助等部分情况之外，均避免参与，但新大纲认为，在灾害救助、气象及海上保安等非军事领域，也不应忽视军队的作用。

二、合纵东盟相关国家

作为同为美国盟友的菲律宾，其外交政策全面向美国及其盟友倾斜。11 月 19 日安倍在接受马尼拉当地一家媒体采访时被问及菲律宾能否期待在解决应对中国方面日本有所支持，他说将针对菲律宾开展能力构建及两国海军共同训练。

2015 年是越南战争 40 周年，也是美国越南恢复邦交 20 周年，更是越南脱离日本、法国独立 70 周年。越南最高领导人阮富仲 7 月访美，与奥巴马重点交流扩大安保领域合作。9 月阮富仲访日与安倍首相会谈，双方同意在防卫和安全保障领域进行合作，提出了希望支持日本在和平稳定方面发挥作用。

越南是日本南海政策的重要落脚点。为了避免越南向中国靠近，日本加强与越南重视的经济等领域的合作。日本防卫相中谷元 11 月 5 日在河内与越南国防部长冯光青会谈，双方就让日本海上自卫队舰船停靠南海重要通道金兰湾①的越南海军基地达成了共识。日方于 2016 年初前后派遣舰船参加在该基地的开港仪式。中谷元考察越南金兰湾海军基地，参观了正在建设中的、可容纳他国军舰的港湾设施。在越南接受媒体采访时中谷表示："加深了对金兰湾重要性的理解。"12 月 4 日，第六届日本越南战略伙伴关系对话在东京举行。

印尼虽然与中国没有南海主权争端，但日本没有忽视其在东盟内部的影响力。12 月 17 日，日本外长岸田文雄与到访参加日印首次外长防长磋

---

① 越南东南部重要军港、海军基地。在富庆省南部海岸。港湾深入内陆 17 公里，由两个半岛合抱成葫芦形的内外两个海湾，内港金兰，面积 60 平方公里，湾口仅宽 1300 米；外港平巴，水深 10—22 米，湾口宽约 4000 米，口外水深 30 米以上。水深可停泊航空母舰，被认为是世界上最好的深水港之一，它同时位于沟通太平洋和印度洋的重要水路上，具有极其重要的战略价值。

商会谈的印尼外长蕾特诺举行午餐会。会谈重点集中在通过在政治、海洋安全保障等全领域合作,强化两国战略合作伙伴。双方表示两国作为海洋国家,自由稳定的海上安全是两国共同的利益,同意早日举行"日·印尼海洋论坛"。在双方第一次"2+2"磋商后发表的《日本印尼外长防长会谈共同声明》中称,日方在安全保障和防卫能力方面给予印尼具体的支持,明确表示日本将为东盟各国在海上的安全保障能力以无缝支援。日本将借助"KOMODO2016多国联合演练"[①]提高印尼海空防卫能力。

在访问日本前,蕾特诺外长曾会见日本经济新闻记者时表示印尼不是南海问题当事国。面对日本推销的US-2水上救援飞机等装备,蕾特诺指出装备的购买前提条件是装备技术的转让。所以在17日与岸田外相的会面中着重强调在南海问题上中立的立场,并提出希望日本在印尼作为环印度洋联盟轮值主席国工作上给予支持。显然,印尼关注的更多是日本对本国及其主导的地区组织的经济贡献。

马来西亚作为东盟地区论坛部长会议轮值主席国在8月6日举行的第22届东盟地区论坛部长会议后发表主席声明,表达了对解决南海问题的关切和呼吁。在三个月前,马来西亚总理纳吉布访日期间,双方明确在共享战略利益的同时,在原有的合作关系基础上将两国关系提升为"战略伙伴关系"。作为外相,将通过推进防卫装备合作的谈判和支援马来西亚海事执法局海洋合作等,强化双方关系。5月份双方首脑已就防卫装备品的转移进行了必要的磋商。11月21日安倍在接受马国最大英文报纸《星报》采访时表示,日本将积极支持马国构筑海上防卫能力,提供包括ODA、防卫装备合作等方式。

日本通过加强与东盟涉南海利益相关国合作,形成了菲律宾、印尼、越南、马来西亚"合围"中国的"对抗轴"。

第三节 日本南海政策来源及其走向

通过梳理2015年日本亚太地区战略,凸显了日美南海政策高度的一致性和互补性,进一步廓清了两者在南海地区路线推进的贴合度,从而挖掘出日美同盟体系下日本南海政策的策动源。

2015年6月8日在德国举行的G7首脑会议上,日本首相安倍晋三策

---

① KOMODO,科莫多岛(印尼语:Pulau Komodo),中文又译哥摩多岛,印度尼西亚东努沙登加拉省西头岛屿。介于松巴哇与弗洛勒斯岛之间。南北最长40公里,东西最宽20公里,面积近520平方公里。

动将反对"中国通过实力改变现状"写入首脑宣言，彻底反映日本在海洋问题上牵制中国的真实意图。就在峰会三个月前，美国防长卡特在新加坡召开的亚洲安全保障会议上点名批评中国在南海的疏浚工程。日本防相中谷元在随后的美日防长会谈中也提出反对中国"以实力改变现状"的尝试。从以上两次美日观点表述的方向性可以看出，日本意见是完全按照美国的意志进行表述的。

2012年，以美国前副国务卿阿米蒂奇和原助理国务卿约瑟夫·奈为首的超党派①外交安全保障研究团队组成的知日派发布了题为《美日同盟：锚固亚洲稳定》的"阿米蒂奇报告"②。该报告是继2000年10月和2007年2月发布以来第三次报告书。报告涵盖亚太地区各类突出问题，对美国、日本及美日同盟提出分析评估报告及政策提议。所以，"阿米蒂奇报告"对于追踪分析日本南海政策具有指导性意义。

报告明确指出，作为世界上最重要的美日同盟已处于"濒死"状态，希望有力且对等的同盟重新发挥作用。特别是，报告用强烈的表述警告日本，是甘为二流国家（tier-two nation）还是继续作为一流国家（tier-one nation）存在。对于美国，需要日本在正确认识现状的基础上作为"一流国家"在国际社会发挥一定的作用。报告在谈到日本的可靠性方面时特别明确指出自卫队是日本最为可靠的组织，希望自卫队解除过时的压制力，成为亚太地区保持海上安全保障的战略性均衡的关键存在。报告还分别论述了美日同盟的性质，为"能源安全保障""经济贸易""与近邻诸国的关系"等方面做出贡献，并就缔结原子能政策和自然资源等新的同盟关系、签署TPP等方面的努力提出具体政策建议。

在"与近邻诸国的关系"部分，报告建议日本着眼对韩和对中关系，从构筑美、日、韩三国牢固关系的必要性着手，在敦促日本做出解决日韩历史问题努力的同时，美国应做所有外交努力实现和解。另一方面，针对中国的崛起，牢固的美日同盟是必选项，要对其进行干预处理。

报告还就新的安全战略的各项措施提出建议，如日本可以借助ARF和APEC等区域平台加深与该地区国家的联系；对于中国海军实力的增强和行动范围的扩大采取"反介入/区域拒止"（A2/AD）战略，甚至主张美日通过"空海一体战计划"和"动态防卫力量"进行对抗。在可操作层面，为了维持南海"和平稳定"，美日可共同开展监视活动等。

---

① "超党派"是指国会和地方议会的议员在某些政策议题上持有相同或相近理念的跨越党际的行为。

② http://www.mod.go.jp/msdf/navcol/SSG/topics-column/col-033.html.

第十二章

澳大利亚的南海政策[*]

自南海问题升温以来，越南、菲律宾等南海声索国在域外国家的鼓动下采取了日趋强硬的政策，使南海问题呈现出日益紧张、复杂和国际化的趋势，中国在南海维权上面临前所未有的挑战。在域外国家中，美国是搅动南海局势的关键因素，作为美国的传统盟友，澳大利亚越来越全面和深入介入南海问题，对中国南海维权的国际压力起着推波助澜的作用。澳大利亚在经济上依赖中国，在防务安全上依赖美国，其南海政策随中美关系的变化而进行调整。2015年，随着中美在南海问题上的博弈进入白热化阶段，澳大利亚的南海政策发生了哪些变化，这些变化又会对南海局势产生什么影响？这直接关系到中国如何评估和调整对澳政策。本章认为，一方面，由于澳大利亚在南海地区拥有多重战略利益，以及在中美两国间采取"双方依赖"的外交战略，在南海问题上会延续既有政策；另一方面，由于美国加强南海的军事与巡航行动，中美在南海问题上的紧张关系使澳大利亚在中美之间"选边站"的压力越来越大，澳大利亚在中美两国间游离的空间缩小，其南海政策也出现了明显向美国倾斜的调整。澳大利亚不仅主动配合美国在南海问题上的战略部署，在南海问题上频频向中国发难，而且还偶尔充当美国在南海问题上"制衡"中国的急先锋，弥补了美国在南海问题上偶尔分身乏力的缺陷，使中国南海维权的国际压力得以持续。为此，中国在南海问题上需及时对澳政策进行再评估和调整。

第一节 澳大利亚南海政策的延续

在南海地区拥有多重战略利益是澳大利亚持续介入南海问题的驱动力，也是其保持南海政策延续性的现实依据。"在经济上，南海周边的中国和东盟诸国都是澳大利亚的重要贸易伙伴且南海航线是澳大利亚开展对外贸易的主要通道；在安全上，南海所在的东南亚地区是澳大利亚对外安全的重点区域；在政治上，南海问题是澳大利亚发挥'中等强国'外交作

---

[*] 黄文义，暨南大学国际关系学院/华侨华人研究院政治学博士后。

用的重要平台。"① 战略利益上的多重性与复杂性使澳大利亚一直以来采取"双方依赖"的外交战略,即在经济上主要依赖中国,而在防务安全上则主要依赖美国。② 前者使澳大利亚在介入南海问题时有所顾虑,尽量避免与中国发生直接冲突,宣称在南海问题上"不选边站";后者则源于安全领域低程度的沟通与信任,以及由此引发的澳大利亚对中国崛起的担忧和防范,使澳大利亚在南海政策上倾向于美国。这种外交战略成为澳大利亚介入南海问题以来历届政府南海政策的一个共通逻辑。

2015年9月,特恩布尔(Malcolm Turnbull)取代阿博特(Tony Abbott)重组政府,虽然澳大利亚进行了政府更迭,但并未出现政党轮替,仍由自由党继续执政。相对于工党对外交政策独立性的强调,自由党的外交政策更倾向于现实主义、对强国的依附性更大、重视同盟关系等。③ 特恩布尔政府在很多方面延续了阿博特的南海政策。

一、宣称在南海地区拥有多重战略利益

作为南海域外国家,如何以合理理由介入并期待发挥影响,进而实现其国家战略利益,成为澳大利亚南海政策的一个重要内容。2015年,澳大利亚政府官员在各种场合相继发表其在南海地区存在利益的言论。5月11日,澳大利亚外长毕晓普(Julie Bishop)在堪培拉接受采访时表示,她与中国高层领导人对话,力劝中国避免任何导致局势升温的举动。同时强调,"我们的重要贸易路线是穿越印度洋和直达北半球,所以我们比任何国家更希望和平解决任何纠纷,而不应该有单边行动。我们公开和私下向涉及的国家表达了我们的观点。"毕晓普呼吁中国不要在有领土争端的南中国海划定防空识别区,相反地,中国应优先化解该海域的紧张局势。④ 5月29—31日,在新加坡举办的第14届香格里拉对话会上,时任澳大利亚防长的安德鲁斯(Kevin Andrews)明确表示,澳大利亚在维护本地区的和平与稳定方面有着合理的利益,这些利益包括各国尊重国际法,不受阻碍的商贸,航行和飞越自由必须得到保护,以及符合有关各方利益的以和平

---

① 鞠海龙主编:《南海地区形势报告(2013—2014)》,时事出版社2015年版,第233—234页。
② White, Hugh. "Power Shift: Australia's Future between Washington and Beijing", Quarterly Essay. 2010 (39), pp. 1–74.
③ 李凡:《冷战后的美国和澳大利亚同盟关系》,中国社会科学出版社2010年版,第80—81页。
④ 《澳大利亚外长呼吁中国不要在南海划防空识别区》,《参考消息》网,2015年5月12日,http://www.cankaoxiaoxi.com/china/20150512/777555.shtml。

方式解决争端。①

澳大利亚在其声称介入南海问题的原因中,提及频率最高的是所谓"航行自由"。10月27日,美国"拉森"号导弹驱逐舰闯入南海中国岛礁12海里后,澳大利亚防长佩恩（Marise Payne）当即发表声明,表示澳大利亚关注在南海的"航行及飞越自由",并强调"澳大利亚强烈捍卫这些权利"。佩恩进一步表示,"澳大利亚同美国以及其他地区伙伴在海洋安全问题上将继续密切合作。"② 11月18—19日,在菲律宾举行的亚太经合组织领导人非正式会议期间,澳大利亚总理特恩布尔与奥巴马举行双边会谈,重申维持南海"航行自由"的必要性。③ 澳大利亚对南海"航行自由"的强调不仅仅停留在发表声明上,也逐渐开始以行动来施行。

二、坚持南海问题"不选边站"立场

澳大利亚所声称的"不选边站"政策立场与其在南海地区的多重战略利益有关。在这些多重战略利益中,经贸与安全是影响澳大利亚外交战略的两个直接因素。澳大利亚在经贸和安全上分别形成了对中国和美国的"双重依赖",二者兼顾是由其国家利益决定的。因此,澳大利亚在公开场合宣称南海问题上的"不选边站"立场是这种"双重依赖"战略最务实和明智的选择。2015年4月25日,澳大利亚驻菲律宾大使特威德尔（Bill Tweddell）在澳大利亚参加澳新军团（ANZAC）100周年纪念活动上表示,澳大利亚关切中国的填海行动,但同时也澄清,"澳大利亚在南中国海主权争议上不选边站"。④ 5月11日,澳大利亚外长毕晓普在堪培拉接受采访时表示澳大利亚不会在领土纠纷中选边站。她说:"我们希望涉及其中的国家能针对他们声索的任何领土或海域展开和平谈判。"⑤ 同年11月22日,在澳大利亚举行的日澳外交与国防部长"2+2"磋商会谈中,毕晓普也曾

---

① Andrews, Kevin. "Global Security Challenges and the Asia-Pacific: Building Cooperation Between Regions", 2015 - 5 - 31, http://www.iiss.org/-/media/Documents/Events/Shangri-La%20Dialogue/SLD15/Jill%20Lally%20Proofs/Fifth%20Plenary%20%20Andrews%2031052015ED.pdf.

② Department of Defence Ministers, Australia. "Minister for Defence-Statement-Freedom of Navigation in the South China Sea", 2015 - 10 - 27, http://www.minister.defence.gov.au/2015/10/27/minister-for-defence-statement-freedom-of-navigation-in-the-south-china-sea/.

③ 《南海再添变数:又一大国对中国动手了》,中华网,2015年12月16日, http://military.china.com/critical3/27/20151216/20950442.html。

④ 《澳大利亚关切中国在南中国海填海》,《联合早报》网,2015年4月17日, http://www.zaobao.com/realtime/world/story20150417—469750。

⑤ 《澳大利亚称不会在南海问题中选边站 望和平解决》,环球网,2015年5月13日, http://world.huanqiu.com/exclusive/2015—05/6422150.html。

一再重申澳大利亚在南海问题上"不选边站"。① 6月4日，时任澳大利亚总理的阿博特在一个促进就业和小企业成长的新闻发布会上回答记者有关南海的提问时表示，中国是澳大利亚的一个非常好的朋友，并且随着时间的推移，友谊越来越深厚。他同时也表示，中国当然不是澳大利亚唯一的朋友，在南中国海周边也有其他朋友，有一些对南中国海有着非常浓厚兴趣的朋友及盟友。阿博特也特别强调，澳大利亚在南中国海上的立场一直是十分清晰的，对在该地区领土争端不选边站。② 这种"不选边站"策略使澳大利亚在介入南海问题的过程中能够同时"讨好"中美两国，兼顾经贸与安全两方面的国家利益。但随着中美两国在南海战略竞争中的"短兵相接"与白热化，这种"不选边站"策略运用的空间被压缩，其"中立"立场出现了事实与言论的背离。

三、紧密跟随美国南海政策步伐

长期以来，澳大利亚和美国保持着密切的同盟关系。深厚的历史传统、现实的安全依赖等因素使澳大利亚在南海问题上紧随美国，成为美国亚太战略最忠实的盟友。澳大利亚在介入南海问题之初还比较"低调"和"慎行"，对美国的南海政策仅采取口头上支持。随着2011年美国"亚太再平衡"战略的提出，澳大利亚开始在行动上支持美国，同意美国海军陆战队以轮换方式进驻达尔文港。进入2015年，美国加强对南海问题的介入，强化与澳大利亚的同盟关系，迫切希望澳大利亚在南海问题上发挥更大的作用。在现实利益驱动下，澳大利亚也借机在南海问题上加强与美国的合作。2月10日，美国海军作战部长乔纳森·格林纳特上将访问澳大利亚。格林纳特在堪培拉的澳大利亚国立大学发表了安全方面的演讲。他说："我们正在进行一项研究，以搞清在澳大利亚境内及周边可以开展哪些海军合作，其中可能包括派驻军舰。"他认为，如果对达尔文港进行扩充，最理想的是再增加三艘两栖攻击舰和海滩登陆舰。③ 由于澳大利亚北部离南海较近，该合作一旦付诸实施，必将增强美国在亚太地区的军事存在，进而为美国直接干预南海问题提供坚强的战略威慑基础。7月8日，

---

① 《日防相妄批中国南海行动"自以为是"称无法容忍》，中国新闻网，2015年11月23日，http://www.chinanews.com/mil/2015/11—23/7637032.shtml。

② 《澳大利亚总理重申：在南海领土争端中不选边站》，中国新闻网，2015年6月4日，http://www.chinanews.com/gj/2015/06—04/7322659.shtml。

③ Bacon, Lance M. "CNO says ship basing in Australia under Considerstation", 2015-2-14, http://www.navytimes.com/story/military/2015/02/14/australia-basing-looked-at-cno-confirms/23344415/.

澳大利亚与美国在澳大利亚的罗克汉普顿举行了代号为"护身军刀"(Talisman Sabre)的大规模联合军事演习,包括海上作战、两栖登陆、特种部队战略和城市作战等内容。① 10月12—13日,澳大利亚与美国在波士顿举行年度外长与防长"2+2"会议,两国就南海问题与防务合作达成一致。在会后发表的共同声明中,两国首先表达了对中国近期在南海填海造陆的强烈关注,强调"对中国在南海建造人工岛等行动表示'担忧'",并希望停止在岛礁上的设施建设行动。② 美澳还重申要依靠国际法,包括《联合国海洋法公约》来澄清和追求领土声索以及相应的海洋权益。最后,美澳在联合声明中"强调依据国际法飞越、航行以及行动的权利、自由和合法利用海洋的重要性"。③ 两国还就今后美国海军继续轮驻澳大利亚以强化美澳海军间的合作达成了一致。④ 在2015年10月的"拉森"号事件中,澳大利亚在南海问题上跟随美国的行动体现得更加明显。"拉森"号事件后,作为南海争议的直接相关者,菲律宾和越南表达了对美国南海巡航的支持,在域外大国方面,作为美国在亚太地区的重要盟友,日本与印度没有做出明确表示,而澳大利亚防长佩恩率先表示"强烈支持美国的航行自由行动"。⑤

四、加强自身军力建设及与他国合作

在南海问题上,澳大利亚对中国时刻保持警惕和防范。2009年澳大利亚发布的《国防白皮书》虽然没有专门提及南海问题,但却充斥着浓厚的"中国威胁论"色彩;2013年的《国防白皮书》则七次提到南海问题,甚至明确表示南海问题升温是中国崛起的产物。⑥ 为了防范中国崛起及其对南海地区的影响,澳大利亚自由党更加倾向于采取现实主义外交策略,增强国家实力。

---

① 《美国与澳大利亚举行代号"护身军刀"大规模联合军事演习》,《中国青年报》,2015年7月10日,第10版。

② 《美澳"2+2"会议闭幕对南海局势表"担忧"》,环球网,2015年10月14日,http://world.huanqiu.com/exclusive/2015—10/7757664.html。

③ U. S. Department of State, "2015 Australia-United States Ministerial (AUSMIN) Joint Statement", 2015 - 10 - 24, http://www.state.gov/r/pa/prs/ps/2015/10/248170.htm。

④ 《美澳"2+2"会议闭幕对南海局势表"担忧"》,环球网,2015年10月14日,http://world.huanqiu.com/exclusive/2015 - 10/7757664.html。

⑤ Medhora, Shalailah. "Australia strongly supports US activity in South China Sea, says Marise Payne", 2015 - 10 - 27, http://www.theguardian.com/world/2015/oct/27/australia-strongly-supports-us-activity-in-south-china-sea-says-marise-payne。

⑥ 鞠海龙主编:《南海地区形势报告(2013—2014)》,时事出版社2015年版,第234、237页。

在增强自身军力方面，2 月 20 日，澳大利亚政府公布了未来潜艇项目的采办策略，为新型潜艇的"竞争力评价过程"确定了更详细的准则。据澳大利亚政府宣称，该项目总投资将达到 500 亿美元，是该国历史上最大的国防采办项目。① 曾任澳大利亚国家安全顾问的希勒（Andrew Shiller）说："澳大利亚决策者比五年前更加强烈地意识到，我们在军事能力方面享有的优势正在快速减弱。人们对此有了紧迫感。"②

在与南海相关国家合作方面，2015 年澳大利亚保持并加强了与菲律宾、越南及日本的合作。1 月 29 日，澳大利亚防长安德鲁斯宣布，澳大利亚向菲律宾赠送两艘刚刚退役的"巴厘巴板"级重型登陆艇，③ 并于当年 7 月移交菲律宾海军。④ 尽管澳大利亚强调赠送登陆艇给菲律宾的人道主义价值，但马尼拉方面无疑会欢迎此举带来的军事能力的提高。3 月 18 日，越南总理阮晋勇访问澳大利亚，与澳大利亚总理阿博特会谈，期间双方签署《提升越澳战略伙伴关系宣言》，内容包括地区和国际合作、贸投、工业、发展援助及国防和执法合作，并还签署一系列备忘录。澳方将就潜艇救援和技术对越南海军进行培训。关于南海问题，双方要求执行 DOC，反对威胁使用武力和单边改变现状行为，加紧制定 COC，保障航行自由和安全，遵守国际法、国际海洋法公约。同时还表示，将强化在地区安全机构中的合作，支持东亚峰会以及其他东盟起中心作用的机制。⑤ 阮晋勇在记者会上说，阿博特还同意加强维和合作以及双方特种部队之间的合作，同时"就地区防御和安全合作机制相互积极支持和磋商"。另外，澳大利亚国防部长凯文·安德鲁斯 18 日会面越南国防副部长阮志咏时说，"对澳越两国不断增强的国防合作进行了重要交流"。⑥ 11 月 22 日，在澳大利亚举行的日澳外交与国防部长"2+2"磋商会谈中，南海问题成为会议的"关切点"。日本防卫大臣中谷元对中国在南海的行动进行指责，并认为日澳

---

① 《澳大利亚确定潜艇采办策略总投资达 500 亿美元》，新华网，2015 年 2 月 26 日，http://news.xinhuanet.com/world/2015—02/26/c_127520675.htm。

② 《外媒：澳大利亚欲插手南海考虑派舰机"自由航行"》，《参考消息》网，2016 年 1 月 28 日，http://www.cankaoxiaoxi.com/china/20160128/1065441.shtml。

③ 《澳大利亚向菲律宾赠送两艘旧登陆艇》，观察者网，2015 年 1 月 31 日，http://www.guancha.cn/military-affairs/2015_01_31_308153.shtml。

④ 《澳大利亚向菲律宾海军移交 2 艘退役登陆舰》，环球网，2015 年 7 月 24 日，http://mil.huanqiu.com/world/2015—07/7090605.html。

⑤ Vietnamplus. "Vietnam, Australia issue joint statement on lifting relations to new level", 2015-3-18, http://english.vietnamnet.vn/fms/government/125845/vietnam—australia-issue-joint-statement-on-lifting-relations-to-new-level.html.

⑥ 《越总理访澳 双方总理宣布将举行联合军演》，新华网，2015 年 3 月 20 日，http://news.xinhuanet.com/world/2015—03/20/c_127597615.htm。

两国就南海问题释放一个"明确的"信息很重要。澳大利亚外长毕晓普虽然一再重申澳大利亚在南海问题上"不选边站",但又表示,两国乐于构建一种"特殊的战略关系",澳大利亚十分看重这一关系,"两国有共同的价值和利益。两国的关系同样建于支持地区和平与安全承诺的基础上"。而澳大利亚防长佩恩则进一步呼应称,澳日关系是澳大利亚最重要的防务接触之一。"对澳大利亚而言,日本是我们在该地区的重要伙伴。在地区与国际和平、稳定及繁荣方面,两国有非常重要的共同利益。"她同时称,很显然,就经济与战略上而言,一个强大的日本是东北亚稳定的基础。[1] 在南海问题上,南海声索国与域外国家的合作,已形成了针对中国南海政策的同盟圈,澳大利亚也以此为契机深度介入南海问题并期待在其中发挥影响。

第二节 澳大利亚南海政策的调整

虽然2015年澳大利亚延续了以往的南海政策,但随着南海局势的紧张和复杂,特别是中美在南海问题上博弈的日趋白热化,澳大利亚基于"双方依赖"而形成的中美"两边讨好"战略正面临着边际效用迅速递减的强大压力。在中美南海竞争"短兵相接"过程中,澳大利亚在中美间"选边站"的压力越来越大。对此,澳大利亚结合自身国家利益对其南海政策进行了调整。

一、频繁批评中国南海岛礁建设

2015年,澳大利亚两届政府都频繁对中国南海岛礁建设进行批评,凸显出其南海政策的强硬立场。4月25日,澳大利亚驻菲律宾大使特威德尔在澳大利亚参加澳新军团百年纪念活动上表示,"我们关切中国的填海行动,它会提高区域紧张局势",强调区域和平稳定攸关澳大利亚的利益。[2] 阿博特政府对中国岛礁建设的批评主要集中在时任防长安德鲁斯的言论上。5月29—31日,在新加坡香格里拉对话会上,安德鲁斯不点名批评中国在南海的行动,"不要忘了牛顿的力学定律,国际安全也会呈现作用力和反作用力。在做决策时,国家和领导人应对可能出现的后果持谨慎态

---

[1] 《日防相妄批中国南海行动"自以为是"称无法容忍》,中国新闻网,2015年11月23日,http://www.chinanews.com/mil/2015/11-23/7637032.shtml。

[2] 《澳大利亚关切中国在南中国海填海》,《联合早报》网,2015年4月17日,http://www.zaobao.com/realtime/world/story20150417—469770。

度，尤其要意识到这些行动导致事态升级和造成误判的风险"。① 同时，安德鲁斯敦促所有各方自我克制，停止岛礁建设行为，不要采取挑衅行为，采取措施降低紧张局势，因为紧张局势越高，可能导致误判的误解就越可能发生。② 会议期间，澳大利亚还连同美国和日本两国防长举行场外三边会谈。三国防长对在南海和东海使用威胁或武力而单方面改变现状的做法表示不满，对中国在南海的岛礁建设表示严重关切。同时，三国防长共同呼吁所有南海声索国要保持自我约束，停止填海造陆的岛礁建设活动，采取必要措施缓和紧张局势，减少使紧张局势升级的行动。③ 会后，安德鲁斯会见媒体时对费尔法克斯传媒集团说，"即便北京在南海单方面设置防空识别区，澳军机也将继续对南海争议水面进行侦察。"安德鲁斯还暗示澳大利亚将同美国还有其他国家一起反对中国的南海计划。④ 安德鲁斯的言论在很大程度上体现出阿博特政府南海政策中针对中国的最强硬信号。

特恩布尔重组政府后，延续了阿博特政府对中国岛礁建设的严厉批评。9月21日，特恩布尔在接受澳广播公司采访时说，中国南海问题是澳大利亚目前最关注的国防和外交议题之一。中国在岛礁进行建设和活动会导致亚太地区一些较小国家转向美国，如越南，并称"这种做法与中国期望达到的效果恰恰相反"。⑤ 从澳大利亚对中国岛礁建设的频繁批评可以看出，其在南海问题上所秉持的"不选边站"立场只是一个合理介入南海问题的幌子，对越南和菲律宾等国岛礁建设事实的忽略、对澳大利亚南海贸易航运安全的夸大，以及随美国加深对南海问题的干预而加强对中国的批评，皆表明澳大利亚在南海问题上的"中立"立场具有极强的偏向性。这种偏向性也体现在澳大利亚有关南海"航行自由"的行动中。

---

① 《美防长拉南海盟友压中国 澳防长对华强硬喊话》，环球网，2015年6月2日，http://world.huanqiu.com/exclusive/2015—06/6569347.html。

② Andrews, Kevin,"Global Security Challenges and the Asia-Pacific: Building Cooperation Between Regions", 2015 - 5 - 31, http://www.iiss.org/-/media/Documents/Events/Shangri-La%20Dialogue/SLD15/Jill%20Lally%20Proofs/Fifth%20Plenary%20%20Andrews%2031052015ED.pdf.

③ U. S. Department of Defense,"Japan-U. S. - Australia Defense Ministers Meeting Joint Statement", 2015 - 5 - 30, http://www.globalsecurity.org/military/library/news/2015/05/mil - 150530 - dod02.htm.

④ Wroe, David,"South China Sea: Australia will ignore Chinese air defence zone, says Kevin Andrews", 2015 - 6 - 1, http://www.smh.com.au/federal-politics/political-news/south-china-sea-australia-will-ignore-chinese-air-defence-zone-says-kevin-andrews - 20150601 - ghe7o1.html.

⑤ 《澳新总理：中国在南海扩张做法与预期效果相反》，凤凰网，2015年9月23日，http://news.ifeng.com/a/20150923/44716610_0.shtml。

二、追随美国强调以行动来维护南海"航行自由"

澳大利亚在南海问题上开始积极充当美国南海政策的急先锋。正如前文所分析的,2015 年,澳大利亚南海政策延续了以发表言论的方式表达和维护"航行自由"的立场。但随着美国在南海争议地区侦查和"巡航"行动的逐渐展开,美国劝说日本、印度和澳大利亚等国加入针对中国南海维权的行动。其中,澳大利亚在附和美国上比较积极。5 月下旬,有美国媒体公开美国军方间谍飞机侦察南海行动的视频,期间遭到中国海军八次警告,其后,包括美国防长卡特在内的美国官员也接连在南海问题上对中国进行指责,这一系列举动使南海局势趋于复杂和持续升温。在这种局势下,澳大利亚也有意趁机介入。6 月 2 日,据《澳大利亚人报》报道,阿博特政府正积极考虑在中国于南海修建的人工岛附近,开展澳大利亚自己的所谓"航行自由"行动。澳联邦政府正在评估各种选择,而最有可能的方案似乎是出动一架 P-3 海上侦察机。① 10 月 12—13 日,美国与澳大利亚外长和防长在美国波士顿举行"2+2"会议,期间两国就南海"巡逻"合作进行了磋商,双方表示将致力于确保南海的"航行自由"。② 10 月 27 日,美国"拉森"号导弹驱逐舰闯入南海中国人造岛礁 12 海里后,澳大利亚防长佩恩当即发表声明,表示澳大利亚强烈支持,澳大利亚同美国以及其他地区伙伴在海洋安全问题上将继续密切合作。③ 11 月 25 日至 12 月 4 日期间,澳大利亚皇家空军一架 P-3C"猎户座"侦察机曾在北印度洋和南海执行所谓的"常规海洋巡逻"任务。④ 12 月 16 日,澳大利亚国防部表示,澳空军飞机没有飞临或进入中国南海岛礁 12 海里及附近空域。该行动由澳方与东盟国家联合实施,以打击海上人口走私、维护区域和平为目的。⑤ 同时,澳军方称,依据《国际民航公约》与《联合国公约》规定的

---

① 《澳大利亚称正考虑派军机赴南海展示"航行自由"》,环球网,2015 年 6 月 3 日,http://world.huanqiu.com/exclusive/2015—06/6589873.html。

② 《美国和澳大利亚就南海巡逻与合作进行磋商》,BBC 中文网,2015 年 10 月 15 日,http://www.bbc.com/zhongwen/trad/world/2015/10/151014_us_australia_china_sea_diplomacy。

③ Department of Defence Ministers, Australia, "Minister for Defence-Statement-Freedom of Navigation in the South China Sea", 2015-10-27, http://www.minister.defence.gov.au/2015/10/27/minister-for-defence-statement-freedom-of-navigation-in-the-south-china-sea/。

④ BBC, "Australia conducting 'freedom of naviagation' flights in South China Sea", 2015-12-15, http://www.bbc.com/news/world-australia-35099545。

⑤ 《澳军方明确否认军机飞临中国南海岛礁附近空域》,环球网,2015 年 12 月 17 日,http://mil.huanqiu.com/observation/2015—12/8196041.html。

海洋法,澳方飞机可以在这一地区"自由航行",此举意在维护地区安全。① 12月17日,澳大利亚防长佩恩表示,澳大利亚没有计划停止在南海的侦察行动,这些飞行活动是澳大利亚帮助维护地区稳定与安全的"例行"活动之一。佩恩说:"我们一直以一种非常建设性的方式在该地区进行航行。"② 澳大利亚在南海"航行自由"上由言论表达变为追随美国付诸行动,表明澳大利亚在南海问题上的"不选边站"立场发生明显偏向,其在中美之间"双方依赖"和"两边讨好"战略不再平衡。

总体而言,2015年澳大利亚在延续其既往南海政策的同时,又根据南海局势的发展进行了调整。澳大利亚南海政策的这种调整呈现三个特征。一是由以前的"低调"介入逐渐变为"高调"附和美国南海政策,并在某些时候争当美国南海行动的急先锋,成为美国在南海问题上来制衡中国的前沿阵地。澳大利亚紧随美国对中国南海岛礁建设进行严厉批评,并在美国的怂恿下在南海地区进行所谓维护"航行自由"的行动。二是在南海问题上由过去避免直接与中国发生冲突转变为间接触碰中国在南海问题上的政策底线。澳大利亚批评中国岛礁建设间接支持了菲律宾、越南等南海声索方,而否认中国南海主权和相关权益的维权活动;其南海"巡航"行动则直接对中国的南海主权和权益进行了挑衅。三是趁美国深度介入南海,进而与中国"短兵相接"所导致的紧张局势,澳大利亚使其"双方依赖"与"两边讨好"战略偏向美国,从而在与中国进行经贸与外交活动中增加谈判资本。

第三节　澳大利亚南海政策调整的驱动因素

尽管澳大利亚一直宣称在南海问题上持"不选边站"的"中立"立场,但2015年澳大利亚的南海政策出现向美国偏移的显著调整,并试图寻找新的平衡点。澳大利亚南海政策的偏移受到内在驱动力与外在因素的共同影响。

一、澳大利亚南海政策调整的内在驱动力

首先,地缘归属与"价值观"使澳大利亚倾向于美国,进而影响其南

---

① 《澳大利亚证实曾派战机"巡视"中国南海岛礁》,环球网,2015年12月15日,http: //world. huanqiu. com/exclusive/2015—12/8182902. html.

② 《澳大利亚国防部长:无计划停止在南海侦察行动》,环球网,2015年12月18日,http: //world. huanqiu. com/exclusive/2015—12/8205135. html.

第十二章 澳大利亚的南海政策

海政策。澳大利亚始终存在一种地理位置与价值归属之间的矛盾。澳大利亚作为西方国家的殖民地，其国家建构是按照西方政治制度进行的，来自欧洲的移民保持了西方社会的价值观。但在地理位置上，澳大利亚又毗邻亚洲而远离西方，澳大利亚俨然处于一种陌生的作为"他者"的尴尬境地。这使澳大利亚陷入地缘与身份之间的张力与焦虑之中。加之二战时，澳大利亚曾面临日本即将登陆侵略的威胁，这种"陌生感"及"被侵略的焦虑感"深深烙在澳大利亚决策者及国民的意识中。虽然战后澳大利亚改善了与日本的关系，加强了与东南亚国家的经贸与文化等各方面的交流，这种"陌生感"和"焦虑感"大大减少，但现在仍潜藏于澳大利亚的集体意识中挥之不去。① 这种身份与安全"焦虑"迫切需要归属感。随着宗主国英国在亚洲势力的衰退，美国成为澳大利亚拥抱与效忠的对象。澳大利亚总理通过在各种场合表达与美国的关系，以亚洲"局外人"来克服身份与安全"焦虑"。2011年3月9日，澳大利亚前总理吉拉德在美国国会进行了演讲，清晰地表达了坚定追随美国的态度。② 2012年，阿博特访问美国时就明确表示："澳大利亚人以同美国并肩作战而自豪……澳大利亚的国家利益可能并不总是与美国相同。但是，我们的价值观是一致的，而澳大利亚的外交政策应由我们的价值观和利益共同驱动。"③ 阿博特还曾指出，如果澳大利亚成为美国领导的"盎格鲁文化圈"（Anglosphere）中的一员，并与其他志同道合者共同发展这个事业，那么这对澳大利亚而言是大有裨益的。④ 这种身份与"价值观"的认同是根深蒂固的，具有持久性，它使澳大利亚决策者与国民在看待与接受美国的南海政策时具有共同的心理与情感基础。

其次，现实的防务安全与美澳同盟使澳大利亚在南海政策上追随美国。澳大利亚对中国的防范既有心理、"价值观"以及历史等影响因素，又有现实影响因素。澳大利亚与亚洲处于不同文化圈，加之意识形态与政治制度的不同，澳大利亚与中国在心理与价值观上有明显差异。在冷战时期，澳大利亚曾作为美国窃取中国情报、围堵中国的一个前沿阵地。这些心理、价值观及历史因素随着中国崛起的影响而混在一起，进一步加深了澳大利亚对中国崛起的忧虑与防范。澳大利亚虽然跟随美国干预世界各地

---

① Burke, Anthony. In Fear of Security: Australia's Invasion Anxiety. Sydney: Pluto Press. 2001.
② 《被忽略的搅局者：澳大利亚会挑战中国南海主权？》，中华网，2016年2月16日，http://military.china.com/kangzhan70/zhjw/11173869/20160216/21508775.html。
③ 鞠海龙主编：《南海地区形势报告（2013—2014）》，时事出版社2015年版，第243页。
④ [澳]马必胜著，许少民译：《澳大利亚如何应对中国崛起？》，《外交评论》，2014年第1期，第69页。

的事务，但并未在其中发挥影响。作为一个旨在实现"中等强国"目标的澳大利亚，其核心利益主要集中在亚太或印太地区，这一地区的稳定对于澳大利亚而言至关重要。对于深谙"现实主义"国际关系的澳大利亚政府而言，中国崛起必然会对现有国际与地区秩序形成挑战。2009 年，澳大利亚在其《国防白皮书》中就明确指出中国是一个"潜在的威胁"。① 而澳大利亚作为现有国际秩序的受益者自然会受到影响，② 对中国崛起保持防范在所难免。

除了防范，澳大利亚更加强对美澳同盟的依赖来维护其在该地区的战略利益。"美澳同盟长久以来都是澳大利亚任何一届政府的基本共识，它已成为澳大利亚外交和战略规划中不可撼动的关键部分。"③ 同时，澳大利亚政府坚信，只有保持美国在亚太地区的实力，才能保持地区稳定与经济发展。加之澳大利亚与美国拥有相同的"价值观"，保持以美国主导的亚太地区秩序有利于实现澳大利亚的安全战略。2012 年，阿博特在访问美国时表示，即将到来的"亚洲世纪"不仅是中国、印度和日本的，也将是美国的，因为美国在亚太地区拥有与大西洋地区一样的实力。④ 为了表示对美澳同盟的依赖，澳大利亚积极派军队加入美国主导的伊拉克与阿富汗战争。在亚太地区，2011 年 11 月，澳大利亚同意美国海军陆战队轮替驻扎达尔文地区。这些积极举措无一不表明澳大利亚对美澳同盟的重视和依赖。

其三，澳大利亚的"中等强国"战略在对待美国的态度上具有双重性，既要依靠美国主导的国际与地区秩序来维护既得利益，又要寻求外交政策的相对自主性。这使得澳大利亚在南海政策上并不完全与美国保持一致。自二战以来，澳大利亚历届政府都将"中等强国"作为外交政策的重要内容。⑤ 这种对美国的依赖战略在澳大利亚维护和加强澳美同盟中得到了明显体现；而寻求相对自主性则要求澳大利亚摒弃对美国唯唯诺诺的形象，谋求更大的外交独立性。如 2007 年，时任澳大利亚总理的陆克文批准《京都议定书》，使美国成为唯一未签署该协议的国家；以及履行其竞选时

---

① Department of Defence. "Defending Australia in the Asia Pacific Century: Force 2030", http://www.defence.gov.au/whitepaper/2009/docs/defence_white_paper_2009.pdf

② 鲁鹏：《在理想与现实之间——从澳大利亚外交战略看澳大利亚南海政策》，《亚太安全与海洋研究》，2015 年第 2 期。

③ [澳] 马必胜：《澳大利亚如何应对中国崛起?》，《外交评论》，2014 年第 1 期，第 68 页。

④ Abbott, Tony. "The Australia-U. S. Alliance and Leadership in the Asia-Pacific", http://www.heritage.org/research/lecture/2012/11/the-australiaus-alliance-and-leadership-in-the-asiapacific.

⑤ Ungerer, Carl. "The 'Middle Power' Concept in Australian Foreign Policy", Australian Journal of Politics and History, Vol. 53 (4): pp. 538 – 551.

的承诺,与美国就澳大利亚从伊拉克撤军进行谈判。① 2015年10月,澳大利亚北领地区政府以5.06亿澳元(约3.64亿美元)将达尔文港99年的租赁权交给中国岚桥集团,该港口涉及到美国海军舰只在澳大利亚的停靠,澳大利亚没有事先通报美国。此后,美国多次试图影响澳方的决定。在媒体披露美国政府在澳大利亚就澳向中国企业出租达尔文港一事进行了秘密民调后,澳大利亚总理特恩布尔表示,政府不会根据"手机短信民意测验"来做出国家安全决定。②"中等强国"战略在一定程度上表明澳大利亚并不完全附和美国的外交战略,在南海问题上,澳大利亚在与美国寻求一致的同时,也期待通过外交上的相对自主性在中美之间发挥协调作用。

最后,澳大利亚与中国密切的经贸往来虽然使澳大利亚在经济上依赖中国,但经贸往来的效应并未外溢到其他领域,这在一定程度上会影响澳大利亚的南海政策。与中国保持交流与良好的合作关系是澳大利亚外交战略的一个核心内容,这是由澳大利亚采取"经济上依赖中国"的外交战略所决定的。目前,中国是澳大利亚第一大货物贸易伙伴、进口来源地及出口目的地。自2009年起,中国已经连续五年成为澳大利亚最大贸易伙伴、最大出口市场和最大进口来源国。随着双边贸易的持续扩大,中国对澳投资,尤其是在能源矿业领域的投资迅速增长。③ 中国对于澳大利亚经济转型与发展的重要性不言而喻,以至于"现在中国打个喷嚏,澳大利亚确实要感冒"的说法毫不夸张。④ 纵观2015年,虽然受制于国际铁矿石等大宗商品市场持续疲弱,商品价格普遍持续下跌,⑤ 以及中国经济增长放缓等因素,两国经贸受到影响,但据澳大利亚外交贸易部2015年8月4日发布报告说,2014年澳大利亚对外贸易继续增长,中国仍是澳大利亚最大的贸易伙伴,双边贸易额占澳大利亚对外贸易总额约23%。⑥ 随着2015年12月中澳自由贸易协定生效,中澳之间的经济关系将更为紧密。这种紧密的

---

① 唐小松、宾科:《陆克文"中等强国外交"评析》,《现代国际关系》,2008年第10期,第16页。
② 《外媒:在中美之间"选边站"澳大利亚很纠结》,《参考消息》网,2016年3月11日,http://www.cankaoxiaoxi.com/world/20160311/1097400.shtml。
③ 《中国连续5年成为澳大利亚最大贸易伙伴》,光明网,2015年5月25日,http://legal.gmw.cn/2015—05/25/content_15768961.htm。
④ 《张国宝:现在中国打喷嚏澳大利亚得感冒》,人民网,2014年4月11日,http://finance.people.com.cn/n/2014/0411/c1004—24880736.html。
⑤ 《国际商品市场走势》,中华人民共和国商务部网站,2014年11月6日,http://zhs.mofcom.gov.cn/article/Nocategory/201411/20141100787753.shtml。
⑥ 《澳政府报告:中国仍是最大贸易伙伴》,环球网,2015年8月4日,http://world.huanqiu.com/article/2015—08/7190825.html。

经贸往来使得澳大利亚在南海问题上会尽量有所"克制",避免与中国形成直接的对立与冲突。

但是,也需要看到这种经贸往来对澳大利亚与中国关系潜在影响的一面,即澳大利亚担心受中国政府影响的资本会控制重要资源,从而对其国家利益产生影响。自陆克文执政开始,澳大利亚政府的外国投资审查委员会一改以往的作风,多次否决来自中国的投资,并有证据表明澳大利亚政府暗地里力阻中国投资者并购已经入不敷出的力拓集团。① 因此,在缺乏价值共识与安全互信等情况下,即使经贸往来加深,也并不一定意味着双方能建立起紧密的合作关系。一旦经济利益与国家安全利益形成冲突时,国家安全利益会成为外交战略的决定因素。②

二、澳大利亚南海政策调整的外在因素

在影响澳大利亚南海政策调整的内在驱动力中,地缘归属、"价值观"、防务安全、经贸往来等因素,对澳大利亚南海政策形成了不同方向的影响。单凭这些因素难以解释澳大利亚南海政策为什么会进行调整。南海问题虽然是地区相关国家的领土争端产生的,但其复杂性则是因美国针对中国的战略转移而增加的,南海问题的关键在于中美关系,而澳大利亚的外交政策又深受中美关系因素的影响。因此,只有将影响澳大利亚南海政策的内在驱动力放置于中美关系中,才能理解澳大利亚南海政策做出调整的原因及趋势。

从以上分析可以看出,影响澳大利亚南海政策的内在驱动力中,经贸往来虽然使澳大利亚对中国形成依赖,但这种依赖由于存在控制澳大利亚重要资源的风险,以及未能将经济领域的双赢外溢到安全与政治领域,使得经贸因素对澳大利亚南海政策的影响具有不稳定性。澳大利亚虽然在"中等强国"战略下寻求外交上的相对独立性,但与对美国的依赖相比,这种独立性不会对其南海政策产生实质性影响。对澳大利亚而言,中国崛起必然会对亚太地区的权力格局与秩序产生影响,防范中国就成为澳大利亚的首要反应。因此,通过以上影响澳大利亚外交及南海政策因素的分析,可以发现,多重因素促使澳大利亚在南海问题上与美国保持一致。但这些因素在澳大利亚介入南海问题初期,由于中美在南海问题上的竞争尚未全面与深入展开,澳大利亚可以在各个不同因素影响下游刃有余地在中美南海政策之间游走。但随着美国通过战略重心转移、军事部署、国际舆

---

① [澳]马必胜:《澳大利亚如何应对中国崛起?》,《外交评论》,2014 年第 1 期,第 62 页。
② 阎学通:《国家安全比经济利益更重要》,《学习月刊》,2003 年第 4 期。

论、结盟等多管齐下的方式介入南海问题，即"综合利用美国的外交、军事和运用国际法的优势，推动南海局势朝着对美国有利的方向发展"，[①] 2015年，中美在南海问题上的竞争已呈现白热化态势。这种南海局势使澳大利亚意识到难以在中美之间采取模糊的基于"双方依赖"的"两边讨好"战略，必须将原有的平衡点进行转移。在南海局势日趋紧张与复杂，以及对澳大利亚南海政策的压力越来越大时，澳大利亚会在国家安全与经济利益之间进行衡量。

第四节　澳大利亚南海政策调整产生的影响及未来走向

澳大利亚既非南海争议的当事国，又担心在南海问题上与中国形成直接对立而采取较为"谨慎"的"低调"介入，因此，澳大利亚南海政策对南海局势的影响不甚明显。但随着美国对南海问题的全面与深度介入，澳大利亚调整后的南海政策更加倾向于美国，其对南海问题的影响借助于美澳同盟开始凸显。澳大利亚南海政策的未来走向也因这种影响方式增加了南海问题的不确定性。

一、澳大利亚南海政策调整对中国南海维权的影响

在美国的鼓动和支持下，澳大利亚的南海政策由过去"低调"介入转变为"高调"与美国保持一致，开始追随美国以实际行动来维护"南海航行自由"。限于澳大利亚的国家实力及其对地区事务的影响力，虽然澳大利亚南海政策尚无法对南海地区权力格局产生显著影响，但其调整后的南海政策却对中国南海维权产生了重要影响。

首先，澳大利亚南海政策的调整，对美国在南海问题上牵制与制衡中国起着推波助澜的作用，使中国南海维权的国际环境更加恶劣。自美国提出"重返"东南亚及"亚太再平衡"战略以来，"在南海问题上形成了区域外大国与东南亚国家共同针对中国的基本态势"，[②] 中国南海维权面临不断增长的国际压力。由于美国经济的衰退，在介入南海问题上除了直接的军事部署外，更重视凭借地区同盟力量及国际舆论来牵制与制衡中国。在组建地区同盟方面，奥巴马政府的"亚太再平衡"战略就是要拉拢一切与

[①] 朱锋：《岛礁建设会改变南海局势现状吗？》，《国际问题研究》，2015年第3期，第13页。

[②] 鞠海龙：《美国奥巴马政府南海政策研究》，《当代亚太》，2011年第3期，第97页。

中国存在主权和安全争议的国家，形成区域争议性议题上以盟国和安全伙伴为基础的"志愿联盟"。① 在这个联盟中，除了菲律宾与越南明确支持美国外，作为南海域外国家的澳大利亚也积极参与。在制造国际舆论方面，美国积极支持越南和菲律宾将南海争议国际化，将中国的南海主张及政策渲染成"咄咄逼人"、极具"攻击性"与"违反国际法"的负面形象，将中国"奋发有为"的外交政策及行为渲染成"中国威胁论"。在这方面，作为美国的忠实盟友，澳大利亚不再延续以往"低调"的风格，而是频繁在各种场合积极保持与美国一致，批评中国南海岛礁建设"威胁"航行和飞越自由、"加剧"南海地区紧张；以及高调表示支持美国南海"巡航"行动。澳大利亚从"低调"介入到高调批评中国及南海飞行"巡逻"在客观上使中国南海维权的国际环境更加恶劣。

其次，澳大利亚南海政策的调整在特定情况下弥补了美国在南海问题上"制衡"中国分身无术的情况，使中国南海维权的国际压力得以长期持续。2015 年 11—12 月，澳大利亚军机曾在北印度洋和南海执行所谓的"常规海洋巡逻"任务。② 随后，澳大利亚防长佩恩表示，澳大利亚没有计划停止在南海的侦察行动，并称这些飞行活动是澳大利亚帮助"维护"地区稳定与安全的例行活动之一，澳大利亚一直以一种非常建设性的方式在该地区飞行。③ 而在这期间，美国由于加州恐怖袭击事件的发生、土耳其击落俄战机引发的冲突，以及集中精力打击"伊斯兰国"等任务，原本打算在"拉森"号事件之后能于 12 月初在南海进行另一次"航行自由"的"巡航"活动，只能暂时推迟。此时，澳大利亚在南海展示"航行与飞越自由"的"巡逻"行动正好填补了美国在特定情况下的空缺。

尽管澳大利亚南海政策的调整对中国南海维权产生的影响是间接和有限的，但由于美国在南海问题上牵制和制衡中国的意图十分明确，中国在南海维权上面临着"一对多"的力量对比，澳大利亚南海政策的调整可能会起到示范效应，吸引日本等国家加强对南海问题的介入。

二、澳大利亚南海政策的未来走向

中国的崛起及其在地区乃至全球事务中发挥重要影响已是不争的事

---

① 朱峰：《中国周边安全局势：我们正在面临什么样的新变化?》，《当代世界》，2016 年第 4 期，第 12 页。

② BBC, "Australia conducting 'freedom of naviagation' flights in South China Sea", 2015 - 12 - 15, http://www.bbc.com/news/world-australia-35099445.

③ 《澳大利亚国防部长：无计划停止在南海侦察行动》，环球网，2015 年 12 月 18 日，http://world.huanqiu.com/exclusive/2015—12/8205135.html。

第十二章 澳大利亚的南海政策

实,在亚太地区的权力格局中已形成了中国与美国的"双领导体制"。① 这种国际体系中的权力转移尚未达到平衡与定型,还处于不断变化之中。在经济层面,澳大利亚既依赖中国的经济发展,又对这种过度依赖有所疑虑;在防务安全层面,澳大利亚坚信加强澳美同盟能降低中国崛起所带来的安全焦虑。当二者不能有效地实现平衡时,澳大利亚会倾向于在防务安全上更加依赖美国。因为澳大利亚认为,"在过去70年里,印太地区的和平与稳定由于美国强大实力的存在而一直得到巩固",一个强劲且深厚的澳美同盟是澳大利亚安全与防御计划的核心。② 这种利弊权衡之后的政策调整会继续在澳大利亚南海政策未来走向上有所体现。

通过以上分析,可以预期,澳大利亚南海政策会进一步向美国靠拢,在南海问题上更加积极地与美国保持一致,甚至会扩大军机在南海飞行的频率。澳大利亚南海政策的这种趋势已初见端倪。

2016年初,澳大利亚在南海问题上的行动保持了其南海政策调整后的"高调"与"积极"姿态,在以行动维护所谓"南海航行自由"方面,澳大利亚进一步与美国一唱一和。1月30日,美国军舰又一次打着"航行自由"的幌子,侵入中国南海中建岛12海里海域,这是继2015年10月"拉森"号事件后美国再次向中国进行赤裸裸的挑衅行为。对此,澳大利亚不仅事先清楚美国的巡航行动,而且事后澳大利亚防长佩恩还宣称要效仿美国到南海"行使自由航行和飞越权",同时表示,澳大利亚将继续与美国和其他地区合作伙伴在航行安全问题上进行亲密合作,澳大利亚舰机将"继续根据国际法实行自由航行和自由飞越权,包括在南中国海。"③ 这表明,当澳大利亚在防务安全上依赖美国的预期没有受到其他可替代性因素影响时,澳大利亚倾向于美国的南海政策会具有"惯性",进而使澳大利亚南海政策具有较强的"路径依赖"④ 特征。

在澳大利亚南海政策的未来走向上,这种"路径依赖"还表现为针对中国经济和军力的不断增长而加强自身的军事和国防力量。这集中体现在

---

① 赵全胜:《中美关系和亚太地区的"双领导体制"》,《美国研究》,2012年第1期。
② Department of Defence, Australian Government. "2016 Defence White Paper", http://www.defence.gov.au/WhitePaper/Docs/2016-Defence-White-Paper.pdf. p. 14, 15.
③ 《澳大利亚称支持美军舰闯南海中建岛 还欲效仿》,观察者网,2016年2月1日,http://www.guancha.cn/internation/2016_02_01_349906.shtml。
④ "路径依赖"最早用于分析技术演进,诺思将其运用到经济制度的变迁中,并使该理论声名远播。诺思认为,路径依赖类似于物理学中力的惯性,事物一旦进入某一路径,除非受到外力的强有力影响,否则就会对该路径形成依赖,并在以后的发展中得到自我强化。在人类社会生活中,其政治和经济行为易受到结构与传统的影响,制度变迁与创新的进程缓慢。见[美]道格拉斯·C.诺思著,厉以平译:《经济史上的结构和变革》,商务印书馆1992年版。

澳大利亚 2016 年《国防白皮书》中。2 月 25 日,澳大利亚发布 2016 年《国防白皮书》,打算将国防预算从 2015—2016 财年的 323 亿澳元增长到 2025—2026 财年的 587 亿澳元,将占澳大利亚国内生产总值的 2%,其中将 25% 的国防预算将用于海上能力建设,成为二战结束以来澳大利亚海军最全面的复兴。① 虽然澳大利亚在其《国防白皮书》中没有明确表示国防预算的增加是针对中国,但也明确表达了对中国崛起的担忧:"尽管中国在全球战略的重要性上不如美国,但中国国力的增长,包括军事现代化,意味着中国的政策和行动将对印太地区的稳定产生重大影响,一直持续到 2035 年。"② 因此,澳大利亚未来的南海政策除了保持与美国一致外,也注重加强自身军事和国防力量以防范中国。

当然,澳大利亚也会加强与中国在经贸、文化、旅游、军事、安全等各方面的交流与合作。澳大利亚在南海问题上积极与美国保持一致,以及追随美国以行动维护"南海航行自由",不可避免地会与中国南海政策产生冲突。为了改善与中国的双边关系,以及在经济上对中国的依赖,澳大利亚会加强同中国的经贸关系。澳大利亚在 2016 年《国防白皮书》中预测,到 2050 年,几乎全世界一半的经济产量来自于亚洲地区。澳大利亚有利的地理位置使其从这一地区的经济增长中获得了巨大利益。③ 澳大利亚认为中国持续的经济增长为澳大利亚带来了机遇。2015 年 12 月 20 日,《中华人民共和国政府和澳大利亚政府自由贸易协定》正式生效。中澳自贸协定在内容上涵盖货物、服务、投资等十几个领域,实现了"全面、高质量和利益平衡"的目标,是中国与其他国家迄今已商签的贸易投资自由化整体水平最高的自贸协定之一。④ 协定生效后,将为深化中澳双边经贸合作、推动各国经济增长注入强劲动力,为充实中澳全面战略伙伴关系发展提供重要内容。⑤ 随着 2014 年习近平对澳大利亚的访问,两国正式将双边关系提升为全面战略伙伴关系。澳大利亚表示,尽管两国在地区及全球

---

① Department of Defence, Australian Government, "2016 Defence White Paper", http://www.defence.gov.au/WhitePaper/Docs/2016 - Defence-White-Paper.pdf. Chapter Five.

② Department of Defence, Australian Government, "2016 Defence White Paper", http://www.defence.gov.au/WhitePaper/Docs/2016 - Defence-White-Paper.pdf. p. 42.

③ Department of Defence, Australian Government. "2016 Defence White Paper", http://www.defence.gov.au/WhitePaper/Docs/2016 - Defence-White-Paper.pdf. p. 39, 14.

④ 《中国与澳大利亚签署自由贸易协定》,中华人民共和国中央人民政府网,2015 年 6 月 17 日,http://www.gov.cn/xinwen/2015—06/17/content_2880521.htm。

⑤ 《驻澳大利亚大使马朝旭同澳方互换照会 中澳自贸协定将于 12 月 20 日生效》,中华人民共和国外交部网站,2015 年 12 月 10 日,http://www.fmprc.gov.cn/web/zwbd_673032/wshd_673034/t1323025.shtml。

第十二章 澳大利亚的南海政策

安全问题上存在不同的战略利益,但仍将努力加深和拓宽与中国的重要防御关系。[1] 可以预期,澳大利亚与中国在经贸、文化、旅游、军事等各方面的交流与合作将提升到一个新的水平。

结　语

基于对 2015 年澳大利亚南海政策的分析以及对未来走向的判断,中国政府的应对可以从两个方面展开。

加强中美在南海问题上的合作以降低二者之间的激烈竞争,改变澳大利亚南海政策调整的外在影响因素。澳大利亚在 2016 年《国防白皮书》中对影响其安全环境的六个因素进行排序,名列榜首的便是中美关系。[2] 正如前文所分析的,影响澳大利亚南海政策的诸多因素中,某个单一因素并不会对其南海政策的调整产生决定性影响,这些影响是多种因素在中美关系下相互作用而发挥的。正是由于美国对南海问题全面与深度介入,才使澳大利亚在南海政策上由过去有所"顾虑"的"低调"介入,转变为充当美国南海政策的急先锋。从另一个角度看,美国毕竟是远离南海地区的域外国家,尽管仍保持大国实力,但面对中国崛起及其在南海地区的影响力,美国也存在分身无术和鞭长莫及的情况。因此,中美在南海的竞争中,美国在南海问题上的行为存在比较高的成本,中国在保持对南海地区局势影响力的情况下,需要表现出足够的耐心、自信与理性,逐步促使美国调整其南海政策。中国可以通过加强中美高层领导互访、建立常规化的外交与军事交流平台,及时沟通,增进理解,达成共识,从而减少风险和降低误判。通过中美在南海问题上竞争关系的改善,改变影响澳大利亚南海政策诸多因素的环境,从而使澳大利亚在中美之间做出新的平衡,减少南海问题的复杂性。

重视澳大利亚在地区事务中的影响,加强与澳大利亚经贸往来的同时,加大安全、军事、政治与社会等各方面的交流。在中澳关系上,存在经济与政治、军事等方面的不对称。双方经济方面的共同利益不断增加,但政治与安全互信方面仍然存在一些短板。这在很大程度上与中国对澳大利亚的战略定位不清晰有关。在中国的外交战略中,"大国是关键,周边是

---

[1] Department of Defence, Australian Government. "2016 Defence White Paper", http://www.defence.gov.au/WhitePaper/Docs/2016 – Defence-White-Paper.pdf. p. 44.

[2] Department of Defence, Australian Government. "2016 Defence White Paper", http://www.defence.gov.au/WhitePaper/Docs/2016 – Defence-White-Paper.pdf. p. 40.

首要，发展中国家是基础，多边是舞台"。① 澳大利亚作为非亚洲国家和中等强国，在这种外交战略中缺乏明确定位。中国需要重新评估澳大利亚对中国崛起的反应，以及澳大利亚南海政策对中国南海维权的影响，在此基础上，从政治、经济、文化、军事等各个层面对澳大利亚进行外交战略定位。从上文对澳大利亚南海政策、影响及未来走向的分析，可以发现，澳大利亚虽然是美国在亚太地区最忠实的盟友，积极迎合美国南海政策，但并没有盲目听从美国；澳大利亚作为西方国家，与美国具有亲和力，但同时更以国家利益作为其国家行为的根源。在外交战略上，中国需要将澳大利亚作为一个重要的地区国家看待，重视澳大利亚在地区事务中的影响力。在这种战略下，针对澳美同盟，中国需要加强与澳大利亚在政治、军事和防务安全方面的交流与合作范围；建立中澳之间防长与外长的年度定期会晤机制，及时阐释双边外交与军事战略安排，就南海地区问题充分交换意见，达成共识；提高中澳两国军事合作的频率；通过发布国防白皮书、新闻发布会、军事高层互访等方式，逐步消除澳大利亚对中国崛起的担忧与防范。就中澳经贸关系来看，在加强双边经贸的同时，更应重视降低澳大利亚对中国过于依赖的担忧，这需要在加强中国对澳投资的同时，解释中国市场经济和法治改革的成果，使双方经贸交流与合作提升到一个新的水平，使经济领域的双赢逐步拓展到政治与安全等领域，从而加强与澳大利亚在南海问题上的深入沟通与合作。

---

① 金灿荣：《中国外交须给予中等强国恰当定位》，《国际展望》，2010年第5期，第21页。

第十三章

印度的南海政策[*]

印度中央统计局（Central Statistics Office）数据显示，2015年第四季度，印度GDP同比增长7.3%，已成为全球增长最快的大型经济体。统计局预计2016年印度年度GDP增长将达到7.6%。[①] 在世界其他经济体面临困难时期缓慢增长的对比之下，印度如此之快的发展速度，也正印证了它在政治舞台上的野心。尽管印度在地理位置上不属于南中国海地区，但其在南亚印度洋地区日益增长的国家实力和意欲扩大政治影响力的政策都表明，印度已经成为南海地区不可或缺的制衡力量，这种制衡一方面来自于对中国崛起的担忧，另一方面也源于不断增长的能源安全需求。

2015年10月印度海军发表了一份题为《确保安全的海域：印度海上安全战略》（Ensuring Secure Seas: Indian Maritime Security Strategy）的报告。这份报告的最初版本发表于2007年，2015年发表的是修订后的版本。前言中提到印度主要通过海洋渠道扩展与世界其他国家的来往，印度贸易总量的90%和贸易额的70%都是通过海洋运输完成的。近十几年来，随着印度经济、军事和科技的发展，其参与国际事务的范围也扩展到了印度洋之外，因为"印度的海洋邻居并不只是享有地理边界的国家，还包括在公海范围内享有共同海洋空间的国家"。报告中尤其提到，印度洋是印度首先考虑的利益相关区域，南中国海地区是仅次其后的第二优先利益相关区域[②]。自国家战略由"东向"政策转变为"东向行动"政策之后，作为一个地区大国，印度已经开始不仅仅着眼于东方巨大的发展潜力，而是会以更加务实的姿态具体地参与到东方事务中。

同时2015年也是印度莫迪政府上台执政后大刀阔斧进行内外改革的一年，国内有行政系统的改革和经济领域的印度制造计划，外交方面莫迪更如旋风一般出访了超过20个国家，其中还包括具有历史意义的出访巴基斯坦，此外印度还积极呼吁联合国改革和争取加入安理会常任理事国。印度追求成为世界大国的野心不容小觑，必然会在南海问题上有所体现。因此

---

[*] 张舒，中国南海研究院助理研究员。
[①] 《印度宣布去年GDP增速超越中国 领跑全球》，搜狐新闻，http://news.sohu.com/20160209/n437160028.shtml，2016年5月2日登录。
[②] Indian Navy, Ensuring Secure Seas: Indian Maritime Security Strategy, 2015, p.24.

有必要系统了解 2015—2016 年印度在南海问题上的新动向，系统分析新动向背后的原因和路径建设。

第一节　印度在南海问题上的新动向

自 2010 年开始，南海地区形势逐渐紧张，南海日益成为域外大国扩展政治影响力、战略利益的角力场，各国也纷纷加强双边和多边合作，不断搅动本已复杂的南海局势。在这样的背景下，印度开始越来越直接公开地介入南海问题。

印度在 20 世纪 90 年代中期提出"东向"政策，目的是为了通过东盟加强同东南亚国家的经济合作，同时印度开始重视南海和太平洋地区的战略意义。2007 年印度海军发表的《航行自由：印度海洋军事战略》（India's Maritime Military Strategy）将南中国海列为印度的战略利益区域，这直接表明了印度在南海地区的政策走向和政治参与符合印度的国家利益，更加表明了印度终会因为这份利益诉求采取更加积极的姿态。[1] 印度海军上将 Joshi 在几年后的 2012 年 12 月将这一态度明确化，即印度海军有能力部署到南海区域保卫印度的能源安全利益。[2]

2014 年 11 月 12 日，印度总理莫迪在东盟—印度峰会上提出，印度的"东向"政策已经转变为"东向行动"政策（Look East Policy to Act East Policy）。[3] 不同于 20 世纪 90 年代提出的"东向"政策，莫迪总理这番讲话清楚地标志着印度将会以更加务实的姿态参与到东亚事务中，2015 年更新后的《确保安全的海域：印度海上安全战略》（Ensuring Secure Seas: Indian Maritime Security Strategy）则更加明确地将南海问题列为第二优先考虑的利益范围（secondary areas of interest）。印度在国家战略中明确写明南海的战略意义，不仅标志着印度政府的关注度提高，同时也印证着其大国梦想的实施方向。

印度意欲发挥其在南海问题上的影响力和"制衡"作用，除了在公开场合发表立场态度之外，重要的途径则是开展与南海周边国家的合作，尤其是军事和安全方面的合作。

南海和东南亚地区是印度"东向行动"政策的主要着力点，在加强同

---

[1] 时宏远：《印度的海洋强国梦》，《国际问题研究》，2013 年第 3 期，第 104—119 页。

[2]《印海军：将维护印公司南海石油利益》，BBC 中文网，http://www.bbc.com/zhongwen/simp/chinese_news/2012/12/121204_china_india_navy.shtml，2012，2016 年 4 月 20 日登录。

[3] 张棋炘：《莫迪外交——从东望迈向东进》，季风亚洲东南亚的过去与现在：2015 台湾的东南亚区域研究年度研讨会，2015 年，第 1 页。

第十三章　印度的南海政策

南海周边国家关系的同时，印度也积极拉拢域外大国，通过与这些国家的合作，获得域外大国的支持，增强自身在南海问题的发言权，同时也将新的牵制力量引入南海。

一、军事合作不断加强

印度和南海周边国家的军事合作主要体现为与越南更加亲密无间的合作关系。而国防合作是两国关系的主要部分①。

印越两国在 2007 年建立战略伙伴关系。2014 年同年实现了印度总统和越南总理的互访。2015 年越南国防部长于 5 月访问印度时，与印度国防部长共同签署了一份"国防合作联合愿景声明 2015—2020"（Joint Vision Statement for the period 2015 – 2020 on Defense Cooperation）和两国"海军警卫队合作备忘录"（Memorandum on Understanding on cooperation between the Coast Guards）。印度承诺向越南提供潜艇训练等军事援助，越南则继续向印度开放其南海沿岸的金兰湾港口和空军基地。两份官方文件的签署奠定了未来五年内双边国防合作的基础和基本的政策走向。同时印度还将在越南南部建立一个卫星跟踪和成像中心，这个卫星中心会将观察到的覆盖亚洲的卫星图像传送给河内，其中包括中国南海②。这项耗费 2400 万美元的设施，将由印度空间研究组织负责运行。印越的国防合作不仅有纲领性文件的指导，也有具体的行动措施。而新建立的卫星跟踪系统则是印度的高科技助力国防合作的重要表现，未来双方也许仍将扩大合作的领域和范围。

印度也和另一南海主要争端国菲律宾保持了良好的国防合作关系，2015 年 11 月印度隐身护卫舰"萨亚德里"号访问马尼拉③。此外印度与新加坡于 2015 年将两国关系升级为战略合作伙伴关系，并签署了加强国防合作协定，双方海军还于 2015 年 5 月在南海举行了每年一次的军事演习（Singapore India Maritime Bilateral Exercise，SIMBEX）。④ 印度还和缅甸、泰国进行了军事演习；2012 年以来，印度武装部队军官定期出席文莱皇家武

---

① India Ministry of Defense. Annual Report 2015 – 2016, http：//mod. nic. in/writereaddata/Annual2016. pdf.

② Lindsay Murdoch, "Vietnam to gain satellite views of South China Sea thanks to Indian agreement", http：//www. smh. com. au/world/vietnam-to-gain-satellite-views-of-south-china-sea-thanks-to-indian-agreement – 20160126 – gme23v. html, 2016, accessed on 20th April, 2016.

③ Indian Ministry of External Affairs, 2015 – 2016. Annual Report. p. x.

④ Indian Navy, "SIMBEX 15 – Indian-Singapore Navy Bilateral Exercise", http：//indiannavy. nic. in/content/simbex – 15 – indian-singapore-navy-bilateral-exercise, accessed on 20th April, 2016.

装部队司令部人员课程。印度还在印度洋地区与多国组织联合巡逻,例如缅甸、泰国和印度尼西亚。①

同时国防军事合作也扩展到了域外空间。印美双方一如既往地进行了年度"马拉巴尔"(Malabar)军事演习。"马拉巴尔"军事演习始于1992年,最初的永久成员只有美国和印度,日本于2014年加入演习并于2015年成为第三个永久成员,"马拉巴尔"演习也成为三方海军演习机制。②

进入2016年以来,路透社报道指出美印已经举行会谈商议进行联合海上巡逻,但随后印度政府否认了这一消息。海军上将哈里斯直指"在安全方面,我们需要印度发挥在印度洋亚太地区的领导力"。③

印度还一直保持与日本的定期军事演习,包括2012年和2014年在西太平洋的印日双边军事演习,2013年和2015年在孟加拉湾的双边军事演习。印度和澳大利亚也于2015年9月在孟加拉湾举行了第一次双边海军演习。④

印度不止发展与域外西方大国的双边关系,还试图将双边关系扩大化,发展成更大区域的多边战略关系。例如印度—日本—美国、印度—日本—越南、印度—日本—澳大利亚等。印、日、美三角形成于2011年12月,2015年9月升级为部长级水平。莫迪促成2015年6月建成印度—日本—澳大利亚三角,并使对话保持为部长级水平。⑤

二、政治合作得到提升

印度利用领导人出访他国、印度代表参加国际会议等契机,在国际公开场合与他国或单独发表关于南海议题的意见看法,意图彰显其在南海议题上的政治影响力。印度作为南海问题的域外大国,主要通过两种方式表达政治关切。第一种方式是与南海周边国家或者域外大国双边或多边合作,通过发表共同声明、具体军事行动等。第二种方式则是印度直接在公开的国际场合引起对南海问题的讨论,试图使南海问题国际化,并借此发表自身看法。

---

① Indian Navy, http://indiannavy.nic.in/operations/11, accessed on 20th April, 2016.
② Ministry of Foreign Affairs, Annual Report 2015 - 2016, 2015, p. 76.
③ Niharika Mandhana, "U.S., India, Japan Plan Joint Naval Exercises Near South China Sea", http://www.wsj.com/articles/u-s-india-japan-plan-joint-naval-exercises-near-south-china-sea-1457010828, accessed on 22th April, 2016.
④ Ministry of Foreign Affairs, Annual Report 2015 - 2016, 2015, p. 15.
⑤ David Scott, "India's Incremental Balancing in the South China Sea", http://www.e-ir.info/2015/07/26/indias-incremental-balancing-in-the-south-china-sea/, accessed on 22th April, 2016.

第十三章 印度的南海政策

第一种方式是其利用出访机会与他国领导人共同发表对南海意见。

2015年10月14日，印度和菲律宾两国间合作的最高机构——双边合作联合委员会第三次会议在新德里召开，双方外交部长共同主持。会议结束后发表的联合声明中使用了"西菲律宾海"来指代南中国海。中国开始加大对南海问题的关注后，菲律宾政府就开始使用这个词语。简单词语的变化体现的是双方意图通过改换名称，混淆掩盖中国对于南中国海的领土宣示。同时印度也借此表达了对菲律宾在南海问题上的支持。

域外大国的合作主要是与美国发表共同声明。

2015年印美两国的互动频繁。首先2015年伊始奥巴马政府就表达了对于印度参与地区事务的支持。2015年2月白宫公布的美国国家安全战略（2015 National Security Strategy）提出，美国将继续加强同印度的战略伙伴关系，支持印度作为地区安全的提供者，更多地参与重要的地区机制。[1]

2014年9月印度总理莫迪访美，双方发表了联合声明。根据白宫网站官方记录显示，双方重申了保卫海上安全和确保航行自由的重要性，尤其是在南海地区[2]，这是印美两国第一次在联合声明中提到南海[3]。

2015年1月印美两国发布了一份联合策略愿景（US-India Joint Strategic Vision for the Asia-Pacific and Indian Ocean Region）重申保卫海洋安全以及航行自由的重要性，尤其是在南中国海地区。[4] 在奥巴马访印后发布的联合声明中，双方都主张两国海军应该继续讨论加强"特定区域的海上合作"。

作为1月份国事访问的延续，同年6月美印两国国防部长在新德里签署了一份美印防务关系框架（Framework for the US.－India Defense Relationship）。这份十年有效的防务关系框架提出两国应在尊重国际法的前提下，加强海上安全合作，并提高保卫航行自由的能力。美国外交关系协会对此评论称，由于两国在印度洋和亚太地区利益持续聚集，两国领导人都强调了海上安全是合作的重要内容[5]。

---

[1] The White House of America, "NATIONAL SECURITY STRATEGY", 2015, p. 25.

[2] The White House, "U. S. - India Joint Statement", https://www.whitehouse.gov/the-press-office/2014/09/30/us-india-joint-statement, accessed on 12th April, 2016.

[3] Ankit Panda, "India's got a plan for south China sea disputes (and China won't like it)", http://thediplomat.com/2015/03/indias-got-a-plan-for-south-china-sea-disputes-and-china-wont-like-it/, accessed on 12th April, 2016.

[4] The White House, "US-India Joint Strategic Vision for the Asia-Pacific and Indian Ocean Region", https://www.whitehouse.gov/the-press-office/2015/01/25/us-india-joint-strategic-vision-asia-pacific-and-indian-ocean-region, accessed on 16th April, 2016.

[5] Council on Foreign Relations, "U. S. - India Defense Framework", http://www.cfr.org/defense-strategy/us-india-defense-framework/p36605.

继 6 月访印后，美国太平洋舰队总司令哈里斯于同年 12 月 7 日在太平洋舰队司令部总部夏威夷接待了到访的印度国防部长。双方认真讨论了许多议题，包括海上安全的继续合作、未来美印两国联合海上巡逻的前景等，同时总结回顾了两国间的军事演习，包括"马拉巴尔""环太平洋"联合军演等①。印度已经确认将会再次参加 2016 年美国"环太平洋"多边军事演习，中断了八年之久的美印两国联合空军演习也将在内华达州得到恢复。

第二个方面则是印度单独公开表态南海问题。

莫迪政府把南海问题作为其"东向"政策的重要部分，为了加强同东南亚国家的关系，印度把自己描绘成东盟国家可靠的安全提供者，获得周边国家的支持。在各种国际平台上，印度屡屡提到南海问题，不再像过去一样小心翼翼，而是直接大胆地提出自己的想法。

早在 2014 年 9 月莫迪第一次访美时，便表达了印度在南海问题上，与美国、日本、菲律宾和越南等步调一致的愿望②。

2015 年 3 月印度驻菲律宾大使接受《马尼拉时报》的圆桌采访，他说"印度认为这些冲突应该在国际法的框架下解决"③。

2015 年 11 月莫迪在吉隆坡参加第 13 次印度—东盟峰会时说，在国际法原则的指导下，印度和东盟国家共享"航行自由"的承诺，尤其是 1982 年的《联合国海洋法公约》。

三、经济合作凸显战略意图

印度插手南海问题，不仅在于提高在该地区的政治影响力，同时也能获得南海地区丰富的战略资源。目前的经济合作主要体现为与越南的能源合作。

印度目前是越南前十位的贸易伙伴之一，双方同意到 2020 年实现贸易额 150 亿美元。④

印度向越南扩展了 1 亿美元的信用额度去购买巡逻船，并在印度境内

---

① US Pacom Immediate, "Commander, U. S. Pacific Command Meeting With India Minister of Defence", http://www.pacom.mil/Media/News/tabid/5693/Article/633260/commander-us-pacific-command-meeting-with - %20india-minister-of-defence.aspx, accessed on 16th April, 2016.

② Rajeev Sharma, "India ticks off China at ASEAN summit over South China Sea", http://www.dailyo.in/politics/modi-in-malaysia-asean-summit-south-china-sea-india-china-ties/story/1/7516.html, accessed on 10th April, 2016.

③ Catherine, "India backs PH in China sea row", http://www.manilatimes.net/india-backs-ph-in-china-sea-row/168539/, accessed on 10th April, 2016.

④ Ministry of Foreign Affairs, Annual Report 2015 - 2016, 2015, p. 16.

帮助巡逻越南潜艇，以此为交换，越南将与中国争议区的石油开采交给了印度①。越南曾经承诺印度称，它会全力保障印度在其"南海专属经济区"内的石油开采业务。印度石油天然气公司下属的维德希有限公司（ONGC Videsh Ltd.）负责该区内的石油天然气资源开发。据印度报业报道，印度自1988年就已经介入南海地区的石油开采，当时它获得了越南境内天然气的开采执照，并于当年从越南获得一块油田。此后ONGC公司于2006年获得越南境内编号为127、128两块油田的勘探开采权。这两块油田均在中国主权归属范围之内，而印度外交部声称，由于越南对127号和128号油气田做出了"主权声明"，印度根据该文件在越南"同意"的情况下获得了该油田的开发权。②

印度在其中一块油田勘探无油之后决定退出，但仍继续保持在另一块油田附近的存在。2013年ONGC公司获得了越南政府提供的五个区块的能源开采权。中国主张管辖的南海海域储有约230亿—300亿吨石油及16万亿立方米天然气，这一规模约是中国油气储量的1/3。③

四、印度与中国关系

印度在2015—2016年与中国关系发生了很大的转折。中印两国近年来实现了许多领域的合作。2014年底双方都同意构建更加紧密的发展伙伴关系。2015年双方举行领导人会晤、国防和军事对话及演习。

2015年5月莫迪总理第一次访华，签署了24项协议或备忘录，涉及许多领域如高速公路、贸易、科学技术、矿产和人员交流等。双方还同意在中国的成都和印度的金奈分别建立领事馆。④ 这次访华是两国关系中的一次里程碑，标志着拥有更加坚实基础的双边关系的进一步发展。除最高级别的领导人会面以外，中印双方的合作领域扩展到了社会生活的许多方面。印度国防国务部常秘参加了第七轮年度国防安全对话（Annual Defense and Security Dialogue，ADSD）；外交国防部长参加了2015年11月在郑州召开的上海合作组织政府领导人会议。此外双方还加强了在旅游业、青年

---

① Sanjeev Miglani, "Exclusive: U. S. And India consider join patrols in South China Sea-U. S. official", http://www.reuters.com/article/us-southchinasea-india-usa-idUSKCN0VJ0AA, accessed on 10th April, 2016.

② 《印度越南拟联手开发南海油田 中国外交部回应》，新浪网，http://news.sina.com.cn/c/2011—09—16/040623163341.shtml。

③ 李国强：《南海油气资源勘探开发的政策调适》，《国际问题研究》，2014年第6期，第2页。

④ Ministry of Foreign Affairs, Annual Report 2015–2016, 2015, p. 6.

交流和议会交流等方面的合作，收获颇丰。双方将 2015 年标记为"印度旅游年"（Visit India Year），2016 年标记为"中国旅游年"（Visit China Year）①。

以上是中印两国关系的利好面，但这并不代表两国关系的全部内容。印度与中国存在长期的领土纷争。这为 21 世纪的合作留下了许多难题：未解决的边界争端、敏感的西藏问题等，这些问题为两国关系的进一步发展蒙上了一层阴影，也让印度始终对中国保持警惕。

进入 21 世纪后，中国综合国力的不断增强和与亚洲国家合作的加强（包括中国与东盟、亚洲基础设施投资银行、"一带一路"项目等）又在很大程度上阻碍了印度扩大其影响力的野心。往日的宿怨加上新时期的发展阻碍，制衡中国、争夺在这一地区的影响力成为印度南海政策的主要目的。除了支持与中国有领土争议的越南、菲律宾等国外，印度还利用不同的国际场合表达对南海议题的关切，包括印度—东盟新德里对话 2014、2015，东盟地区论坛 2014，东亚峰会 2013、2014 等。一方面直接表达印度对南海问题的立场态度，提升其参与南海事务的发言权；另一方面印度的立场与南海声索国如越南、菲律宾的主张存在许多相似之处，这种发言及关切能够一定程度上赢得南海周边国家的好感，从而提升印度在这一地区的政治影响力。

从地理位置上来说，印度和中国分别是南亚和东亚的大国，东南亚和南海地区是两国扩散其影响力的重合区域，此区域必然成为双方争夺的焦点。

2016 年，印度的具体南海政策发生了许多不同以往的变化，细究这些变化发生的背景，更能帮我们深入了解印度的南海战略。

首先，3 月份，印度国防部长回应此前关于印美两国联合巡逻（Joint Patrol）的消息称，印度已经排除参加由美国提出的在南海联合巡逻的行动计划。他还表态称，"截止到目前，印度没有参加任何形式的联合巡逻，我们只有联合演习。关于联合巡逻的问题不会出现。"②

其次，2016 年 4 月中印、美印关系发生了许多重要变化。4 月 10 日，美国国防部长阿什顿·卡特取消访华计划到达印度，美印两国原则上同意达成一项历史性的协定——《军事后勤保障协定》（the Logistics Support A-

---

① Ministry of Foreign Affairs, Annual Report 2015 – 2016, 2015, p. 43.
② Anjana Pasricha, "India Rejects Joint Naval Patrols with US in South China Sea", http://www.voanews.com/content/india-rejects-joint-naval-patrols-with-us-in-south-china-sea/3231567.html, accessed on 17th April, 2016.

greement，LSA，后更名为《后勤交互支持合同备忘录》）。这项协议一旦生效，印美两国可在对方陆海空后勤基地进行补给、维修和休整。[1]4月16日，印度国防部长到达上海，开始访问中国。行程中甚至参观了西部战区指挥部，这是中印边境的军事直接负责机关。[2] 4月18日，中俄印外长第14次会晤在莫斯科召开，会后三方发布《中华人民共和国、俄罗斯联邦和印度共和国外长第14次会晤联合公报》。[3] 4月20—21日，印度国家安全顾问阿吉特·多瓦尔到访北京，会见中国国务委员杨洁篪，并参加中印边界问题特别代表第19次会晤。[4]

经历了2015年印度在南海问题上针对中国的种种举措，2016年伊始印度同时安排本国国防部长、外交部长、安全顾问三方代表与中国代表密集会面，并与美印防长会晤的时间相近。这样的会晤时间表绝对不是巧合，而是印度南海战略整体布局的精心安排。

第二节 印度南海政策新动向的影响因素

印度是南亚地区最大的国家，东临孟加拉湾，西临阿拉伯海，海洋对于印度来说发挥着至关重要的作用。南海是印度洋和太平洋之间的连接通道，具有重要的战略意义。2010年随着域外国家的介入，南海问题愈演愈烈，甚至更有国际化南海问题的趋势。美国、日本和印度是介入其中的三个主要域外大国。三个国家对南海并没有领土主权要求，但都通过各种各样的方式将本国与南海问题联系起来，以维护"航行自由"为借口利用各种国际公开场合表达本国对南海争端解决的意见。事实上域外大国的介入更加证明了南海的战略意义和重要性。

近年来随着印度经济实力的增长和快速发展，其"有声有色的大国梦想"也在慢慢付诸实践。"东向行动"政策提出以来，印度在东南亚、南海地区政治参与颇多，这一系列新动向的背后有着内外两种力量的驱动。

---

[1] First Post, "Indo-US Logistics Support Agreement is anti-national: Congress, Left slam Modi govt for move which 'will hit India's independence'", accessed on 17th April, 2016.

[2] 《纠结的印度：结盟，还是不结盟？》，微头条，2016年4月27日登录。

[3] 《中俄印外长在莫斯科会晤 俄印支持中国南海立场》，中国网，http://news.china.com.cn/2016—04/20/content_38282412.htm，2016年5月1日登录。

[4] 《中印边界问题特别代表第十九次会晤举行》，中华人民共和国中央政府网站，http://www.gov.cn/xinwen/2016—04/20/content_5066403.htm，2016年5月1日登录。

一、内部驱动
（一）印度的经济考量影响其南海政策
经济因素可以从两个方面来看：海洋运输和能源开发。

印度 2015 年发布的《确保安全的海域：印度海上安全战略》(Ensuring Secure Seas: Indian Maritime Security Strategy) 一文中指出，印度贸易总量的 90% 和贸易额的 70% 都是通过海洋运输完成的。[1] 如此高比例的数据，既说明了海洋是印度发展对外交往的主要通道，也反面验证了印度对于海洋的巨大依赖。这里的海洋通道不仅仅指印度洋，而是包括了更广阔的范围。这篇报告中尤其强调印度的海洋邻居不只是"享有共同地理边界"的国家，而是在公海范围内"享有共同海洋空间"的国家。这样的表述极大地扩展了印度的活动范围和海洋生存空间。尤其是"东向行动"政策提出以后，印度把南海和波斯湾同等列为位居印度洋之后的第二优先利益区域，南海成为印度扩大海洋生存空间的主要着眼点。

因此尽管印度对南海并没有领土主权要求，但航行自由和南海的稳定对于印度的发展确实至关重要。为了保护海洋安全，印度多年来都保持稳定的国防开支。

根据斯德哥尔摩国际和平研究所发布的《2015 世界军事开支趋势》可以看出，印度的国防开支总体保持在稳定状态，但 2015 年的军费开支相比 2006 年上升了 43%。[2]

此外，南海蕴藏的丰富能源资源对印度也充满了极大的吸引力。印度的能源行业近年来发展迅速。进一步的经济增长和人口的增加以及与此相关的城市化、工业化进程，都促成了对于能源的极大需求。根据国际能源署发布的《印度能源展望 2015》(India Energy Outlook 2015) 显示，自从 2000 年以来，印度的能源需求占全世界的比例从 4.4% 上升到了 5.7%，而印度的人口却占世界总人口的 18%，这些数字的背后蕴藏的是强大的需求潜力。[3] 2016 年 2 月的国际能源署的原油市场展望 (Oil Market Outlook) 显示，印度将会超越日本成为继美国和中国之后的第三大原油消费国。在最近的 20 年间，印度的原油进口从 1997 年的 3400 万吨增长到了 2015 年的 1.87 亿吨。如下图所示，印度的能源总消费量虽然只位居世界第四，但

---

[1] Indian Navy, Ensuring Secure Seas: Indian Maritime Security Strategy, 2015, p. 4.

[2] Stockholm International Peace Research Institute. Trends in World Military Expenditure, 2015. http://books.sipri.org/files/FS/SIPRIFS1604.pdf, p. 1.

[3] India Energy Outlook 2015, International Energy Agency, http://www.worldenergyoutlook.org/media/weowebsite/2015/IndiaEnergyOutlook_WEO2015.pdf.

人均消费量远远低于世界平均水平,这也表明印度未来拥有极强的能源消费潜力,在能源消费总量上存在很大的上升空间,印度将成为未来能源消费的主力军。

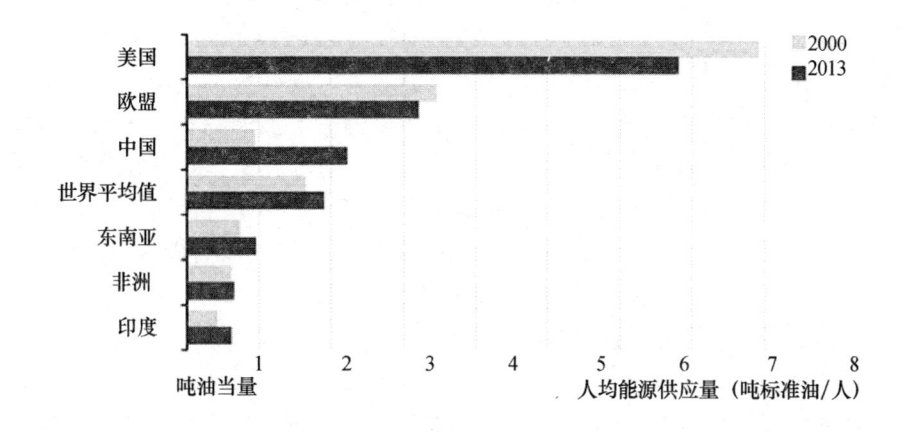

图13—1 印度和选定地区的人均能源消耗

如此强大的消费能力和潜力背后,印度的能源生产能力又有几何呢?

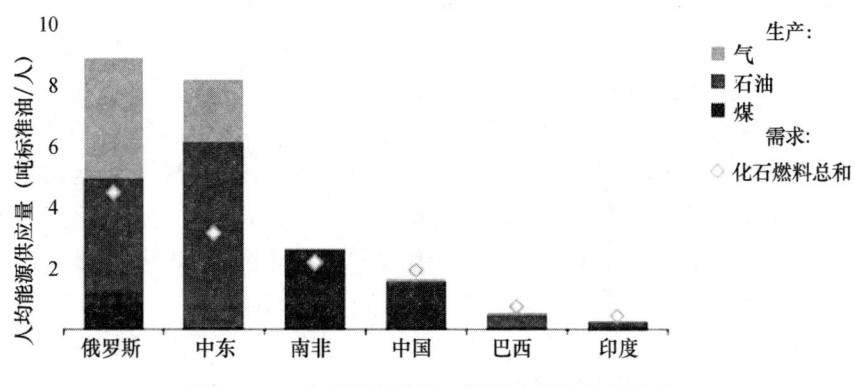

图13—2 选定国家的化石燃料产量和人均需求

从上图可以看出,印度是一个严重依赖能源进口的国家。印度政府部门发布的《2015能源统计报告》(Energy Statistics 2015)显示,印度目前的原油依存度高达70%[①],国际能源署预计到2040年,印度的原油进口将

---

① Ministry of Statistics and Programme Implementation, government of India, "Energy Statistics 2015", 2015, p. 30.

达到90%。① 如此之高的对外能源依赖度,带来了严重的"能源安全"问题。能源对于印度来说已不仅是经济问题,而上升到了国家战略和安全层面。但印度的原油进口国目前主要来自中东(最大来源地)、拉丁美洲和非洲。这些不稳定地带的政治局势动荡也会给印度能源进口带来许多不确定因素。

越南侵占的南海水域拥有大量油气资源。印度强大的经济增长速度必然带来强大的能源利用发展空间,未来将成为世界能源消费大国,而印度国内能源生产能力很低,绝大部分依赖进口,这样在本国生产份额很小的前提下,开拓更多的能源进口渠道则成为印度政府必须考虑的内容。安全稳定、能源开采潜力巨大的南海成为印度首选考虑发展的能源进口地区。印度和越南的合作关系除了国防以外,则更多地围绕石油天然气开发。

(二) 印度的大国战略是根本推动力

印度是南亚次大陆的政治、经济和军事大国。邻国相对的实力落后,不能对印度构成威胁,为印度提供了和平稳定的周边环境,也使其有机会和能力超越南亚,将着眼点投向更远处的东南亚和太平洋地区,实现在更大范围内的政治参与。

印度的大国梦想由来已久。印度首任总理尼赫鲁在其《印度的发现》一书中,提到"就印度来说,绝对不能成为世界上的二等国家。它或者做一个具有重要意义的大国,或者干脆默默无闻。中间地位并不能打动我"②。印度不仅要成为南亚地区的大国,更要成为更广阔地区甚至世界范围内的大国。印度过去提出并使用了"大周边"(extended neighborhood)和"印太"(Indo-Pacific)两个概念。2007年和2015年更新后的《印度海上安全战略》都列明印度在南海有战略利益,南海的战略地位仅次于印度洋。"东向"政策和2014年的"东向行动"政策也是在印度大国战略的总目标下提出的,目的是将印度的发展空间由现在的印度洋南亚地区向东扩展到东南亚太平洋地区,希望借此扩大印度在南海、太平洋地区事务的发言权,从而实现其大国梦想。

自2014年莫迪上台后,大量出访周边国家试图重建印度的影响力,历史性地出访巴基斯坦、阿富汗、不丹、尼泊尔、斯里兰卡和缅甸,并积极地与中国展开合作,包括2014年9月接待习近平主席到访以及2015年5月出访北京。一系列的外交动作,不仅是莫迪新政府建立政绩的表现,更

---

① 《印度能源:IEA预计印度对进口石油的依赖将上升,2040年可能达到90%》,路透社,http://cn.reuters.com/article/idCNL3S13M2US20151127,2016年5月3日登录。

② Nehru, The discovery of India, 1946, p. 56.

是其大国梦想所带来的政策推动。

二、外部力量推动
（一）西方大国的鼓动

印度的南海动向中时常能够见到西方大国的身影。自美国提出"再平衡"战略，关注"重返亚太"以来，美国频频介入亚太事务。在南海问题上则表现为，为了不直接与中国冲突，美国利用周边国家挑起南海争端，造成南海的紧张局势，并试图将南海问题国际化。这一目标刚好与印度的"东向行动"政策不谋而合。两国关系也在近年来不断回温，恢复战略友好关系，对中国崛起的共同担忧在其中发挥了重要作用。印度自独立以来一直塑造其不结盟的国际形象，不发展与其他国家的军事合作关系。而近年来的外交动向则表明印度正在转变，莫迪政府开始意识到在地区问题上与适当国家结盟建立更亲密关系的重要性。

从上文中可以看到，美国的公开声明和军方领导人都表达了对于印度增强在南海地区参与的支持，希望印度能够发挥更大的作用和成为安全的提供者。这无疑是对于印度的巨大鼓励。但这种鼓励并不出于对印度综合能力的肯定，而是出于美国自身间接插手南海事务的战略考量。印度也很清楚地认识到这一点，一方面它保持并继续加强同美国的战略伙伴关系，深化在军事方面的合作，例如军事演习的固定化和成员的扩大化；另一方面，印度也十分谨慎地采取行动，充分考虑自身能力和与中国关系，不充当美国制衡中国政策的前沿国家，因此不会做出过分的容易激怒中国的行为。

（二）制衡中国的战略意图

进入 21 世纪，中国综合实力的不断崛起，"东方雄狮"越来越受到世人瞩目，其影响范围早已跳出了东亚，成为了世界大国。印度作为一个具有政治野心的国家，不满足于南亚大国的地位，希望在更大的范围发挥作用。这样，中国就成为阻碍印度扩大影响力的主要障碍。

纵观印度 2015 年的南海政策，包括公开声明中提到支持南海问题在国际法框架下解决，加强在南海地区的军事存在，扩大和相关国如越南、菲律宾的军事合作，含蓄地支持越南的"领土"主张，建立和域外大国如日本、美国、澳大利亚的军事合作等，针对中国的色彩非常浓厚。这一方面源于对中国崛起的担忧，另一方面也是印度利用南海问题牵制中国。印度和越南、美国、澳大利亚及日本的军事战略合作，是非冷战式的隐性的平衡伙伴关系，隐性地以中国为中心关注点。①

在这样严峻的南海局势中，依然不能忽视 2015 年中印关系发展的大局。中印的经贸关系、社会交往依然保持强劲的发展势头。印度在 2015 年度报告（Annual Report 2015—2016）中，用了三页的文字篇幅来介绍 2015 年中印两国发展情况。涉及的领域包括经济和社会生活的许多方面，甚至包含两国议会的交流。② 印度高度重视与中国的合作关系，必须在这样的大背景下正确看待印度南海政策。2015 年印度"东向行动"政策虽有加强并慢慢付诸实践，但莫迪政府依然采取了审慎有节制的态度。

三、外交政策体现独立自主性

相比于之前温和中庸的印度外交政策，莫迪政府看似左右摇摆的政策的核心目标和其独立自主性并没有改变。印度的大国梦，在亚太地区表现为"大国平衡"战略，印度不会与美、中任何一方结成事实上的盟友关系。通过与双方的战略互动，获得讨价还价的空间，从而获得更大的战略利益。具体可以从以下几个方面来看：

首先，中印经贸关系和稳定发展是两国关系主线，这也是符合印度国家利益的。根据印度商业部发布的最新年度报告，2013—2014 财年印度自华进口额达到 510 亿美元，同比增长 18%；对华出口额为 91 亿美元，同比下降了 14%③，印度存在巨大的贸易逆差（印度官方数据未包括中国港澳台地区）。中国在印度的投资总额仅为 8.87 亿美元，占印度吸引外资的比重只有 0.36%。④ 印中经贸关系仍有很大的发展空间。

其次，印度在亚太地区实行"大国平衡"战略。作为一个域外国家，印度力图在南海地区获取战略利益，必然遭到南海地区本身已经存在的中美两个大国的抵制和反对。印度虽然在 2015 年表现得与美国"过分亲密"，但依然没有触犯中国底线，仍然存在与中国商谈合作的可能。印度不希望自身与中美任何一个国家结盟，或者其他方式而造成一国独大，这对于印度的大国战略来说是非常不利的，还会带来威胁印度安全和国际地位的可能。因此游走在中美两个大国之间，不过分讨好，也不过分强硬，

---

① David Scott, "India's Incremental Balancing in the South China Sea", http：//www.e-ir.info/2015/07/26/indias-incremental-balancing-in-the-south-china-sea/, accessed on 22th April, 2016.

② India Ministry of Defense. Annual Report 2015 - 2016, http：//mod.nic.in/writereaddata/Annual2016.pdf, p.6 - 11.

③ Indian Ministry of Commerce and Industry. Annual Report 2014 - 2015, p.194, 205.

④《莫迪来华的四大经贸重任》，《中国经济周刊》, http：//paper.people.com.cn/zgjjzk/html/2015—05/18/content_1570035.htm, 2016 年 4 月 23 日登录。

尤其在中美两个大国之间看似相互矛盾的行为，也许能够为印度带来讨价环境的有利条件。从 2016 年 4 月密集的印中、印美交流的时间点来看，这样的战略考虑是有可能发生的。

最后，印度依然保持自身外交政策的独立性，不会因西方国家的过分"鼓励"而做出违反国家利益的行为，在具体的行为选择上保持很强的灵活性。因此无论是 2015 年各种强硬的表态，还是 2016 年的态度转好，印度对南海政策的根本策略并没有改变，总体目的仍然是在纷繁复杂的南海局势中，攫取印度需要的相关利益。2015—2016 年印度南海政策的变化正是其外交政策灵活性的体现。

2015年南海地区形势大事年表

一月

1月5日 印尼海洋渔业部长苏西建议佐科总统出台总统指令以加快铲除非法捕鱼行为。

1月9日 越南文体旅游部出台《至2020年中部重点经济区文化、家庭、体育、旅游总体发展规划和2030年展望》，展望指出要将越南中部地区打造成为拥有特殊旅游产品比如文化遗产游、海岛游、海洋生态游等等的国际大型旅游中心。

1月13日 越南国防部正式展开"军医院与南沙岛屿远程医疗系统"项目，首个项目即驻胡志明市175号军医院与海军五区司令部78号医疗队远程医疗系统正式投入使用，项目由国防预算拨款，总投资40万美元。

1月20日 为期两天的菲律宾与美国第五次双边战略对话在菲律宾首都马尼拉举行。

1月21日 美国国务院助理国务卿拉塞尔与菲律宾副外长加西亚在共同会见记者时对南海问题表示关切，并称大国不能"欺负"小国。

1月25日 印度总理莫迪会见到访的美国总统奥巴马，呼吁保障南海地区"航行自由"。

1月28日 在马来西亚出席东盟外长会议的印尼外交部长蕾特诺表示，印尼政府将在佐科总统的领导下推进东盟各国的海上合作。

1月29日 澳大利亚防长安德鲁斯宣布，澳大利亚向菲律宾赠送两艘刚刚退役的"巴厘巴板"级重型登陆艇，并于当年7月移交菲律宾海军。

菲律宾国防部长加斯明访问日本，与日本防卫相中谷元举行会谈，两人就进一步加强在海上安全领域的合作达成一致，并签署了关于防卫合作与交流的备忘录。为加强合作，双方同意根据禁止海上危险行为的《海上意外相遇规则》在年内实施联合训练。

美国第七舰队司令罗伯特·托马斯在接受路透社记者采访时表示："中国在南海地区的渔船、海警船和海军超过其邻国"，为"制衡"中国在南海越来越强的海上力量，美国欢迎日本将自卫队空中巡逻区域扩大至南海。

日本防卫相中谷元与菲律宾国防部长加斯明在日本防卫省举行会谈，就进一步加强在海上安全领域的合作达成一致，并签署关于防卫合作与交流的备忘录。

二月

2月2日　印尼海洋统筹部长英特洛约诺在雅加达表示，印尼的边界问题将在五年或一个政府任期内解决。

2月3日　日本防卫大臣中谷元在记者会上表示将针对1月29日美国第七舰队司令罗伯特·托马斯提出的欢迎日本海上自卫队将巡逻区域扩展至南海，探讨相关事宜，并称自卫队的警戒监视范围不受地理范围限制，尽管目前尚无舰机巡逻南海的计划，但"南海局势对日本影响正在扩大"。

2月5日　菲律宾军队西部军区司令亚历山大·洛佩斯说，中国已经开始在南海美济礁周围开展清淤活动。

2月7日　印尼海洋渔业部长苏西表示，海洋渔业部将斥资2000亿—3000亿印尼盾在纳土纳县附近建立渔业中心以促进该县海洋业的发展。长久以来纳土纳群岛海域一直是非法捕鱼活动猖獗的地点，印尼政府希望对此能够有所改善并将其建设成为渔业中心。

2月16日　台湾当局相关部门举办的2015年度"全民国防南沙研习营"全面启动，在大学院校教师及博、硕士生中遴选组队。

2月20日　澳大利亚政府公布了未来潜艇项目的采办策略，为新型潜艇的"竞争力评价过程"确定了更详细的准则，该项目总投资将达到500亿美元，是该国历史上最大的国防采办项目。

2月21日　马来西亚国防部长希山慕丁表示希望在担任东盟轮值主席国期间建立东盟联合维和部队。

越南175号军医院与驻南威岛的南沙岛医疗所医护队通过远程医疗系统成功实施了一起急性阑尾炎手术。

2月24日　日本海上自卫队幕僚长武居智久与菲国防部副部长阿斯库埃塔、菲军副总参谋长多明戈、菲海军司令米连分别会谈。

2月25日　日本海上自卫队幕僚长武居智久访问位于南海西部的巴拉望岛基地。这是日海上自卫队长官首次访问该岛，意在展示日菲海军部门紧密合作，以"遏制"海洋活动日益活跃的中国。

2月26日　美国官方首次承认出动最先进的P-8A"海神"反潜巡逻机到南海"巡航"。

三月

3月10日　马来西亚外交部副部长哈姆扎·扎因丁表示，马来西亚将推动东盟与中国签订"南海行为准则"作为东盟主席国的主要任务之一，"马来西亚将在保障和平谈判进程中发挥主要作用"。

3月11日　马来西亚与菲律宾达成一致意见提升两国的防务关系，强调在被中国"占领"的南海争端海域自由航行的重要性。

越南公安部警察总局向海防和广宁移交1300CV号巡逻船，这是目前越南海警部队最先进的沿海执法船。

3月16日　菲律宾向国际法庭递交了超过3000页的关于"南海仲裁案"的补充文件，其中有200页包含49个岛屿、珊瑚礁等地貌详细信息的地图。

3月18日　越南总理阮晋勇访问澳大利亚，与澳大利亚总理阿伯特会谈，期间双方签署《提升越澳战略伙伴关系宣言》，内容包括地区和国际合作、贸投、工业、发展援助及国防和执法合作，并还签署一系列备忘录。澳方将就潜艇救援和技术对越南海军进行培训。关于南海问题，双方要求执行DOC，反对威胁使用武力和单边改变现状行为，加紧制定COC，保障航行自由和安全，遵守国际法、国际海洋法公约。

3月19日　印尼三军总司令穆尔多科公布了一份与美国驻印尼大使布雷克关于印尼和美国计划在纳土纳海域举行联合军事演习的声明，同意美国空军在未来的军事演习中使用纳土纳的拉乃军用机场作为基地。

3月23日　日本首相安倍晋三与到访的印度尼西亚总统佐科会谈。双方举行外交与防务部长磋商（"2+2"会谈）以加强海洋安全领域合作，并同意联手应对恐怖分子及极端主义。

在日本访问的印尼总统佐科在接受《读卖新闻》专访时表示"中国对南海大部分地区提出主权要求没有任何国际法依据"。事后印尼总统国际关系顾问里扎尔以及外交部外言人阿尔曼纳塔都指出，佐科总统只是对中国的"断续线"进行了评论，而非中国在南海的整个主权要求。

3月24日　佐科总统表示印尼已经做好充当南海争议各方调解人的准备。印尼不会在南海争议上偏袒任何一方，印尼支持中国与东盟之间的对话，并推动"南海行为准则"的最终制定和落实。

3月26日　菲律宾外长德尔罗萨里奥宣称将恢复在南海的岛礁建设活动，包括修复一条飞机跑道。

中国和印尼在北京发布《中华人民共和国和印度尼西亚共和国关于加强两国全面战略伙伴关系的联合声明》。声明中指出，"关于南海问题，双方重申致力于全面有效落实《南海各方行为宣言》，并在协商一致的基础上尽早达成'南海行为准则'。双方强调通过磋商和谈判以和平方式解决南海分歧和争议的迫切必要。"

3月27日　日本自民党副总裁高村正彦在华盛顿发表演讲表示新安保法和预定于4月底进行的新《日美防卫合作指针》修订工作将推进美军和自卫队的合作范围扩大至全球。

3月28日　经中华人民共和国国务院授权，国家发展改革委、外交部、商务部28日联合发布了《推动共建丝绸之路经济带和21世纪海上丝绸之路的愿景与行动》。

四月

4月6—10日　美国海军驱逐舰"菲兹杰拉德"号和"沃斯堡"号滨海战斗舰抵达越南岘港市并展开与越南海军交流。访越期间，美舰官兵与越南海军举行一系列交流活动，包括艺术表演和体育交流、军医合作、搜救、航海安全等经验分享以及海洋法专题研讨会等，值得注意的是，越美海军军舰还演练"海上意外相遇规则"，以避免两国海军海上意外事件和误判。

4月7—10日　越共中央总书记阮富仲率领阵容庞大代表团对中国进行正式访问并受到中国国家主席习近平高规格接待，访华期间，越中两国签订涵盖党政、经济、各部门和地方合作在内内容丰富的多项协议，并发表《中越联合公报》。关于南海问题，越中双方同意共同管控好海上分歧，全面有效落实《南海各方行为宣言》，推动在协商一致基础上早日达成"南海行为准则"，避免采取使争议复杂化、扩大化的行动，及时妥善处理出现的问题，维护越中关系以及南海和平稳定。

4月10日　美国总统奥巴马在访问牙买加时直指中国在南海"以大欺小""以强凌弱"。他表示："我们关注的是中国不遵守国际常规和规范，凭借其庞大的块头和肌肉迫使他国处于从属地位，……我们认为这一问题可以通过外交解决，就因为菲律宾或越南没有中国那么大，并不表示他们可以任意被推搡至一边。"

印尼、美两军按照预定计划在距离纳土纳480公里的巴淡岛附近举行了联合军事演习。印尼海军发言人说，这是印尼海军与美军在该海域进行的第二次联合军演，计划下一年将再次与美军举行联合演习。印尼正寻求把印尼—美国南海联合军演变成固定安排。

4月15日　美国宣布将在菲律宾驻扎美军的轮换基地，由原来的两个增加到八个，而美军将利用这些基地进行军事训练和演习并进行军队、舰船和战机轮岗驻守。

4月19日　菲律宾一军机非法在南沙渚碧礁附近上空"巡航"时，遭到中国海军警告。

4月20日　菲律宾与美国开始举行为期十天的"肩并肩"联合军事演习，参加人数近1.2万人，与2014年的5500人相比，大幅提升。

4月23日　印尼总统佐科与在雅加达出席亚非峰会的越南国家主席张晋创会晤时表示，越南与中国在南海存在争议，印尼已经做好充当两国"调解人"的准备。

4月25日　澳大利亚驻菲律宾大使特威德尔在澳大利亚参加澳新军团（ANZAC）100周年纪念活动上表示，澳大利亚关切中国的填海行动，但同时也澄清"澳大利亚在南中国海主权争议上不选边站"。

4月26—27日　在第26届东盟峰会上，与会各国领导人对东盟共同体建设2009年以来取得进展给予了积极评价，认为这有助于2015年年底成功建立共同体，及对2016—2025年东盟共同体的持续发展远景规划的制定表示欢迎。

马来西亚总理纳吉布在新闻发布会上说，在处理中国南海争议纠纷问题上，东盟要在国际法的框架下坚持友好协商的解决原则，域外国家不应在南海搞加剧紧张局势的活动。"各国需要明白一个事实，南海问题只是东盟关注的（所有）问题之一，即便因此发生纠纷，应该通过谈判友好协商，但必须遵守《联合国海洋法公约》等国际法律。"纳吉布敦促东盟各成员国坚持上述原则和维持对现有的承诺，以应对南海问题。

在第26届东盟峰会上，由于菲律宾、越南的执意推动，最后的主席声明中不仅重复了以往的"原则性"立场声明，还对持续推进"南海行为准则"（COC）进程做了强调及表达了部分成员国对中国南海岛礁建设的深切关注与担忧。

五月

5月2日　越南海军在庆和省金兰湾军港举行纪念越南海军成立60周年潜艇舰队阅兵式，越南国家主席张晋创参加阅舰式。

5月6日　菲律宾和日本以"反海盗"为名在马尼拉湾举行海岸警卫队联合演习。

日本海上保安厅与菲律宾海岸警卫队在菲律宾甲美地省进行反海盗联合演习，这是双方第五次联合海上执法演习。

越南外交学院南海研究中心研究员范德谭在日本《外交学人》杂志上发表题为《为什么下一任美国总统应将重心转向南海？》的文章，煽动美国政府调整南海政策，更加激进地卷入南海争端，保持或增加在中国南海地区的海空军事部署，加强在亚洲建立全面伙伴关系，扩大美国在亚洲的盟友圈。他还宣称在美国与东南亚关系方面，美国应该加强美越关系并寻求扩大美越海军在南海展开联合行动。

5月10日　马来西亚空军及海军与美国海军"卡尔·文森"号航母战斗群、驱逐舰第一支队共同参加在南海举行的联合军事演习。

5月11日　菲律宾三军参谋长卡塔潘带领多家外国媒体驻菲机构记者搭乘菲军方一架C-130运输机飞抵菲律宾侵占的中国南沙群岛中业岛。卡塔潘向记者们宣称，中业岛的机场跑道很短，增加了飞机起降时的难度，所以菲律宾有必要对跑道进行扩建。

澳大利亚外长毕晓普在堪培拉接受采访时表示，"澳大利亚不会在领土纠纷中选边站"。同时也表示，她与中国高层领导人对话，力劝中国避免任何导致局势升温的举动。毕晓普呼吁中国不要在有领土纠纷的南中国海划定防空识别区，相反，中国应优先化解该海域的紧张局势。

美国部署在新加坡樟宜海军基地的"沃斯堡"号濒海战斗舰前往南海巡逻，首次到达南沙群岛附近海域。

5月12日　菲律宾和日本两国军舰在马尼拉湾入口处的科雷希多岛附近海域举行联合海上演练。

日本和菲律宾在马尼拉湾和苏比克湾之间的海域进行联合军事演习，此次演习是菲日两国首次举行海上军演。

5月13日　美国负责东亚事务的助理国务卿拉塞尔在接受《华盛顿邮报》的电话采访时表示："填海造陆不一定违反国际公约，但必然会破坏东南亚地区的风水、和谐。而且，与中国'要做一个好邻居，一种良性的、无威胁的力量'的承诺不符。"

5月15—18日　台湾当局有关部门举办"2015东沙巡礼——海域安全及国家公园生态体验营"，以台南舰搭载20名大专院校学生前往东沙岛，实地体验东沙环礁公园生态及周边海域执法现况，强化台湾青年学生对南海主权及海洋政策的认识与支持。

5月20日　美国海军一架P-8A"海神"反潜巡逻机在南海巡逻时，突然飞越中国正在开展建设活动的南沙永暑礁等岛礁的上空。

印尼官方在数个港口同时炸毁41艘据称在印尼海域非法捕鱼的外国渔船，其中有5艘来自越南、2艘来自泰国、11艘来自菲律宾以及1艘来自中国。

5月21日　美国参议院军事委员会主席约翰·麦凯恩和美国参议院军事委员会成员杰克·里德写信给美国国防部长阿什顿·卡特，指责中国对南海岛礁的控制，呼吁美国政府应该对中国在南海的活动采取一定的制裁措施。

5月22日　美国副总统拜登在出席美国海军学院毕业典礼致辞时专门提及了南海问题。拜登一面说"在南中国海的争议海域，美国不偏向任何一国的主权声索"，另一面却又表示"但是我们将不退避地维护和平公正解决争端的原则以及航行的自由，而今天这些原则因为中国在南海的行动而受到考验"。拜登进而表示："我们期盼你们在这些原则受到挑战的地方坚守它们，加强我们不断增长的安全伙伴并兑现我们对盟友共同防御的不可动摇的承诺。"

5月25日　日本与马来西亚发表联合声明，把两国关系提升为"战略伙伴关系"。启动签署有关防卫装备产品和相关技术转移协定的谈判，加强马日两国在安全保障领域的合作。日本承诺将在五年内接收马来西亚500名研修人员，为马来西亚提供资金、技术等全方位的支持。

印度和越南国防部长签署国防合作联合愿景声明（2015—2020）和两国海军警卫队合作备忘录。

5月26日　马英九出席"2015年世界国际法学会与美国国际法学会亚太研究论坛"开幕典礼，借此场合发表"南海和平倡议"。

5月27日　越南海军四区副司令黎鸿战大校与菲律宾海军西部军区副司令巴里佐准将分别率两国海军代表团在越南侵占的南沙南威岛举行交流活动。

5月29日　印尼廖内群岛省边界管理局局长埃迪表示，印尼政府在纳土纳和阿南巴斯群岛新建了两个综合渔港作为渔船前往纳土纳和阿巴斯海域捕鱼的入口，以此减少在南海相关海域的非法捕鱼活动。

5月29—31日　在新加坡举办的第14届香格里拉安全对话会上，马来西亚国防部长拿督斯里·希山慕丁敦促各方增加磋商的力度，以确保尽快建立一个有效的"南海行为准则"。

越南国防部副部长阮志咏在接受媒体采访时公然指责中国，称中国在南海实行"军事化"并"非法"建造人工岛。

美国国防部长卡特在出席香格里拉安全对话会时对中国的南海填海造陆活动进行抨击。卡特表示："因其在南海的行动，中国与构成亚太安全结构基础的国际准则和规则以及赞同外交和反对胁迫的区域一致性不合拍。"

时任澳大利亚防长的安德鲁斯明确表示，澳大利亚在维护本地区的和平与稳定方面有着合理的利益，这些利益包括各国尊重国际法、不受阻碍的商贸、航行自由必须得到保护，以及符合有关各方利益的以和平方式解决争端。安德鲁斯还不点名批评中国在南海的行动。

　　澳大利亚同美国和日本两国防长举行场外三边会谈。三国防长对在南海和东海使用威胁或武力而单方面改变现状的做法表示强烈不满，对中国在南海的岛礁建设表示严重关切，共同呼吁所有南海声索国要保持自我约束，停止填海造陆的岛礁建设活动，采取必要措施缓和紧张局势，减少使紧张局势升级的行动。

六月

　　6月1日　奥巴马在与到访的东南亚青年领袖对话时进一步就南海问题表态。会谈中，奥巴马大谈航行自由和国际机制的重要性并暗指中国"背弃"国际法。与此同时，他还强调指出"他们（中国）的一些主张或许是合法的，但是他们不能通过以大欺小、蛮横无理来实现其主张"。

　　美国国防部长阿什·卡特同越南国防部长冯光青大将举行会晤，卡特表示将进一步深化美越关系，承诺资助1800万美元予越南来购买巡逻艇，改善南海防卫能力，他还敦促越南当局放弃南海填海造地计划。

　　6月3日　马来西亚海军与中国海警船在琼台礁对峙，马来西亚提出外交抗议。

　　阿基诺三世在访问日本时公开表示，菲律宾需要判断加入亚投行是否是一个单纯有利的行为，需要观察亚投行的管理结构，确保亚投行提供的经济帮助不会受到两国在南海问题上的政治分歧的影响。

　　马英九与美国斯坦福大学举行纪念二战胜利的视频会议，马英九指出，台湾当局除了在两岸与台美关系上寻求稳定发展之外，近年来以具体的行动，在东海及南海两大区域扮演"和平缔造者"的角色，"希望南海和平倡议能达成东海和平倡议的效果"，目的是降低南海局势紧张。

　　6月4日　时任澳大利亚总理的阿博特在一个促进就业和小企业成长的新闻发布会上回答记者有关南海的提问时表示，中国是澳大利亚的一个非常好的朋友，并且随着时间的推移，友谊越来越深厚。他同时也表示，中国当然不是澳大利亚唯一的朋友，在南中国海周边也有其他朋友，有一些对南中国海有着非常浓厚兴趣的朋友及盟友。阿博特也特别强调，澳大利亚在南中国海上的立场一直是十分清晰的，对在该地区领土争端"不选边站"。

　　日本首相安倍晋三在东京与来访的菲律宾总统阿基诺举行会谈并签署加强双方战略合作伙伴关系的联合声明。双方都表示，对中国在南海填海造岛试图单方面"改变现状"的行为表示严重关切，将要求中方保持克制。双方还就强化安全保障对话以及为签订"防卫装备及技术转移协定"

启动谈判达成共识。

6月5日　菲律宾总统阿基诺在日本东京表示说，菲方将可能允许日本自卫队的飞机和舰船使用菲律宾的基地。阿基诺宣称，菲方正准备与日本就此启动谈判，有关协议将允许日本自卫队的飞机和舰船到菲律宾的基地加油、补给等，以便于日本自卫队扩大在南海的活动范围。

6月11日　超过半数的菲律宾参议员联名表示，菲美签署的《增强防卫合作协议》必须通过参议院的审核，否则就是无效的。

6月12日　美国太平洋司令部司令哈里·哈里斯在东京会见日本媒体时表示"南海是公海而不是任何国家的领海。因而，欢迎日本到它认为合适的公海行动"。

菲律宾官员在第25届《联合国海洋法公约》缔约国大会上，宣称中国在南沙群岛的岛礁建设活动不仅"违反"了《联合国海洋法公约》，还"违反"了《南海各方行为宣言》《生物多样性公约》《濒危野生动植物物种国际贸易公约》，认为中国是想"在中菲南海国际仲裁判决前改变现状"。

6月19日　菲律宾接收了首架韩国产F/A-50战机。这是在2005年菲律宾的F-5A战机全部退役之后，菲空军首次获得超音速战机。

6月22日　菲律宾海军与美军举行为期三天的"卡拉特"联合军演，两国分别派出300人参加演习。演习地点在巴拉望岛东部的苏禄海，内容包括对海对潜联合作战、两栖登陆、救援打捞、海上巡逻和侦察飞行等。

越南首个赴南沙旅游团正式成行，180名观光人员先从海防乘机抵胡志明市然后乘船从西贡港达南沙群岛，参观DK1和DK2高脚屋、大熊油田，以及南威岛、景宏岛、南子岛和西礁。胡志明市政府官网称，赴南沙首发团"意义重大"。

6月23日　美国副总统拜登在中美战略与经济对话上就南海问题对中国提出"严重警告"。拜登表示："负责任的国家应当遵守国际法，共同努力保持国际海洋航线开放，商业航运不受损害。"拜登还意有所指地说："不顾外交而使用胁迫和恐吓来解决争端，或者对他国这种不轨行为视而不见，只会招致不稳定并损害国际社会共同努力的目标。"

日本海上自卫队反潜巡逻机开始在南海、中国填海造岛附近海域上空飞行，这是自卫队首次在中国和菲律宾、越南等主权争议的南沙群岛附近海域活动。

6月24日　菲律宾一架海军巡逻机与日本的一架P-3C"猎户座"侦察机在巴拉望岛西北方向92.6公里处进行了海上搜救演习。

6月25日　印尼国防部长里亚米扎尔德在雅加达接受专访时透露，印尼提议中国和东盟在南海海域共同巡逻，以避免在局势紧张的南海发生冲突。

越南巴山造船厂制造的 6008 号海警船正式移交越南海警三区服役，6008 号海警船长 38.2 米，宽 7.8 米，排水量 397.9 吨，航速 10 节，能承受 7 级风力，航程 2000 海里。

6 月 26 日　印尼外交部长蕾特诺与越南外交部长范平明在雅加达举行会晤，双方认为需要出台具体的措施来维护南海地区的和平和稳定。

七月

7 月 6—10 日　越共中央总书记阮富仲访问美国，期间与奥巴马会晤并提及南海问题，双方声称对南海地区安全和稳定局势表示忧虑，同时指责中国加剧地区紧张局势并威胁地区和平。双方强调提高航行与飞行自由之必要性。美方表示支持在包括 1982 年《联合国海洋法公约》在内的国际法的基础上通过和平方式解决争端，强调充分落实《南海各方行为宣言》的重要性，并支持达成"南海行为准则"。

7 月 7 日　所谓"南海仲裁案"仲裁庭举行"南海仲裁案"首场听证会。菲律宾派出了包括参议长德里隆、众议长贝尔蒙特、外交部长德尔罗萨里奥、国防部长加斯明、司法部长利马等在内的高级别官员代表团，赴海牙参加"南海仲裁案"的口头辩论。

7 月 8 日　澳大利亚与美国在澳大利亚的罗克汉普顿举行了代号为"护身军刀"（Talisman Sabre）的大规模联合军事演习，包括海上作战、两栖登陆、特种部队战略和城市作战等内容。

7 月 9 日　越南秋河公司制造的 8002 号和 9004 号船在岘港下水并正式移交越南海警部队，其中 8002 号是海警最为先进船只之一，担负越南近海巡逻和南海深海海域执法和搜救任务，而 9004 号是越南迄今为止船体最大、装备最先进的海警搜救船。

7 月 13 日　菲律宾海军军官对媒体称，菲海军年初开始加固仁爱礁"坐滩"军舰船体和甲板，预计年底完工。

7 月 16—17 日　应邀访问越南的中共中央政治局常委、国务院副总理张高丽在河内先后会见越南政府总理阮晋勇和越南国家主席张晋创。

7 月 21 日　拉塞尔在美国战略与国际研究中心举办的第五届南海会议上发表演讲时，对中国在南海的"历史性权利"进行批评。拉塞尔表示："一些声索国采取绝对主义者的政治立场。它们坚称其主张是'毋庸置疑的'。它们坚称其主张所代表的领土，无论距离其沿岸有多远，是'祖先留给他们的'，他们誓言不会放弃'一英寸'。"此外，拉塞尔在演讲中还对"断续线"的法律效力进行质疑和攻击。

日本《2015年度防卫白皮书》通过内阁会议,其内容将中国在东海和南海的行为定位为"高压和危险"。

7月29日 日本首相安倍晋三在参议院和平安全法制特别委员会上表示,如果需要的话,日本海上自卫队将会去南海展开"扫雷行动"。

八月

8月1日 越南"海防"184号和"庆和"185号举行潜艇升旗仪式,正式列编189号潜艇旅,越南海军司令范淮南上将在仪式上强调,"海防"号和"庆和"号正式编入是越南海军乃至越南人民军队现代化的重要标志。

8月3日 澳大利亚捐赠的两艘退役的"巴厘巴板"级重型登陆艇抵达菲律宾。

8月4—6日 第48届东南亚国家联盟(东盟)外长会议和中国—东盟(10+1)外长会、东盟与中日韩(10+3)外长会、东亚峰会外长会和东盟地区论坛外长会相继在吉隆坡举行,会议就有关南海地区问题进行了广泛讨论,并就全面有效完整落实《南海各方行为宣言》及加快"南海行为准则"磋商达成共识。会议最后的联合声明在肯定中国—东盟在"南海行为准则"磋商取得积极进展的同时,也表达了对南海近期局势的关注。

马来西亚东盟外长会议上呼吁东盟国家为和平解决南海的紧张局势做出更多的努力。

8月5日 中国外交部长王毅在马来西亚首都吉隆坡会见美国国务卿克里,双方就南海局势交换了意见。

8月6日 中国外交部长王毅在出席地区外长系列会议时,有针对性地谈了南海议题。他认为,南海局势总体是稳定的,并不存在发生重大冲突的可能;南海的航行自由有同样关切。中国一直主张各方根据国际法在南海享有航行和飞越自由;中国和东盟有能力维护好南海安全;菲律宾提及的国际仲裁"无理取闹",强调双方要坐下来谈。

日本防卫省发言人表示,已经建立工作级别的对话,探讨日本与菲律宾可能的国防设备合作,但没有给予菲律宾TC-90飞机的"具体计划"。

日本防卫省通报,自卫队统合幕僚长河野克俊本月中旬将访问菲律宾,与菲军总参谋长埃尔南多·伊里韦里举行会谈。这是河野首次出访菲律宾,会谈涉及地区局势、加强日菲军事合作等议题。

8月17—21日 马来西亚和美国在马来西亚东部山打根进行第21届年度美马"卡拉特"(海上联合战备与训练)双边联合海军军事演习。

8月20日　中国—东盟海洋合作中心领导小组成立暨第一次会议在京召开。国家海洋局党组成员、副局长陈连增，福建省委常委、常务副省长张志南出席会议并任中心领导小组组长。

九月

9月10日　俄能源巨头罗斯石油公司与日本海洋钻井（JDC）签署开发越南外海石油协议，项目于2016年正式实施，协议中两个油井在越南外海南昆山盆地06-1和05-3/11区块，正好位于中越南海争议区域。

9月12日　印尼国防部长里亚米扎尔德表示，印尼当局开始对南海紧张局势的安全影响进行评估，已着手规划在南海兴建军事跑道和码头，并将采购先进的雷达和无人机以监控距离50—60公里以上的外国飞机或轮船。他表示印尼在南海问题上是绝对的中立方，因此印尼也是能够维持南海和平的一方。

9月15日　安倍晋三首相与来访的越共中央总书记阮富仲会谈，明确提出向越南提供新建巡逻船和巡逻艇，以援助越方在南海的警备行动，并将针对中国在南海进行的吹填作业和跑道建设，确认"海上法制"和"航行自由"的重要性。

9月17—22日　中国和马来西亚军队在马六甲海峡及其附近海域举行代号为"和平友谊-2015"的联合军事演习。这是中马两军举行的首次实兵联演，也是中国迄今为止与东盟国家举行的规模最大的双边联合军事演习。

9月20日　马来西亚Viscount Melbourne古老货船考证队重返沉船地点，展开第二轮的琼台礁"绿化"工作，栽种10棵椰苗，截至目前岛上共有12棵椰苗及1棵椰树。

9月21日　菲律宾与美国开始在吕宋岛举行年度"菲布莱克斯"联合军事演习。

澳大利亚总理特恩布尔在接受澳广播公司采访时说，中国南海问题是澳大利亚目前关注的国防和外交议题之一。中国在岛礁进行建设和活动会导致亚太地区一些较小国家转向美国，如越南；中国不断"扩展"在南海的范围，正在"挑战极限"，并称"这种做法与中国期望达到的效果恰恰相反"。

9月22日　印尼国会第一委员会副主席坦托维·叶海亚同意国防部关于重新分配防御体系主要装备采购预算以修缮纳土纳岛基础设施的提议，认为这是应对南海紧张局势升级的必要措施。

9月29日　由美国参众两院大会通过的《2016国防授权法案》协商

报告中，其第1263节具体提出"南海倡议"（South China Sea Initiative），授权美国政府提供南海各方相关援助与组织训练，该倡议同意文莱、新加坡等国家与地区以个人名义参与。

十月

10月12—13日　澳大利亚与美国在波士顿举行年度外长与防长"2＋2"会议，两国就南海问题与防务合作达成一致。在会后发表的共同声明中，两国首先表达了对中国近期在南海填海造陆的强烈关注，强调对中国在南海建造人工岛等行动表示"担忧"，并希望停止在岛礁上的设施建设行动。美澳还重申要依靠国际法包括《联合国海洋法公约》来澄清和追求领土声索以及相应的海洋权益。

10月14日　印度外交部长斯瓦拉杰与菲律宾外长德尔罗萨里奥在印度共同主持两国第三次双边联合委员会会议，在会后发表的联合声明中，将南海称为"西菲律宾海"，间接地表达了对菲律宾在南海问题上的外交支持。

10月17日　在北京出席香山论坛的印尼国防部长里亚米扎尔德在接受凤凰卫视访问时表示，印尼尊重中国在南海岛礁建设是以民事功能为主，并赞赏中国在此问题上坚持公开透明。

越南海军954旅VNT－773号"双水獭"水上飞机从新山一机场起飞执行医疗急救，将一名患者从南威岛送回175医院救治。

10月20日　中国与东盟国家在成都举行了落实《南海各方行为宣言》第十次高官会，同时还背靠背举行了第15次联合工作组会。中国与东盟十国外交部高官出席。各方就进一步全面有效落实《南海各方行为宣言》、加强海上务实合作深入交换了意见，并在落实《南海各方行为宣言》框架下就"南海行为准则"进行了建设性的磋商。

10月25日　台湾当局实际控制的南沙太平岛灯塔建成完工。

10月27日　美国"拉森"号（USS Lassen）导弹驱逐舰罔顾中国政府的警告，未经中国政府允许非法进入距离南沙渚碧礁12海里的海域，中国有关部门依法对美方舰艇实施了监视、跟踪和警告。

澳大利亚防长佩恩当即发表声明，表示澳大利亚关注在南海的航行及飞越自由，并强调"澳大利亚强烈捍卫这些权利"。佩恩进一步表示，"澳大利亚同美国以及其他地区伙伴在海洋安全问题上将继续密切合作。"

在"拉森"号闯南海后，日本官房长官菅义伟在记者会上就中国的动向强烈指责称："改变现状、加剧紧张局势的单方面行动是国际社会所共同关切的。"他同时称"为了守护开放、自由、和平的海洋，国际社会开展合作很重要",对美国的"航行自由"行动表示理解。

10月28日　美军"罗斯福"号航空母舰战斗群与日本海上自卫队"冬月"号护卫舰在南海举行了联合军事演习。这是美国和日本首次在该海域进行联合军事演习。

10月29日　仲裁庭发表裁决声明，声称有权受理菲律宾就南海问题对中国提出的诉讼，中国大陆和台湾均对此表示不承认、不接受。

日本防卫相中谷元就美国海军驱逐舰在中国主张为"领海"的人工岛周边12海里内航行一事称，"没有参加美国海军作战的计划"，明确表示目前无意派遣自卫队。

十一月

11月2日　印度海军隐身护卫舰"萨亚德里"号抵达菲律宾首都马尼拉进行友好访问，以加强印菲两国海军之间的关系。

11月3日　美国太平洋司令部司令哈里·哈里斯访问中国期间在北京大学发表演讲时表示："国际公海和空域属于每一个人，不是任何一个国家的领土。例行的航行自由行动与我方所言和外交上所做的相一致，我们以此来明确表示，美国继续支持和平解决争端，我军将继续在国际法允许的任何时候和任何地方进行飞行、航行和执行任务。南中国海现在不是、将来也不会是一个例外。"

11月5日　中国台湾与菲律宾就"台菲有关促进渔业事务执法合作协议"历经多次协商，在台北完成签署。

11月5—7日　中共中央总书记、国家主席习近平对越南、新加坡进行国事访问。

11月7日　中共中央总书记、国家主席习近平同台湾方面领导人马英九在新加坡会面，就进一步推进两岸关系和平发展交换意见。这是1949年以来两岸领导人的首次会面。

中共中央总书记、国家主席习近平在新加坡国立大学发表演讲时强调，中国完全有能力有信心同东盟国家一道维护好南海地区的和平稳定。

11月10日　中国与马来西亚海军达成协议，允许中国海军船只使用马来西亚沙巴州的哥打基纳巴卢港作为"中途停留的地点"，以"加强两国之间的国防关系"。

11月11日　印尼政治、法律和安全统筹部长卢胡特向媒体表示，印尼认为中国对纳土纳群岛的部分领土拥有主权的说法"没有法律依据"，印尼正试图接触中国方面；如果不能与北京就南海的"领土主权问题"通过对话来解决，印尼有可能将中国告上国际刑事法庭。

11月12日 印尼外交部发言人阿尔曼纳塔表示，印尼已要求中国澄清其对南海提出的声索，但至今未获回应。印尼目前的立场很清晰，即不承认中国的南海"九段线"，因为印尼认为"九段线"不符合国际法。

中国、老挝、缅甸、泰国、越南与柬埔寨六国参加的主题为"同饮一江水，命运紧相连"的澜沧江—湄公河首次外长会议在中国云南省西双版纳举行。会议宣布启动澜沧江—湄公河合作机制，并发表了《联合新闻公报》。

11月17日 美国总统奥巴马在访问菲律宾期间宣布，美国将赠送给菲律宾一艘美国海岸警卫队退役巡逻舰和一艘考察船，并表示美国对菲律宾有"不可动摇的承诺"，会保证菲律宾在南海争议海域的航行自由和安全。

11月18—19日 在菲律宾举行的亚太经合组织峰会期间，澳大利亚总理特恩布尔与奥巴马举行了双边会谈，重申了维持南海"航行自由"的必要性。

11月19日 日本首相安倍晋三与美国总统奥巴马通过在菲律宾举行的亚太经合组织峰会表示将团结应对中国在南海的海洋活动的态度，希望借此"制衡"中国。

日本官房长官菅义伟出席记者会，表示要将南海问题作为继APEC后于马来西亚召开的东盟（ASEAN）相关首脑会议上的重要议题。

11月21日 第27届东盟峰会上，东盟领导人联合发布了《东盟共同体成立2015年吉隆坡宣言》与《东盟2025吉隆坡宣言：团结 向前》，宣布东盟共同体正式成立并详实梳理了东盟共同体建设的发展脉络，以及从多角度论述了接下来十年东盟安全共同体的发展路线。

国务院总理李克强在吉隆坡国际会议中心出席第18次中国—东盟（10+1）领导人会议，强调中国和东盟双方应乘"中国—东盟海洋合作年"的东风，继续推动海上合作。

11月22日 在澳大利亚举行的日澳外交与防务部长"2+2"磋商会谈中，中国在南海行为成为会议的"关切点"。日本防卫大臣中谷元对中国在南海的行动进行了指责，并认为日澳两国就南海问题释放一个"明确的"信息很重要。澳大利亚外长毕晓普虽然一再重申澳大利亚在南海问题上"不选边站"，但又表示，两国乐于构建一种"特殊的战略关系"，澳大利亚十分看重这一关系，两国有共同的价值和利益。

11月23—24日 第七届越南南海问题国际研讨会在越南头顿市举行，会议由越南外交学院、南海研究基金会、越南律师协会联合主办，包括越南在内的十多个国家学者、驻越外交机构代表及媒体共约200余人参会，规模为历届之最。

11月25日至12月4日 澳大利亚皇家空军一架P-3C"猎户座"侦察机在北印度洋和南海执行所谓的"常规海洋巡逻"任务。

11月28日 越南"祖国阵线"中央委员会发布南海问题报告，称中国在南海填海造岛行动是"对越南主权的侵犯"并强调"越南已经并将持续采取各种措施、在各种层面、通过多种形式进行坚决斗争"，报告提出为驻南沙守岛越军部队升级装备和武器，并继续向南沙所占岛礁加大移民。

11月29—30日 仲裁庭29日宣布受理菲律宾提出的"南海仲裁案"，台湾当局有关部门于30日再次表示，对仲裁庭的相关判断"不承认、也不接受"，并发表七点立场。

11月30日 临时成立的所谓"南海仲裁案"仲裁庭结束了为期五天的实体部分闭门听证。该庭发表的一份声明称，将在2016年内做出裁决。

越南秋河造船厂建造当前东南亚最先进的巡逻船8005（DN2000）号海警船下水，排水量2400吨，续航能力40昼夜，航程5000海里，服役后该船将执行南海远海和越南大陆架周边执法、搜救。

十二月

12月4日 越南外交部副部长胡春山在东京与日本外务省副大臣杉山晋辅举行第六次越日战略伙伴对话。双方除就外交、国防、安全政策合作进行磋商外，还表示在东海和南海问题进行合作。双方强调在符合国际法，特别是1982年《联合国海洋法公约》的基础上保障海上和平、航行与飞越安全与自由，为此双方还表示要加强在国际和地区论坛合作与协调配合。

12月7日 越南西沙展览馆动工仪式，展览馆投资约400亿越盾，合200万美元，建筑面积412平方米，总面积1296平方米，工期两年。展览馆拟展出有关西沙群岛相关文字、图片和视频资料。

12月10日 一架美国B-52轰炸机在"执行任务"时飞入南海华阳礁上空12海里范围内。

12月11—12日 印度总理莫迪会见到访的日本首相安倍晋三，两国发表联合声明说："鉴于南海航道对地区能源安全及'印太'地区持续和平繁荣的重要性，两国领导人呼吁所有国家避免导致地区局势紧张的单边主义行动。"

12月13日 越南"三岛五号"钻井平台在南部巴地—头顿下水，该平台由越俄油气公司和越南石油钻井设备股份公司投资2.3亿美元承建，设备和材料国产化率46%，是越南迄今为止自主设计和建造的最大自升式钻井平台。"三岛五号"自升式钻井平台采用美国F&G公司JU-2000E模式设计，重1.8万吨，最大钻井深度为9千米，核定载荷为3千吨，可抗12级台风。

12月14日　东盟地区论坛（ARF）海上风险管控与安全合作研讨会在北京举行。中国外交部部长助理孔铉佑与会强调，维护海上和平安全符合各方共同利益，海上风险管控需要地区国家通力合作，并阐述了中国的几点态度：愿与地区国家加强双多边合作，共同应对挑战，促进海洋的和平、安全、开放，共建和谐海洋；将秉持共同、综合、合作、可持续安全的理念，继续推动海上非传统安全合作，支持保障海上航道安全，完善海上安全行为规则，和平解决海上争议，为化解海上安全风险、推动海上安全合作。

12月16日　澳大利亚国防部表示：澳空军飞机没有飞临或进入中国南海岛礁12海里及附近空域；澳空军侦察机在南海国际空域的飞行为例行，是澳军在印度洋北部和南海地区进行的"门户"行动课目之一；该行动由澳方与东盟国家联合实施，以打击海上人口走私、维护区域和平为目的。

12月17日　越南与菲律宾正式签署"建立战略伙伴关系协议"以提高双边交流的层级与密度，双方还表示将重点加强南海合作。

日本和印尼在东京举行首轮"2+2"外交部长与国防部长磋商，两国决定启动武器与技术转让谈判。在南海问题上，印尼外长蕾特诺表示要依照国际法，呼吁当事国家不要令地区局势进一步紧张。国防部长里亚米扎尔德则在记者会上表示，印尼今后会推动同包括中国在内的国家在南海开展联合训练。

澳大利亚防长佩恩表示，澳大利亚没有计划停止在南海的侦察行动，这些飞行活动是澳大利亚"帮助维护地区稳定与安全的例行活动之一"。佩恩说："我们一直以一种非常建设性的方式在该地区进行航行。"

12月25日　亚洲基础设施投资银行正式成立，全球迎来首个由中国倡议设立的多边金融机构。

12月30日　菲律宾财政部长普利斯马宣布，菲律宾将以创始成员国的身份加入由中国倡导的亚洲基础设施投资银行，并签署《亚洲基础设施投资银行协定》。菲律宾成为57名准成员中最后一名签署协议的成员方。

12月31日　作为东盟轮值主席国马来西亚的外长，阿尼法·阿曼发布一则声明说，东盟共同体当天正式成立。